教育部徽学研究中心专项资助项目
安徽省新安医学传承专项资助项目
安徽省高等学校人文社科重大项目

安徽中医古籍总目提要

主 审 彭代银
主 编 王 鹏

时代出版传媒股份有限公司
安徽科学技术出版社

图书在版编目(CIP)数据

安徽中医古籍总目提要 / 王鹏主编.——合肥:安徽科学技术出版社,2021.6
ISBN 978-7-5337-8402-7

Ⅰ.①安… Ⅱ.①王… Ⅲ.①中国医药学-古籍-内容提要-安徽 Ⅳ.①Z89:R2

中国版本图书馆 CIP 数据核字(2021)第 075379 号

ANHUI ZHONGYI GUJI ZONGMU TIYAO
安徽中医古籍总目提要

主审 彭代银
主编 王鹏

出 版 人:丁凌云　　选题策划:王 宜　　责任编辑:王 宜
责任校对:张 枫　　责任印制:梁东兵　　装帧设计:王 艳
出版发行:时代出版传媒股份有限公司　　http://www.press-mart.com
　　　　　安徽科学技术出版社　　http://www.ahstp.net
(合肥市政务文化新区翡翠路 1118 号出版传媒广场,邮编:230071)
电话:(0551)63533330
印　　制:安徽联众印刷有限公司　　电话:(0551)65661327
(如发现印装质量问题,影响阅读,请与印刷厂商联系调换)

开本:889×1194　1/16　　印张:24.25　　字数:500 千
版次:2021 年 6 月第 1 版　　2021 年 6 月第 1 次印刷

ISBN 978-7-5337-8402-7　　　　　　　　　　　　定价:198.00 元

版权所有,侵权必究

《安徽中医古籍总目提要》编委会名单

主　审　彭代银

主　编　王　鹏

副主编　郜　峦　万四妹　李董男　陈玉状

编写人员（按姓氏笔画排序）

　　　　　卜菲菲　王　鹏　王万里　王　玲　万四妹
　　　　　开　菲　李　婷　李董男　刘德胜　杨曙光
　　　　　吴杨璐　张梦静　张传耀　陈玉状　陈　晨
　　　　　赵　琪　郜　峦　董妍妍　曹　姝　谢欢欢

编 写 说 明

1. 本书正文内容由目录、现存文献、佚失文献、书名索引、著者索引五部分组成。

2. 本书所指安徽省，其范围以截至2020年6月的行政区划为准。

3. 本书重点收录1911年以前成书的中文安徽籍医家之医籍文献。1912—1949年间成书的中文安徽籍医家之医籍文献较少，亦予收录。

4. 本书收录的每部文献均独立成书。一部文献中的某些卷篇或部分内容，虽有卷篇名或独立标题，凡未有单独成书情况者，均不予收录。

5. 本书对于一种文献的重辑本、重订本、校注本、增订本等再创作文献，均按不同文献处理，单独列目。

6. 合刊与汇编类文献，子目只录中医药文献者，方予收录，其他从略。

7. 佚失文献，流传、收藏有据可查者，方予收录，其他从略。

8. 现存文献每部著录项目包括：书名（含异名），卷数，成书年份或朝代，著者（含朝代、姓名、字号、籍贯），主要内容概述，现存版本情况（含时间、出版者、主要藏书单位或个人）。项目信息不明者从略。

9. 佚失文献每部著录项目包括：书名（含异名），记载出处，卷数，成书朝代，著者（含朝代、姓名、字号、籍贯）。

10. 合刊与汇编类文献每部著录项目包括：书名（含异名），卷数，成书年份或朝代，著者（含朝代、姓名、字号、籍贯），子目（含书名、著者、卷数），现存版本情况（含时间、出版者、主要藏书单位）。

11. 一部文献有两名及以上作者，如属同朝代人，只在第一作者前注明朝代，其他从略；如所属朝代不同，则分别注明。

12. 著者生卒年代跨越清末、民国至1949年以后者，不著录朝代，注明著者生卒年份；至1911年后，1949年前者，著录为民国。

13. 凡据某一版本于1949年以后影印或排印出版的文献，适当说明，但不列入版本类别统计。

14. 现存文献按分类编年方法排序。分类以文献内容为主要依据。专科方书、医案文献按科归类，如儿科医案归入儿科类文献、妇科方书归入妇科类文献。

15. 成书年代是各类文献的主要排序依据。采用阿拉伯数字标示成书年份，如成书年份不清，标示成书朝代。每类文献按先成书年份、后成书朝代顺序排序。

16. 佚失文献因内容和成书年份不明，采用按成书朝代顺序方法排序。

前　言

中国是文明史最为悠久的古国之一,我们的祖先在五千年不间断的历史进程中创造了光辉灿烂的中华文化,为后人留下了浩如烟海的古籍文献。这些古籍文献是中华民族从事社会活动和生产实践所取得的各方面知识的宝贵结晶,蕴藏着丰富智慧和创造发明,是中华民族珍贵的文化遗产和巨大的精神财富。中医药学是中华文化的一朵奇葩,几千年来一直保持着独特而完整的理论体系,并且在现代科学、西方医学的冲击之下,仍然焕发着勃勃生机。从悠远历史中一路走来、逐步形成的中医药理论、经验与方法,主要依赖历代医籍文献而保存。

中医药文献,有古近之分,一般而言,学界所谓中医药文献,常指辛亥革命以前之中医药古籍文献。中医药文献承载着中医药的基因和血脉,是中医药学术宝库的珍贵遗产,是中医药理论知识与临床经验的载体,是中医药学术传承与创新的根源和基础,是中国传统文化的重要组成部分。因此,加强中医药文献的整理、研究与利用,事关中医药学术传承创新和中医药事业发展全局,具有重大的历史和现实意义。

安徽地理位置独特,文化特色鲜明,物宝文华,人杰地灵。安徽中医药历史源远流长,历代人物众多,名医辈出,医著宏富,学术繁荣,为保障人民群众健康做出了不可磨灭的贡献,在中医药学形成和发展史上写下了辉煌的篇章,是我国地方医学的重要组成部分,也是徽文化的典型代表。其中,"北华佗、南新安"的原生态传统医学文化是安徽中医药于历史中积淀形成的显著特色。

新中国成立以来,学界一直高度重视安徽医籍文献的整理与研究,以安徽省内学者群体为核心,联合国内其他地区学者,针对安徽医籍文献开展了一系列卓有成效的研究工作,在文献校注整理、医家医籍考证、名家学术思想研究等领域,取得了众多代表性成果,一批重要的安徽医籍文献得以整理出版,为传承发展中医药学术、弘扬优秀传统文化做出了重要贡献。然而,从安徽医籍总体层面,通过辨章学术、考镜源流,编著一部既具有目录学功能,又具有学术史价值的提要性工具书,以指示要籍,提要钩玄,便于当代学人更好、更全面地了解、使用和学习安徽医籍文献的工作却一直阙如。为此,自2015年始,在安徽省教育厅、安徽省中医药管理局、教育部徽学研究中心的大力支持下,安徽中医药大学组建了攻关团队,通过"安徽省高等学校人文社会科学研究重大项目""安徽省新安医学传承专项项目"和"教育部徽学研究中心专项项目"的资助,开始了《安徽中医古籍总目提要》的整理、研究与编撰工作。

《安徽中医古籍总目提要》从项目立项至编辑成书,前后历时6年。本书是当前学界第一部基于现存安徽医籍文献和其他有确切记载安徽医籍文献编成的专题提要性目录学类工具书,也是迄今收载安徽医籍文献最多最全的工具书。全书共收录1949年以前有据可查的安徽医籍文献1174种,其中现存文献629种,佚失文献545种。现存文献中,医经与基础理论类文献34种、伤寒金匮温病类文献46种、诊法类文献39种、本草类文献26种、方书类文献95种、针灸推拿类文献13种、临证综合与内科类文献59种、外伤科类文献28种、妇科类文献35种、儿科类文献61种、五官科类文献33种、养生类文献10种、医案医论医话类文献105种、医史传记类文献3种、合刊与汇编类文献42种。佚失文献中,汉代12种、三国时期3种、南北朝时期3种、唐代7种、宋代5种、元代4种、明代129种、清代377种、跨越清末民国至现代时期5种。

为使本书的用途更加广泛和实用,编写组采取了以下编撰思路:首先,以安徽医籍文献为依据,充分尊重原著思想,系统总结,合理凝练,客观评论,以简明易懂、务实致用为首务;其次,提要内容既要指示要籍,阐明新安医籍学术精粹和成就,又要提要钩玄,从总体层面对新安医籍学术思想加以归纳提炼,使读者易于领悟和学习。同时,在如上编撰思路指导下,着重开展了以下几方面的重点工作:一是在广泛调研的基础上,力求全面系统准确地反映安徽医籍文献的最新存世状况和在全国各地藏书机构的收藏分布情况;二是辨析修订既往著录不当甚至错误的安徽医籍文献信息;三是采用分类编年体例,自然地体现安徽中医药的学术发展源流和传承轨迹,保持和提高书目的学术价值;四是充分吸纳近年来安徽医籍文献学术研究成果,确保著录内容的权威性和创新性。

在中医药学术发展史上,文献整理研究工作是长期的、永恒的。中医药学的发展历程,始终伴随着中医药文献的不断积累、整理、总结、提炼。安徽医籍文献数量众多,沉潜日久,抢救发掘工作任重道远。我们应当继承历代安徽医家重学术、重文献、重传承的优良传统,继续加强安徽中医古籍文献的搜集、整理、出版工作。因此,衷心期望通过本书的编撰出版,能够更有效地保护并展示得到广泛认同、原汁原味的珍贵安徽医籍文献,同时对弘扬安徽中医药学术精华、传承发展中医药事业有所裨益。

本书的编撰出版得到众多安徽医籍文献藏存单位、个人以及安徽科学技术出版社的鼎力支持,在此谨致衷心的感谢。同时,由于水平所限,错误疏漏之处在所难免,恳请各位专家、读者予以批评指正。

王 鹏

2021年2月20日于合肥

目 录

现存文献 ... 1

医经与基础理论类文献 ... 2

中藏经(华佗;234) ... 2

存真图(杨介;1279) ... 3

运气易览(汪机;1519) ... 3

重集读素问抄(滑寿撰,汪机注;1519) ... 4

黄帝素问抄(滑寿撰,汪机注;1519) ... 4

医旨绪余(孙一奎撰,孙泰来、孙朋来订;1573) ... 5

黄帝内经素问节文注释(黄俅;1586) ... 5

黄帝内经素问吴注(吴崐;1594) ... 6

物理小识(方以智;1643) ... 6

医经理解(程知;1653) ... 7

医津一筏(江之兰;1662) ... 7

内经博议(罗美;1675) ... 7

内经挈领增删集注(罗美;1675) ... 8

素问灵枢类纂约注(汪昂;1689) ... 8

医宗领要(李之材;1689) ... 9

医经提纲(王大斌;1716) ... 9

观物篇医说(张确;1732) ... 9

素问灵枢韵读(江有浩;1779) ... 10

持素篇(俞正燮;1833) ... 10

黄帝内经素问校义(胡澍;1872) ... 10

增辑难经本义(滑寿撰,周学海辑;1891) ... 11

内经评文(周学海;1898) ... 11

内经评文·素问(周学海;1898)……11
内经评文·灵枢(周学海;1898)……12
人身谱(王润基;1906)……12
广注素灵类纂约注(汪昂注,江忍庵增注;1921)……12
青囊秘录(华佗撰,孙思邈述,济南道院编;1922)……13
内经读本(王一仁;1936)……13
难经读本(王一仁;1936)……13
景岳全书发挥(叶桂;清代)……14
运气图解提要(方成培;清代)……14
医学正义(郑承湘;清代)……14
医学先难(汤诚礼;清代)……14
内经选读(王润基;清末民国)……15

伤寒金匮温病类文献……16

伤寒类证便览(陆彦功辑,张政鸿补;1499)……16
伤寒选录(汪机;1536)……16
伤寒论条辨(方有执;1582)……17
伤寒秘要(陈长卿撰,董玹订,胡正心补;1631)……18
张卿子伤寒论(张遂辰;1644)……18
伤寒经注(程知;1669)……19
伤寒论后条辨(程应旄撰,王仲坚辑;1670)……19
读伤寒论赘余(程应旄;1670)……20
金匮要略直解(程林;1673)……20
伤寒秘解(程应旄;1675)……21
伤寒蕴要方脉药性汇全(吴家震;1694)……21
医宗承启(吴人驹;1702)……21
伤寒论条辨续注(方有执撰,郑重光注;1705)……22
温疫论补注(吴有性撰,郑重光注;1707)……22
伤寒论证辨(郑重光;1711)……23
孝慈备览伤寒编(汪纯粹;1734)……23
伤寒心悟(汪纯粹;1734)……23

伤寒癖误真经(汪文誉;1737) ……………………………………………………… 24

伤寒医验(卢云乘;1738) …………………………………………………………… 24

订正伤寒论注(吴谦;1742) ………………………………………………………… 24

伤寒心法要诀(吴谦;1742) ………………………………………………………… 25

温疫明辨(戴天章撰,郑康宸编;1750) …………………………………………… 25

温热论(叶桂述,顾景文编;1777) ………………………………………………… 25

伤寒三说辨(汪必昌;1816) ………………………………………………………… 26

仲景伤寒论注解(方有执撰,北园主人订;1819) ………………………………… 27

叶天士温热论(叶桂撰,章楠释;1825) …………………………………………… 27

伤寒析疑(程文囿;1826) …………………………………………………………… 27

伤寒经晰疑正误(汪时泰;1841) …………………………………………………… 27

伤寒杂病论合编(汪宗沂;1869) …………………………………………………… 28

伤寒审症表(包诚;1870) …………………………………………………………… 28

伤寒锦囊(刘泽清;1881) …………………………………………………………… 29

伤寒补例(周学海;1891) …………………………………………………………… 29

伤寒论新注(胡剑华注,高思潜增注;1928) ……………………………………… 29

伤寒从新(王润基;1932) …………………………………………………………… 30

伤寒读本(王一仁;1936) …………………………………………………………… 30

伤寒明理补论(巴应奎;明代) ……………………………………………………… 30

医效秘传(叶桂述,徐雪香抄,张友樵审;清代) …………………………………… 31

叶氏伤寒家秘全书(叶桂;清代) …………………………………………………… 31

温热论笺正(叶桂撰,陈光淞笺正;清代) ………………………………………… 31

伤寒捷诀(严宫方;清代) …………………………………………………………… 32

存省斋温热论注(叶桂撰,赵思诚注;清代) ……………………………………… 32

伤寒注释(程秉烈;清代) …………………………………………………………… 32

伤寒大白(陈懋宽;清代) …………………………………………………………… 32

温疫论详辨(莹君溥;清代) ………………………………………………………… 33

增订温疫论补注(杨启甲;清代) …………………………………………………… 33

批注陶氏杀车三十七槌法(汪必昌;清代) ……………………………………… 33

诊法类文献 ··· 34

内照法(华佗;234) ·· 34
玄门脉诀内照图(华佗;234) ··· 34
新刻华佗内照图(华佗;234) ··· 35
玄白子西原正派脉诀(张道中;1330) ··· 35
相类脉诀(张道中;1330) ·· 35
脉诊八段锦(张道中;1330) ·· 35
脉诀刊误(戴起宗撰,朱升节抄,汪机订;1522) ··· 36
脉荟(程伊;1547) ··· 36
脉理集要(汪宦;1572) ··· 37
脉语(吴崑;1584) ··· 37
脉便(张懋辰;1587) ·· 37
太素脉要(程大中;1592) ·· 38
先天脉镜(孙文胤;1637) ·· 38
脉考(方以智;1644) ·· 38
五方宜范(芮养仁;1644) ·· 39
医灯续焰(王绍隆原撰,潘楫辑注;1650) ··· 39
医径句测(程应旄;1670) ·· 40
脉理会参(余之儁;1721) ·· 40
普明子寒热虚实表里阴阳辨(程国彭;1732) ··· 40
编辑四诊心法要诀(吴谦;1742) ·· 41
脉学注释汇参证治(汪文绮撰,汪卿云订;1744) ·· 41
诊脉初知(汪文绮撰;1744) ·· 41
诊家索隐(罗浩;1799) ··· 42
脉症正宗(叶桂撰,李愚编;1799) ·· 42
叶天士先生辨舌广验(叶桂撰,李愚编;1855) ··· 42
望诊遵经(汪宏;1875) ··· 43
脉镜须知(梅江村撰,刘凤鸯编;1876) ··· 43
形色外诊简摩(周学海;1891) ··· 44
脉义简摩(周学海;1891) ·· 44

脉简补义(周学海;1891) …………………………………… 45

诊家直诀(周学海;1891) …………………………………… 45

辨脉平脉章句(周学海;1891) ……………………………… 46

脉学经旨(王润基;1912) …………………………………… 46

脉学撮要(王润基;1922) …………………………………… 47

医学提纲(吴麟书;清代) …………………………………… 47

脉诀条辨(夏政;清代) ……………………………………… 47

滑伯仁先生脉诀(程耀明;清代) …………………………… 47

诊家统指(佚名氏;清代) …………………………………… 48

脉诀捷径(程秉烈;清代) …………………………………… 48

本草类文献 49

古庵药鉴(方广;1536) ……………………………………… 49

药性要略大全(郑宁;1545) ………………………………… 49

释药(程伊;1547) …………………………………………… 49

本草蒙筌(陈嘉谟;1565) …………………………………… 50

校刊大观本草(王秋、王大献、王大成;1577) ……………… 51

本草便(张懋辰;1587) ……………………………………… 51

本草抄(方有执;1589) ……………………………………… 51

农经酌雅(黄山采药翁;1662) ……………………………… 52

本草择要纲目(蒋居祉;1679) ……………………………… 52

本草备要(汪昂;1683) ……………………………………… 52

本草易读(汪昂撰,吴谦审;1694) ………………………… 53

山居本草(程履新;1696) …………………………………… 53

本草经解要(叶桂注,姚球编;1724) ……………………… 54

药性述要(方肇权;1749) …………………………………… 54

十剂表(包诚;1840) ………………………………………… 55

本草便读(江敏书;1861) …………………………………… 55

注解神农本草经(汪宏;1875) ……………………………… 55

校补药性(戴绪安;1883) …………………………………… 56

本草衍句(黄光霁;1885) …………………………………… 56

吴氏摘要本草(吴承荣;1892)……56
药性撮要歌(郑时庄撰,汪方元校;1910)……56
分类饮片新参(王一仁;1935)……57
药性歌诀(方锦文;1936)……57
神农本草经新注(王一仁;1936)……57
药性论(罗周彦;明代)……57
药性类编(杨调元;清末民国)……58

方书类文献 ……59

永类钤方(李仲南;1331)……59
袖珍方(李恒;1390)……59
释方(程伊;1547)……60
徐氏二十四剂方经络歌诀(徐春甫撰,佚名氏辑;1556)……61
医方考(吴崑;1584)……61
医方考绳愆(吴崑撰,北山友松绳愆;1584)……62
商便奇方(程守信;1590)……62
怪症奇方(李楼撰,王瑃校;1592)……62
师古斋汇聚简便单方(吴勉学;1600)……63
墨宝斋集验方(郑泽;1609)……63
重证本草单方(郑泽辑,方如川校;1609)……63
订补简易备验方(胡正心、胡正言辑;1631)……63
心法歌诀(程衍道;1636)……64
胞与堂丸散谱(洪基;1638)……64
校刊外台秘要(王焘撰,程衍道校;1640)……65
医贯奇方(阴有澜;1644)……65
简验良方集要(张遂辰;1657)……65
张卿子经验方(张遂辰;1657)……66
秘方集验(王梦兰编,张遂辰审,丁永祚校;1657)……66
程氏即得方(程林;1670)……66
程氏续即得方(程林;1672)……67
急救危症简便验方(胡其重;1672)……67

古今名医方论(罗美;1675) …… 67

急救须知(朱本中;1676) …… 68

圣济总录纂要(程林;1681) …… 68

医方集解(汪昂;1682) …… 69

易简方论(程履新;1683) …… 70

汤头歌诀(汪昂;1694) …… 70

新编医方汤头歌诀(汪昂撰,钱荣国改编;1694) …… 71

汤头医方药性合编(汪昂;1694) …… 71

方症联珠(汪昂撰,萧瓒绪编;1694) …… 71

汇选增补应验良方(汪启贤、汪启圣编,汪大年补;1696) …… 72

万方类编(罗美;1699) …… 72

集验新方(呕斋居士;1715) …… 72

急应奇方(呕斋居士;1717) …… 72

灵药秘方(郑宏纲;1718) …… 73

简便验方(胡其重;1729) …… 73

经验良方(曹国柱;1731) …… 73

删补名医方论(吴谦;1742) …… 73

本事方释义(许叔微撰,叶桂释;1746) …… 74

种福堂公选良方(叶桂撰,华岫云编;1752) …… 74

同寿录(曹氏撰,项天瑞辑;1762) …… 75

景岳新方八阵汤头歌括(吴宏定;1767) …… 75

叶天士秘方大全(叶桂撰,佚名氏辑;1775) …… 75

叶天士经验方(叶桂撰,佚名氏辑;1775) …… 76

万应奇效秘方(叶桂撰,李愚编;1775) …… 76

攒花易简方(徐文弼、陈杰撰,吴章侯校;1789) …… 76

集古良方(江进编,江兰校;1790) …… 77

怪疾奇方(汪汲;1791) …… 77

汇集经验方(汪汲;1791) …… 78

解毒编(汪汲;1792) …… 78

应验简便良方(孙克任;1816) …… 78

审证传方(汪文誉、倪涵初分编,佚名氏合编;1827) …………………………………… 79
济世良方(汪文誉撰,詹谆录;1827) …………………………………………………… 79
汪广期医方(汪文誉;1828) ……………………………………………………………… 80
增辑验方新编(张绍棠;1864) …………………………………………………………… 80
增订验方新编(张绍棠;1864) …………………………………………………………… 80
经验选秘(胡增彬;1871) ………………………………………………………………… 81
拔萃良方(曹履;1874) …………………………………………………………………… 81
白岳庵经验良方(余懋;1875) …………………………………………………………… 81
胡庆余堂丸散膏丹全集(胡光墉;1877) ………………………………………………… 81
洄溪秘方(徐大椿撰,余懋编;1879) ……………………………………………………… 82
验方汇集(戴续安;1881) ………………………………………………………………… 82
万选良方(余懋;1887) …………………………………………………………………… 82
方解别录(余懋;1887) …………………………………………………………………… 83
青囊真秘(华佗撰,天台老人校;1889) …………………………………………………… 83
是亦良方(医俗子;1889) ………………………………………………………………… 83
华佗良方(华佗撰,醉亭编;1900) ………………………………………………………… 83
新编医方汤头歌诀(汪昂撰,方仁渊编;1906) …………………………………………… 84
叶天士秘方(叶桂撰,陆士谔、李古直编;1920) ………………………………………… 84
汤头歌诀正续集(汪昂撰,严云增编;1924) …………………………………………… 84
汪氏汤头歌诀新注(汪昂撰,李益春注;1931) ………………………………………… 84
华佗神医秘方(华佗撰,佚名氏辑;1936) ……………………………………………… 85
华佗神医秘方真传(华佗撰,佚名氏辑;1936) ………………………………………… 85
新编汤头歌诀正续编(汪昂撰,潘杏初编;1936) ……………………………………… 85
分类方剂(王一仁;1936) ………………………………………………………………… 85
医药汤头歌诀(汪昂撰,范风源注;1940) ……………………………………………… 86
评秘三十六方(徐春甫;明代) …………………………………………………………… 86
医学未然金鉴(徐春甫;明代) …………………………………………………………… 86
集验方(沈省;明代) ……………………………………………………………………… 87
采搜奇方余氏家藏(余氏;明代) ………………………………………………………… 87
新安佚名氏验方集(佚名氏;清代) ……………………………………………………… 87

品草轩指掌录(汪二可;清代) ………………………………………… 87

发秘资生(王有性;清代) …………………………………………… 87

外科汤头歌诀(张志熙;清代) ……………………………………… 88

家传秘方(江芝田;清代) …………………………………………… 88

吴氏家传痰火七十二方(吴起甫撰,吴维周校;清代) …………… 88

经验奇方(马暹;清代) ……………………………………………… 88

医方集录(唐茂修;清代) …………………………………………… 88

汪氏拟方(许承尧;清代) …………………………………………… 88

古方选注(方成垿;清代) …………………………………………… 89

验方秘录(谢奕卿;清代) …………………………………………… 89

手抄秘方(吴爱铭;清代) …………………………………………… 89

各证经验秘方(胡其重;清代) ……………………………………… 89

汤头歌诀新编(汪昂撰,吴华卿编;清末民国) …………………… 89

拣便良方(戴松谷;民国) …………………………………………… 89

针灸推拿类文献 ……………………………………………………… 90

针灸问对(汪机;1519) ……………………………………………… 90

治病针法(李氏;1549) ……………………………………………… 90

针方六集(吴崐;1618) ……………………………………………… 91

经络歌诀(汪昂;1689) ……………………………………………… 91

经络穴道歌(汪昂;1694) …………………………………………… 91

动功按摩秘诀(汪启贤、汪启圣编,汪大年补;1696) …………… 92

秘授太乙神针(韩贻丰撰,方成培录;1717) ……………………… 92

刺灸心法要诀(吴谦;1742) ………………………………………… 92

神灸经纶(吴亦鼎;1851) …………………………………………… 93

推拿述略(夏鼎撰,余懋编;1887) ………………………………… 93

金针秘传(方慎庵;1937) …………………………………………… 93

明堂图(滑寿撰,吴崐校;明代) …………………………………… 94

小儿烧针法(王君萃;清代) ………………………………………… 94

经络(俞正燮;清代) ………………………………………………… 94

针灸论(汪必昌;清代) ……………………………………………… 95

临证综合与内科类文献 ·· 96

新刊丹溪心法（朱震亨撰，程充校补；1481） ································ 96

松崖医径（程玠；1484） ·· 97

丹溪心法附余（方广；1536） ·· 97

脉症治方（吴正伦；1572） ··· 98

慎斋遗书（周之干；1573） ··· 99

周慎斋医书（周之干；1573） ··· 99

赤水玄珠（孙一奎；1573） ··· 100

新刻汪先生家藏医学原理（汪机撰，吴勉学校刻；1601） ············· 100

疗马集（喻仁、喻杰；1608） ·· 101

医林统要通玄方论（黄惟亮；1609） ··· 101

医宗粹言（罗周彦；1612） ·· 102

伤暑全书（张鹤腾；1623） ·· 102

丹台玉案（孙文胤；1637） ·· 103

诸证析疑（余淙撰，余士冕补，余昭令编；1644） ························· 103

医学入门万病衡要（龚廷贤撰，洪正立补；1655） ························ 104

名医类编（刘泽芳撰，程应旄编，周之苣校；1657） ····················· 104

苇杭集（陈丰；1666） ··· 104

杂症纂要（张遂辰撰，郑日新订；1668） ····································· 105

医读（汪机撰，程应旄补辑；1669） ·· 105

迈种苍生司命（程衍道；1681） ·· 106

医宗指要（汪昂撰，程照辑；1682） ·· 106

宝命真诠（吴楚；1683） ·· 106

查了吾先生正阳篇选录（查万合撰，陈嘉璘选录；1694） ············· 107

血症良方（潘为缙；1711） ··· 107

医学心悟（程国彭；1732） ··· 108

不居集（吴澄；1739） ··· 108

杂病心法要诀（吴谦；1742） ··· 109

脉证方治存式（金硕祢；1744） ·· 109

方氏脉症正宗（方肇权；1749） ·· 109

杂症会心录(汪文绮;1754) …… 110

方症会要(吴迈;1756) …… 110

疫疹一得(余霖;1785) …… 111

补正医学传心(缪希雍撰,孙佑补;1786) …… 111

慈航集(王勋;1799) …… 112

证因方论集要(汪汝麟;1839) …… 112

愚虑医草(郑承湘;1840) …… 113

费批医学心悟(程国彭撰,费伯雄注;1851) …… 113

医约补略(程芝田撰,龚时瑞补;1863) …… 113

入门要诀(汪宏;1875) …… 113

医家四要(程曦、江诚、雷大复撰;1884) …… 114

注礼堂医学举要(戴绪安撰,常瑾芬补;1886) …… 114

医学精华(周学海;1891) …… 115

增订伤暑全书(张鹤腾撰,叶霖增订;1898) …… 115

医醇賸义歌诀(胡学训;1902) …… 115

余氏总集(余懋辑,许兆奎校;1906) …… 115

医会纪要(胡金相;1911) …… 115

华佗神医秘传(华佗撰,孙思邈辑,上海古书保存会编;1920) …… 116

杂证类抄(王润基;1924) …… 116

四大病(王润基;1930) …… 117

杂证精义(毕成一;1934) …… 117

华佗神医秘方大全(华佗撰,姚若琴编;1936) …… 117

各证集说诸方备用并五脏六腑各论(叶桂撰,佚名氏辑;清代) …… 118

医学汇纂指南(端木缙;清代) …… 118

叶天士杂症口诀(叶桂撰,佚名氏辑;清代) …… 118

一本医贯(朱英;清代) …… 118

医学寻源(童氏;清代) …… 119

增订治疗汇要(宁本瑜;清代) …… 119

医阶(许承尧;清代) …… 119

临症一得(叶仲贤;清代) …… 119

医约先规(胡其重;清代) …………………………………………………… 119

外伤科类文献 …………………………………………………………………… 120

　　外科理例(汪机;1519) ……………………………………………………… 120

　　外科应验良方(汪启贤;1696) ……………………………………………… 121

　　外科秘授著要(程让先;1711) ……………………………………………… 121

　　外科十法(程国彭;1732) …………………………………………………… 121

　　外科灰余集(程国彭;1732) ………………………………………………… 122

　　外科心法要诀(吴谦;1742) ………………………………………………… 122

　　正骨心法要旨(吴谦;1742) ………………………………………………… 122

　　疡医大全(顾世澄;1760) …………………………………………………… 123

　　疮疡经验(鲍集成、鲍席芬编;1798) ……………………………………… 123

　　玉泉镜(程景耀;1811) ……………………………………………………… 124

　　伤科方书(江考卿撰,金山农辑;1845) …………………………………… 124

　　德章祖传外科秘书(方家万;1893) ………………………………………… 124

　　外科秘传(陈万镒;1903) …………………………………………………… 124

　　不二华佗秘书(华佗撰,佚名氏编;1911) ………………………………… 125

　　仙传外科集验方(杨清叟撰,佚名氏录;元代) …………………………… 125

　　新安绩邑张鸣鹗秘授跌打抓拿法(张鸣鹗;明代) ……………………… 125

　　跌打回生集(佚名氏撰,金铎整理;清代) ………………………………… 126

　　跌打秘方(江昱;清代) ……………………………………………………… 126

　　梅柳秘传(养正山房主人;清代) …………………………………………… 126

　　啖芋斋杂录(徐少庵;清代) ………………………………………………… 126

　　摘选外科杂症(程耀明;清代) ……………………………………………… 127

　　外科症治神方(程耀明;清代) ……………………………………………… 127

　　疡科心传(吴氏;清代) ……………………………………………………… 127

　　外科医方(旦谷氏;清代) …………………………………………………… 127

　　外科(官源氏;清代) ………………………………………………………… 127

　　伤科(程培;清代) …………………………………………………………… 127

　　伤科秘方(安文、定文;清代) ……………………………………………… 127

　　汪氏家传接骨全书(汪氏;民国) …………………………………………… 128

妇科类文献 ··· 129

　生育宝鉴(洪基撰,佚名氏编;1638) ··· 129

　摄生种子秘方(洪基撰,佚名氏编;1638) ··································· 129

　生育指南(洪基撰,佚名氏编;1638) ··· 129

　新刻删补产宝全书(汪有信;1679) ··· 130

　妇科胎产三十二问答(汪启贤;1696) ·· 130

　达生编(亟斋居士;1715) ·· 130

　胎产良方(亟斋居士;1715) ·· 131

　妇婴至宝续编(亟斋居士;1715) ·· 131

　保生篇(亟斋居士;1715) ··· 131

　达生保婴编(亟斋居士;1715) ··· 131

　生生录(郑晟;1718) ··· 132

　汪广期先生胎产方(汪文誉撰,佚名氏辑;1737) ··························· 132

　妇科心法要诀(吴谦;1742) ·· 132

　胎产辑萃(汪家谟;1745) ··· 132

　广嗣编(方允淳编,许国光订;1750) ··· 133

　产科心法(汪喆;1780) ·· 133

　妇科秘方(竹林寺僧撰,李小有编;1798) ···································· 134

　胎产护生篇(李小有;1798) ·· 134

　增注达生编(亟斋居士撰,毛祥麟增注;1852) ······························ 135

　胎产合璧(新安永思堂主人;1862) ·· 135

　广生编(包诚;1865) ··· 136

　保婴要言(夏鼎撰,王德森编;1866) ·· 136

　卫生宝集(亟斋居士;1875) ·· 136

　女科锦囊(刘泽清;1881) ··· 137

　儿女至宝(亟斋居士撰,三农老人注;1892) ································· 137

　叶天士女科医案(叶桂撰,陆士谔编;1919) ································· 137

　大生全书(杨调元;1933) ··· 137

　叶氏女科证治(叶桂撰,佚名氏辑;清代) ···································· 138

　妇科衣钵(黄予石;清代) ··· 138

女科成书（叶桂撰，佚名氏辑；清代） ………………………………………………… 138

秘传女科方论（耕心山房主人；清代） …………………………………………………… 138

妇科金针（查晓园；清代） …………………………………………………………………… 138

保产万金经（许承尧；清代） ………………………………………………………………… 139

胚幼切要（邵愚斋；清代） …………………………………………………………………… 139

女科集要（程文囿；清代） …………………………………………………………………… 139

女科汇编（王润基；民国） …………………………………………………………………… 139

儿科类文献 ……………………………………………………………………………… 140

小儿痘疹方论（陈文中撰，薛己注；1253） ………………………………………………… 140

小儿病源方论（陈文中；1254） ……………………………………………………………… 140

类证陈氏小儿痘疹方论（陈文中撰，熊均类证；1465） …………………………………… 141

活幼便览（刘锡；1510） ……………………………………………………………………… 141

陈蔡二先生合并痘疹方（陈文中撰，蔡维藩编；1518） …………………………………… 141

痘治理辨（汪机；1531） ……………………………………………………………………… 142

痘治附方（汪机；1531） ……………………………………………………………………… 142

博集烯痘方论（郭奎；1577） ………………………………………………………………… 142

汪氏痘书（汪若源撰，立秀常订；1577） …………………………………………………… 143

保赤全书（管橓撰，李时中补，施文举校；1585） ………………………………………… 143

痘疹心印（孙一奎；1602） …………………………………………………………………… 143

痘家心印（朱巽；1604） ……………………………………………………………………… 144

痘症要诀（吴子扬；1611） …………………………………………………………………… 144

摘星楼治痘全书（朱一麟；1619） …………………………………………………………… 144

痘疹奇衡（唐玄真；1621） …………………………………………………………………… 145

程氏家传经验痧麻痘疹秘要妙集（程嘉祥；1634） ………………………………………… 145

痘疹玄言（汪黝；1637） ……………………………………………………………………… 145

痘科切要（吴元溟；1637） …………………………………………………………………… 145

痘科键（朱巽；1644） ………………………………………………………………………… 146

痘疹元珠（江希舜；1660） …………………………………………………………………… 146

痘疹百问秘本（吴学损；1676） ……………………………………………………………… 146

痘疹心法秘本（吴学损；1676） ……………………………………………………………… 147

痘科宝镜全书(汪昂;1689) …………………………………………………… 147

幼科推拿秘书(骆如龙;1691) ………………………………………………… 147

幼科铁镜(夏鼎;1695) ………………………………………………………… 148

幼科铁镜集证(夏鼎;1695) …………………………………………………… 148

幼科金鉴(夏鼎;1695) ………………………………………………………… 149

治疗全书(夏鼎;1695) ………………………………………………………… 149

慈幼筏(程云鹏;1704) ………………………………………………………… 149

活法启微(何鼎亨;1736) ……………………………………………………… 150

痘科约言(潘伦;1737) ………………………………………………………… 150

幼科杂病心法要诀(吴谦;1742) ……………………………………………… 150

种痘心法要旨(吴谦;1742) …………………………………………………… 150

痘科雪扫录(潘伦;1752) ……………………………………………………… 151

窭少集(王世溇;1758) ………………………………………………………… 151

痘疹专门秘授(董维岳撰,董上贡补;1762) ………………………………… 151

橡村治验(许豫和;1782) ……………………………………………………… 152

橡村痘诀(许豫和;1783) ……………………………………………………… 152

痘诀余义(许豫和;1783) ……………………………………………………… 153

痘症本义(方省庵;1808) ……………………………………………………… 153

秘传小儿杂症捷法(石得春;1814) …………………………………………… 153

痘疹精华(程文囿;1826) ……………………………………………………… 154

痘科键删正补注(朱巽撰,池田独美注,池田晋补;1829) ………………… 154

麻疹备要方论(吴亦鼎;1853) ………………………………………………… 154

活幼珠玑(许佐廷;1873) ……………………………………………………… 154

沈氏麻科(沈望桥;1876) ……………………………………………………… 155

刺种牛痘要法(余懋;1881) …………………………………………………… 155

幼科仁寿录(孙光业;1905) …………………………………………………… 155

陈氏痘科青囊明辨(陈双溪;明代) …………………………………………… 156

幼科秘诀(佚名氏;清代) ……………………………………………………… 156

幼科要略(叶桂撰,周学海补注;清代) ……………………………………… 156

叶氏痘疹锦囊(叶桂撰,佚名氏辑;清代) …………………………………… 157

活幼纂集(胡允遐；清代) … 157
秘传育婴杂症论治(汪守安；清代) … 157
小儿方药(汪宗沂；清代) … 157
儿科方药(胡永康；清代) … 157
麻证秘诀(胡永康；清代) … 158
痘疹集成(程坤锡；清代) … 158
麻痘科秘要(金凯；清代) … 158
小儿急慢惊风专治(陆石仙；清代) … 158
沈望桥先生幼科心法(沈望桥撰，赵开泰辑；民国) … 158

五官科类文献 … 159

经验眼科秘书(程玠；1484) … 159
汇治眼目痛药性及治诸病之方(程玠；1484) … 159
古歙槐塘程松崖眼科(程玠，1484) … 159
眼科心法要诀(吴谦；1742) … 159
重楼玉钥(郑宏纲；1768) … 160
眼科易知录(程玠撰，王震芝订；1796) … 161
眼科应验良方(程正通；1796) … 161
歙西槐塘松崖程正通先生眼科家传秘本(程正通；1796) … 162
喉白阐微(郑承瀚；1797) … 162
重楼玉钥续篇(郑承瀚、方成培撰；1804) … 162
喉风论(方省庵；1808) … 163
喉齿科玉钥全函(汪必昌；1810) … 163
华佗师喉科灰余集(1820) … 163
丹痧咽喉经验秘传(叶桂撰，佚名氏整理；1843) … 164
经验喉科(许佐廷；1864) … 164
喉科白腐要旨(许佐廷；1865) … 164
喉科秘钥(郑尘撰，许佐廷增订；1868) … 164
白喉辨证(黄维翰；1876) … 165
痧喉阐义(程镜宇；1877) … 166
喉症单方(毕泽丰；1900) … 166

简明眼科学（程玠撰、王桂林校注；1911） ………………………………………… 166
华佗秘传验方（华佗撰，佚名氏辑；1948） ………………………………………… 167
新安鲍震宇先生秘传眼科（鲍震宇；明代） ………………………………………… 167
程松崖眼科咽喉秘集（程玠撰，潘化成辑；清代） ………………………………… 167
眼科合纂（佚名氏；清代） ……………………………………………………………… 168
眼科良方（叶桂撰，佚名氏辑；清代） ……………………………………………… 168
白喉方书（吴桐斋；清代） ……………………………………………………………… 168
良方眼科合编（叶桂撰，孙沐贤编；清代） ………………………………………… 169
精选喉科秘要良方（郑宏纲撰，佚名氏辑；清代） ………………………………… 169
咽喉伤燥论（郑承洛；清代） …………………………………………………………… 169
眼科秘本（叶桂撰，佚名氏整理；清代） …………………………………………… 169
喉科秘笈（汪云粹；清代） ……………………………………………………………… 169
咽喉秘要全书（言立诚；清代） ………………………………………………………… 169

养生类文献 ……………………………………………………………………………… 170

三元参赞延寿书（李鹏飞；1291） ……………………………………………………… 170
养生类要（吴正伦辑，吴敖校订；1564） ……………………………………………… 170
养生秘要活人心诀（洪基；1638） ……………………………………………………… 171
陈希夷房术玄机中萃纂要（洪基；1638） ……………………………………………… 171
饮食须知（朱本中；1676） ……………………………………………………………… 171
勿药元诠（汪昂；1682） ………………………………………………………………… 171
添油接命金丹大道（彭真人撰，汪启贤、汪启圣注，汪大年补；1696） …………… 172
汇选方外奇方（汪启贤、汪启圣注，汪大年补；1696） ……………………………… 172
玄宗旨（季蕙壤撰，杨典抄录；1718） ………………………………………………… 172
摩腹运气图考（方开；1735） …………………………………………………………… 172

医案医论医话类文献 …………………………………………………………………… 173

石山医案（汪机撰，陈桷、程廷彝辑；1519） ………………………………………… 173
推求师意（戴思恭撰，汪机编录；1534） ……………………………………………… 174
论医汇粹（余傅山；1543） ……………………………………………………………… 174
名医类案（江瓘辑，江应宿补；1549） ………………………………………………… 174

医学质疑(汪宦;1572) …… 175
周慎斋医案(周之干撰,查万合编;1573) …… 176
孙文垣医案(孙一奎撰,孙泰来、孙朋来、余煌编;1573) …… 176
三吴治验(孙一奎;1573) …… 177
新都治验(孙一奎;1573) …… 177
孙一奎临诊录存医案(孙一奎;1573) …… 177
医案二种(孙一奎;1573) …… 178
程原仲医案(程崙;1621) …… 178
程茂先医案(程从周;1632) …… 178
医学会通(方以智;1638) …… 178
古今名医汇粹(罗美;1675) …… 179
名医汇编(罗美;1675) …… 179
医暇卮言(程林;1676) …… 180
医验录(吴楚;1683) …… 180
医学碎金(汪启贤、汪启圣注,汪大年补;1696) …… 181
素圃医案(郑重光;1706) …… 181
医学体用(卢云乘;1722) …… 181
临证指南医案(叶桂撰,华岫云整理;1766) …… 182
小儿诸热辨(许豫和;1775) …… 182
赤崖医案(汪廷元;1782) …… 182
怡堂散记(许豫和;1785) …… 183
散记续编(许豫和;1785) …… 183
方星岩见闻录(方成垣;1786) …… 183
医论三十篇(韦协梦;1798) …… 183
杏轩医案(程文囿;1805) …… 184
医阶辨证(汪必昌;1810) …… 185
医经余论(罗浩;1812) …… 185
叶氏医案存真(叶桂撰、叶万青辑;1832) …… 185
红树山庄医案(叶昶;1861) …… 186
新安佚名氏医案(佚名氏撰,刘彦词录;1867) …… 186

引经证医（程梁；1873） ··· 186

管见医案（陈鸿猷；1873） ··· 187

性理绪余（朱祝三；1877） ··· 187

医法心传（程芝田撰，雷丰校订；1882） ·· 187

程敬通医案（程衍道遗方，程曦注释；1883） ··· 188

广陵医案摘录（汪廷元撰，佚名氏录；1890） ··· 188

读医随笔（周学海；1891） ··· 189

医门奇验（胡金相；1894） ··· 189

困学随笔（朱恩；1897） ·· 189

李能谦医案（李能谦；1905） ·· 190

东山别墅医案（叶熙钧；1918） ··· 190

中国医药问题（王一仁；1927） ··· 190

三衢治验录（王一仁；1932） ·· 191

丰文涛医案（丰文涛撰，佚名氏辑；1936） ·· 191

中医系统学（王一仁；1936） ·· 191

意庵医案（王琠；明代） ·· 191

新安程星海医案（程崙；明代） ··· 192

医法心传（程衍道；明代） ··· 192

舟山医案（唐茂修；清代） ··· 192

温热症医案（孙一奎撰，永和恒记主人辑；清代） ·· 192

新安痘疹医案（佚名氏；清代） ··· 193

评点叶案存真类编（叶桂撰，叶万青编，周学海评；清代） ·································· 193

未刻本叶氏医案（叶桂撰，周仲升录，程门雪校；清代） ····································· 193

徐批叶桂晚年方案真本（叶桂撰，徐大椿批，张振家校；清代） ···························· 194

临证指南医案续集（叶桂撰，佚名氏辑；清代） ··· 194

叶天士家传秘诀（叶桂撰，佚名氏辑；清代） ·· 195

眉寿堂方案选存（叶桂撰，郭维浚编；清代） ·· 195

叶天士内科医案（叶桂撰，佚名氏辑；清代） ·· 195

叶天士幼科医案（叶桂撰，陆士谔编；清代） ·· 195

叶案括要（叶桂撰，潘名熊编；清代） ··· 196

叶天士先生方案(叶桂撰,佚名氏辑;清代) ·········· 196
叶氏医案抄(叶桂撰,佚名氏抄;清代) ············ 196
南阳医案(叶桂撰,佚名氏辑;清代) ············· 197
香岩医案(叶桂撰,门人抄录;清代) ············· 197
香岩诊案(叶桂撰,佚名氏辑;清代) ············· 197
叶氏医案(叶桂撰,佚名氏辑;清代) ············· 197
叶案指南(叶桂撰,佚名氏辑;清代) ············· 197
叶案疏证(叶桂撰,李启贤编;清代) ············· 197
医验录(叶桂撰,佚名氏辑;清代) ·············· 198
扫雪庐医案(叶桂撰,佚名氏辑;清代) ············ 198
叶香岩先生医案(叶桂撰,黄寿南编;清代) ·········· 198
叶选医衡(叶桂撰,佚名氏辑;清代) ············· 198
箧余医语(郑宏纲;清代) ·················· 199
新安四家医案(洪桂撰,佚名氏辑;清代) ··········· 199
洪桂医案(洪桂;清代) ··················· 199
冯塘医案(程有功;清代) ·················· 200
论医药(方中履;清代) ··················· 200
怪证汇纂(汪必昌;清代) ·················· 200
怪证方法(汪必昌;清代) ·················· 200
郑素圃先生医案集(郑重光撰,佚名氏辑;清代) ········ 200
医论(叶桂撰,华岫云辑;清代) ··············· 200
医案新编(刘作铭;清代) ·················· 201
月芬夫子医案(洪桂;清代) ················· 201
张氏医话(张节;清代) ··················· 201
谷荪医话(戴谷荪;清代) ·················· 201
殷云舫医案(殷安涛;清代) ················· 201
胡学训医案(胡学训;清代) ················· 201
两梅庵医案(叶孟钘;清代) ················· 202
医案辑录(倪榜;清代) ··················· 202
观颐居医案辑录(叶熙铎;清代) ··············· 202

种蕉山房医案(叶熙铎;清代) ········· 202
王仲奇医案(王仲奇;清末民国) ········· 202
胡天宗评佚名氏医论(佚名氏撰,胡天宗评;清末民国) ········· 203
天中瘦鹤研精集(胡天宗;清末民国) ········· 203
洪竹潭先生医案(洪溶;清末民国) ········· 203
韻澜先生医案(洪祺;清末民国) ········· 203
休宁佚名氏医案(佚名氏;民国) ········· 203
歙县佚名氏医案(佚名氏;民国) ········· 204
墨西医案(郑维林;现代) ········· 204
郑渭占医案(郑渭占;现代) ········· 204
方詠涛医案(方詠涛;现代) ········· 204

医史传记类文献 ········· 205
医说(张杲;1189) ········· 205
石山居士传(李汛;1523) ········· 205
世医吴洋吴桥传(汪道昆;1591) ········· 206

合刊与汇编类文献 ········· 207
汪石山医书八种(汪机;1519) ········· 207
丹溪心法附余(吴中珩;1536) ········· 207
新刊仁斋直指医书四种(杨士瀛撰,朱崇正附遗;1550) ········· 208
古今医统大全(徐春甫;1556) ········· 208
慎斋三书(周之干撰,查万合编;1573) ········· 209
赤水玄珠全集(孙一奎;1573) ········· 209
医学指南捷径六书(徐春甫撰,汪腾蛟校注;1586) ········· 210
古今医统正脉全书(王肯堂辑,吴勉学校刻;1601) ········· 210
痘疹大全(吴勉学;1601) ········· 211
痘疹四种(吴勉学;1601) ········· 211
保产痘症合编(陈治道撰,吴子扬编;1613) ········· 211
十竹斋刊袖珍本医书(胡正心;1632) ········· 211
伤寒三种(胡正心;1632) ········· 212

摄生总要(洪基;1638) ... 212

古今名医汇粹古今名医方论合刊(罗美;1675) ... 212

贻善堂四种须知(朱本中;1676) ... 213

痘疹四合全书(吴学损;1676) ... 213

本草医方合编(汪昂撰辑、汪桓参订;1694) ... 213

医方集解本草备要汤头歌诀合编(汪昂;1694) ... 214

济世全书(汪启贤、汪启圣编,汪大年补;1701) ... 214

郑素圃医书五种(郑重光;1716) ... 214

医宗金鉴(吴谦;1742) ... 215

草木备要(汪昂撰,吴世芳辑;1778) ... 215

许氏幼科七种(许豫和;1785) ... 216

怡堂散记散记续编合刻(许豫和;1785) ... 216

古愚老人消夏录(汪汲;1795) ... 217

张氏医参(张节;1801) ... 217

古愚山房方书三种(汪汲撰,竹林人辑;1801) ... 217

聊复集(汪必昌撰,王国瑞校;1810) ... 218

宋元检验三录(吴鼐;1812) ... 218

吴郑合编二种(吴有性、郑康宸撰,佚名氏编;1821) ... 218

医述(程文囿;1826) ... 219

鲍氏汇校医书四种(鲍泰圻;1828) ... 219

喉科合璧(许佐廷;1868) ... 219

妇幼五种(亟斋居士;1874) ... 220

汪氏医学六种(汪宏;1875) ... 220

白岳庵杂缀医书(余懋;1887) ... 220

周氏医学丛书(周学海;1891) ... 220

周氏脉学四种(周学海;1892) ... 221

贵池刘氏信天堂汇刻医书三种(刘含芳;1895) ... 221

仁庵医学丛书(王一仁;1936) ... 222

橡村治验小儿诸热辨合刻(许豫和;清代) ... 222

佚失文献 ... 223

淮南王食经并目（刘安；汉代） ... 224
内事（华佗；汉代） ... 224
观形察色并三部脉经（华佗；汉代） ... 224
枕中灸刺经（华佗；汉代） ... 224
华佗方（华佗；汉代） ... 224
华佗尤候（华佗；汉代） ... 224
华氏外科方（华佗；汉代） ... 224
脉经（华佗；汉代） ... 225
脉诀（华佗；汉代） ... 225
济急仙方（华佗；汉代） ... 225
药方（华佗；汉代） ... 225
老子五禽六气诀（华佗；汉代） ... 225
曹氏黄帝十二经明堂偃侧人图（曹氏；三国） ... 225
曹氏灸方（曹氏；三国） ... 225
夏侯氏药方（夏侯氏；三国） ... 226
羊中散方（羊欣；南北朝） ... 226
杂汤丸散酒方（羊欣；南北朝） ... 226
疗下汤丸散方（羊欣；南北朝） ... 226
撰注黄帝明堂经（杨玄操；唐代） ... 226
素问释音（杨玄操；唐代） ... 226
黄帝八十一难经注（杨玄操；唐代） ... 227
针经音（杨玄操；唐代） ... 227
八十一难音义（杨玄操；唐代） ... 227
明堂音义（杨玄操；唐代） ... 227
本草注音（杨玄操；唐代） ... 227
太素造化脉论（齐氏；宋代） ... 227
太素脉经诗诀（齐氏；宋代） ... 227
古方书（邵悦；宋代） ... 228

伤寒切要(张扩;宋代) …………………………………… 228
医流论(张扩;宋代) …………………………………… 228
徐氏方书(徐杜真;元代) ……………………………… 228
经验针法(鲍同仁;元代) ……………………………… 228
通玄指要赋注(鲍同仁;元代) ………………………… 228
去病简要(吴以凝;元代) ……………………………… 228
太素脉诀(程玬;明代) ………………………………… 229
经验方(程玬;明代) …………………………………… 229
诸家医书(朱升;明代) ………………………………… 229
治麻方论(汪奇;明代) ………………………………… 229
六气标本论(汪宦;明代) ……………………………… 229
统属诊法(汪宦;明代) ………………………………… 229
证治要略(汪宦;明代) ………………………………… 229
医方(吴璋;明代) ……………………………………… 230
素问补注(汪机;明代) ………………………………… 230
诊脉早晏法(汪机;明代) ……………………………… 230
本草会编(汪机;明代) ………………………………… 230
拯生诸方(程伊;明代) ………………………………… 230
涵春堂医案(程伊;明代) ……………………………… 230
医林史传(程伊;明代) ………………………………… 230
医林外传(程伊;明代) ………………………………… 231
史传拾遗(程伊;明代) ………………………………… 231
原医图赞(程伊;明代) ………………………………… 231
治痘方书(程锐;明代) ………………………………… 231
医学权衡(吴显忠;明代) ……………………………… 231
医学碎金(王琠;明代) ………………………………… 231
十三种证治(吴崐;明代) ……………………………… 231
药纂(吴崐;明代) ……………………………………… 232
参黄论(吴崐;明代) …………………………………… 232
砭焫考(吴崐;明代) …………………………………… 232

脉法解(周之干撰,陈嘉璪注;明代)⋯⋯⋯⋯⋯⋯⋯⋯⋯⋯⋯⋯⋯⋯⋯⋯⋯⋯⋯⋯⋯⋯⋯⋯⋯ 232

张柏医案(张柏;明代) ⋯⋯⋯⋯⋯⋯⋯⋯⋯⋯⋯⋯⋯⋯⋯⋯⋯⋯⋯⋯⋯⋯⋯⋯⋯⋯⋯⋯⋯⋯⋯ 232

保婴痘疹书(戴端蒙;明代) ⋯⋯⋯⋯⋯⋯⋯⋯⋯⋯⋯⋯⋯⋯⋯⋯⋯⋯⋯⋯⋯⋯⋯⋯⋯⋯⋯⋯⋯ 232

王哲禁方(王哲;明代) ⋯⋯⋯⋯⋯⋯⋯⋯⋯⋯⋯⋯⋯⋯⋯⋯⋯⋯⋯⋯⋯⋯⋯⋯⋯⋯⋯⋯⋯⋯⋯ 232

养生秘诀(朱勋;明代) ⋯⋯⋯⋯⋯⋯⋯⋯⋯⋯⋯⋯⋯⋯⋯⋯⋯⋯⋯⋯⋯⋯⋯⋯⋯⋯⋯⋯⋯⋯⋯ 233

千金圣惠方(陆仲明;明代) ⋯⋯⋯⋯⋯⋯⋯⋯⋯⋯⋯⋯⋯⋯⋯⋯⋯⋯⋯⋯⋯⋯⋯⋯⋯⋯⋯⋯⋯ 233

医学汇纂(闵守泉;明代) ⋯⋯⋯⋯⋯⋯⋯⋯⋯⋯⋯⋯⋯⋯⋯⋯⋯⋯⋯⋯⋯⋯⋯⋯⋯⋯⋯⋯⋯⋯ 233

医家图说(汪延造;明代) ⋯⋯⋯⋯⋯⋯⋯⋯⋯⋯⋯⋯⋯⋯⋯⋯⋯⋯⋯⋯⋯⋯⋯⋯⋯⋯⋯⋯⋯⋯ 233

医学论理(许宁;明代) ⋯⋯⋯⋯⋯⋯⋯⋯⋯⋯⋯⋯⋯⋯⋯⋯⋯⋯⋯⋯⋯⋯⋯⋯⋯⋯⋯⋯⋯⋯⋯ 233

医纪(许宁;明代) ⋯⋯⋯⋯⋯⋯⋯⋯⋯⋯⋯⋯⋯⋯⋯⋯⋯⋯⋯⋯⋯⋯⋯⋯⋯⋯⋯⋯⋯⋯⋯⋯⋯ 233

脉法正宗(姚浚;明代) ⋯⋯⋯⋯⋯⋯⋯⋯⋯⋯⋯⋯⋯⋯⋯⋯⋯⋯⋯⋯⋯⋯⋯⋯⋯⋯⋯⋯⋯⋯⋯ 233

药品征要(姚浚;明代) ⋯⋯⋯⋯⋯⋯⋯⋯⋯⋯⋯⋯⋯⋯⋯⋯⋯⋯⋯⋯⋯⋯⋯⋯⋯⋯⋯⋯⋯⋯⋯ 234

风疾必读(姚浚;明代) ⋯⋯⋯⋯⋯⋯⋯⋯⋯⋯⋯⋯⋯⋯⋯⋯⋯⋯⋯⋯⋯⋯⋯⋯⋯⋯⋯⋯⋯⋯⋯ 234

难经考误(姚浚;明代) ⋯⋯⋯⋯⋯⋯⋯⋯⋯⋯⋯⋯⋯⋯⋯⋯⋯⋯⋯⋯⋯⋯⋯⋯⋯⋯⋯⋯⋯⋯⋯ 234

黄氏医案(黄俅;明代) ⋯⋯⋯⋯⋯⋯⋯⋯⋯⋯⋯⋯⋯⋯⋯⋯⋯⋯⋯⋯⋯⋯⋯⋯⋯⋯⋯⋯⋯⋯⋯ 234

保婴全书(汪源;明代) ⋯⋯⋯⋯⋯⋯⋯⋯⋯⋯⋯⋯⋯⋯⋯⋯⋯⋯⋯⋯⋯⋯⋯⋯⋯⋯⋯⋯⋯⋯⋯ 234

伤寒翼(程宏宾;明代) ⋯⋯⋯⋯⋯⋯⋯⋯⋯⋯⋯⋯⋯⋯⋯⋯⋯⋯⋯⋯⋯⋯⋯⋯⋯⋯⋯⋯⋯⋯⋯ 234

虚车录(吴正伦;明代) ⋯⋯⋯⋯⋯⋯⋯⋯⋯⋯⋯⋯⋯⋯⋯⋯⋯⋯⋯⋯⋯⋯⋯⋯⋯⋯⋯⋯⋯⋯⋯ 234

活人心鉴(吴正伦;明代) ⋯⋯⋯⋯⋯⋯⋯⋯⋯⋯⋯⋯⋯⋯⋯⋯⋯⋯⋯⋯⋯⋯⋯⋯⋯⋯⋯⋯⋯⋯ 235

吴氏医案(吴正伦;明代) ⋯⋯⋯⋯⋯⋯⋯⋯⋯⋯⋯⋯⋯⋯⋯⋯⋯⋯⋯⋯⋯⋯⋯⋯⋯⋯⋯⋯⋯⋯ 235

医准(朱天壁;明代) ⋯⋯⋯⋯⋯⋯⋯⋯⋯⋯⋯⋯⋯⋯⋯⋯⋯⋯⋯⋯⋯⋯⋯⋯⋯⋯⋯⋯⋯⋯⋯⋯ 235

医学大原(俞桥;明代) ⋯⋯⋯⋯⋯⋯⋯⋯⋯⋯⋯⋯⋯⋯⋯⋯⋯⋯⋯⋯⋯⋯⋯⋯⋯⋯⋯⋯⋯⋯⋯ 235

本草类方(黄良佑;明代) ⋯⋯⋯⋯⋯⋯⋯⋯⋯⋯⋯⋯⋯⋯⋯⋯⋯⋯⋯⋯⋯⋯⋯⋯⋯⋯⋯⋯⋯⋯ 235

麻痘秘法(黄良佑;明代) ⋯⋯⋯⋯⋯⋯⋯⋯⋯⋯⋯⋯⋯⋯⋯⋯⋯⋯⋯⋯⋯⋯⋯⋯⋯⋯⋯⋯⋯⋯ 235

试效集成(汪副护;明代) ⋯⋯⋯⋯⋯⋯⋯⋯⋯⋯⋯⋯⋯⋯⋯⋯⋯⋯⋯⋯⋯⋯⋯⋯⋯⋯⋯⋯⋯⋯ 235

医学指南(陈嘉谟;明代) ⋯⋯⋯⋯⋯⋯⋯⋯⋯⋯⋯⋯⋯⋯⋯⋯⋯⋯⋯⋯⋯⋯⋯⋯⋯⋯⋯⋯⋯⋯ 236

医荟(毕懋襄;明代) ⋯⋯⋯⋯⋯⋯⋯⋯⋯⋯⋯⋯⋯⋯⋯⋯⋯⋯⋯⋯⋯⋯⋯⋯⋯⋯⋯⋯⋯⋯⋯⋯ 236

外科秘要(洪玥;明代) ⋯⋯⋯⋯⋯⋯⋯⋯⋯⋯⋯⋯⋯⋯⋯⋯⋯⋯⋯⋯⋯⋯⋯⋯⋯⋯⋯⋯⋯⋯⋯ 236

大定数(程玠;明代) ⋯⋯⋯⋯⋯⋯⋯⋯⋯⋯⋯⋯⋯⋯⋯⋯⋯⋯⋯⋯⋯⋯⋯⋯⋯⋯⋯⋯⋯⋯⋯⋯ 236

见证辨疑(程玠;明代) ⋯⋯⋯⋯⋯⋯⋯⋯⋯⋯⋯⋯⋯⋯⋯⋯⋯⋯⋯⋯⋯⋯⋯⋯⋯⋯⋯⋯⋯⋯⋯ 236

脉法指要(程玠;明代) ………………………………………… 236
医论集粹(程玠;明代) ………………………………………… 236
儿科方要(吴元溟;明代) ……………………………………… 237
痘疹方(左忠;明代) …………………………………………… 237
医汇(毕戀康;明代) …………………………………………… 237
病源赋(方广;明代) …………………………………………… 237
伤寒地理(方广;明代) ………………………………………… 237
陶氏伤寒节抄(方广;明代) …………………………………… 237
脉药证治(方广;明代) ………………………………………… 237
医指天机(方广;明代) ………………………………………… 238
本草集要(方广;明代) ………………………………………… 238
重选药性类要(方广;明代) …………………………………… 238
伤寒捷径书(孙文胤;明代) …………………………………… 238
伤寒一科(孙文胤;明代) ……………………………………… 238
图方(李蓁;明代) ……………………………………………… 238
脉诀约言(戴文炳;明代) ……………………………………… 238
伤寒权(戴文炳;明代) ………………………………………… 239
怪症表里因(刘继芳;明代) …………………………………… 239
了吾医录(查万合;明代) ……………………………………… 239
调元要录(洪守美;明代) ……………………………………… 239
医录圭旨(查国第;明代) ……………………………………… 239
名医秘旨(查国第;明代) ……………………………………… 239
性学弥纶图(胡蛰英;明代) …………………………………… 239
医学正宗(程汝惠;明代) ……………………………………… 240
明医摘粹(周士先;明代) ……………………………………… 240
杏庄集(濮镛;明代) …………………………………………… 240
医鉴(李昌期;明代) …………………………………………… 240
伤寒杂证(程崙;明代) ………………………………………… 240
程氏验方(程崙;明代) ………………………………………… 240
伤寒考证(潘仲斗;明代) ……………………………………… 240

阐明伤寒论(巴应奎;明代) ……………………………………………… 241

医宗思知录(叶天彝;明代) ……………………………………………… 241

奇方集验(苟镒;明代) …………………………………………………… 241

医书(王甚美;明代) ……………………………………………………… 241

痘疹二证全书(吴子扬;明代) …………………………………………… 241

痘症撮要(吴子扬;明代) ………………………………………………… 241

蠢子录(吴子扬;明代) …………………………………………………… 241

重刻东园痘证全书(吴子扬撰,吴启泰辑;明代) ……………………… 242

医易(翟时泰;明代) ……………………………………………………… 242

读素问灵枢志(梅鹗;明代) ……………………………………………… 242

四时调理方书(周之明;明代) …………………………………………… 242

问答医案(周之明;明代) ………………………………………………… 242

痘疹览(阴有澜;明代) …………………………………………………… 242

稀痘方(阴有澜;明代) …………………………………………………… 242

医方辑要(周广运;明代) ………………………………………………… 243

医易(何介;明代) ………………………………………………………… 243

汤剂指南(江应全;明代) ………………………………………………… 243

活人书(江应全;明代) …………………………………………………… 243

慈幼集(许长春;明代) …………………………………………………… 243

黄宗三医书(黄宗三;明代) ……………………………………………… 243

医林摘粹(黄鉴;明代) …………………………………………………… 243

借红亭本草(姚康;明代) ………………………………………………… 244

医宗脉要(余淙;明代) …………………………………………………… 244

伤寒伤暑辨(张鹤腾;明代) ……………………………………………… 244

逸医编(卢晋;明代) ……………………………………………………… 244

八法针(卢晋;明代) ……………………………………………………… 244

养恬录(卢晋;明代) ……………………………………………………… 244

古方解(方以智;明代) …………………………………………………… 244

针灸仅存录(黄宰;明代) ………………………………………………… 245

加减汤头歌括(汪时鹃;明代) …………………………………………… 245

发挥十二经动脉图解(刘继芳；明代) ……………………………………………………… 245
素问发明(程剩生；明代) ……………………………………………………………… 245
避水集验要方(董炳；明代) …………………………………………………………… 245
治蛊奇书(方震孺；明代) ……………………………………………………………… 245
医统(蔡溥；明代) ……………………………………………………………………… 245
滇南本草图说(沐英；明代) …………………………………………………………… 246
痘科大成集(朱一麟；明代) …………………………………………………………… 246
痘科指要(宋孟元；明代) ……………………………………………………………… 246
医集大成(程邦贤；明代) ……………………………………………………………… 246
医家正统(程公礼；明代) ……………………………………………………………… 246
行仁辑要(程公礼；明代) ……………………………………………………………… 246
保赤方略(程公礼；明代) ……………………………………………………………… 246
余午亭医案(余淙；明代) ……………………………………………………………… 247
医补(曹恒占；明代) …………………………………………………………………… 247
本草澄源(朱齐龙；明代) ……………………………………………………………… 247
诸家医论(谢承文；清代) ……………………………………………………………… 247
医学发明(芮养谦；清代) ……………………………………………………………… 247
医经原始(芮养仁；清代) ……………………………………………………………… 247
痘科约言(许学文；清代) ……………………………………………………………… 247
保赤正脉(许学文；清代) ……………………………………………………………… 248
尊生内编(王有礼；清代) ……………………………………………………………… 248
尊生外编(王有礼；清代) ……………………………………………………………… 248
痘疹心法(吴邦宁；清代) ……………………………………………………………… 248
广嗣篇(徐国显；清代) ………………………………………………………………… 248
则庵医案(严宫方；清代) ……………………………………………………………… 248
逸园方书(任埙；清代) ………………………………………………………………… 248
经验良方(吴文冕；清代) ……………………………………………………………… 249
医学指南(吴文冕；清代) ……………………………………………………………… 249
儿科秘方(吴文冕；清代) ……………………………………………………………… 249
幼幼心法(吴文冕；清代) ……………………………………………………………… 249

女科则要(唐翼真;清代) ……………………………………………… 249

神效方(徐远达;清代) …………………………………………………… 249

经验方(徐远达;清代) …………………………………………………… 249

奇验方书(吴天植;清代) ………………………………………………… 250

医书(胡正言;清代) ……………………………………………………… 250

元气论(胡邦旦;清代) …………………………………………………… 250

寿婴秘书(赵崇济;清代) ………………………………………………… 250

医家指南(曹光绍;清代) ………………………………………………… 250

脉症应绳录(程南;清代) ………………………………………………… 250

类方秘录(程南;清代) …………………………………………………… 250

本草详要(周士遑;清代) ………………………………………………… 251

俞穴(周士遑;清代) ……………………………………………………… 251

医案(周士遑;清代) ……………………………………………………… 251

伤寒寸金(曹若楫;清代) ………………………………………………… 251

幼科指南(何其沧;清代) ………………………………………………… 251

幼科金针(王世逄;清代) ………………………………………………… 251

医言(李蕃;清代) ………………………………………………………… 251

医砭(余鹤;清代) ………………………………………………………… 252

医学管见(曹洛禋;清代) ………………………………………………… 252

温疫辨论(白启阳;清代) ………………………………………………… 252

易医合参(张遂辰;清代) ………………………………………………… 252

女科指南(刘泽清;清代) ………………………………………………… 252

医道用中一集(孙兆本;清代) …………………………………………… 252

伤寒辨论(胡履吉;清代) ………………………………………………… 252

本草类集良方(郑传;清代) ……………………………………………… 253

幼幼辑要(郑传;清代) …………………………………………………… 253

麻科简要(倪元颐;清代) ………………………………………………… 253

存济录(杜五七;清代) …………………………………………………… 253

险症医案(杜五七;清代) ………………………………………………… 253

麻痘明镜(崔涵;清代) …………………………………………………… 253

活幼心法（崔涵；清代）……………………………………………253

脉诀辑要（朱正杰；清代）…………………………………………254

药性纂要（陈允昺；清代）…………………………………………254

女科得解（陈允昺；清代）…………………………………………254

本草诗笺（方玉简；清代）…………………………………………254

脉症指微（程本遐；清代）…………………………………………254

医方类编（程本遐；清代）…………………………………………254

杏墩日抄（胡杏墩；清代）…………………………………………254

伤寒论编（汪纯粹；清代）…………………………………………255

游秦医案（汪纯粹；清代）…………………………………………255

伤寒指南（周瑶；清代）……………………………………………255

伤寒论注（王廷相；清代）…………………………………………255

难经释义（汪钰；清代）……………………………………………255

温疫论二注（汪文绮；清代）………………………………………255

证治括言（汪文绮；清代）…………………………………………255

医案草述（程琦；清代）……………………………………………256

柚粮医案（程微灏；清代）…………………………………………256

黄士迪医案（黄士迪；清代）………………………………………256

明光奥旨（汪镇国；清代）…………………………………………256

惜孩微言（金硕祁；清代）…………………………………………256

脉宗管见（张天泽；清代）…………………………………………256

行素斋秘要（张天泽；清代）………………………………………256

痘证指要（朱元孟；清代）…………………………………………257

易经会纂（王秉伦；清代）…………………………………………257

医选（倪殿标；清代）………………………………………………257

训科指迷（吕发礼；清代）…………………………………………257

青囊秘选（吕发礼；清代）…………………………………………257

天都医案（汪廷元；清代）…………………………………………257

宾阳医案（吴尚相；清代）…………………………………………257

扶婴录（郑瑚；清代）………………………………………………258

遁气符(许凝;清代) ··· 258

本草略(潘元森;清代) ··· 258

可行集(潘元森;清代) ··· 258

时疫类方(汪世渡;清代) ··· 258

诸证采微(程式仪;清代) ··· 258

证治阐微(程三才;清代) ··· 258

飞布保脉集(江本良;清代) ··· 259

列代名医要旨记录(王谟;清代) ··· 259

麻症全编(程国汉;清代) ··· 259

痘科要录(王卜远;清代) ··· 259

痘科类编(罗世震;清代) ··· 259

医理抉微(周调鼎;清代) ··· 259

张氏医案(张节;清代) ··· 259

万锦集(张克肇;清代) ··· 260

汇补敲爻歌(张克肇;清代) ··· 260

医学择要(连斗山;清代) ··· 260

医学纂要(王寅;清代) ··· 260

非风条辨(严颢;清代) ··· 260

虚损元机(严颢;清代) ··· 260

杂症一贯(严颢;清代) ··· 260

女科心会(严颢;清代) ··· 261

医学寻宗(吴瓯玉;清代) ··· 261

十三科(严大鹏;清代) ··· 261

医书积验(张文英;清代) ··· 261

医方辨案(方竣;清代) ··· 261

伤寒问答(程云鹏;清代) ··· 261

脉复(程云鹏;清代) ··· 261

灵素微言(程云鹏;清代) ··· 262

医贯别裁(程云鹏;清代) ··· 262

医人传(程云鹏;清代) ··· 262

种嗣玄机(程云鹏;清代) …… 262
医方(方承永;清代) …… 262
医学知源(袁瑛;清代) …… 262
医学(詹方桂;清代) …… 262
新方八阵注(吴迁;清代) …… 263
传忠录注(吴迁;清代) …… 263
保产机要(李鸣;清代) …… 263
灵素要略(鲍漱芳;清代) …… 263
重刊素问灵枢注证发微(鲍漱芳;清代) …… 263
医学折衷(宋自应;清代) …… 263
痘疹心法全书(郝祚祯;清代) …… 263
奇验录(严景陵;清代) …… 264
寿世汇编(汪如龙;清代) …… 264
药性医方辨(罗浩;清代) …… 264
医书总录(罗浩;清代) …… 264
罗浩医学诸书(罗浩;清代) …… 264
医书题解录(罗浩;清代) …… 264
医方(吴昰;清代) …… 264
历验方(何元巩;清代) …… 265
医学类求(程致煌;清代) …… 265
痘书(程建勋;清代) …… 265
医书两种(汪大镛;清代) …… 265
妇科专门(宋自应;清代) …… 265
伤寒论注(葛廷玉;清代) …… 265
痘疹秘诀(杨三捷;清代) …… 265
应验良方(杨三捷;清代) …… 266
伤寒歌诀(黄廷杰;清代) …… 266
杂症诗括(黄廷杰;清代) …… 266
性理发微(郑采廷;清代) …… 266
质堂医案(郑采廷;清代) …… 266

奇验手录（曹正朝；清代） ……………………………………………… 266

梅谷丛谈（程鼎调；清代） ……………………………………………… 266

习医明镜（程鼎调；清代） ……………………………………………… 267

伤寒集成（田廷玉；清代） ……………………………………………… 267

温疫集成（田廷玉；清代） ……………………………………………… 267

痘证集成（田廷玉；清代） ……………………………………………… 267

暑温湿温疫疠疟痢诸条辨（方熔；清代） ……………………………… 267

胜气篇（方熔；清代） …………………………………………………… 267

复气篇（方熔；清代） …………………………………………………… 267

温热条辨（方熔；清代） ………………………………………………… 268

伤寒摘要（方熔；清代） ………………………………………………… 268

集验方书（俞子才；清代） ……………………………………………… 268

伤寒辨微（胡润川；清代） ……………………………………………… 268

医学锦囊（胡润川；清代） ……………………………………………… 268

妇科临症指南（胡润川；清代） ………………………………………… 268

医方新编（许丽京；清代） ……………………………………………… 268

病思录（吴日标；清代） ………………………………………………… 269

济急医方（曹允谦；清代） ……………………………………………… 269

医学约编（姚文涛；清代） ……………………………………………… 269

伤寒注疏（章元弼；清代） ……………………………………………… 269

医学渊源（章元弼；清代） ……………………………………………… 269

医案编（章元弼；清代） ………………………………………………… 269

医案（高以庄；清代） …………………………………………………… 269

医论（程国俊；清代） …………………………………………………… 270

验方（张家勋；清代） …………………………………………………… 270

临症条辨（张家勋；清代） ……………………………………………… 270

经验方（程大礼；清代） ………………………………………………… 270

医集（程大礼；清代） …………………………………………………… 270

同寿堂药方（沈家份；清代） …………………………………………… 270

杂疫粹精（沈理浩、沈理治；清代） …………………………………… 270

方脉综（倪璜；清代） ……………………………………………………… 271
脉理大全（刘辅清；清代） …………………………………………… 271
医捷（朱佩麟；清代） …………………………………………………… 271
伤寒百问（金本田；清代） …………………………………………… 271
伤寒百问增注（金玉音；清代） ……………………………………… 271
性理近取生气篇（朱祝三；清代） …………………………………… 271
张氏难经赏析性理篇（朱祝三；清代） ……………………………… 271
晚翠轩医话（蒯延理；清代） ………………………………………… 272
素问义证（蒯延理；清代） …………………………………………… 272
脉诀（吴元松；清代） ………………………………………………… 272
伤寒知要（翟万麒；清代） …………………………………………… 272
伤寒录（查宗枢；清代） ……………………………………………… 272
医学正宗（宋筠；清代） ……………………………………………… 272
尚论篇伤寒论医案（宋筠；清代） …………………………………… 272
医方辑略（陈立基；清代） …………………………………………… 273
济阴通玄集（洪烜；清代） …………………………………………… 273
眼科汇宗（侯枞；清代） ……………………………………………… 273
集方便览（金朝秀；清代） …………………………………………… 273
李氏新传（李长福、李锦春；清代） ………………………………… 273
伤寒辑要（胡应亨；清代） …………………………………………… 273
杂证脉诀（胡应亨；清代） …………………………………………… 273
正骨指南（葛维麒；清代） …………………………………………… 274
本草补注（郭钦；清代） ……………………………………………… 274
经验方（张允嘉；清代） ……………………………………………… 274
本草精金录（王耀；清代） …………………………………………… 274
医家集要（王耀；清代） ……………………………………………… 274
南雅堂医方全集订（沈道先；清代） ………………………………… 274
福幼书（王家猷；清代） ……………………………………………… 274
种德新编（朱荣；清代） ……………………………………………… 275
痘症要（朱荣；清代） ………………………………………………… 275

金鉴集解(张玺;清代) …… 275
普济良方(胡万清;清代) …… 275
医方要言(孙家勤;清代) …… 275
传白牛图方书(赵应元;清代) …… 275
医术全集(江映川;清代) …… 275
医方宝筏(程鹏飞;清代) …… 276
医书数种(刘希璧;清代) …… 276
痘疹心传草本(戴天锡;清代) …… 276
济世宝囊(段克忠;清代) …… 276
六十四门药性分类(戴华光;清代) …… 276
十二经补泻温凉药(戴华光;清代) …… 276
本草述要(戴华光;清代) …… 276
医学集证(何星照;清代) …… 277
药性正误(程观澜;清代) …… 277
脉理微言(程观澜;清代) …… 277
脉诀指掌(章光裕;清代) …… 277
医学(潘用清;清代) …… 277
景岳节抄(李川衡;清代) …… 277
医理从源(李心复;清代) …… 277
妇科精诣良方(查晓园;清代) …… 278
内经说(朱开;清代) …… 278
方书集成(郝同驭;清代) …… 278
药性赋(丁悦先;清代) …… 278
医理精蕴(章光裕;清代) …… 278
医纂(葛启俊;清代) …… 278
痘科要言(丁悦先;清代) …… 278
灵素要略(杨銮坡;清代) …… 279
歇萃新集(杨銮坡;清代) …… 279
医余留考图(杨銮坡;清代) …… 279
医学探源(杨銮坡;清代) …… 279

诚求详论(潘道源;清代)	279
济世新编(陈上印;清代)	279
试验新方(陈瑾瑜;清代)	279
医生十劝(陈瑾瑜;清代)	280
金匮悬解补注(吕朝瑞;清代)	280
脉理便览(江澍泉;清代)	280
李就熔手录方书(李就熔;清代)	280
李勉钊手录方书(李勉钊;清代)	280
本草集联(刘秉钺;清代)	280
本草分经类编(周毅区;清代)	280
医学精蕴(吴贺恪;清代)	281
医理阐微(刘灿奎;清代)	281
可人楼医诀(贺锦芳;清代)	281
验方集要(周达秀;清代)	281
东山医案(贺绫;清代)	281
方士恩医书(方士恩;清代)	281
何嘉诜纂注医书(何嘉诜;清代)	281
外科方略(姚慎德;清代)	282
医法汇要(戴荣基;清代)	282
中西医学新论(胡存庆;清代)	282
医理防微论(黄存厚;清代)	282
药性补明(朱荧;清代)	282
四诊发微(程东贤;清代)	282
寿世金针(程东贤;清代)	282
卫生集(何鸿器;清代)	283
疗疟痢方(李凤周;清代)	283
医学论(郑廷玺;清代)	283
要症真传(郑廷玺;清代)	283
瘟症论(徐国义;清代)	283
经验方(范松;清代)	283

经验方(阎超群;清代) ………………………………………………… 283

医案(孙景会;清代) …………………………………………………… 284

产后指南(于云同;清代) ……………………………………………… 284

包氏医述(包诚;清代) ………………………………………………… 284

寿世编(朱朴园;清代) ………………………………………………… 284

青囊精选(王之冕;清代) ……………………………………………… 284

五运六气(孙蒙;清代) ………………………………………………… 284

脉法(孙蒙;清代) ……………………………………………………… 284

太素脉(孙蒙;清代) …………………………………………………… 285

医学指南(严谨;清代) ………………………………………………… 285

医方辟谬(严谨;清代) ………………………………………………… 285

医方捷诀(严以括;清代) ……………………………………………… 285

人镜(吴学泰;清代) …………………………………………………… 285

医学刍言(吴学泰;清代) ……………………………………………… 285

疡科外治验方(程道周;清代) ………………………………………… 285

锦囊医话(程道周;清代) ……………………………………………… 286

蕴斋医案(王籍登;清代) ……………………………………………… 286

喉科杂症(郑承海;清代) ……………………………………………… 286

星轺避暑录(许思文;清代) …………………………………………… 286

墨罗痧问答(许思文;清代) …………………………………………… 286

妇科阐微(许思文;清代) ……………………………………………… 286

幼科简便良方(许思文;清代) ………………………………………… 286

喉科详略(许思文;清代) ……………………………………………… 287

祝三医案(郑钟寿;清代) ……………………………………………… 287

药性会参(汪烈;清代) ………………………………………………… 287

熟地黄论(郑承洛;清代) ……………………………………………… 287

燕窝考(郑承洛;清代) ………………………………………………… 287

医叹(郑承洛;清代) …………………………………………………… 287

胎产方论(郑承洛;清代) ……………………………………………… 287

杏庵医案(郑承洛;清代) ……………………………………………… 288

痘科秘奥（郑承瀚、郑承洛合撰；清代） …… 288
胎产秘书（江允旰；清代） …… 288
痘疹集验（江允旰；清代） …… 288
本草便读（殷世春；清代） …… 288
医方便读（殷世春；清代） …… 288
幼科金镜（殷世春；清代） …… 288
痘科重光（殷世春；清代） …… 289
抑隅堂医案（洪桂；清代） …… 289
医方秘旨（郑时庄；清代） …… 289
药性集韵（巴堂试；清代） …… 289
病理药性（巴堂试；清代） …… 289
病理集韵（巴堂试；清代） …… 289
叶调详释（巴堂试；清代） …… 289
本草便读（巴堂试；清代） …… 290
本草便读补遗（殷长裕；清代） …… 290
酒谱（许绍曾；清代） …… 290
保赤全书（许绍曾；清代） …… 290
考订刊刻圣济总录（黄履暹；清代） …… 290
考订刊刻叶氏指南（黄履暹；清代） …… 290
运气图解（郑沛；清代） …… 290
问山医案（郑沛；清代） …… 291
灵素汤液溯源（郑麟；清代） …… 291
昙华书屋遗稿（鲍增祚；清代） …… 291
医学撮要（汪鸿镕；清代） …… 291
医学心得（毕体仁；清代） …… 291
临症主治大法（毕体仁；清代） …… 291
家居医录（曹开第；清代） …… 291
伤寒变论（饶堭；清代） …… 292
伤寒诀（饶堭；清代） …… 292
伤寒论集解（汪宏；清代） …… 292

金匮要略集解(汪宏;清代) ………………………………………………………… 292
伤寒金匮经方简易歌括(郑承湘;清代) …………………………………………… 292
易医格物篇(胡大溟;清代) ………………………………………………………… 292
医汇简切(郑承湘;清代) …………………………………………………………… 292
痘治正名类参(郑承湘;清代) ……………………………………………………… 293
喉菌发明(郑承湘;清代) …………………………………………………………… 293
集验简便诸方(郑重光;清代) ……………………………………………………… 293
伤寒论翼(郑重光;清代) …………………………………………………………… 293
本草证误(诸翱;清代) ……………………………………………………………… 293
医家必阅(叶起风;清代) …………………………………………………………… 293
集验新方(方城;清代) ……………………………………………………………… 293
难经注(戴震;清代) ………………………………………………………………… 294
伤寒论考注(戴震;清代) …………………………………………………………… 294
金匮要略注(戴震;清代) …………………………………………………………… 294
医学指南(戴震;清代) ……………………………………………………………… 294
彭城医案(刘作铭;清代) …………………………………………………………… 294
伤寒证治明条(吴澄;清代) ………………………………………………………… 294
推拿神书(吴澄;清代) ……………………………………………………………… 294
师朗医案(吴澄;清代) ……………………………………………………………… 295
易医会参(吴澄;清代) ……………………………………………………………… 295
伤寒妇科(汪必昌;清代) …………………………………………………………… 295
理脉(胡其重;清代) ………………………………………………………………… 295
古方韵括(胡其重;清代) …………………………………………………………… 295
医书博要(胡其重;清代) …………………………………………………………… 295
医博(程芝田;清代) ………………………………………………………………… 295
名医汇纂(汪时泰;清代) …………………………………………………………… 296
伤寒集注(程林;清代) ……………………………………………………………… 296
一屋微言(程林;清代) ……………………………………………………………… 296
本草笺要(程林;清代) ……………………………………………………………… 296
医学分法类编(程林;清代) ………………………………………………………… 296

难经注疏(程林;清代) ………………………………………………… 296

伤寒抉疑(程林;清代) ………………………………………………… 296

医学杂撰(程林;清代) ………………………………………………… 297

校订玉函经(程林;清代) ……………………………………………… 297

伤寒眉诠(张方泌;清代) ……………………………………………… 297

新方论注(吴宏定;清代) ……………………………………………… 297

攒花知不足方(吴章侯;清代) ………………………………………… 297

医要(汪缵功;清代) …………………………………………………… 297

玉堂花馆医案(程星楼;清代) ………………………………………… 297

杂病辑逸(汪仲伊;清代) ……………………………………………… 298

耕牛战马内外科方(卢林;清代) ……………………………………… 298

洞天奥旨(汪远公;清代) ……………………………………………… 298

跌打损伤药方(卜青云;清代) ………………………………………… 298

种子秘诀(李滋生;清代) ……………………………………………… 298

白喉忌表扶微摘要(耐修老人;清代) ………………………………… 298

妇科秘要(黄予石;清代) ……………………………………………… 298

临床验案(黄予石;清代) ……………………………………………… 299

痘疹正传(郑宏纲、郑承瀚、郑承洛撰;清代) ………………………… 299

妙莲花室新编二十八方(江少薇;清代) ……………………………… 299

临证秘诀(杨松亭;清代) ……………………………………………… 299

医验录(杨松亭;清代) ………………………………………………… 299

松亭医案(杨松亭;清代) ……………………………………………… 299

医学引略(陈鸿猷;清代) ……………………………………………… 299

神医秘诀遵经奥旨针灸大成(吴德熙;清代) ………………………… 300

食物本草(吴德熙;清代) ……………………………………………… 300

续增日用药物(汪昂;清代) …………………………………………… 300

写思素问(陶成章;清代) ……………………………………………… 300

药房杂志(江昱;清代) ………………………………………………… 300

应和医案(郑大樽;清代) ……………………………………………… 300

疗疮诸方(吴伟度;清代) ……………………………………………… 300

喉科诸方(汪日镛;清代) …………………………………………………… 301
遗下典型(汪艺香;清代) …………………………………………………… 301
新编本草捷要歌(汪润身;现代) …………………………………………… 301
汪润身临床经验录(汪润身;现代) ………………………………………… 301
药物小说(胡天宗;现代) …………………………………………………… 301
药性要略(胡天宗;现代) …………………………………………………… 301
医案汇存(胡天宗;现代) …………………………………………………… 301

书名索引 ……………………………………………………………………… 302
著者索引 ……………………………………………………………………… 322
参考文献 ……………………………………………………………………… 335

现存文献

医经与基础理论类文献

中藏经
（华佗；234）

现存。8卷。附《内照法》。又名《华氏中藏经》。汉·华佗（华元化）撰。华佗，一名旉，字元化，亳州人。

综合性医著。传为华佗所作，但《隋书》及新旧《唐书》均未著录。成书年代尚无定论，从内容分析可能成书于北宋。该书载述之地黄煎丸，内有山药（旧名薯蓣，为避英宗名讳而改此名），故知此书当成书于英宗后（1064年以后）。而《中藏经》的书名首见于《宋志》。但清代孙星衍认为："此书文义古奥，似是六朝人所撰。"亦有人主张，医论与附方部分成书于不同年代。全书前半部属基础理论范畴，后半部为临床证治内容，以内科杂病为主。医论部分共49篇，联系脏腑生成和病理以分析证候和脉象，并论各个脏腑的虚实寒热、生死逆顺之法。所述病证包括阴厥、劳伤、中风偏枯、脚弱、水肿、痹证、疸证、癥瘕积聚等内容。兼论外科常见的疔疮、痈疽等病，书中对一度盛行之"服饵"有较为中肯之评析。临床部分则介绍各科治疗方药及主治病证。所列诸方大多配伍严谨，服法交代清楚。不少方剂类似经方，方论亦有精义，为后世临床家所珍视。医论部分中对脏腑辨证的论述对后世易水学派有较大影响。

本书单行本流传广泛，曾现1卷本、2卷本、3卷本、8卷本4个系统约27种版本。据周锡瓒跋文，于明末清初存有旧钞1卷本，载49论，60方，内容与三卷本大致相同，今佚。清乾隆五十年（1785），周锡瓒据1卷本，同时参照吴勉学本，析为2卷，卷首附有邓处中序，此本已佚，清嘉庆五年（1800）重刊，现复旦大学图书馆医科馆有藏。3卷本始自南宋楼钥校刊本，末附楼氏跋文，系据闽中本及陆本汇校而成，载49论、60余方；元代赵孟頫曾据此抄录，现藏于台北故宫博物院；清代孙星衍校本收入《平津馆丛书》；清光绪十七年（1891）周学海校本收入《周氏医学丛书》；尚有1935年《丛书集成》本，1936年《中国医学大成》本及1956年商务印书馆排印本；另有抄本2种，藏于上海图书馆、辽宁省图书馆。8卷本明万历二十九年（1601）吴勉学校刊本，收于《古今医统正脉全书》，载49论、130方，内容与3卷本互有增删，中国中医科学院图书馆有藏，此本有多种复刊本、批校本、精校本。

存真图（杨介；1279）

现存抄绘本。1卷。又名《存真环中图》。宋·杨介（杨吉老）撰。杨介，字吉老，泗县人。

是我国较早的人体解剖图谱。所谓"存真"指脏腑，"环中"指经络。北宋封建统治者利用被处决的尸体，遣医剖视并画工绘图，又经杨介考订校正成书。作者绘述了从咽喉到胸腹腔各脏腑解剖，并对经脉联附、水谷泌别、精血运行等情况进行了较细致的观察与描述，不仅绘有整个内脏的正面图和背面图，还包括肺侧图、心气图、气海横膜图、脾胃包系图、二分水阑门图、腰肾命门图、大小肠膀胱之系图等，是宋代人体解剖学成就的代表作，后世朱肱《内外二景图》、孙焕《重刊玄门脉识内照图》、高武《针灸聚英》、杨继州《针灸大成》等均有引用。

本书原书已佚，现存一种清代抄绘本，藏于中国国家图书馆。

运气易览（汪机；1519）

现存。3卷。明·汪机（汪省之、石山居士）撰。汪机，字省之，号石山居士，祁门人。

是汪机以北宋刘温舒《素问入式运气论奥》为蓝本，在反对程德斋、马宗素等人机械套用运气程式的观点基础上，兼收他家运气见解，对《内经》运气学说进行的一次系统整理研究。全书共分40个专题，有论、有图、有歌括，论以明其理，图以揭其要，歌括以便记诵，简明扼要，图文并茂，较系统地介绍了运气主病、证候、治法等常识。因汪机重视运气理论在临床中的运用，故后附有五运六气主病治例及六气时行民病证治。对于运气学说，汪机所持见解较为公允，既承认运气学说的科学内涵，强调运气与疾病的关系，又反对机械推演运气和按图索骥式遣方用药，故对推广运气理论做出了一定贡献。

本书单行本现存3种版本：明嘉靖十二年（1533）刻本，藏于天津中医药大学图书馆、吉林大学图书馆医学馆、哈尔滨医科大学图书馆、上海图书馆、中华医学会上海分会图书馆、上海中医药大学图书馆、南京中医药大学图书馆、安徽省图书馆、宁波天一阁博物院；一种清代光绪年间石印本，藏于苏州市中医医院图书馆、泸州市图书馆；1995年上海古籍出版社影印本。另可见于《汪石山医书八种》。

重集读素问抄
（滑寿撰，汪机注；1519）

现存。9卷。又名《读素问抄》《素问秘抄》《续素问抄》等。元·滑寿原撰，明·汪机（汪省之、石山居士）续注。汪机，字省之，号石山居士，祁门人。

系对滑寿所辑《素问抄》的增注。汪氏所抄之滑寿《素问抄》中并未将王冰原注全部收录，多略而不取，仅在滑氏以为经文最难晓处，附其一二。故汪氏在重抄《素问抄》时，将王冰原注予以补入。为示区别，文中凡引王冰之注者，前均以"续"字开头；凡引滑氏之注者，前均以"今按"开头；汪氏自注者，前均以"愚谓""愚按"开头。"愚谓"内容多是汪氏对原文的自我理解，"愚按"内容多是汪氏引述他人之语，故"愚谓"部分最能体现汪氏学术思想。本书书后有"读素问抄补遗"一篇，据顾植山先生考证，此篇内容为汪氏所补。但从全书来看，前面的上中下3卷，基本上以"原文""王注""滑注"和"汪注"体例形成，而"读素问抄补遗"一篇与此种体例并不相合，汪氏自序中亦未说明此篇系其本人补入。

本书单行本现存约9种版本：明嘉靖三年（1524）至嘉靖五年（1526）程纪纲、程文杰等刻本，藏于中国国家图书馆、中国科学院国家科学图书馆、北京大学图书馆等8家国内藏书机构；明嘉靖十二年（1533）明德书堂刻本，藏于中国科学院国家科学图书馆；一种明嘉靖二十年（1541）刻本，藏于首都医科大学图书馆、上海图书馆、安徽省图书馆、南京中医药大学图书馆、宁波天一阁博物院；一种明代嘉靖年间刻本，藏于中国人民大学图书馆、首都医科大学图书馆、吉林大学图书馆医学馆、南京图书馆、宁波天一阁博物院；明万历三十年（1602）沈府刻本，藏于首都图书馆、上海图书馆；一种明代刻本，藏于中国中医科学院图书馆、北京中医药大学图书馆、山东省图书馆、上海中医药大学图书馆；一种抄本，藏于中国科学院生命科学图书馆（上海）；一种石印本，藏于河南省图书馆；1995年上海古籍出版社影印本。另可见于《汪石山医书八种》。

黄帝素问抄
（滑寿撰，汪机注；1519）

现存。7卷。又名《素问抄》。元·滑寿原撰，明·汪机（汪省之、石山居士）续注。汪机，字省之，号石山居士，祁门人。

系汪机《重集读素问抄》的异刊本。前五卷内容同《重集读素问抄》，后两卷为增辑之《补遗》和《诊家枢要》。

本书单行本现存明万历四十年(1612)闽建刘大易乔木山房刻本,藏于中国医学科学院图书馆、中国中医科学院图书馆、上海图书馆、安徽省图书馆、浙江图书馆。

医旨绪余
（孙一奎撰，孙泰来、孙朋来订；1573）

现存。2卷。明·孙一奎（孙文垣、东宿、生生子）原撰，其子孙泰来、孙朋来参订。孙一奎，字文垣，号东宿、生生子，休宁人。

所谓"绪余"，指为《赤水玄珠》之绪余。孙氏撰成《赤水玄珠》后，又广采诸家名言、与人辨难等语，汇编成帙，以求畅往哲所未尽、发前贤之未发。全书共78篇，内容主要以脏腑、气血、经络、腧穴等的研究为主，并节录《灵枢》经文数篇，可视作一部孙一奎对医学的思考与见解的医论专辑。书中结合易学原理与理学观点，对命门、三焦、相火等仍存争议的中医理论问题进行了阐发，对后世产生了较大影响。下卷之"不执方说"及"六名师小传"，皆为传世之篇。该书的理论成果可充分体现孙一奎的主要学术主张和创见。

本书单行本现存9种版本：一种明万历十八年(1590)刻本，藏于上海图书馆；一种明万历年间刻本，藏于天津中医药大学图书馆、辽宁中医药大学图书馆、上海图书馆、杭州图书馆；明代新安孙氏刻本和一种明刻本，均藏于中国国家图书馆；一种明刻本的清康熙重印本，藏于中国中医科学院图书馆；一种清顺治十八年(1661)刻本，藏于北京中医药大学图书馆；清黄鼎刻本，藏于上海中医药大学图书馆、安徽中医药大学图书馆；一种清刻本，藏于首都医科大学图书馆、天津中医药大学图书馆；一种抄本，藏于中国中医科学院图书馆、黑龙江中医药大学图书馆。另可见于《四库全书》。

黄帝内经素问节文注释
（黄俅；1586）

现存。10卷。明·黄俅（黄谷如）注。黄俅，字谷如，歙县人。

据《素问》选录65篇部分原文编辑而成。各篇先附以王冰注文，再附以马莳注文，可视作一部经过选编的《素问》王、马合注本。

本书单行本现存明万历四十七年(1619)琼芝室刻本，藏于北京大学图书馆、中国科学院国家科学图书馆、中国中医科学院图书馆、天津中医药大学图书馆、上海图书馆、中华医学会上海分会图书馆、上海中医药大学图书馆、浙江图书馆、湖南图书馆、重庆图书馆。1998年北京出版社据明万历本影印出版。

黄帝内经素问吴注（吴崐；1594）

现存。24卷。又名《黄帝内经素问注》《内经吴注素问》《内经吴注》《素问吴注》《吴注素问》《内经注》等。明·吴崐（吴山甫、鹤皋、参黄子）注。吴崐，字山甫，号鹤皋、参黄子，歙县人。

作者以王冰24卷本为蓝本，参照王冰、林亿等注解，结合自身对《内经》的理解，重新对《素问》中的79篇（无刺法论、本病论遗篇）内容进行了全文注释，包括注音、释词、释句，共出注4386条，其中训诂2500余条，改动经文（删衍、辨阙、移错、纠讹）并列出校语151处，多有充分依据。全书注释语简理明，详略得当，见解深刻，颇多创见，补充了全元起、王冰、林亿诸家注释之未备，订正了王冰所列经文和所出注释的多处错误，成为继北宋《新校正》之后影响较大的《素问》注本之一。吴崐临证经验丰富，其注释《素问》结合医理，阐发透彻，使《内经》的理论更能有效地指导临床实践，成为后世治学的典范。清代汪昂评价其为"间有阐发，补前注所未备"。

本书单行本现存约15种版本。最早为明万历三十七年（1609）石室刻本，藏于中国国家图书馆、中国中医科学院图书馆、上海中医药大学图书馆等国内43家藏书机构。现存版本中有2种日本刻本，包括日本元禄六年（1693）书林吉村吉左卫门刻本，藏于北京大学图书馆；一种日本宝永三年（1706）刻本，藏于南京图书馆。现存版本中有2种抄本：一种清代抄本，藏于中国科学院国家科学图书馆；另有一种抄本，藏于中国中医科学院图书馆。

物理小识（方以智；1643）

12卷。又名《名物小识》。明·方以智（方密之、曼公、龙眠愚者）撰。方以智，字密之，号曼公、龙眠愚者，桐城人。

为记叙自然科学为主的杂著类著作。分为15类，依次为天类、历类、风雷雨阳类、地类、占候类、人身类、医药类、饮食类、衣服类、金石类、器用类、草木类、鸟兽类、鬼神方术类、异事类。从内容来看，涉及天文、地理、物理、化学、生物、医药、农学、工艺、哲学、艺术等诸多方面，内容丰富，具有较高的史料价值。其中，卷一引西说述解剖生理藏象经络，卷二述医药，具中西汇通思想。

本书单行本现存一种清代康熙年间刻本，散于民间。另可见于《四库全书》。

医经理解（程知；1653）

现存。10卷。又名《医解》。清·程知（程扶生）撰。程知，字扶生，休宁人。

程氏以《内经》为经，以群书为纬，以自身见解为杼，以实事求是的态度，不以"前人之所言者而故异之"，亦不以"前人之所言者而强同之"，对《内经》学术理论分门别类加以研究并提出观点。正文首列脏腑、心包络（命门）等11种图，次列脏腑解、经络解、穴名解、骨部解、脉象解、脉理解、望色解、病名解、药名解等九大类内容，是作者研究《内经》心得的集成之作，其中不乏精当、独到之见解。

本书单行本现存2种版本：一种清代抄本，藏于中国国家图书馆；1925年上海元昌印书馆石印本，藏于中国中医科学院图书馆、中国人民解放军医学图书馆、首都医科大学图书馆等13家国内藏书机构。

医津一筏（江之兰；1662）

现存。1卷。又名《医津筏》《内经释要》《医经理解》。清·江之兰（江含征）撰。江之兰，字含征，歙县人。

共14篇，每篇以《内经》一条治法经文为题，篇中内容以此条为主，分条疏论，是研究《内经》治则治法的专著。江氏摘取《内经》中"治病必求其本"等条文，结合临床实际对其进行疏论阐解，措辞简明，说理透彻，对深入理解《内经》治则治法理论及临床运用，具有很好的参考价值。现代名医魏长春赞曰："《医津一筏》，措辞简明，说理精湛，颇多心得，阅后深获其益。"

本书单行本现存5种版本：清道光十三年（1833）、清道光二十四年（1844）吴江沈氏世楷堂刻本，藏于湖州嘉业堂藏书楼、江西省图书馆、四川省图书馆、云南省图书馆；清光绪二十八年（1902）敏修斋石印本，藏于四川省图书馆；清裴之仙校刻本，藏于中国中医科学院图书馆；一种民国铅印本，藏于天津医学高等专科学校图书馆；一种抄本，藏于湖南图书馆、安徽中医药大学图书馆。

内经博议（罗美；1675）

现存。4卷。清·罗美（罗澹生、罗东逸）撰。罗美，字澹生、东逸，歙县人。

分天道、人道、脉法、针刺、病能、述病6部分，分别对《内经》五运六气、阴阳五行、脏腑经络、脉因、针刺、病态证治等加以总结。卷一天道部、人道部专门阐述《内经》五运六气、阴阳五行、脏腑经络等医学理论；卷二为脉法部、针刺部、病能部,分别考究《内经》脉因、针刺、病态的证治之法;卷三、卷四为述病部,以阴阳虚实为纲,朔病源,审病势,察始终,揆逆顺,合述为病情八章。后附张子和气感疾论、缪仲淳阴阳脏腑虚实论治。罗美对《内经》理论能够融会贯通,故其解说不望文生义、以经解经、随文敷衍,颇有见地,是研究学习《内经》的良好读本。裘吉生在《珍本医书集成》中称赞曰:"其学说参《素》《灵》之奥义,为国医之基础,于《内经》运气之学,阐发无一遗。"

本书单行本现存3种版本:清乾隆三十二年(1767)许铀抄本,藏于中国科学院国家科学图书馆;一种清抄本,藏于南京图书馆;一种抄本,藏于上海图书馆、上海辞书出版社图书馆、上海中医药大学图书馆、湖北省图书馆、湖北中医药大学图书馆;1995年上海古籍出版社影印本。另可见于《珍本医书集成》。

内经挈领增删集注（罗美；1675）

现存。22卷。清·罗美(罗澹生、罗东逸)注。罗美,字澹生、东逸,歙县人。

本书单行本现存一种清代杏林书屋抄本,其中卷一至卷八已佚,仅存卷九至卷二十二,藏于南京图书馆。

素问灵枢类纂约注（汪昂；1689）

现存。3卷。又名《素灵类纂》。清·汪昂(汪恒、汪讱庵、浒湾老人)注。汪昂,字讱庵,初名恒,号浒湾老人,休宁人。

为分类简注《内经》的专著。汪氏遵循经文原旨,或节其繁芜,或辨其谬误,或畅其文义,或详其未悉,或置为缺疑,在博取的基础上由博返约,务令语简义明,故谓之"约注"。作者历30余年精心研究,以《素问》为主,《灵枢》为辅,摘取经文分类合编,分为脏象、经络、病机、脉要、诊候、运气、审治、生死、杂论9类,偏重运气,不录针灸。全书参酌全元起、杨上善、王冰、林亿、马莳、吴崐、张志聪等诸家注释,进行合编、分类,以引注形式遵前人各注的内容约占十分之七,以自注形式增入本人见解的内容约占十分之三。通过删繁、辨谬、畅文、析疑,使此书语简义明,条理浅析,便于理解和阅读,是《内经》入门的良好读本。本书对《灵》《素》原文的取舍以"适用而止"为原则,"去其奥辟,采其菁英",务求语简义明。另"以类相从,用便观览"是本书的基本编排方法,也是本书的主要特色之一。

本书初刊后流传甚广,多见翻刻。早期刻本有清康熙二十八年(1689)宝仁堂刊本,后有乾隆二十三年(1758)天德堂及杏园藏版,至1959年上海科学技术出版社铅印发行,其间木刻、石印、影印、铅印版本共约45种,为现存类编、摘译《内经》书籍单行本版数之最。现存最早版本为清康熙二十九年(1690)还读斋刻本,藏于中国中医科学院图书馆、上海中医药大学图书馆、南京中医药大学图书馆、温州市图书馆、湖南中医药大学图书馆、成都中医药大学图书馆、桂林图书馆。

医宗领要（李之材；1689）

现存。2卷。明末清初·李之材(李素庵)撰。李之材,字素庵,祁门人。

系中医理论著作,分为生成、摄生、脏腑经络、运气、证治等篇。全文内容议论精微,不泥陈言,不执己见,不简不繁。

本书单行本现存一种清康熙二十八年(1689)刻本,藏于上海中医药大学图书馆。

医经提纲（王大斌；1716）

现存。5卷。清·王大斌撰。王大斌,旌德人。

系将《内经》摘要分类编辑而成。

本书单行本现存清康熙五十五年(1716)宁寿轩刻本,藏于安徽省图书馆。

观物篇医说（张确；1732）

现存。4卷。清·张确(张介石)撰。张确,字介石,蒙城人。

旨在观自然之物而言医。卷一推阴阳五行生克制化升降,以及脏腑精神血气,以七言韵律述五脏之形态功能;卷二言调摄治未病,治未病须知寒暑、安神、悦乐、导引、吐故纳新、定神、意成等;卷三记录各类病证,包括痰、牙痛、痰火、中风、小产等及部分医论;卷四论药性,阐发己见。

本书单行本现存3种版本:清雍正十年(1732)观物堂刻本,藏于中华医学会上海分会图书馆、苏州市中医医院图书馆;一种清代管庆祺抄本,藏于上海图书馆;一种抄本,藏于中国科学院国家科学图书馆、上海中医药大学图书馆。

素问灵枢韵读（江有浩；1779）

现存。1卷。又名《素灵韵读》。清·江有浩（江晋三、古愚）撰。江有浩，字晋三，号古愚，歙县人。

是现存第一部也是唯一一部以音韵方法研究《内经》的专著。

本书单行本未见刊行，收入江氏所著《江氏音学十书·先秦韵读》中，现有中国书店影印本。

持素篇（俞正燮；1833）

现存。3卷。清·俞正燮（俞理初）撰。俞正燮，字理初，黟县人。

原载于《癸巳类稿》，为医经类著作。书中分经脉、诊脉、脉证三部分，对《内经》中有关脉诊的条文进行了汇编整理和研究。

本书单行本未见刊本，可见于《癸巳类稿》中。

黄帝内经素问校义（胡澍；1872）

现存。1卷。又名《内经素问校义》《素问校义》。清·胡澍（胡荄甫、胡甘伯、石生）撰。胡澍，字荄甫、甘伯，号石生，绩溪人。

以宋本《内经》为主，借元·熊氏本、明·道藏本及唐以前典籍，仿《读书杂记》体例撰成。正文计32条文，虽篇幅不大，但考核甚精，每多精辟之论，不仅校勘了《内经》原文，而且校正了王冰、林亿的注文，其观点多为后世学者接受和采纳，对《素问》研究颇有参考价值。胡澍精于谐声转注假借之学，故能不蔽于原文字形，而多从音韵上求得其义，此为本书的显著特色。然校注古籍又不专倚音韵一端，训诂学中音、形、义三者不能偏废，校正文字，辨衍、脱、讹、倒更需要广涉诸家之学，精思博考，在此方面，《素问校义》同样表现出浑厚的功力和严谨的学风，提出了许多独到的见解。1936年裘吉生将此书编入《珍本医书集成》，可证此书之价值。

本书单行本现存7种版本：清同治年间吴县潘氏刻滂喜斋丛书本，藏于中国中医科学院图书馆、上海图书馆、广西壮族自治区图书馆等8家国内藏书机构；清光绪五年（1879）世泽楼刻本，藏于中国国家图书馆、中国科学院国家科学图书馆、吉林省图书馆等19家国内藏书机构；一种清光绪七年（1881）刻本，藏于上海辞书出版社图书馆；清光绪九年（1883）蛟川二仁堂刻本，藏于中国国家图书馆、中国科学院国家科学图书馆、湖南中医药大学图书馆等22家国内藏书机构；一种清代光绪年间刻本，藏于绍兴鲁迅图书馆；一种清代刻本，藏于中国国家图书馆、北京中医药大学图书馆、吉林市图书馆；一种清代仪征刘寿曾影抄本，藏于中国国家图书馆。另可见于《珍本医书集成》《三三医书》。

增辑难经本义
（滑寿撰，周学海辑；1891）

现存。2卷。元·滑寿原撰，清·周学海（周澄之、周健之）增辑。周学海，字澄之、健之，东至人。

周氏认为宋以来注《难经》者二十余家，辞多繁拙而少有发明，至滑寿《难经本义》始能晓畅，故取其书为本；增辑徐大椿、张世贤、丁锦三家能与之互为发明的注解，偶附周氏评注及按语。其中，周氏对"脉有轻重""老少瘖痱""三焦命门"等论述较详。三家注中尤为推崇徐氏，认为张氏、丁氏注解肤庸浅薄，故较少引用。

本书可见于《周氏医学丛书》。

内经评文
（周学海；1898）

现存。清·周学海（周澄之、周健之）撰。周学海，字澄之、健之，东至人。

子目包括：《内经评文·素问》24卷；《内经评文·灵枢》12卷。书中内容全依通行本《内经》的编次排列，用品评文章的方式，根据诵读古文的要求，通过注文及旁注予以评述，略于原书的医理及字义的解释。

本书单行本现存清光绪二十四年（1898）皖南建德周氏刻本，藏于中国国家图书馆、首都图书馆、中国中医科学院图书馆、首都医科大学图书馆、南开大学图书馆、天津中医药大学图书馆、青岛大学浮山校区图书馆、河南中医药大学图书馆、内蒙古图书馆、甘肃中医药大学图书馆、中国医科大学图书馆、吉林大学图书馆、长春中医药大学图书馆、上海图书馆、上海中医药大学图书馆、南京中医药大学图书馆、安徽中医药大学图书馆。另可见于《周氏医学丛书》。

内经评文·素问
（周学海；1898）

现存。24卷。又称《素问评文》。清·周学海（周澄之、周健之）撰。周学海，字澄之、健之，东至人。

为《内经评文》之一，与《内经评文·灵枢》为姊妹篇。周氏"仿茅鹿门、储同人评《左传》《战国策》文例，取之经文，为之分析腠理，指点起伏"而作。全书以通行本《素问》之编次，用品评文章的方式，根据诵读古文的要求，通过注文及旁注逐条评述而成。作者不仅从医理角度，而且从文字角度，阐述自己的见解，述理简洁明了。正如周氏自序云："《素问》……医之祖也，即文之祖也……英词风发,浩然沛然,析于毫芒,昭于日月,是神于医而雄于文者,秦汉之际,未闻其人。"又注曰:"其内益于身心性命,外裨于文章功力。"本书得《素问》之精义,于后学者多有裨益。略于原书医理及字义解释是其不足。

本书单行本现存清光绪二十四年(1898)皖南建德周氏刻本,藏于杭州图书馆、天一阁博物院、嘉兴市图书馆。另可见于《周氏医学丛书》《内经评文》。

内经评文·灵枢
(周学海;1898)

现存。12卷。又称《灵枢评文》。清·周学海(周澄之、周健之)撰。周学海,字澄之、健之,东至人。

为《内经评文》之一,与《内经评文·素问》为姊妹篇。是周氏以通行本《灵枢》的编次顺序排列,根据诵读古文的要求,用品评文章的方式,对注文和旁注予以评述而成。作者按断句分节,并用圈点、旁批、夹批和总批形式,对各篇的布局格式、文法笔势等进行了评点。

本书单行本现存清光绪二十四年(1898)皖南建德周氏刻本。另可见于《周氏医学丛书》《内经评文》。

人身谱
(王润基;1906)

现存。2卷。王润基(王浚、王少峰、王炳生)撰辑。王润基(1867—1932),又名浚,字少峰、炳生,休宁人。

上卷首为明堂、五轮八廓等图,次列从头到足各部的名称及损伤可见症状,下卷分述手足十二经与脏腑相配的生理功能及病理表现。书中多引《内经》《难经》及张仲景、王冰、叶桂、薛雪、徐大椿等说,为作者平素学用摘辑之本。

本书现存一种稿本,藏于王氏后人处。

广注素灵类纂约注
(汪昂注,江忍庵增注;1921)

现存。3卷。清·汪昂(汪恒、汪讱庵、浒湾老人)原注,江忍庵增注。汪昂,字讱庵,初名恒,号浒湾老人,休宁人。

全书遵从原书各注者约占十分之七,江氏增注者约占十分之三。诸家之注多标明出处,以备寻检原文,既保存汪氏类纂约注之风格,亦附有江氏之见解,为本书"广注"之特点。

本书单行本现存1921、1922、1924、1925、1932年上海世界书局石印本,藏于中国中医科学院图书馆、安徽省图书馆、山东中医药大学图书馆等19家国内藏书机构。

青囊秘录
（华佗撰，孙思邈述，济南道院编；1922）

现存。4卷。汉·华佗（华元化）原撰，唐·孙思邈述，民国·济南道院编。华佗，字元化，一名旉，亳州人。

分《大医正流》《医案钩玄》《医理要素》《医案归德》4章。认为万物理同，为医当以大仁大德之心详辨万物，方能穷极医理，入归正流。而人之疾病始于利欲、背行天理，用药治之非能根除。告诫返璞归真方是养生祛疾正途。

本书单行本现存2种版本：1923年济南道院铅印本，藏于首都图书馆、中国中医科学院图书馆、山东中医药大学图书馆、长春中医药大学图书馆、安徽中医药大学图书馆等32家国内藏书机构；一种1932年铅印本，藏于中国国家图书馆、天津图书馆、山东大学齐鲁医学部图书馆。

内经读本
（王一仁；1936）

现存。不分卷。王一仁（王以仁、王依仁、王晋第、瘦钦）编。王一仁（1898—1971），又名以仁、依仁、晋第，号瘦钦，歙县人。

为《内经》的普及读本。书中将《内经》内容分为道生、阴阳、藏象、经脉、运气、病能、色诊、脉诊、治则、生死等篇。每篇前有叙论以简要解析医理，后有注解。全书特点在于注文晓畅易懂，中西汇通，并附有大量图示。

本书单行本现存1936年杭州仁庵学舍铅印本，藏于中国中医科学院图书馆、长春中医药大学图书馆。另可见于《仁庵医学丛书》。

难经读本
（王一仁；1936）

现存。不分卷。王一仁（王以仁、王依仁、王晋第、瘦钦）注。王一仁（1898—1971），又名以仁、依仁、晋第，号瘦钦，歙县人。

为《难经》的注解本，其编次概从《难经本义》。作者认为《难经》源于《内经》，专述切于实用之医理，但亦有欠于精密处，故注解立足于既不过尊前人亦不妄加诋毁。本书注文有多处参考西医学说加以诠释，反映了当时中西医汇通的时代特征。

本书单行本现存1936年杭州仁庵学舍铅印本，藏于中国中医科学院图书馆、上海中医药大学图书馆、广西中医药大学图书馆。另可见于《仁庵医学丛书》。

景岳全书发挥（叶桂；清代）

现存。4卷。原题清·叶桂（叶天士、香岩、南阳先生、上津老人）撰。叶桂，字天士，号香岩，别号南阳先生、上津老人，歙县人。

重点围绕张介宾温补学说内容进行了批驳和讨论，与火神派观点相左。曹禾《医学读书志》认为，此书系梁溪姚球所撰，坊贾因书不售，遂剜改为叶桂所撰。

本书单行本现存8种版本：清道光二十四年（1844）吴郡叶眉寿堂刻本、清光绪五年（1879）吴氏醉六堂刻本、1917年竞进书局石印本、1936年上海千顷堂书局石印本，全国各主要图书馆多有收藏；两种清代抄本，均藏于上海图书馆；一种清代刻本，藏于广东省立中山图书馆；民国上海广益书局石印本，藏于陕西中医药大学图书馆、陕西省中医药研究院图书馆。

运气图解提要（方成培；清代）

现存。不分卷。清·方成培（方仰松、岫云山人）撰。方成培，字仰松，号岫云山人，歙县人。

该书是方氏在郑沛《运气图解》基础上，加以提炼而成。

据《中华医史杂志》1995年第3期文章记述，本书单行本现存一种稿本，藏于歙县方氏后人处。

医学正义（郑承湘；清代）

现存。不分卷。清·郑承湘（郑雪渔）撰。郑承湘，字雪渔，歙县人。

载文32篇，对《易经》《内经》《难经》《伤寒论》《金匮要略》《本草纲目》《脉经》等医学经典，各撰读后感1篇，予以高度评价，并引证《说文》《尔雅》《博雅》《白虎通》等书，对医、易、脏腑、经络、咽喉、气血、营卫、脉、病、毒、痰、痊、痘、麻、药等词，进行释义。

本书单行本现存一种抄本，存于郑氏后人处。

医学先难（汤诚礼；清代）

现存。2卷。清·汤诚礼撰。汤诚礼，歙县人。

内容多节录《内经》《脉诀》之论，少有发明。

本书单行本现存一种清代末期石印本，藏于民间私人处。

内经选读
（王润基；清末民国）

现存。1 卷。王润基（王浚、王少峰、王炳生）辑。王润基（1867—1932），又名浚，字少峰、炳生，休宁人。

是一部全面类分研究《内经》的辑本。书中摘录《内经》有关语段，按内容分为摄生、阴阳、藏象、论治、望色、问察、生死、病机、病能、脉诊、运气共 11 类，分类力求实用，选取内容亦较为妥当准确，读之有执简驭繁之效。全书取滑寿《素问抄》之名及类分法，又不限于《素问》，同时辑选《灵枢》部分内容；采用李中梓《内经知要》体例，然分类又不尽相同。

本书单行本现存一种稿本，藏于王氏后人处。

伤寒金匮温病类文献

伤寒类证便览（陆彦功辑，张政鸿补；1499）

现存。11卷，附方1卷。又名《伤寒便览》。明·陆彦功辑，张政鸿补。陆彦功，歙县人。

本书原由其父陆晓山据黄仲理《伤寒类证》初编成稿，后经陆氏据仲景《伤寒论》原文，合王叔和编次暨成无己注解内容，复参黄仲理之论，附以吴蒙斋《伤寒赋》、朱肱《伤寒类证活人书》、陈良辅《胎产药方》、曾世荣《小儿伤寒药方》以及李东垣等有关论述，补遗经验药方而成。卷首有六经病证运气图13幅及辨六经传变等内容。卷一为辨仲景脉法，卷二为论六经病治法，卷三至卷十一按证候分门，分别阐述仲景六经病证治之旨。其后载治疗宜忌、仲景方论，并增入后世经验方，合计330余首。

本书单行本现存4种版本：明弘治十二年（1499）陆氏保和堂刻本，藏于四川省图书馆；一种明代汪范写刻本（残本），藏于辽宁中医药大学图书馆；一种抄本，藏于上海中医药大学图书馆；一种据明弘治十二年（1499）陆氏保和堂刻本复制本，藏于中国中医科学院图书馆。

伤寒选录（汪机；1536）

现存。8卷。明·汪机（汪省之、石山居士）编。汪机，字省之，号石山居士，祁门人。

是汪机壮年读《伤寒论》时对经文及各家论注作的分类选编。书中自序云："尝辑诸说，少加隐括，分条备注，祖仲景者书之以墨，附诸家者别之以朱"，以"备临证参考之用"。当时并未准备刻印，"稿几废弃如故纸"。晚年交付门人陈桷、程镳，由两人"逐条补辑，反复数过"，"爰及三载，始克告成"，时已至明嘉靖十五年（1536）。书中分析了春温发病的原因，阐述了春季温病可能存在的三种发病模式，明确提出了"新感温病"说，解决了明代以前"伏气温病"认识上的局限性,对明清以来温病理论发展起到了重要推动作用。

本书刊出后曾传至日本,丹波元胤《中国医籍考》有撰录。国内近世仅有目录撰录而未见流传。1999年,中医古籍孤本大全委员会据日本所藏明万历三年(1575)敬贤堂刻本复制归国,并于2002年由中医古籍出版社影印出版,得以复见于国内。

伤寒论条辨（方有执；1582）

现存。8卷。附《本草抄》《或问》《痉书》各1卷。明·方有执(方中行、九龙山人)撰。方有执,字中行,号九龙山人,歙县人。

系首次对《伤寒论》重新编排调整并加以注释的著作。其学术思想首先体现在倡导"错简重订",认为王叔和编次失其原貌,成无己又窜乱,故逐条考订,重新编次《伤寒论》。全书首先以图说概要,削去"伤寒例"原文,继之按六经体系统治伤寒和杂病,将原文重编为11篇、22目、397条、113方,其中另立《辨温病风温杂病脉证并治篇》计20条、3方。其次是提出"风寒中伤营卫说",将伤寒太阳病分为"风伤卫""寒伤营""风寒两伤营卫"三种类型,提出了自身认为的太阳病发病、传变与转归规律,在学术上大胆创新,对仲景学说有所发挥。书后所附《本草钞》1卷,系对仲景《伤寒论》113方中所用91味药物的性味功效进行说明,并旁引诸家本草著作予以注释;《或问》1卷,系针对学习者在研读《伤寒论》及行医过程中可能出现的疑问,自设问题,又作解答,共列46个问题及解答;《痉书》1卷,系将仲景书中有关痉病条文和方药加以汇集,并引《素问》《千金方》关于痉病之论述。方氏及其撰述一直鲜为人知,清康熙十三年(1674),河北林起龙发现喻昌所撰《尚论篇》基本是方有执书中内容,乃将《伤寒论条辨》重新评点出版,并附《尚论篇》于书末,作为对照,自此,方氏之名及其著作方显于世。

本书单行本现存约11种版本:明万历二十一年(1593)方氏刻本,藏于中国国家图书馆、中国中医科学院图书馆、上海图书馆、中国科学院生命科学图书馆(上海)、浙江图书馆;清康熙十三年(1674)补拙斋刻本(附尚论篇),藏于吉林大学图书馆医学馆;清康熙年间陈友恭校刻本浩然楼藏板,藏于中国国家图书馆、安徽中医药大学图书馆、中山大学图书馆等41家国内藏书机构;清康熙年间三多斋补刻本,藏于河北医科大学图书馆;清同治四年(1865)成都过学斋刻本,藏于天津市医学科学技术信息研究所;一种清代苏州隆溪堂刻本,藏于江西中医药大学图书馆;一种清代抄本,藏于南京图书馆;1925年渭南严氏孝义家塾重刻本,藏于中国国家图书馆、安徽中医药大学图书馆、重庆图书馆等26家国内藏书机构；一种成都地区刻本，藏于复旦大学图书馆；一种抄本，藏于中国科学院国家科学图书馆、长春中医药大学图书馆；一种日本抄本，藏于中国国家图书馆。另可见于《四库全书》。

伤寒秘要（陈长卿撰，董玹订，胡正心补；1631）

现存。2卷。明·陈长卿原撰，董玹订正，胡正心（胡无所、肖然子）参补。胡正心，字无所，号肖然子，休宁人。

首载伤寒约论，次述六经病证，并分述发热、潮热、寒热、恶风、恶寒、自汗、盗汗、头痛等66种病症，主张辨证先辨表里，审证合脉，参酌成法以治之。下卷为方剂内容，集仲景方及其他伤寒验方共122首，每方均介绍其药物组成、剂量、服法等。

本书单行本现存2种版本：明崇祯六年（1633）胡氏十竹斋刻本，藏于中国国家图书馆；一种抄本，藏于江西中医药大学图书馆。另可见于《十竹斋刊袖珍本医书》。

张卿子伤寒论（张遂辰；1644）

现存。7卷。又名《伤寒论集解》《集注伤寒论》。清·张遂辰（张卿子、相期、西农老人）撰。张遂辰，字卿子，号相期、西农老人，歙县人。

作者尊重王叔和，推崇成无己之论，认为成氏《注解伤寒论》"引经析义，尤称详洽，虽牴牾附会，间或时有，然诸家莫能胜之"。故据成无己原本，删去《伤寒明理论》，旁采朱肱、许叔微、庞安常、张洁古、李杲、朱震亨、王履、王肯堂等诸家学说之精华，间附己意发挥，对六经辨证及脉理进行了较为全面的阐述，是一部维护《伤寒论》原貌的集注性著作。

本书单行本现存7种版本：一种明代刻本，藏于中国医学科学院图书馆；一种清初刻本圣济堂藏板，藏于中国中医科学院图书馆、四川省图书馆；一种清初刻本，藏于南京中医药大学图书馆；一种清代文翰楼刻本，藏于中国医学科学院图书馆、中华医学会上海分会图书馆、成都中医药大学图书馆；一种清代锦和堂刻本，藏于中国中医科学院图书馆；一种清代刻本，藏于苏州大学医学部图书馆；一种日本京师书坊刻本，藏于中国中医科学院图书馆。另可见于《中国医学大成》。

伤寒经注
（程知；1669）

现存。13卷。又名《伤寒论注》《重订伤寒经注》。清·程知（程抉生）注。程知，字抉生，休宁人。

作者尊喻昌《尚论篇》之意，重新将《伤寒论》加以考订编次而成。正文分经别类，次为六经，六经之下，复分太阳辨证、汗后、误攻、阳明攻下、表散、少阳、太阴、少阳温散、清解、厥阴、可与不可等各1卷，以使读者开卷了然。

本书单行本现存2种版本：清康熙三十八年(1699)澹远堂刻本，藏于上海图书馆、中华医学会上海分会图书馆、上海中医药大学图书馆、南通大学启秀校区图书馆、浙江省中医药研究院图书馆、成都中医药大学图书馆；清乾隆三十一年(1766)勤慎堂刻本，藏于中国国家图书馆、中国中医科学院图书馆、长春中医药大学图书馆、南京中医药大学图书馆。

伤寒论后条辨
（程应旄撰，王仲坚辑；1670）

现存。15卷。又名《伤寒论后条辨直解》《伤寒后论条辨》《伤寒后条辨》。清·程应旄（程效倩）撰，门人王仲坚辑。程应旄，字效倩，歙县人。

作者汲取方有执、喻嘉言错简重订、综合整理《伤寒论》条文之长，再行归类条理，阐发己见而成。全书分礼、乐、射、御、书、数6集。礼集首载仲景自序，次辨伤寒论，次贬王叔和序例之伪；乐集载辨脉法、平脉法、辨痉湿暍脉证；射集载辨太阳病脉证；御集载辨太阴病、阳明病脉证；书集载辨少阳病、少阴病、厥阴病脉证；数集载辨霍乱、阴阳易、差后劳复病、辨汗吐下可不可；后叙113方，最后附以《伤寒论》原文、方有执《伤寒论条辨》、喻嘉言《尚论篇》，以便参检。程氏在书中基本保留了王叔和编次的内容，与《伤寒论条辨》和《尚论篇》不尽相同，所列条文承上启下，注释入理，充分体现了程氏从辨证出发、强调理论与实践相结合编次《伤寒论》的做法和主张，对后世影响颇大。

本书单行本现存9种版本：清康熙十年(1671)式好堂刻本，藏于中国中医科学院图书馆、山东中医药大学图书馆、安徽中医药大学图书馆等18家国内藏书机构；日本宝永元年(1704)博古堂刻本，藏于中国医学科学院图书馆、河南中医药大学图书馆、上海图书馆、上海中医药大学图书馆；清乾隆九年(1744)致和堂刻本，藏于中国中医科学院图书馆、长春中医药大学图书馆、天津医学高等专科学校图书馆等17家国内藏书机构；清乾隆九年(1744)文明阁刻本，藏于安徽中医药大学图书馆、中国医学科学院图书馆、中国科学院生命科学图书馆（上海）等9家国内藏书机构；一种清代乾隆年间刻本，藏于四川省图书馆；一种清代美锦堂刻本，藏于中国中医科学院图书馆、山东中医药大学图书馆、吉林大学图书馆医学馆等9家国内藏书机构；一种清代刻本，藏于中国中医科学院图书馆、故宫博物院图书馆、济南图书馆、上海中医药大学图书馆、浙江中医药大学图书馆；一种残抄本，藏于广州中医药大学图书馆；1995年上海古籍出版社影印本。

读伤寒论赘余（程应旄；1670）

现存。1卷。又名《伤寒论赘余》。清·程应旄（程效倩）撰。程应旄，字效倩，歙县人。

系补充《伤寒论后条辨》之作。作者以方有执之《伤寒论条辨》为依据，但条文的调整和分属不同于方氏，对原文错简的订正注释，亦有所不同。《伤寒论后条辨》刊刻之后，门人王式钰处尚存有部分逸稿，因而请求老师补刻于书中。程应旄将这些逸稿命名为《读伤寒论赘余》，并于1672年作序交付刊刻。

本书刻本仅存一种清代式好堂本，藏于安徽中医药大学图书馆，为残本，现存49页，估计所阙不多，版式与《伤寒论后条辨》相同。

金匮要略直解（程林；1673）

现存。3卷。清·程林（程云来、静观居士）撰。程林，字云来，号静观居士，歙县人。

全书力求以经证论，融会贯通，注释精辟，言简意赅，通俗易懂，不作迂曲误人之谈，故名之曰《直解》。作者精研仲景学说，宗法《内经》《难经》《神农本草经》《伤寒论》《中藏经》《脉经》《针灸甲乙经》等经典医著，博采六朝、唐、宋以来诸贤之论，参以个人心得，对《金匮要略》条文和方药，进行了较为精辟的注释，以阐发《金匮》之义，被后世尊为《金匮》注本中的善本之一。书后附《广成先生玉函经》3卷。

本书单行本现存5种版本：清康熙十二年（1673）刻本，藏于中国中医科学院图书馆、中国医学科学院图书馆、河南中医药大学图书馆等17家国内藏书机构；清康熙十二年（1673）刻本卓观堂影刻本，藏于山东大学医学院图书馆；1930年上海中医书局铅印本，藏于北京中医药大学图书馆、天津市医学科学技术信息研究所、上海中医药大学图书馆等8家国内藏书机构；一种抄本，藏于中国科学院国家科学图书馆、天津医学高等专科学校图书馆；一种日本抄本，藏于中国医学科学院图书馆、上海中医药大学图书馆。

伤寒秘解
（程应旄；1675）

现存。2卷。清·程应旄（程效倩）撰。程应旄，字效倩，歙县人。

本书单行本现存2种版本：一种清康熙十四年（1675）刻本，藏于中国中医科学院中国医史文献研究所；一种抄本，藏于黄山私人处。

伤寒蕴要方脉
药性汇全
（吴家震；1694）

现存。4卷。又名《重订伤寒蕴要方脉药性汇全》。清·吴家震（吴子威）搜订。吴家震，字子威，休宁人。

系吴家震在其先人吴绶所撰《伤寒蕴要全书》的基础上，重加考订编成。吴家震在本书《自序》中称"复订吾家仁斋心传，梦斋辑著"。而该书前身即《伤寒蕴要全书》，其作者为吴绶。吴绶在《自序》中云："予业医始于鼻祖仁斋，至父仕宗公三世矣。"由此可知，吴绶、吴家震显为同宗，其医学之鼻祖均为吴仁斋。吴绶为明代著名御医，其里籍为浙江钱塘，并非新安医家，吴家震作为吴绶后人，是自钱塘迁至休宁。

本书单行本现存一种抄本，藏于休宁私人处。

医宗承启
（吴人驹；1702）

现存。6卷。清·吴人驹（吴灵穉、非白）注释。吴人驹，字灵穉，号非白，歙县人。

为注释《伤寒论》的著作。卷二至卷六，将《伤寒论》条文归纳为序例、提纲、发表、渗利、涌吐、攻下、和解、救内、清热、温里、针灸、需待、汇通、死证等类，以治法为纲、以法统方。提纲以论述六经病证提纲条文为主，次按治法汤证分述，每条原文注释内容之后列"防误"一项，阐述疑似之症及其辨析。书中除针灸类不含《伤寒论》方外，其他各类中均有《伤寒论》方。

本书单行本现存4种版本：清康熙四十一年（1702）刻本兰松堂藏板，藏于中国中医科学院图书馆、上海图书馆、中华医学会上海分会图书馆、上海中医药大学图书馆、浙江省中医药研究院图书馆；清康熙四十三年（1704）刻本永思堂藏板，藏于中国医学科学院图书馆、中国中医科学院图书馆、上海中医药大学图书馆、宁波市图书馆；清道光二年（1822）兰松堂刻本，藏于中国国家图书馆、中国中医科学院中国医史文献研究所、苏州市中医医院图书馆、浙江省中医药研究院图书馆；一种清代刻本，藏于中国中医科学院图书馆、中国人民解放军医学图书馆、中华医学会上海分会图书馆。

伤寒论条辨续注（方有执撰，郑重光注；1705）

现存。12卷。明·方有执（方中行、九龙山人）原撰，清·郑重光（郑在章、郑在辛、素圃老人）续注。方有执，字中行，号九龙山人，歙县人。郑重光，字在章、在辛，号素圃老人，歙县人。

郑氏在尊崇方有执错简重订说的基础上，参以喻昌、张璐、程效倩三家之说，对《伤寒论》条文次序又多有挪移，充分体现了自身的学术主张。全书篇中诸条文字一遵经文，各篇之首发明大义，而后精详辨注。

本书单行本现存2种版本：清康熙四十四年（1705）广陵秩斯堂刻本，藏于中国中医科学院图书馆、北京中医药大学图书馆、上海中医药大学图书馆、浙江中医药大学图书馆；一种清康熙年间刻本本衙藏板，藏于中国国家图书馆。另可见于《郑素圃医书五种》。

温疫论补注（吴有性撰，郑重光注；1707）

现存。2卷。又名《增补温疫论》。明·吴有性原撰，清·郑重光（郑在章、郑在辛、素圃老人）补注。郑重光，字在辛，号素圃老人，歙县人。

系《温疫论》注本之一。郑氏据其临证见解予以补注，共补正吴有性《温疫论》70余则，使吴氏之书更趋完善，对温疫证治亦多有发挥。作者以原病、辨明伤寒时疫两部分内容为主论述，以说明温疫的病理、症状、治疗等要旨。书中除剖析温病效方为达原饮等外，同时强调了石膏、犀角等药物的疗效。

本书单行本现存17种版本，其中清代刻本8种：清同治三年（1864）刻本樊川文成堂藏板，藏于中国中医科学院图书馆、安徽中医药大学图书馆、湖北中医药大学图书馆等20家国内藏书机构；清光绪六年（1880）扫叶山房刻本，藏于中国国家图书馆、北京中医药大学图书馆、山东中医药大学图书馆等33家国内藏书机构；清光绪十七年（1891）扬州文枢堂刻本，藏于长春中医药大学图书馆；清光绪二十一年（1895）扬州文富堂刻本，藏于中国医学科学院图书馆、中国中医科学院图书馆、新疆医科大学图书馆等9家国内藏书机构；一种清光绪二十七年（1901）抄本，藏于陕西省图书馆；清光绪三十三年（1907）校经山房石印本，藏于中国医学科学院图书馆、首都医科大学图书馆、青岛市图书馆等10家国内藏书机构；一种清代襄陵乔国桢刻本，藏于中国国家图书馆、上海图书馆；一种清代刻本，藏于北京大学医学图书馆、河北医科大学图书馆、河南省图书馆等 11 家国内藏书机构。另可见于《郑素圃医书五种》。

伤寒论证辨（郑重光；1711）

现存。2 卷。清·郑重光（郑在章、郑在辛、素圃老人）撰。郑重光，字在章、在辛，号素圃老人，歙县人。

郑氏采用李士材所编，各证之下，以大字备用仲景原文，以双行小字广录历代各家所谓"分见错出"之条，分经辨治，使病情详于各证之内。方剂汇成 1 卷，附于书后。

本书单行本现存清康熙五十一年(1712)许华生刻本广陵至力堂藏版，藏于中国中医科学院图书馆、中国中医科学院中国医史文献研究所。1998 年，江苏广陵古籍刻印社据清康熙许华生刻本影印出版。另可见于《郑素圃医书五种》。

孝慈备览伤寒编（汪纯粹；1734）

现存。4 卷。又名《孝慈备录》。清·汪纯粹（汪惇士、春圃）撰。汪纯粹，字惇士，号春圃，黟县人。

汪氏撰有《孝慈备览全编》，首编为伤寒 4 卷，此部分先行刊印，其他部分未见刊行。本书系针对病家而撰的中医读本，内妇儿各科俱备。首卷论伤寒治法，十二经脏腑表里诊法，及合病并病两感等病；卷二论六经阴阳脉证，发略诸汤功用主治；卷三论辨伤寒类证、变证、兼证，并列所治方药；卷四定发、解和、清、救五略，详切问，考汤头，共选集历代名家制方 99 首。

本书单行本现存 4 种版本：清雍正十二年(1734)杭城并育堂刻本，藏于中国中医科学院图书馆、上海中医药大学图书馆、浙江中医药大学图书馆；一种清乾隆三年(1738)刻本，藏于中国国家图书馆；一种清代刻本，藏于首都医科大学图书馆；一种清代抄本，藏于中国科学院国家科学图书馆、中国医学科学院图书馆、天津中医药大学图书馆、上海中医药大学图书馆。另可见于《珍本医书集成绪编》。

伤寒心悟（汪纯粹；1734）

现存。4 卷。清·汪纯粹（汪惇士、春圃）撰。汪纯粹，字惇士，号春圃，黟县人。

卷一论述伤寒诊法，分 20 门，阐述望、闻、问、切各种方法；卷二、卷三以问答形式论述伤寒病证的各种诊治方法，共 150 门；卷四选集历代名方 100 首，详述适应证、药物及煎服方法。

本书单行本现存2种版本：一种清雍正十二年（1734）刻本，藏于重庆图书馆；一种清代乾隆年间刻本，藏于苏州市中医医院图书馆。

伤寒癖误真经（汪文誉；1737）

现存。6卷。又称《伤寒辟误》《伤寒辟误三注真经》。清·汪文誉（汪广期、汪文芳）撰。汪文誉，字广期，又名文芳，休宁人。

系汪氏与其友汪礼和、朱松泉据各自临证经验之集注，总以临证实践心得体会为指归，所论所辨较为简要实用。

本书单行本现存2种版本：一种清乾隆六年（1741）抄本，藏于安徽省图书馆；一种抄本，藏于私人处。另可见于《珍本医书集成绪编》。

伤寒医验（卢云乘；1738）

现存。6卷。分体（辨证）、用（论治）两集，各3卷。清·卢云乘（卢在田、鹤轩）撰。卢云乘，字在田，号鹤轩，黟县人。

系作者晚年汇其平生经验阅历，参照汪亦裴《论伤寒》，补入个人治效日记《医学体用》中《伤寒要略》论舌诊部分整理而成。上卷主要叙述人身表里阴阳图、躯壳表图说、六腑六脏说、三阳部分躯腑论、三阴部分腔脏论，以及六经经义、伤寒晰义、正伤寒、两感伤寒等，计31篇；中卷主要论述类中风兼伤寒、虚损劳怯兼伤寒、痘症兼伤寒、妊娠兼伤寒、热厥似寒厥辨、阴证似阳证辨等86篇；下卷主要论述潮热、恶寒、身痛、无汗结胸、发黄、蓄血等伤寒病证，计97篇。用集上卷主要论诊治法，有望闻问切、脉法等30篇；中卷论方195首，分散、解、和、清、润、滋、温、补等门叙述；下卷论药182味。作者在辨证方法上，不取仲景所论之六经，而以人体划分三阴三阳六部，并在前人足六经证治基础上，补充手六经证治，可谓别具一格。

本书单行本现存2种版本：一种清乾隆三年（1738）刻本，藏于中国中医科学院图书馆、上海中医药大学图书馆；一种抄本，藏于安徽博物院。

订正伤寒论注（吴谦；1742）

现存。15卷。清·吴谦（吴六吉）等撰。吴谦，字六吉，歙县人。

原载于《医宗金鉴》。鉴于《伤寒论》部分旧注本存在"随文附会，难以传信"等情况，遂予订正，详加注释，并选集过去注本中能阐发仲景经义的见解以备参考。在编次方面，将平脉法篇、辨脉法篇殿于后。末卷附有正误、存疑、《名医别录》合药分剂法则、三阴三阳经脉图注及伤寒刺灸穴图等。

本书单行本现存 2 种版本：一种日本宽政三年（1791）翻刻本（题《医宗金鉴伤寒论》）、一种抄本，均藏于中国中医科学院图书馆。另可见于《医宗金鉴》。

伤寒心法要诀（吴谦；1742）

现存。3 卷。清·吴谦（吴六吉）等撰。吴谦，字六吉，歙县人。

原载于《医宗金鉴》。系将《伤寒论》总论内容、六经辨证及伤寒常见病证，类伤寒、温疫、温病等内容，撮其要旨，编为歌诀，另加注释，便于学习记诵。

本书单行本现存 2 种版本：一种清代抄本，藏于中国中医科学院图书馆；一种抄本，藏于中国科学院国家科学图书馆、内蒙古图书馆。另可见于《医宗金鉴》。

温疫明辨（戴天章撰，郑康宸编；1750）

现存。4 卷，附方 1 卷。清·戴天章原撰，郑康宸（郑奠一）编。郑康宸，字奠一，歙县人。

作者取吴有性原本，予以注释、增订、删改，意在辨明温疫之通体异于伤寒，而尤要慎辨于见证之始。强调临证需重视气、色、舌、神、脉，论治可按汗、下、清、和、补五法进行。

本书单行本现存版本较多，约 32 种，全国各地医学藏书机构多有收藏。初刊本清乾隆十五年（1750）汪氏紫峰刻本仍存，藏于中国中医科学院图书馆、苏州市中医医院图书馆。

温热论（叶桂述，顾景文编；1777）

现存。1 卷。清·叶桂（叶天士、香岩、南阳先生、上津老人）口授，顾景文整理。叶桂，字天士，号香岩，别号南阳先生、上津老人，歙县人。

共 20 则，探讨了温病学基本理论的主要方面，如温病的病因病机、感邪途径、辨证纲领、诊断方法、防治方法及预后等，重点分析了温病的传变规律，创立了"卫气营血"辨证新说，提出温热病察舌、验齿和观察斑疹、白㾦等诊法，尤于湿热证治有精辟立论。

本书在流传过程中形成了两种版本系统。由华岫云修改整理者，名《温热论》，首刊于清乾隆四十二年（1777），称为"华本""种福堂本"，清道光二十六年（1846）经锄堂刻本及王孟英的《温热经纬·温热病篇》等均遵华本。由唐大烈修改整理者，名《温证论治》，收入《吴医汇讲》，首刊于清乾隆五十七年（1792），称为

"唐本"，后章楠《医门棒喝·叶天士温病论》及周学海《周氏医学丛书·温热论》等均宗唐本。

对《温热论》作注者有10余家，华岫云所注，被视为《温热论》的最早注本。章虚谷《医门棒喝》把原文分为34节，取名为《叶天士温病论》，是最早的系统注释本，约刊于清道光五年（1825）。王孟英《温热经纬》更名为《叶香岩外感温热篇》，收入华岫云、章虚谷、吴鞠通、魏柳洲、沈尧封、茅雨人、杨照藜、尤拙吾等医家注解，约刊于清咸丰二年（1852）。凌嘉六《温热类编》名为《温热论治》，并有简短小注，刊于清同治五年（1866）。宋佑甫《南病别鉴》称为《叶香岩温证论治》，亦作夹注。周学海《评注医书十二种》收入本篇，主要以唐本为据，亦有周氏之注，约刊于清光绪十七年（1891）。陈光淞《温热论笺正》"笺叶氏之白，正诸家之失"，为注释《温热论》的专著，刊于1915年。吴锡璜《中西温热串解》名为《叶香岩温热论注解》，其特点为试图以西医观点解释温病学理论，刊于1920年。现代金寿山《温热论新编》将原文分为12部分，并冠以标题，加以注释，刊于1960年。杨达夫《集注新解叶天士温热论》中收入前人大量注释，并附有临床诊治病例。1964年，全国高等中医药院校统编教材《温病学讲义》中收录本篇，南京中医学院对原文进行了阐释、选注，并作按语，此后，历版统编教材中均收入本篇。

伤寒三说辨（汪必昌；1816）

现存。不分卷。清·汪必昌（汪燕亭、聊复）撰。汪必昌，字燕亭，号聊复，歙县人。

全书分为三部分，即王履《医经溯洄集》中之《张仲景伤寒立法考》《伤寒温病热病说》《伤寒三阴病或寒或热辨》。汪氏将《伤寒论》397法分隶内伤外伤、中风、中暑等，详其辨证论治，并宗刘河间主火论，强调治疗温病当以除热为主。注文参酌刘河间温热分类及喻昌之热病论、吴又可之《温疫论》、程效倩之热病论内容，并参以己见。本书以仲景学说为宗，认为王叔和强分集征是为谬误，而后世各家虽有发扬者，然多数仍未明仲景学说之主旨。故竭力批驳王履、刘完素等人之论。

本书单行本现存清嘉庆二十一年（1816）著者自刻本，藏于中国医学科学院图书馆、中国人民解放军医学图书馆、南京图书馆、南京中医药大学图书馆、苏州图书馆、浙江省中医药研究院图书馆。

仲景伤寒论注解
（方有执撰，北园主人订；1819）

现存。不分卷。明·方有执（方中行、九龙山人）原撰，北园主人删订。方有执，字中行，号九龙山人，歙县人。

对伤寒病因病机、主证主脉、表里寒热、处方用药诸方面进行了较为全面的辨析。后附庐山刘复真《脉诀捷要》等内容。

本书单行本现存清嘉庆二十四年（1819）拱辰堂抄本，藏于中国中医科学院图书馆。

叶天士温热论
（叶桂撰，章楠释；1825）

现存。不分卷。清·叶桂（叶天士、香岩、南阳先生、上津老人）原撰，章楠释。叶桂，字天士，号香岩，别号南阳先生、上津老人，歙县人。

本书单行本未见刊行。可见于《中西医学劝读十二种》中，藏于北京中医药大学图书馆、中国中医科学院图书馆、湖南图书馆。

伤寒析疑
（程文囿；1826）

现存。1卷。清·程文囿（程观泉、杏轩）撰。程文囿，字观泉，号杏轩，歙县人。

原系《医述》第4卷。引录柯琴、徐灵胎、喻昌、程效倩等20余位医家之论，以及《此事难知》《证治准绳》《医宗金鉴》等10余部医籍中关于《伤寒论》的注疏和见解。前6篇集各家论述，分别从例序、错简、传误、脱佚、衍文、字讹等方面，对《伤寒论》条文进行了文理上的分析解释；后5篇集各家注疏，分别从注辨、方考、汇通、问难、缺疑等方面，对《伤寒论》从医理上进行了分析论证。

本书单行本现存一种1934年抄本，藏于陕西中医药大学图书馆。另可见于《医述》。

伤寒经晰疑正误
（汪时泰；1841）

现存。12卷。清·汪时泰（汪春溥）撰。汪时泰，字春溥，休宁人。

卷一、卷二为太阳篇，卷四至卷六为阳明篇，卷七、卷八为少阳篇，卷九为太阴篇，卷十、卷十一为少阴篇，卷十二为厥阴篇。书中将历代80余位医家对《伤寒论》的注解细加寻绎，予以评释；将诸家对《伤寒论》条文的辨疑正误，详加考订；将倒句、错简、传误、脱落、衍文、字讹、方舛等经前贤指出者合为一编，对照合参，对诸家注解之得失亦进行了较为客观的评释。

本书单行本现存清道光二十四年（1844）新安汪时泰梯云书屋稿本，藏于安徽省图书馆。

伤寒杂病论合编（汪宗沂；1869）

现存。2卷。又名《杂病论辑逸》《张仲景温疫论》。清·汪宗沂（汪仲伊、汪咏村、韬庐）撰辑。汪宗沂，字仲伊、咏村，号韬庐，歙县人。

汪氏认为张仲景亦是温病学之鼻祖，对历代伤寒之说进行了考证、校正、注释《伤寒论》条文多处；并从《脉经》《诸病源候论》《肘后方》《千金方》《外台秘要》等医著中，考证辑录张仲景逸论46条、逸方23首，辑复补入宋本《伤寒论》中，以还张仲景之旧、补方论之全。

本书单行本现存4种版本：一种清光绪十四年（1888）刻本，藏于中国国家图书馆、上海中医药大学图书馆、吉林大学图书馆医学馆；清光绪十九年（1893）连文仲抄本，藏于中国中医科学院图书馆；一种清代光绪年间刻本，藏于中国中医科学院图书馆、安徽医科大学图书馆、北京中医药大学图书馆、上海图书馆、浙江大学图书馆医学分馆、苏州市中医医院图书馆；一种清代稿本，藏于中国中医科学院图书馆。

伤寒审症表（包诚；1870）

现存。清·包诚撰。包诚，字兴言，泾县人。

作者读黄元御所著《伤寒悬解》，深感其文奥义深，又难记诵，遂据其内容，精心设计，著成此书。钩玄提要，罗列症候，悉从经、腑、脏传变辨证，并以自身长期医疗实践和临床经验，反复揣摩，始成定稿。虽源于黄氏，但不落窠臼，而自成一家。此表刊行后，深受医界称许，公认如辨证不达至熟境地，则不可能有如此"由博反约"之功力，是医界研究伤寒学之要籍。

本书单行本现存4种版本：清同治十年（1871）湖北崇文书局刻本，藏于中国国家图书馆、清华大学图书馆、中国中医科学院图书馆、山东中医药大学图书馆、安徽中医药大学图书馆等48家国内藏书机构；清光绪二十七年（1901）上海商务印书馆铅印本，藏于陕西中医药大学图书馆、苏州市中医医院图书馆；一种1914年铅印本，藏于贵州省图书馆；一种上海千顷堂书局石印本，藏于中国中医科学院图书馆、兰州大学图书馆、上海中医药大学图书馆、云南中医药大学图书馆、广州中医药大学图书馆。

伤寒锦囊
（刘泽清；1881）

现存。清·刘泽清（刘渭川、浊翁）撰。刘泽清，字渭川，号浊翁，巢县人。

本书单行本现存清光绪七年（1881）三槐堂汇以氏抄本，藏于辽宁中医药大学图书馆。

伤寒补例
（周学海；1891）

现存。2卷。清·周学海（周澄之、周健之）撰。周学海，字澄之、健之，东至人。

自序云："伤寒见证，不止仲景原文，仲景之外，尚有伤寒证治。"据此，将《伤寒论》中"伤寒例"所申明的"即病为伤寒，伏气变为温热"理论加以发挥，并对伤寒、温病、疟、痢等病证进行了分析，结合自身体会予以阐释。上卷载伤寒难读并宜补大旨、伤寒重病多是下焦伏寒、晚发是伤寒正病、水气凌心即是三焦伤、伤寒杂病皆有之等论；下卷载伤寒读法十四条，南北伤寒异治、男妇伤寒温病舌黑异治、牢脉病机、发汗别法等论。认为伤于寒者皆可谓伤寒，因四时气候变化而有夹湿、夹燥、夹风之异，又因本体阴阳虚实之不同、治疗之得当与否而出现诸多复杂证候，故治伤寒不能专读伤寒一书。周氏结合其临证心得，对伤寒、温病、疟、痢等病，予以阐发和补充，而不为六经辨证所囿，对《伤寒论》研究及外感病临床有参考价值。

本书单行本现存2种版本：清宣统二年（1910）福慧双修馆刻本，藏于首都图书馆、中国中医科学院图书馆、天津图书馆、上海图书馆、复旦大学图书馆医科馆、浙江图书馆、浙江中医药大学图书馆、湖南中医药大学图书馆、四川省图书馆、云南省图书馆；1936年上海大东书局铅印本，藏于长春中医药大学图书馆。另可见于《周氏医学丛书》《中国医学大成》。

伤寒论新注
（胡剑华注，高思潜增注；1928）

现存。4卷。胡剑华（胡子钰）原注，高思潜增注。胡剑华（1878—1947），字子钰，黟县人。

作者试图将中西医学结合为一体，尝试完全以西医学理论注释仲景原文，故名新注。如释太阳病为"外寒骤加、体温不及调节之感冒证也"；释太阴病腹满为"胃力衰弱性腹满"；释食不下、自利为"胃肠壁贫血，消化减低，吸收减退"。

本书单行本现存2种版本：1930年上海宏大善书局石印本，藏于中国中医科学院图书馆、天津中医药大学图书馆、吉林省图书馆、安徽医科大学图书馆、湖北中医药大学图书馆；1930年上海中医书局铅印本，藏于首都图书馆、北京中医药大学图书馆。

伤寒从新（王润基；1932）

现存。16卷。王润基（王浚、王少峰、王炳生）辑。王润基（1867—1932），又名浚，字少峰、炳生，休宁人。

卷一至卷十为六经诸篇，卷十一为合病并病篇，卷十二为痞满篇，卷十三为温热篇，卷十四为怪病篇，卷十五为平脉篇，另增外篇列于卷十六。本书折衷伤寒各派，以温热补充伤寒，以六经指导温病辨治，以述古（正伤寒）、新法（类伤寒）为补充，新增察舌辨苔诸法，广泛汲取《伤寒论》注家之精辟见解，将《伤寒论》条文分解为430条，按病症、治方顺序排列于相应篇中，于每条下选名家之言予以注释，参引著作200余种、择取注文4000余条，关键处加按语以评注，间载自身验案以证之，是近代注解《伤寒论》的大成之作。

本书单行本现存一种稿本，藏于安徽中医药大学图书馆。1988年，安徽科学技术出版社将《伤寒从新》纳入《新安医籍丛刊》，由汪文生、王仲衡据丛刊"整理校点细则"进行编辑整理，1994年正式出版。

伤寒读本（王一仁；1936）

现存。1卷。王一仁（王以仁、王依仁、王晋第、瘦钦）编。王一仁（1898—1971），又名以仁、依仁、晋第，号瘦钦，歙县人。

卷首有自序、张仲景原序、凡例及王叔和伤寒叙例，继列痉、湿、暍、温病、太阳、阳明、少阳、太阴、少阴、厥阴、伤寒余论诸篇，后附张隐庵《伤寒本义》。作者以法类方、以方类证，对《伤寒论》原文重新排列，某些条文文字略有改动。六经病篇末均有综论，注释以中西医理论合参，既论证候病机，又述方义配伍。

本书单行本现存1937年杭州仁庵学舍铅印本，藏于中国中医科学院图书馆、上海中医药大学图书馆。另可见于《仁庵医学丛书》。

伤寒明理补论（巴应奎；明代）

现存。4卷。明·巴应奎（巴子文、西涣）撰。巴应奎，字子文，号西涣，歙县人。

本书单行本现残存第三、四卷，藏于日本内阁文库。

医效秘传
（叶桂述，徐雪香抄，张友樵审；清代）

现存。3卷。清·叶桂（叶天士、香岩、南阳先生、上津老人）口述，徐雪香抄藏，张友樵审定。叶桂，字天士，号香岩，别号南阳先生、上津老人，歙县人。

前二卷以辨析伤寒及伤寒诸证为主，兼论多种温病，俾伤寒温病之辨当有所遵循，并补入《温热论》；卷三列述阴阳升降之理，切脉审证之要；书末附方80首。

本书单行本现存11种版本：清道光十一年（1831）吴氏贮春仙馆刻本，全国各主要医学图书馆多有收藏；一种清道光二十三年（1843）刻本，藏于上海市中医文献馆；一种清同治十二年（1873）刻本，藏于济南图书馆；清光绪二十七年（1901）上海汉续楼石印本，藏于山东中医药大学图书馆、河南中医药大学图书馆、上海中医药大学图书馆等全国10家藏书机构；清光绪三十三年（1907）上海洋左书局石印本，藏于天津市医学科学技术信息研究所、辽宁省图书馆；清宣统元年（1909）曾石森抄本，藏于湖南图书馆；一种清代务本堂刻本，藏于浙江中医药大学图书馆、江西省图书馆；一种清代刻本，藏于天津中医药大学图书馆、上海图书馆、湖北中医药大学图书馆；一种抄本，藏于中国中医科学院图书馆。

叶氏伤寒家秘全书
（叶桂；清代）

现存。4卷。原题清·叶桂（叶天士、香岩、南阳先生、上津老人）撰。叶桂，字天士，号香岩，别号南阳先生、上津老人，歙县人。

卷一列辨伤寒温病热病论、伤寒审病问因察形正名总论、持脉法、伤寒阴阳症论、合病并病论、标本论、辨温病热病时气例、可或不可汗吐下例等61篇，附49则方论；卷二论伤寒发热、恶寒、烦躁、无汗、自汗、吐血等31篇，附60则方论；卷三辨伤寒呃逆、胸胁满、心下痞、结胸、谵语等27篇，附120则方论；卷四辨阳证似阴、阴证似阳、除中、寒热厥、差后劳复、妇人伤寒、小儿伤寒等52篇，附72则方论。

本书单行本现存一种清代抄本，藏于上海中医药大学图书馆。

温热论笺正
（叶桂撰，陈光淞笺正；清代）

现存。不分卷。清·叶桂（叶天士、香岩、南阳先生、上津老人）原撰，陈光淞笺正。叶桂，字天士，号香岩，别号南阳先生、上津老人，歙县人。

作者据《温热论》内容，取王士雄《温热经纬》所注《温热篇》，"笺叶氏之旨而正诸家之失也"，即为考订旧闻，正其谬误，循流溯源，务使曲畅旁通，各极其趣。其医理部分的注释，取王士雄、章楠所论为主，补以《内经》、张仲景、刘完素、朱震亨、尤怡诸家；其方药部分取吴鞠通《温病条辨》方为主，大多只给出药物组成，以示大意。陈氏个人意见，以按语形式给出。

本书单行本现存4种版本：1916年上海扫叶山房石印本，藏于中国中医科学院图书馆、天津医学高等专科学校图书馆、河北医科大学图书馆等全国15家藏书机构；1916年上海遗经楼石印本，藏于天津医学高等专科学校图书馆；一种1927年石印本，藏于中国中医科学院图书馆；一种苑林抄本，藏于上海中医药大学图书馆。

伤寒捷诀（严宫方；清代）

现存。1卷。清·严宫方撰。严宫方，字则庵，桐城人。

以歌诀加按语形式阐发《伤寒论》，将《伤寒论》分条编成歌诀，俾学者易读而捷成。甚切实用。

本书单行本现存一种抄本，藏于上海辞书出版社图书馆。另可见于《珍本医书集成》。

存省斋温热论注（叶桂撰，赵思诚注；清代）

现存。不分卷。清·叶桂（叶天士、香岩、南阳先生、上津老人）原撰，赵思诚注。叶桂，字天士，号香岩，别号南阳先生、上津老人，歙县人。

本书单行本现存一种抄本，藏于中国科学院生命科学图书馆（上海）。

伤寒注释（程秉烈；清代）

现存。2卷。清·程秉烈（程继周）注。程秉烈，字继周，歙县人。

本书单行本现存一种稿本，藏于程氏后人处。

伤寒大白（陈懋宽；清代）

现存。4卷。清·陈懋宽撰。陈懋宽，歙县人。

本书单行本现存一种抄本，藏于安徽博物院。

温疫论详辨（莹君溥；清代）

现存。1卷。清·莹君溥撰。莹君溥，歙县人。

本书单行本现存一种抄本，藏于安徽博物院。

增订温疫论补注（杨启甲；清代）

现存。2卷。清·杨启甲（杨丽南）注。杨启甲，字丽南，休宁人。

本书单行本现存一种刻本，藏于安徽博物院。

批注陶氏杀车三十七槌法（汪必昌；清代）

现存。不分卷。清·汪必昌（汪燕亭、聊复）撰。汪必昌，字燕亭，号聊复，歙县人。

本书单行本现存一种稿本，藏于中国收藏家协会书报刊委员会。

诊法类文献

内照法
（华佗；234）

现存。1卷。汉·华佗（华元化）撰。华佗，字元化，一名旉，亳州人。

"内照"指从色、脉、症的反应来鉴察内脏的病变。即"有诸内，必形诸外"之理论的具体发挥。全书共6篇，主要在于辨证。首为四时平脉，非平脉即为病脉，指明切脉之要诀；次为五脏之病，从各脏之液、声、味、臭、色而知其病变之由来；三为五脏相入，论述各脏互相传变、互相制约、互相影响；四为脏腑相入，阐明脏腑表里与疾病之关系；五为明脏腑应五脏药名，阐明辨证施治、量病用药的原则；六为脏腑成败，论述预见生死之诀。

本书单行本现存3种版本：一种明代刻本、一种清宣统三年（1911）刻本，均藏于中国国家图书馆；一种抄本，藏于辽宁中医药大学图书馆。另可见于《中藏经》《周氏医学丛书》。

玄门脉诀内照图
（华佗；234）

现存。2卷。汉·华佗（华元化）撰。华佗，字元化，一名旉，亳州人。

卷上为十二经脉、经脉气血、脏腑内景等内容，其论多源于《黄帝内经》《甲乙经》和扁鹊之说；卷下为十二经脉直诀、四时平脉、脏腑成败、脏腑病机、脏腑用药等，并附图12幅。

本书单行本现存3种版本：一种明代嘉靖年间刻本，藏于中国国家图书馆、中国中医科学院图书馆；一种清代抄本，藏于中国中医科学院图书馆；一种抄本，藏于中国医学科学院图书馆、辽宁中医药大学图书馆、南京图书馆。

新刻华佗内照图
（华佗；234）

现存。2卷。汉·华佗（华元化）原撰，明·胡文焕校。华佗，字元化，一名旉，亳州人。

本书单行本现存一种据明万历刻本复制本，藏于中国中医科学院图书馆。

玄白子西原正派脉诀
（张道中；1330）

现存。1卷。又名《脉诀》《崔真人脉诀》《方脉举要》《东垣脉诀》。元·张道中（玄白子）撰。张道中，号玄白子，淮南人。

张氏为崔嘉彦三传弟子。书中《脉学纲纪图》以图表述崔氏四脉为宗的观点，《四言脉诀》则密切联系临床。本书明初被伪托为《崔真人脉诀》《东垣脉诀》《方脉举要》等。

本书单行本现存2种版本：一种清代刻本，藏于中山大学图书馆；一种抄本，藏于中国中医科学院图书馆、内蒙古医科大学中蒙医学院图书馆、陕西省中医药研究院图书馆、兰州大学城关校区图书馆、黑龙江中医药大学图书馆、中华医学会上海分会图书馆、湖南图书馆、广东省立中山图书馆。另可见于《紫虚崔真人脉诀秘旨》《东垣十书》《寿养丛书选抄三种》《古今医统正脉全书》《脉书八种》。

相类脉诀
（张道中；1330）

现存。1卷。又名《玄白子相类脉诀》《疑脉韵语》。元·张道中（玄白子）撰。张道中，号玄白子，淮南人。

是最早辨析相类脉的专著。以七言诗区别《脉经》10组相类脉及自增14组。

本书单行本现存一种清乾隆二十八年（1763）抄本。另可见于《脉诀秘旨》《医经小学》《脉书八种》。

脉诊八段锦
（张道中；1330）

现存。1卷。元·张道中（玄白子）撰。张道中，号玄白子，淮南人。
主要记述诊法八要及诊尺肤方法。

本书单行本现存一种清乾隆二十八年（1763）抄本。另可见于《脉诀秘旨》《脉书八种》《脉诀刊误》，其中，《脉诀刊误》改动颇多，且不著撰者。

脉诀刊误
（戴起宗撰，朱升节抄，汪机订；1522）

现存。2卷，附录2卷。又名《脉诀刊误补注》《补订脉诀刊误》《脉诀刊误集解》。明·戴起宗原撰，朱升节抄，汪机（汪省之、石山居士）补订。汪机，字省之，号石山居士，祁门人。

此书原为戴起宗有感于《脉诀》较之《脉经》错讹遗漏较为严重，乃集先贤诸书之论于《脉诀》中，撰成《脉诀刊误》。徽州休宁人朱升偶见此书，节抄其要。汪氏闻之，往拜其门，手录以归。此书因传写日久，脱误之处难免，汪氏并以诸家脉书要语，重为补订，类为1卷，又撰《矫世惑脉论》1卷附录于后，以扩《脉诀刊误》未尽之意。

本书单行本现存约20种版本，其中明代刻本8种：明嘉靖元年（1522）吴躰刻本，藏于中国国家图书馆；一种明嘉靖二年（1523）刻本，藏于哈尔滨医科大学图书馆、四川大学医学图书馆、湖北中医药大学图书馆；明嘉靖年间祁门许氏刻本，藏于中国国家图书馆；一种明代嘉靖年间刻本，藏于中国国家图书馆；一种明万历二十四年（1596）刻本，藏于吉林大学图书馆医学馆、上海中医药大学图书馆；一种明崇祯六年（1633）刻本，藏于中国中医科学院图书馆、河北医科大学图书馆、哈尔滨医科大学图书馆等国内8家藏书机构；明崇祯十四年（1641）汪邦铎刻本，藏于中国科学院国家科学图书馆、安徽省图书馆；一种明代刻本，藏于中华医学会上海分会图书馆。另有两种日本刻本：一种日本宽永十九年（1642）刻本，藏于上海中医药大学图书馆；一种日本刻本，题为《脉诀刊误抄》，藏于中国中医科学院图书馆。另可见于《汪石山医书八种》《周氏医学丛书》《四库全书》《医学集览》《丛书集成初编》。

脉荟
（程伊；1547）

现存。2卷。明·程伊（程宗衡、月溪）撰。程伊，字宗衡，号月溪，歙县人。

上卷分述二十九脉，即七表、八里、九道、五脉，每种脉分述其脉状、主病、兼脉主病、三部分别主病；下卷介绍诊脉法、脉诊测预后、妊娠脉、新病久病脉等内容。

本书单行本现存一种明嘉靖三十一年（1552）刻本，藏于中国国家图书馆。

脉理集要
（汪宦；1572）

现存。1卷。明·汪宦（汪子良、心谷、寅谷）撰。汪宦，字子良，号心谷、寅谷，祁门人。

共33篇，分为候脉图说、脉诀总歌、脉理详解辨、经络部位、妊娠脉、小儿脉纹脉候、脉会、脉位、气形、来去、尺寸、上下、前后、至数、歇至（止）、阴阳、诊例、七情、无脉、反脉、异脉、怪脉、止脉、政脉、胜负扶抑、各部不胜、不胜期诀、虚数期诀、真脏俱搏、上古三诊等章节，对诊脉部位、脉象机理、病脉提纲、脉象主病等均给予了较为详细的阐述。

本书单行本现存2种版本：一种抄本，藏于南京中医药大学图书馆；一种江苏泰州新华书店抄本，藏于中国中医科学院图书馆、云南中医药大学图书馆。

脉语
（吴崑；1584）

现存。2卷。又名《脉学精华》。明·吴崑（吴山甫、鹤皋、参黄子）撰。吴崑，字山甫，号鹤皋、参黄子，歙县人。

原载于《医方考》。分为上下两篇。上篇名"下学"篇，主要为脉法基础知识，包括取脉入式、寸关尺义、六部所主、五脏浮沉、五脏病脉、五脏死脉、诸脉状主病、妇人脉法、小儿脉法等。下篇名"上达"篇，主要阐述脉法理论，包括脉位法天论、脉有神机、胃气为本、男女脉异、《灵枢》脉法、方宜脉、从证不从脉、从脉不从证、《太素》脉论、脉案格式等，撷取脉学著作精华，并抒之己见，对临床常见以及特殊的脉法进行了讨论。该书倡导脉以胃气为本的理念，并独创妇人诊脉法，对脉象主病也颇有见地，丰富了中医学脉诊的内容。作者对太素脉基本持批评态度。书末附脉案格式，对医者诊病时书写病案提出了具体要求，在现存医著中首次规范了医案的完整格式。该书卷帙不繁，用语精当，内涵丰富，颇为医者喜好，流传较广。

本书单行本现存2种版本：一种明代万历年间刻本，藏于上海图书馆；1937年上海中医书局铅印本和1955年重印本。另可见于《医方考》《中国医学大成》。

脉便
（张懋辰；1587）

现存。2卷。明·张懋辰（张远文）撰。张懋辰，字远文，休宁人。

卷一介绍诊脉方法、分候脏腑相应部位及27种脉象，主要分述27种脉的形状、主病和类似脉的鉴别，其中歌诀部分大多摘自《濒湖脉学》；卷二论述奇经八脉的循行路线及其主病，对前贤关于奇经八脉的论述进行了汇集综述。

本书单行本现存一种明代刻本,藏于安徽省图书馆、浙江图书馆。

太素脉要（程大中；1592）

现存。2卷。明·程大中（程时卿）撰。程大中,字时卿,祁门人。

上卷分为三部分:一是列"太素原统",简述太素脉源流,再分24脉所属五行、脉合五行起长生诀、六阳脉、六阴脉、清浊脉、贵脉、贱脉、性情脉、荣显脉、福德脉、横财脉、益夫脉、刑夫脉、贱夫脉、淫脉、僧道脉等篇目;二是简述相关中医基本理论知识,包括阴阳五行、五运六气、脏腑经络等;三是脉论,并摘选《脉诀》部分内容。下卷包括指南赋、剪金赋、通玄赋、隐微赋4篇赋体文章和"六部总论"等。

本书单行本现存一种明万历二十年（1592）刻本,藏于中国国家图书馆。

先天脉镜（孙文胤；1637）

现存。不分卷。明·孙文胤（孙对薇、孙薇甫、在公、遵生主人）撰。孙文胤,字对薇、薇甫,号在公、遵生主人,休宁人。

原见于《丹台玉案》卷首。书中论述诊脉要点,如诊脉以观胃气为主、诊脉时须澄心静虑、脉之六部各具五行阴阳等;列有诊脉捷要歌,简述脉象主病及当用药物;又收照脉玄窍歌、照脉口诀、十八脉形歌等。末附二陈汤加减用法歌诀、脏腑图。

本书单行本现存2种版本:一种清代抄本,藏于中国中医科学院图书馆;一种抄本,藏于长春中医药大学图书馆。

脉考（方以智；1644）

现存。1卷。明·方以智（方密之、曼公、龙眠愚者）撰。方以智,字密之,号曼公、龙眠愚者,桐城人。

方氏撰有《通雅》52卷,本书为其中1卷。《四库全书总目提要》云:

是书皆考证名物、象数、训诂、音声。穷源溯委,词必有证。在明代考证家中,可谓卓然独立矣。

本书单行本现存一种清代康熙年间浮山化藏轩刻本,藏于安徽省图书馆。

五方宜范
（芮养仁；1644）

现存。清·芮养仁（芮六吉）撰。芮养仁，字六吉，当涂人。

首列脉分三部及诊脉要论，次论五方脉、五方经病治法大略及阴阳五行药提纲论。后附用药提纲及火候各1卷。书中强调脉诊，对临证用药有一定参考价值。

本书单行本现存一种清代初期抄本，藏于上海中医药大学图书馆。

医灯续焰
（王绍隆原撰，潘楫辑注；1650）

现存。21卷。明·王绍隆（王绍龙、王继鼎）原撰，清·潘楫辑注。王绍隆，字继鼎，又名绍龙，歙县人。

本书取崔嘉彦《四言脉诀》为蓝本，校以李言闻《四言举要》，并用其师王绍隆平日所传之学注解阐释之。书中注文多以《内经》《难经》《伤寒杂病论》《脉经》及刘完素、张洁古、李东垣、朱丹溪等诸家学说为据，并结合王绍隆所传脉学见解，联系临床各科病证阐述脉象脉理及治法方药，内容详备。卷一至卷十七为注解《四言脉诀》正文，首论血脉隧道、法地合心、始生营卫、气动脉应、寸口大会、男女定位、七诊九候、四时胃气、平和迟数等脉学基本知识，继则详述各脉体状主病及外感内伤、胎产小儿各种脉证，最后论述奇经八脉、反关脉、真脏脉等，共列81篇。卷十八、十九为补遗，补述嘈杂、吞酸吐酸、噎膈等杂症脉治及望诊、声诊、问诊之法。卷二十、二十一为附余，附录医学诊范、为医要则、病家须知、尊生法鉴等内容。

本书单行本现存6种版本：清顺治九年（1652）陆地舟刻本，藏于中国国家图书馆、安徽省图书馆、中国中医科学院图书馆等国内15家藏书机构；清康熙三十二年（1693）吴德堂刻本，藏于温州市图书馆；一种清代刻本，藏于中国中医科学院中国医史文献研究所、天津中医药大学图书馆、中国科学院生命科学图书馆（上海）；1928、1933年上海中华新教育社石印本，藏于中国国家图书馆、中国中医科学院图书馆、首都医科大学图书馆、长春中医药大学图书馆、广东省立中山图书馆；1933、1937年上海大东书局铅印本，藏于北京中医药大学图书馆、长春中医药大学图书馆、上海中医药大学图书馆；一种抄本，藏于河南中医药大学图书馆、内蒙古图书馆、陕西省中医药研究院图书馆、苏州图书馆。另可见于《中国医学大成》。

医径句测
（程应旄；1670）

现存。2卷。又名《医经句测》。清·程应旄（程效倩）撰。程应旄，字效倩，歙县人。

系对《松崖医径》一书，逐条句测，以阐发《伤寒论》治疗杂病之旨。作者对《松崖医径》的六部脉图引申发挥，将脉图所列症状、方名编为四言韵句，即"句"；对病因、病机、用药特点给予分析阐述，即"测"。"测"是程应旄的医学见解，其论深入浅出，有详有略，有许多精辟之处，重点是在读书方法上给人以启迪。故程林序中称"乃于一径开出千条觉路"。

本书单行本现存3种版本：一种清康熙九年（1670）刻本，藏于中国医科大学图书馆；一种清康熙年间式好堂刻本，藏于中国中医科学院图书馆；一种日本抄本，藏于中国中医科学院图书馆。

脉理会参
（余之俊；1721）

现存。3卷。又名《脉理会要》《脉理会悟》。清·余之俊（余柳庵）撰。余之俊，字柳庵，歙县人。

全书共42篇，详订28脉主症及兼脉主症，剖析入微。上中两卷，着重论述"识脉"辨证。并以浮、沉、迟、数四脉为纲，统领28脉，对各种脉形的识辨，议论精当，言简意赅，条理分明，造诣较深，既继承前人之旨，又有自己的经验心得；下卷载"脉法备录"篇，以脏腑经络理论为基础，以临床病证为依据，识常辨变，以常测变，启示医者须灵活辨脉识证，并对多种怪脉有详细的论述。

本书单行本现存5种版本：一种清康熙年间刻本，藏于中国国家图书馆、中国科学院生命科学图书馆（上海）；一种清乾隆年间刻本，藏于中华医学会上海分会图书馆、上海中医药大学图书馆；清光绪二十八年（1902）漱玉生抄本，藏于上海中医药大学图书馆；一种清代刻本，藏于中国国家图书馆；一种清代抄本，藏于济南图书馆、上海图书馆；一种抄本，藏于北京中医药大学图书馆、长春中医药大学图书馆、南京图书馆、安徽中医药大学图书馆、四川省图书馆、云南省图书馆。1991年上海科学技术出版社据清康熙年间刻本影印出版。

普明子寒热虚实表里阴阳辨
（程国彭；1732）

现存。1卷。清·程国彭（程山龄、程钟龄、恒阳子、普明子）撰。程国彭，字山龄、钟龄，号恒阳子、普明子，歙县人。

系程氏《医学心悟》卷一《寒热虚实表里阴阳辨》的单行本。因其所论述者为疾病辨证之纲要，故自清雍正年间始被广为传抄。

本书单行本现存一种抄本,藏于中国医学科学院图书馆。

**编辑四诊心法要诀
（吴谦；1742）**

现存。2卷。清·吴谦（吴六吉）等撰。吴谦,字六吉,歙县人。

原载于《医宗金鉴》。主要讲述中医诊法,并采用四言歌诀的形式,使初学者便于习诵。

本书单行本现存3种版本：一种清代李念慈抄本,藏于上海图书馆；一种清代抄本,藏于辽宁中医药大学图书馆；一种抄本,藏于中国中医科学院图书馆、河北医科大学图书馆、江西中医药大学图书馆、广东省立中山图书馆。另可见于《医宗金鉴》。

**脉学注释汇参证治
（汪文绮撰，汪卿云订；1744）**

现存。2卷。又名《卫生弹求集》《脉学注释》《证治汇参》《秋香馆求集汇参证治》。清·汪文绮（汪蕴谷）原撰,汪卿云参订。汪文绮,字蕴谷,休宁人。

清道光年间《休宁县志》作汪明紫撰,清道光年间刻本作汪文绮撰,汪明紫与汪文绮为兄弟,皆有可能参与编撰。全书以浮、沉、迟、数脉为纲阐述《脉经》及《濒湖脉学》,述脉27种,以脉统症,脉症相参,共论病症76种,并据脉施治,因方施药,融脉、症、治、方于一体,颇利于临床。又于浮、沉、迟、数脉之下,均列有"须知"一项,阐述作者个人见解。

本书单行木现存4种版本：清道光十二年（1832）杨德先近文堂刻本启吉野史藏板,藏于中国国家图书馆、中国中医科学院图书馆、河南中医药大学图书馆、长春中医药大学图书馆、上海辞书出版社图书馆；清道光二十四年（1844）海阳汪时抄本,藏于中国国家图书馆；一种清光绪二十六年（1900）抄本,藏于中国科学院国家科学图书馆；一种抄本,藏于中华医学会上海分会图书馆。

**诊脉初知
（汪文绮撰；1744）**

现存。1卷。清·汪文绮（汪蕴谷）撰。汪文绮,字蕴谷,休宁人。
本书单行本现存一种清代抄本,藏于中国国家图书馆。

诊家索隐
（罗浩；1799）

现存。2卷。清·罗浩（罗养斋）撰。罗浩，字养斋，歙县人。

系罗浩广泛搜求众多医书，精选45种脉学论著之精髓撰辑而成。作者将整理引用的书目逐一按朝代先后列出，让学习者一目了然。众书的朝代分布如下：晋代1本，南北朝1本，唐代1本，宋代11本，元代4本，明代9本，清代9本，另外8本朝代不明。从罗浩参考诸书可以看出，其基本参阅了历代主要脉书。书中各个脉象标题之下，首先注明阴阳，其次按"脉象""考辨""主病""参变"等展开论述，"脉象"部分主要描述各脉形象；"考辨"部分主要对众多医学典籍所记内容做相关考证；"主病"部分主要论述寸关尺三部候病、阴阳左右辨证论治；"参变"部分，或参合其他脉象加以讨论，或分析二脉并有时可能出现的病症，或兼论寸关尺三部，或讨论病症之常理。

本书单行本现存2种版本：清嘉庆四年（1799）郑柿里刻本，藏于中国国家图书馆、中国科学院国家科学图书馆、上海图书馆、中华医学会上海分会图书馆、上海中医药大学图书馆、南京图书馆、南京中医药大学图书馆、苏州市中医医院图书馆；一种抄本，藏于中国中医科学院图书馆、长春中医药大学图书馆。

脉症正宗
（叶桂撰，李愚编；1799）

现存。4卷。清·叶桂（叶天士、香岩、南阳先生、上津老人）原撰，李愚编。叶桂，字天士，号香岩，别号南阳先生、上津老人，歙县人。

本书单行本现存一种清嘉庆四年（1799）刻本，藏于苏州市中医医院图书馆。

叶天士先生辨舌广验
（叶桂撰，李愚编；1855）

现存。不分卷。清·叶桂（叶天士、香岩、南阳先生、上津老人）原撰，李愚编。叶桂，字天士，号香岩，别号南阳先生、上津老人，歙县人。

为临证辨舌诊病断病处方专著。舌图下附有主治方剂。《舌鉴》取《薛氏医杂》36舌，梁邑段正谊温疫13舌，另择录149舌，逐条予以辨证。

本书单行本现存一种清咸丰五年（1855）抄本，藏于中国国家图书馆。

望诊遵经
（汪宏；1875）

现存。2卷。清·汪宏（汪广庵）撰。汪宏，字广庵，歙县人。

为我国现存第一部望诊专著。汪氏积其数十年临证经验，参考先贤各家之说，分101论阐述望诊的原则、方法及各部望诊。对望诊之时间、动静、部位、主病，以及身形、体态、排泄物色泽，结合天时地理、声音脉象一一辨析，并阐发其病因、病机，最后指出论治之标本先后。上卷主要叙述望诊在辨证论治方面的重要性，及其掌握运用的基本原则，并结合周身部位、四时、五方、气质等因素，阐明气色与病症的关系。下卷列述体表各部位的望诊提纲，从眼目、舌口、唇齿、鼻耳、眉须、头面、腹背、手足、毫毛、腠理、肌肤、筋脉、骨骼、乳脐等部位的形容气色和汗、血、便、溺、痰、月经等的变化情况，以辨识疾病之表里虚实寒热阴阳，并对疾病的顺逆安危做出分析预断。此外，还叙及行止坐卧和身容意态的望法大纲。全书搜集丰富，内容翔实，持论悉遵《内经》经义，酌古参今，述气色之奥旨，发明望诊"相气十法"，观形辨色、察五官辨六部精确全面，其望诊之详细，在我国医学史上实属罕见。曹炳章《中国医学大成总目提要》曰："广庵先生作是书，足以纠正国医之四诊不确而善用偏治，以致自误误人者，盛矣！其功之不可没也，虽西医诊断学之详博，亦未有过于是者。"

本书单行本现存2种版本：清光绪元年（1875）求志堂刻本，藏于首都图书馆、中国中医科学院图书馆、安徽省图书馆、天津中医药大学图书馆、西安交通大学医学部图书馆、吉林省图书馆、上海图书馆、中华医学会上海分会图书馆、浙江省中医药研究院图书馆、江西中医药大学图书馆；1959年科技卫生出版社铅印本。另可见于《汪氏医学六种》和《中国医学大成》。

脉镜须知
（梅江村撰，刘风翥编；1876）

现存。2卷。清·梅江村原撰，刘风翥编。梅江村，歙县人。

上卷阐述十二经脉总论，左右手寸关尺脉及28种脉；下卷论述浮、沉、迟、数等脉的归类比较，以及七表八里九道脉、七危重脉、奇经脉、神门脉、反关脉、五脏平脉、五脏相克生死脉、四时平脉死脉、孕脉、小儿反关斜行等。作者在前人脉法理论的基础上，结合个人心得体会，综合证因，分门别类地对多种脉的形态、部位、主症及四时脏腑病脉等方面详加论述，密切联系临床实际，在阐明脉理的同时，还对脉诊中存在的错误或不当之处进行了辩驳质疑。

本书单行本现存2种版本：清光绪二年（1876）贵池周明亮校刻本，藏于中国中医科学院图书馆、上海中医药大学图书馆；一种清光绪八年（1882）铅印本，藏于中国国家图书馆、中国科学院国家科学图书馆、北京图书馆、南京图书馆、苏州大学医学部图书馆、广州中医药大学图书馆。

形色外诊简摩（周学海；1891）

现存。2卷。清·周学海（周澄之、周健之）撰。周学海，字澄之、健之，东至人。

以《内经》为主，收集和整理了历代有关望诊理论，条分缕析，阐明其理。上卷专论"望形"，首叙形诊总义，详述头、面、七窍、胸、胁、腰、腹以及皮毛、筋、骨、肉、脉、二阴等体表部位与脏腑相应的生理关系和脏腑病变的外在表现；次论形态的类型，阐明不同形态、肤色、性情以及对时令气候适应能力等方面的体质差异；然后全面介绍了五脏病证和五脏阴阳绝证等，为临床提供客观依据；最后专论络脉形态色泽的异常表现，以分析脏腑病变的寒热虚实。下卷专论"望色"，首叙色诊总义，阐述面部分位与脏腑肢节的生理联系，绘有分位图两幅，为定位诊断提供依据；次论面部五色的变异，并将伤寒、温病、杂病的面部病色分篇详述，阐明其不同的病理变化；然后对目部内应脏腑、目色之变化、目睛形色之改变以及舌诊等内容，皆做了详细论述。在"外诊杂法类"中，介绍了毛发、鼻、人中、唇、齿、耳、爪甲等诊法，充实了外诊的内容。书中注重四诊合参而又有所侧重，认为"望、闻、问，有在切之先者，必待切以决其真也。三法之与切脉，因互为主辅矣。三法之中，又望为主，而闻、问为辅"，"以望为三诊之本"。其"舌质舌苔辨""舌苔有根无根辨"两篇医论，阐述尤为精要。现代医家任应秋曾评曰：此两篇"皆望舌中的最根本功夫"。至于伤寒、温病之舌法，虽取陶节庵、叶天士两家之说，然亦结合个人临证经验。全书由博返约，颇切实用。

本书单行本现存清宣统二年（1910）福慧双修馆刻本，藏于中国中医科学院图书馆、黑龙江中医药大学图书馆、苏州市中医医院图书馆、镇江图书馆、杭州图书馆、云南省图书馆、中山大学图书馆、广州中医药大学图书馆。另可见于《周氏医学丛书》。

脉义简摩（周学海；1891）

现存。8卷。清·周学海（周澄之、周健之）撰。周学海，字澄之、健之，东至人。

周氏觉《濒湖脉学》过于简略，于脉理无所发明，遂参阅《脉经》《诊家枢要》《诊宗三昧》等文献，计50余种，并结合个人心得撰成。卷一为"部位类",详分三部九候,三部分配脏腑等;卷二为"诊法类",述布指、平息、举、按、寻、推等;卷三为"形象类",论五脏平脉变脉、四时平脉变脉、六气脉、胃气脉等;卷四、卷五为"主病类",载陈修园和郭元峰两家有关二十八脉的纲目等,并述浮沉表里辨、真脏脉、死脉等;卷六为"名论汇编",以补前五卷所未备,如论诊脉需宗法古经、脉气、脉位,李士材人迎气口说,李东垣内外伤辨等;卷七为"妇科诊略",阐述妇人常脉、月经不调诸病脉证、带下崩漏证、妊娠胎脉证等;卷八为"八科诊略",有诊额法、诊虎口法、诊面五色主病法等。

本书单行本现存2种版本:清光绪十二年(1886)贵州刻本,藏于齐齐哈尔市图书馆;一种抄本,附《脉简补义》,藏于上海中医药大学图书馆。另可见于《周氏医学丛书》《周氏脉学四种》。

脉简补义
(周学海;1891)

现存。2卷。清·周学海(周澄之、周健之)撰。周学海,字澄之、健之,东至人。

为《脉义简摩》续集,补脉法脉理之余义。上卷分两部分:"诊法直解",包括求脉大旨、三部九候大义、十二经动脉辨、审脉玄机等内容;"诸脉补真",补充《脉义简摩》中所辑郭元峰的二十八脉之不足。下卷分六部分:包括"经义丛误""动脉有强弱""脉象丛说""读脉杂说八条""脉法失传""六气脉义",均为周氏多年经验的总结。本书提出,脉虽有二十八脉、三十脉或更多,但浮、沉、迟、数、缓、急、大、小、滑、涩十者足以概括辨识脉象位、数、形、势等方面问题,再合以微、甚、兼、独进行比较分析,则更能全面反映出病情变化。强调"有此证,便有此脉",无论病机向愈、向剧必然会反映于脉象,故脉象可以预测病机的转归。为了阐明脉学,书中一再论脉为何物,并引证《内经》及西医的论脉内容,详细加以比较,且欲将中西医脉学互相汇通。《中国医籍提要》评曰:"本书对脉的归类切要,论脉简当,通俗易读,故颇为初学者喜读,是一部有价值的脉学参考书。"

本书可见于《周氏医学丛书》《周氏脉学四种》。

诊家直诀
(周学海;1891)

现存。2卷。清·周学海(周澄之、周健之)撰。周学海,字澄之、健之,东至人。

融汇《内经》《伤寒论》《金匮要略》等书有关脉学内容,撷取《脉义简摩》《脉简补义》之精要,综论脉象、指法及主病。上卷有脉象总义、指法总义、主病总义3篇。下卷有二十四象会通、八字真言、位数形势、微甚兼独4篇。论述24种脉象、指法、主病，正脉、变脉以及个人独创的移指法、直压指法等内容。言简意赅，分类详明，为较有价值的脉学参考书。其所创"位数形势、微甚兼独"为纲的诊脉方法，有重要学术影响。本书后经作者增补了不少内容，改名《重订诊家直诀》。

本书单行本现存3种版本：清宣统二年（1910）福慧双修馆刻本，藏于中国国家图书馆、中国中医科学院图书馆、杭州图书馆、广州中医药大学图书馆；一种清代刻本，藏于安徽中医药大学图书馆；一种抄本，藏于南京中医药大学图书馆。另可见于《周氏医学丛书》《周氏脉学四种》《中国医学大成》。

辨脉平脉章句（周学海；1891）

现存。2卷。清·周学海（周澄之、周健之）撰。周学海，字澄之、健之，东至人。

校订、注释《伤寒论》辨脉法、平脉法两章。以《伤寒论》中的辨脉法、平脉法为正宗，指出"辨脉、平脉，仲景论百病之脉也，不专于伤寒"。遂检阅有关辨脉、平脉原文加以校订，掘去旧注，复加按语，发挥作者心得体会和临证经验，以期切于临床实用。对研究仲景脉法有一定的参考价值。

本书单行本现存1931年上海中医书局影印本，藏于中国中医科学院图书馆、内蒙古图书馆、上海中医药大学图书馆、浙江中医药大学图书馆、浙江省中医药研究院图书馆。另可见于《周氏医学丛书》《周氏脉学四种》。

脉学经旨（王润基；1912）

现存。1卷。王润基（王浚、王少峰、王炳生）辑。王润基（1867—1932），又名浚，字少峰、炳生，休宁人。

作者认为，当时许多医者不能正确辨治疾病，多是由于四诊不察，尤其是不能掌握脉诊要法，而脉学著作又诸说纷纭，莫衷一是，故编辑此书。全书按脉诊根据、意义、方法、常脉、病脉及脉之体状、相类、主病、辨证等顺序分为34篇，对重要脉诊医籍及历代医家之说予以选择和评释。书中引用《内经》《脉经》以论脉诊大纲，指出《脉经》所分28种脉，始有条理，然初学者难掌握，不及以浮、沉、迟、数为大纲，参及他脉，合为24种，则更为实用。又引张景岳、滑寿、徐春甫、汪机、李中梓等医家脉诊经验，以发挥脉诊之用，并反复强调脉诊的重要性。

本书单行本现存一种稿本，藏于王氏后人处。

脉学撮要
（王润基；1922）

现存。不分卷。又名《脉学摘要》。王润基（王浚、王少峰、王炳生）辑。王润基（1867—1932），又名浚，字少峰、炳生，休宁人。

作者先辑《脉学经旨》，在长期临证中，又感脉诊理深难悟，于是认真学习，细心体会，据自身经验，将医书中有关脉诊之要撮合成册，按内容分为平脉、病脉、人迎气口辨内外因、二十八脉各家注说、脉要歌、宜忌、从舍辨等项，分类摘辑而成。所选或为名家之论，或为实用之法，重在突出脉理和辨别，使初学者易知，能掌握运用脉诊之大要。

本书单行本现存一种稿本，藏于王氏后人处。

医学提纲
（吴麟书；清代）

现存。不分卷。清·吴麟书撰。吴麟书，黟县人。

首叙医门十三辨，即辨寒热、虚实、表里、阴阳、燥湿和脏腑虚实，并附辨五邪证（即五脏之邪）；次为论脉大纲要法；三为论发汗之五要五忌、论攻下五要五总、论补法、论病之七情内伤等9篇；四为论伤寒证，共分温疫症、叶天士先生辨温疫症、吴又可温疫论、温热论、暑证篇、辨温疫等篇；五为辨伤寒、温疫热、杂证、舌苔论等。书中随附临床经验。

本书单行本现存一种抄本，藏于私人处。

脉诀条辨
（夏政；清代）

现存。不分卷。清·夏政（夏拙齐、秉钧）撰。夏政，字拙齐，号秉钧，歙县人。

载述数十种脉象，判其阴阳之属，编成歌括，以便习诵。书中有清嘉庆十七年（1812）歙西郑清岩所作之序和清道光二十八年（1848）绩溪邵伯营所作之跋。可推测成书当在1812年前。

本书单行本现存一种抄本，藏于中华医学会上海分会图书馆。

滑伯仁先生脉诀
（程耀明；清代）

现存。2卷。清·程耀明撰。程耀明，歙县人。

分上下两卷，对脉法、脉之体象及其原理等做了简明扼要的阐述，具有一定的临床实用性和参考价值。

本书单行本现存一种抄本，藏于民间私人处，收入上海大学出版社2018年出版的《珍稀中医稿钞本丛刊·新安卷》。苏州市中医医院图书馆所藏一种《青囊游艺》手抄本，其后附有《滑伯仁先生脉诀》内容。

诊家统指（佚名氏；清代）

现存。不分卷。清·佚名氏撰。佚名氏，徽州人。

开篇阐述脉理、脉法，继而论 27 种脉之体象、对应病症及同脉异病之鉴别要点和方法，最后列举了各家论脉之要诀，并撮录《妇人脉法》《小儿脉法》《诊脉入式歌》《太素一日流注十二经络直诀》《太素通玄赋》《女子太素脉》等篇章。在继承《王叔和脉诀》《濒湖脉诀》以及程大中《太素脉要》等的基础上，有所发扬，对于临床诊疗具有一定的参考价值。

本书单行本现存一种抄本，藏于民间私人处。

脉诀捷径（程秉烈；清代）

现存。1 卷。清·程秉烈（程继周）撰。程秉烈，字继周，歙县人。

本书单行本现存一种稿本，藏于程氏后人处。

本草类文献

古庵药鉴
（方广；1536）

现存。2卷。明·方广（方约之、古庵）撰。方广，字约之，号古庵，休宁人。

全书共分治风、治热、治湿、治燥、治寒、治疮6门。每门首以数语提要，门下又分小类及主治各经药。如风门分行气开表药、祛风化痰药、清热润燥药及主治各经药等。各小类分列药名，各药用小字注性味；主治各经药则与归经相联系，每经一药。书末附用药归纳及十二经水火分治之论。本书内容原收于《丹溪心法附余》、贺丘《医经大旨》、皇甫松《本草发明》。近人陶湘抄出独立成书。

本书单行本现存一种陶湘抄本，为残卷，藏于中国科学院国家科学图书馆。

药性要略大全
（郑宁；1545）

现存。11卷。明·郑宁（郑七潭）撰。郑宁，字七潭，歙县人。

系节录《证类本草》《汤液本草》《本草衍义补遗》等前人之书有关药性论述内容，汇辑而成。书中对所录原书内容多有更改，体例较为杂乱，故除日本外，国内传本很少。

本书单行本国内未见，日本藏有几种明代刻本。

释药
（程伊；1547）

现存。4卷。又名《释药集韵》《药释》。明·程伊（程宗衡、月溪）撰。程伊，字宗衡，号月溪，歙县人。

本书单行本现存一种明代嘉靖年间刻本，仅残存卷一部分内容，藏于中国国家图书馆。

本草蒙筌（陈嘉谟；1565）

现存。12卷，总论1卷。又名《撮要便览本草蒙筌》《撮要本草蒙筌》。明·陈嘉谟（陈庭采、月朋子）撰。陈嘉谟，字庭采，号月朋子，祁门人。

本书是南宋《大观本草》之后，明代《本草纲目》之前的一部重要本草学专著。全书正文载药448种，附录388种，共计836种。卷首载历代名医图说及药物总论，其中名医图说为后人所增，总论"惟举其要、各立标题、发明大意"，分出产择地土、收采按时月、藏留防耗坏、贸易辨假真、咀片分根梢、制造资水火、治疗用气味、药剂别君臣、四气、五味、七情、七方、十剂、五用、修合条例、服饵先后、各经主治引使、用药法象等18节，每节短者不过200字，长者不过1200字，言简意赅。陈氏经7年精心研究，首次系统概括和归类炮制方法，同时对药物部属品汇进行了适当调整，卷一至卷十二分述诸药，共分为草、木、谷、菜、果、石、兽、禽、虫鱼、人10部，对所收药物的药性、产地、采收时节、保存方法、真伪辨别、加工炮制、功效主治、配伍应用、修合条例等，靡不备述，并记载了应验诸方和作者按语，图文并茂，内容丰富，颇多发明。附录药物，只做简介，未详论述，避免了繁而寡要的弊病。该书以对语写成，便于吟诵，利于初学。李时珍评价此书说："《本草蒙筌》，书凡12卷……每品具有气味、产、采、治疗方法，创成对语，以便记诵，间附己意于后，颇有发明。便于初学，名曰蒙筌，诚称其实"，并在其撰《本草纲目》时，将其列为重要的参考典籍之一。

本书单行本现存约12种版本：明嘉靖四十四年（1565）醉畊堂刻本，藏于上海图书馆；明万历元年（1573）周氏仁寿堂刻本，藏于上海中医药大学图书馆；一种明代万历年间刻本，名为《图像本草蒙筌》，藏于中国中医科学院图书馆；明崇祯元年（1628）宛陵香醉庵释在喆刻本，仅存7卷，藏于中国国家图书馆、中华医学会上海分会图书馆、南京图书馆；明崇祯元年（1628）金陵刘孔敦万卷楼刻本，附历代名医考及药图，藏于中国国家图书馆、安徽省图书馆、中国科学院国家科学图书馆等国内7家藏书机构；一种明代书林刘氏本诚书堂刻本，仅存7卷，藏于北京大学图书馆、大连市图书馆、南京图书馆；一种明末醉耕堂刻本，附历代名医考及药图，藏于甘肃省图书馆、安徽省图书馆；一种明末据万卷楼刻本重刻本，藏于中国国家图书馆、安徽省图书馆、广东省医学情报研究所等国内7家藏书机构；一种明代刻本，附历代名医考及药图，藏于中国国家图书馆；一种清代康熙年间据明万历刻本补修本，藏于上海图书馆；一种清代据明刻本重印本文茂堂藏板，藏于中国中医科学院图书馆；一种抄本，藏于黑龙江中医药大学图书馆、中国科学院生命科学图书馆（上海）。

校刊大观本草（王秋、王大献、王大成；1577）

现存。明·王秋、王大献、王大成撰。王秋、王大献、王大成，均为南陵人。

《大观本草》原系唐慎微等人纂辑的《经史证类备急本草》，于宋大观三年（1109）经医官艾晟等重修后，改名为《经史证类大观本草》，并作为官定本刊行于世。至明万历五年（1577），王秋根据元大德年间宗文书院刊行本，捐资由其子王大献、王大成共同校订重刻刊行。

本书单行本现存明万历五年（1577）宣郡王大献尚义堂刻本，藏于清华大学图书馆、中国中医科学院图书馆、首都医科大学图书馆、吉林省图书馆、上海图书馆、上海中医药大学图书馆、天一阁博物院、重庆图书馆、云南中医药大学图书馆。

本草便（张懋辰；1587）

现存。2卷。又名《草木便》。明·张懋辰（张远文）撰。张懋辰，字远文，休宁人。

系张氏编撰的一种简明实用型中药学读本。作者"因取东垣、节斋删纂合订之"，故属"删纂"之作。在摘要、纂录过程中，先删后合，故药物功效主治，字里行间可见割裂之旧迹，故行文语意时有突兀之感，但在一定程度上，传承了《本草经》《大观本草》以及后世张洁古、李东垣、朱丹溪等关于本草的精辟论述。全书分列草、木、菜、果、谷、石、兽、禽、虫鱼、人10部，共收载药物384种。

本书单行本现存一种明代刻本，藏于浙江图书馆、安徽省图书馆。

本草抄（方有执；1589）

现存。1卷。又名《伤寒论条辨本草抄》。明·方有执（方中行、九龙山人）撰。方有执，字中行，号九龙山人，歙县人。

原载于《伤寒论条辨》。录有《伤寒论》113方所用药物91种，逐药阐说，以便初学者寻检研习。

本书单行本未见刊行。可见于《伤寒论条辨·附录》和《宗圣要旨》。

农经酌雅
（黄山采药翁；1662）

现存。2卷。清·黄山采药翁辑。黄山采药翁，徽州人。

上卷分水、土、草、金、石等9类，下卷分虫、介、鳞、兽等7类，末附《炮制论·序》节文。共参录《神农本草经》《雷公炮制论》《本草纲目》等29部本草专著，按著者姓氏列出，以便检阅。全书内容详于药物别名、异名而略于性味、主治。

本书单行本现存一种清秀堃草堂抄本，藏于北京大学图书馆。

本草择要纲目
（蒋居祉；1679）

现存。2卷。清·蒋居祉（蒋介繁）撰。蒋居祉，字介繁，歙县人。

由作者之子蒋澣最后整理成书。全书共择药356种，按寒、热、温、平分类叙述。

本书单行本现存一种清康熙十八年（1679）刻本，藏于浙江中医药大学图书馆。另可见于《珍本医书集成》。

本草备要
（汪昂；1683）

现存。4卷。清·汪昂（汪恒、汪讱庵、浒湾老人）撰。汪昂，字讱庵，初名恒，号浒湾老人，休宁人。

汪氏因感于《本草纲目》"备而不要"，《主治指掌》《药性歌括》"要而不备"，故撰是书。原书载药402种，1694年增订后增至479种，多为临床常用之药。书中卷前列"药性总义"，介绍药性、形质、炮制、名义等中药基本理论知识，正文按自然属性将中药分为8个类部，又有转绘《本草纲目》药图461幅。每药分"正文"和"注文"阐释，"正文"述药物药性、功用、主治、形质、采收、炮制等内容，以介绍药性功效为重点；"注文"多系引申解释"正文"，联系实际，医药合参，释药而兼释病，药性病情互相阐发。引文多引自《本草纲目》《本草经疏》及金元各家学说，大多注明出处。作者自己的见解皆以"昂按"形式注明。汪氏精选临床适用药物，每药先辨气味形色，次撰所入经络，再发明其功用，而以主治之症具列于后。该书编排详略得当，文字流畅，适合初学者作入门读物，故成书后风行一时，对中药知识的普及起到了很大的促进作用。

此书自刊行以来，版次之多，当为本草著作之冠，是清代以来流传最广的本草门径著作之一。其版本大致可分为二卷初刊本、四卷增订本两大系统。清康熙二十二年（1683）还读斋二卷刻本延禧堂藏板现存2种版本：日本享保十四年（1729）植村藤治郎等刻本，藏于中国医科大学图书馆；据清康熙二十二年（1683）刻本复制本,藏于中国中医科学院图书馆。清康熙三十三年(1694)还读斋四卷增订本现存版本超过100种,其初刊本清康熙三十三年(1694)序刻本杏园藏板仍存,藏于中国国家图书馆、中国中医科学院图书馆。

本草易读
(汪昂撰,吴谦审;1694)

现存。8卷。清·汪昂(汪恒、汪讱庵、浒湾老人)撰,吴谦(吴六吉)审定。汪昂,字讱庵,初名恒,号浒湾老人,休宁人。吴谦,字六吉,歙县人。

全书载药462种,序文述本草发展简史、凡例、脉法,卷一、卷二按病证归类药物,卷三至卷八为药物分论。

本书单行本现存1920、1926年上海大成书局石印本,藏于北京中医药大学图书馆、天津中医药大学图书馆、辽宁省图书馆、安徽中医药大学图书馆。

山居本草
(程履新;1696)

现存。6卷。清·程履新(程德基)撰。程履新,字德基,休宁人。

前有引文,介绍该书的编著思路和学术观点,分析了《神农本草经》以及38部本草类文献的源流关系并给予简要评价。正文6卷,分身、谷、菜、果、竹木花卉、水火土金等6部,将《本草纲目》16部中除禽兽虫鱼部外的药物,分别选取并入6部之中,共载药1343种。卷一身部,前半卷引用《内经》养精安心、调节阴阳气血之说,近取诸身,以灵心治蠢心、以戒治贪、以定治嗔、以慧治痴,取儒、释、道三教修身正心格言作时人之冰鉴,后附坐功却病之法、二十四节气坐功图、八段锦导引法、起居饮食之节,节录《遵生八笺》养老延年之方;后半卷为人身之须发、便溺、胎盘、乳汁等20种可供入药者的主治及用法。卷二至卷六,收录药物1323种,其中,卷二谷部163种、卷三菜部338种、卷四果部357种、卷五竹木花卉部317种、卷六水火土金石部148种,每药均记其正名、别名、鉴别、炮制、性味、功能主治、用法、宜忌等内容,间有附方。卷六之后附总论,总集前贤论药之说,定为规范;认为凡药物命名和使用前,须先辨体、色、气、味、形、性、能、力、地、时;并列有"辨药八法",尚有从《药品化义》节引的"用药十八法"。全书以养生之道贯穿始终,充分体现了中医预防为主的观点;所辑药物均是易得易取之品,炮制及用药简便易行,是一部集养生和用药于一体的综合性本草著作。

本书单行本现存一种清康熙三十五年(1696)刻本,藏于上海图书馆。影印本有 3 种：一是全国中医药图书情报工作委员会组织编辑出版的《中医古籍孤本大全》影印本，1995 年由中医古籍出版社出版；二是中国文化研究会组织编辑出版的《中国本草全书》影印本，1999 年由华夏出版社出版；三是全国古籍整理出版规划领导小组办公室组织编辑出版的《新安孤本医籍丛刊》影印本，2020 年由北京科学技术出版社出版。

本草经解要（叶桂注，姚球编；1724）

现存。4 卷，附余 1 卷。又名《本经经解》。原题清·叶桂（叶天士、香岩、南阳先生、上津老人）集注，姚球编。叶桂，字天士，号香岩，别号南阳先生、上津老人，歙县人。

选录《神农本草经》药物 117 种，其他本草书中药物 57 种，分草、木、竹、果、金石、谷菜、禽兽、虫鱼、人 9 部，共 174 种常用药物。每药分述性味、毒性、功效主治，并阐释药性、归经、药理，条列制方配伍方法。书后附余 1 卷，为其友人杨友敬所撰，包括考证和音训，考证部分述药 32 条，并附考"药性本草"和"卷帙次第"；音训部分包括释药和释证，各有数十条。据曹禾《医学读书志》卷下陈念祖条所载，本书应为姚球所撰，后为书商易以叶桂之名。

本书单行本现存 10 种版本，其中清雍正年间刻本 3 种：清雍正二年（1724）稽古山房刻本，藏于中国国家图书馆、中国医学科学院图书馆、中国中医科学院图书馆等全国 17 家藏书机构；清雍正二年（1724）王从龙刻本，藏于中国国家图书馆、中国医学科学院图书馆、中国中医科学院图书馆、吉林大学图书馆医学馆、江西省图书馆、中华医学会上海分会图书馆；清雍正年间金阊书业堂刻本，藏于中国国家图书馆、河南中医药大学图书馆、吉林省图书馆、苏州市中医医院图书馆、湖南中医药大学图书馆、扬州市图书馆。

药性述要（方肇权；1749）

现存。1 卷。清·方肇权（方秉钧）撰。方肇权，字秉钧，休宁人。

对临床常用药物药性进行了总结记述。原有单行本行世，后被收入《方氏脉症正宗》。

本书单行本未见刊行。可见于《方氏脉症正宗》。

十剂表
（包诚；1840）

现存。2卷。清·包诚（包兴言）撰。包诚，字兴言，泾县人。

据徐之才"十剂"之说，以十二经络为经，以十剂为纬，按经列药，辑成表格，集药性、功用、归经于一体，一目了然，并载77种药物别名俗名。

本书单行本现存2种版本：一种清同治五年（1866）刻本，藏于北京大学图书馆；1982年中医古籍出版社据清道光二十年（1840）刻本影印本。

本草便读
（江敏书；1861）

现存。6卷，附补遗1卷、续遗1卷。清·江敏书撰。江敏书，歙县人。

载药723种，分为草、木、果、谷、菜、金石、土、禽、兽、鳞介、昆虫、人、水13部24类。其中正集载药385种，附药152种；补遗载药72种，附药34种；续遗载药80种。各药以歌赋记述性味、功用、主治等，后设附注，简述炮制、用法、配伍等内容。书末附"药性要义"篇。

本书单行本现存1936年山东省政府印刷局铅印本，藏于中国国家图书馆、中国医学科学院图书馆、山东省图书馆、济南图书馆、山东中医药大学图书馆、河南中医药大学图书馆、上海中医药大学图书馆、安徽省图书馆、安徽中医药大学图书馆。

注解神农本草经
（汪宏；1875）

现存。10卷。清·汪宏（汪广庵）撰。汪宏，字广庵，歙县人。

作者据宋臣校正之单行古本《神农本草经》，取《本草纲目》诸书为之重校，又聚古书为之注解，目录悉如旧本，仍载药365种，对认为属后人增删者概复旧貌，疏解时博引《素问》《灵枢》《千金方》《外台秘要》等，有疑则析，一一分明。卷首列序、《本草经》考证及注解凡例，后附《本经歌括》《药药相反诀》《药药相长诀》《妊娠禁忌诀》《四言脉诀》等。全书《神农本草经》原文用大字，夹有小字注解。

本书单行本现存清光绪十四年（1888）会贤堂刻本，藏于私人处。另可见于《汪氏医学六种》。

校补药性
（戴绪安；1883）

现存。清·戴绪安（戴筱轩、戴小轩）撰，常瑾芬补遗。戴绪安，字筱轩、小轩，寿县人。

本书单行本现存一种刻本，为残卷，藏于安徽中医药大学图书馆。

本草衍句
（黄光霁；1885）

现存。1卷。清·黄光霁原撰，金山农（金履升）辑录。金山农，字履升，休宁人。

系集诸本草内容并衍句而成，目的是易于诵读，为学习入门之阶梯。作者于自序中曰：《纲目》则病其烦，难于识诵，一经掩卷，则复茫然。如《药性赋》，则病其略，记读无多，原委不清，主治不明。本书较《药性赋》则觉其烦，合《纲目》则未免略。然神而明之，引而伸之，烦略已得当矣。书中首载十八反、十九畏、引经报使及高士宗用药大略等内容，次收药266种，分草、木（附果）、石、谷、菜（附虫介）、兽（附人）等部。每药撰韵语数句，末附简注及单方。

本书单行本现存一种抄本，藏于中国中医科学院图书馆、中华医学会上海分会图书馆。另可见于《三三医书》。

吴氏摘要本草
（吴承荣；1892）

现存。1卷。清·吴承荣（吴显文）撰。吴承荣，字显文，歙县人。

首载本草论、十八反歌、十九畏歌、孕妇忌服歌、雷公炮制、药味阴阳论；次收中药624种，分补气、补血、理气、消导、杀虫、发表、攻下、重镇、温热、苦寒、杂治等19类，采用四言诀形式简述药性、功效及主治。书末附膏滋、药酒、杂用品论等内容。

本书单行本现存一种清光绪十八年（1892）抄本，藏于上海中医药大学图书馆。

药性撮要歌
（郑时庄撰，汪方元校；1910）

现存。1卷。清·郑时庄原撰，汪方元校。郑时庄，歙县人。

本书单行本现存一种抄本，藏于中国中医科学院图书馆。

分类饮片新参
（王一仁；1935）

现存。不分卷。王一仁（王以仁、王依仁、王晋第、瘦钦）撰。王一仁（1898—1971），又名以仁、依仁、晋第，号瘦钦，歙县人。

正文载药 680 种、附药 36 种、附录 17 种，根据功效分平补、清补、温补、辛温、辛凉、清热、通泻、通络、分利、去瘀、重镇、化湿、化痰、理气、消导、止涩、宣通、杀虫等 18 类。附录主要收载草药或民间常用药。每药依次记述形色、性味、功效、用量、用法。

本书单行本现存 1935、1936 年上海千顷堂书局铅印本，藏于中国国家图书馆、中国科学院国家科学图书馆、安徽中医药大学图书馆等国内 19 家藏书机构。另可见于《仁庵医学丛书》。

药性歌诀
（方锦文；1936）

现存。2 卷。方锦文撰。方锦文，歙县人。

共载药物 136 种。各药以四句七言歌诀记述其性味、归经、功效、主治、生用制用之别、配伍应用及禁忌等。部分歌诀还记述了生长季节、形态特征等内容。

本书单行本现存 2 种版本：一种绍兴医学社铅印本，藏于上海中医药大学图书馆；一种歙县卫生局新安医学研究室编印本。

神农本草经新注
（王一仁；1936）

现存。不分卷。王一仁（王以仁、王依仁、王晋第、瘦钦）注。王一仁（1898—1971），又名以仁、依仁、晋第，号瘦钦，歙县人。

载录《神农本草经》中药物 281 种，其中上品 122 种、中品 101 种、下品 58 种。每药首列《神农本草经》原文，次列陈修园等三家注释，继为作者用现代医学术语阐述药物性味、功效、用量、禁忌。末附《神农本草疾病之分析》《本草经考》，对《神农本草经》中所涉及的 49 种病症进行了考析。

本书单行本未见刊行。可见于《仁庵医学丛书》。

药性论
（罗周彦；明代）

现存。1 卷。明·罗周彦（罗摹斋、罗德甫、赤诚）撰。罗周彦，字德甫，又名摹斋，号赤诚，歙县人。

原为《医宗粹言》第四卷部分。分上下两部分，上部为《本草总论》《药性纂》及十八反、十九畏等内容，《本草总论》将药理原则编为七言歌诀，兼注释其义理；《药性纂》将 250 余种药物功效律为歌赋，以便记忆。下部包括制法备录、服药禁忌及制艾叶法、灯芯法、犀角法等 69 条，对 17 种炮制方法进行了归纳总结。

本书单行本现存一种抄本，藏于安徽博物院。

药性类编
（杨调元；清末民国）

据民国十年（1921）《宿松县志》。

清末民国·杨调元（静庵）撰。杨调元，号静庵，宿松人。

选方编药，以升、降、发、收、温、清、消、补八字类之。共收药 700 余种。编例限以文体、字数。每药名下品骘二语，四字为句。上言性质部位，下判功用才能。缀以小注两行，首言此为治某病药，次言道地形状，炮制宜忌诸事，共为四十八字，有减无增，简要明晰。

本书未曾刊行，现稿本仍存，藏于民间私人处。

方书类文献

永类钤方
（李仲南；1331）

现存。22卷，卷首1卷。元·李仲南（李中南、栖碧）撰。李仲南，又名中南，号栖碧，黟县人。

全书详论内科、外科、妇科、儿科、五官科、骨伤科诸疾及其方药证治，用以指导中医临床实践颇有价值。卷一为诊脉图诀，风、寒、暑、湿四中四伤钤图方论；卷二至卷七列伤寒、杂病证治；卷八为"南阳活人书伤寒集要方"；卷九、卷十为"和剂局杂病方集要"；卷十一至卷十四辑录宋元间诸医诊病治验方；卷十五至卷十七为妇科证治方论；卷十八、卷十九为产科证治方论；卷二十、卷二十一为儿科学证治，内存"全婴总要"；卷二十二为骨伤科证治方论，并载录多种骨折、脱臼、整复、夹板固定法及若干医疗器械，其中首创过伸法处理腰椎骨折，丰富了创伤骨科的诊断治疗方法。该书本之医经，伤寒有法，杂病有方，以脉、病、因、证、治列为五事，钤而为图，贯穿彼此，互为发明，使人一目了然。

本书单行本现存3种版本：一种元代至顺年间刻本，藏于北京大学图书馆、上海图书馆、南京图书馆，其中北京大学藏本系补配本，卷十七至卷十九原缺，以明代干越柴木斋重校、书林郑笔山刻本配补而成；一种元代刻本，藏于中国国家图书馆、南京图书馆，均仅存5卷；据明正统三年（1438）朝鲜晋州府刻本复制本，藏于中国中医科学院图书馆。1983年，北京大学出版社据元至顺刻本影印出版。

袖珍方
（李恒；1390）

现存。8卷。又名《袖珍方大全》《周府袖珍方》《魁本袖珍方大全》。明·李恒（李伯常）撰。李恒，字伯常，合肥人。

原为4卷。次年经王永辅整理，改为8卷，周定王为之序，共分81门，载方3 077首。卷一、卷二以内科为主，列风、寒、伤寒、咳嗽等30门，方1 300余首；卷三以内科、五官科为主，列消渴、口舌、鼻等28门，方770余首；卷四以外科、伤科、急救科、妇科、儿科等科为主，列急救、折伤、妇人方、儿方等5门，方660余首。所录方剂多为历代名方。每门首列病因病机，后为方剂，于主治、药物组成等均有简要论述。

本书因实用性较强，版本较多，其单行本现存约10种版本：永乐本，包括明永乐十三年（1415）《新刊袖珍方》刻本，称"永乐甲本"，藏于中国国家图书馆、北京大学图书馆，明永乐十三年（1415）杨氏清江堂刻本，称"永乐乙本"。魁本（大字本），包括明弘治十八年（1505）罗氏集贤书堂刻本，藏于中国国家图书馆、南京图书馆；明正德二年（1507）杨氏清江书堂刻本，藏于中国医学科学院图书馆、北京大学图书馆、辽宁省图书馆、上海图书馆、南京中医药大学图书馆、浙江图书馆、四川省图书馆、重庆图书馆；明嘉靖元年（1522）刘氏明德堂刻本，藏于上海中医药大学图书馆；明嘉靖十八年（1539）熊氏种德堂刻本，安徽省图书馆、浙江图书馆；一种明代刻本，藏于中国国家图书馆、中国科学院国家科学图书馆、辽宁省图书馆、辽宁中医药大学图书馆、南京中医药大学图书馆、上海图书馆、重庆图书馆。另有明嘉靖七年（1528）余氏西园书堂刻本、明弘治五年（1492）清江堂刻本、明正德四年（1509）刻本。以上刻本，以明正德四年（1509）刻本保存最为完好，藏于南京图书馆。

释方（程伊；1547）

现存。4卷。又名《程氏释方》。明·程伊（程宗衡、月溪）撰。程伊，字宗衡，号月溪，歙县人。

为训释方剂名称的专著。全书分为中风、伤寒、伤暑、湿证、燥结、火、疟疾、痢疾、泄泻等47门，每方"取方训义，集药为歌"，共释方800余首。各方释文依据历代医籍，附以己见，阐奥释疑，有助于对方剂的理解和运用；并将每方药物组成编为七言歌诀，以便记诵。本书几乎囊括历代名方，训释严谨，文字流畅，便于习记。

本书单行本现存3种版本：中华书局2016年版《海外中医珍善本古籍丛刊》影印日本国立公文书馆内阁文库藏明嘉靖三十年（1551）序刊本；日本文化元年（1804）索须恒德抄本，藏于中国医学科学院图书馆；一种抄本，藏于上海中医药大学图书馆。

徐氏二十四剂方经络歌诀
（徐春甫撰，佚名氏辑；1556）

现存。不分卷。明·徐春甫（徐汝元、东皋、思敏、思鹤）原撰，佚名氏整理。徐春甫，字汝元，号东皋、思敏、思鹤，祁门人。

共收载徐氏原创、改制、收集或精选的验方36首。后附《汤头歌括》。书中徐氏有关方论尤为精彩，足启后学，堪称经典。

本书单行本现存一种清光绪年间恒德堂主人詹泰抄本，藏于苏州图书馆。

医方考
（吴崐；1584）

现存。6卷，附《脉语》2卷。明·吴崐（吴山甫、鹤皋、参黄子）撰。吴崐，字山甫，号鹤皋、参黄子，歙县人。

系现存第一部理法方药俱备、方解方论完整系统的方剂学专著。作者广搜博取历代医方700余首，按病证分为72门，从方剂命名、组成、功效、适应证、配伍、加减运用、禁忌等方面，"考其方药，考其见证，考其名义，考其事迹，考其变通，考其得失，考其古方之所以然"。其方论既参考了经典医籍和历代医家之说，又有自己独到的见解，同时还详细分析了每方的主治证候。书中每一例证，先叙本证病因、病机，次列现证，再论诸家治法，然后汇集各方，因证用方，发明方义，条分缕析，纲举目张，充分体现了辨证论治的原则和精髓。全书收方简明实用，考证言简意赅，医理阐述深刻，用法剖析透彻，充分体现了用方必穷其理的思想。清代吴仪洛所撰《成方切用》，即在此书与汪昂《医方集解》的基础上增辑而成。

本书流传较广，现存版本较多，有20余种，其中明代刻本13种。初刊本明万历十二年（1584）刻本仍存，分为两种：明万历十二年（1584）崇善堂刻本，藏于宁波天一阁博物院；一种明万历十二年（1584）刻本，藏于上海图书馆、上海辞书出版社图书馆、上海中医药大学图书馆。其他明代刻本包括：明万历十三年（1585）汪道昆序刻本，藏于上海图书馆、安徽中医药大学图书馆；一种明万历十四年（1586）刻本，藏于吉林省图书馆、长春中医药大学图书馆；一种明万历年间亮明斋刻本，藏于中国国家图书馆、山东省图书馆、北京中医药大学图书馆等国内15家藏书机构；一种明万历年间友益斋刻本，藏于中国国家图书馆、中国中医科学院图书馆、上海中医药大学图书馆等国内6家藏书机构；一种明万历年间琅嬛刻本，藏于天津中医药大学图书馆、浙江省中医药研究院图书馆；一种明万历年间方元振刻本，藏于中国国家图书馆；一种明万历年间蒋中谷刻本、明万历年间吴元应刻本、明崇祯六年（1633）程策刻本，均藏于中国科学院国家科学图书馆；一种明万历年间刻本,藏于中国国家图书馆、安徽省图书馆、四川省图书馆等国内15家藏书机构;一种明代刻本,藏于北京中医药大学图书馆、陕西中医药大学图书馆。

医方考绳愆
（吴崐撰，北山友松绳愆；1584）

现存。6卷,附《脉语绳愆》2卷。明·吴崐(吴山甫、鹤皋、参黄子)原撰,日·北山友松绳愆。吴崐,字山甫,号鹤皋、参黄子,歙县人。

作者鉴于《医方考》于古方之药物有误写者,考方之义有未当者,特摘取谬误,加以订正而成。所论多采清代喻昌之说,剖辨精细,足可补《医方考》之不足。末附《医方考脉语绳愆》,系纠正吴崐《脉语》差误之作。

本书单行本国内现存日本元禄十年(1697)秋田屋平左卫门刻本,藏于中国医学科学院图书馆、首都医科大学图书馆、天津中医药大学图书馆、吉林省图书馆、甘肃中医药大学图书馆。1980年天津新华书店据日本元禄十年(1697)刻本影印出版。

商便奇方
（程守信；1590）

现存。3卷。又名《商便应急奇方》。明·程守信(程星潭)撰。程守信,字星潭,休宁人。

原为远涉经商者编辑,故名。全书以六淫、脾胃、二便、诸痛、疮疡诸证为主,宜于居处不定、饮食无节所致者。书中卷二、卷三内容颇多重复,疑为后人所刻续附于后。

本书现存一种明魏岐凤仁实堂刻本,藏于日本国立公文书馆内阁文库,收入《海外回归中医善本古籍丛书》中。

怪症奇方
（李楼撰，王㻒校；1592）

现存。明·李楼(李小仙)原撰,王㻒(王邦贡、意庵、小药山人)校正。李楼,字小仙,祁门人;王㻒,字邦贡,号意庵,别号小药山人,祁门人。

共记载49种离奇怪疾及其方药证治。编写体例类似《夷门广牍·怪疴单》,但内容略多,次序略异。书后附有杂录。

本书单行本现存2种版本:清乾隆二十四年(1759)柴国琏抄本,藏于上海图书馆;一种抄本,藏于中国科学院国家科学图书馆。另可见于《夏子益奇疾方》和《医家萃览》。

师古斋汇聚简便单方
（吴勉学；1600）

现存。原为7卷，残存4卷。又名《师古斋汇聚简便验方》。明·吴勉学（吴肖愚、师古）辑。吴勉学，字肖愚，号师古，歙县人。

卷三至卷五已佚，仅存目录，内容不详。余卷内容涉及内、外、妇、儿、五官各科，载病证116门类，治方1300余首。每一门类先概论病因病机，后阐述方治，方后详列煎服法、禁忌等内容。吴氏校刻医书，一般不题自名，有所题及亦仅在书序中言及。本书著者栏则清楚标名为吴勉学著，吴氏号"师古"，故可证本书确系吴勉学亲撰。

本书单行本现存2种版本：一种明代残刻本，藏于天津医学高等专科学校图书馆；一种清顺治十七年（1660）残刻本，藏于上海中医药大学图书馆。

墨宝斋集验方
（郑泽；1609）

现存。2卷。明·郑泽（郑于荣、梦圃居士）辑。郑泽，字于荣，号梦圃居士，歙县人。

本书单行本现存一种清代初期刻本，藏于中国科学院生命科学图书馆（上海）。2011年，中医古籍出版社据此本影印出版。

重证本草单方
（郑泽辑，方如川校；1609）

现存。6卷。又名《重校本草单方》。明·郑泽（郑于荣、梦圃居士）原辑，方如川校。郑泽，字于荣，号梦圃居士，歙县人。

本书单行本现存2种版本：明万历三十八年（1610）郑氏墨宝斋刻本，藏于中国国家图书馆、中国人民解放军医学图书馆、上海图书馆、上海中医药大学图书馆、南京图书馆；清康熙十七年（1678）艳其堂刻本，藏于云南中医药大学图书馆。

订补简易备验方
（胡正心、胡正言辑；1631）

现存。16卷。又名《万应验方》。明·胡正心（胡无所、肖然子）、胡正言（胡曰从）辑。胡正心，字无所，号肖然子；胡正言，字曰从，均为休宁人。

系捡取个人所积验方，摘其简省者，汇集而成。各卷均先论病证之病因、病机、症状、治法、宜忌、调护等，后列方剂及针灸。全书论及内、外、妇、儿、五官及急救诸科病证86种，载方3000余首。书中引言之后列有凡例，对一方治数病、一病见数方、标本治法、病证分类、古今炮制、汤酒丸散等予以说明。

本书单行本现存明崇祯四年（1631）十竹斋刻本，藏于中国中医科学院图书馆、济南图书馆。

心法歌诀（程衍道；1636）

现存。1卷。明·程衍道（程敬通）撰。程衍道，字敬通，歙县人。

实为方书。书中列症54种，先以歌诀形式简要论述各症治则并加以注释，继而择录相关方剂以供学习者备选。每症阐述病因、症状、脉象、诊断、治法和方药，并括歌成诵，内容简明扼要，便于初学者学习。此书之编撰，缘于程氏有感于当时"撰书立说者或偏执于一家，或不能得四大家之万一"的状况，目的在于倡导业医者摒弃门户之见，兼收并蓄，共臻化境，即其所主张之"苟能融通张、刘、李、朱四大家之法，则天下之病无不左右逢源"。李中梓作序赞此书"博而约之，神而明之……为医道之舟楫，岐黄之模范。"该书比休宁汪昂先生所著《汤头歌诀》早58年，前者以证论方，后者以方论证，各有所长。

本书单行本现存2种清代抄本，一种藏于黄山私人处，1977年歙县卫生局曾据此本翻印；另有一种抄本，藏于安徽博物院。

胞与堂丸散谱（洪基；1638）

现存。4卷。又名《石渠阁精订摄生秘剖》。明·洪基（洪九有）辑。洪基，字九有，歙县人。

"胞与堂"系洪基所创，规模较大，所产药物品种繁多，故有此作。系从搜集的上万首方中筛选80方，制为丸、散、膏、酒，用于内、外、妇、儿、五官各科，其中以妇科方最多。

本书单行本现存6种版本：一种明崇祯十一年（1638）刻本，藏于中国中医科学院图书馆、北京中医药大学图书馆、上海图书馆、广西中医药大学图书馆；清光绪十五年（1889）六吉堂刻本，藏于湖北中医药大学图书馆；一种清代文瑞堂刻本、一种清代德聚堂刻本，均藏于中国中医科学院中国医史文献研究所；一种1936年铅印本，6卷，藏于天津中医药大学图书馆、上海图书馆；一种据德聚堂刻本抄本，藏于山东中医药大学图书馆。据考订，现存所谓之明崇祯十一年（1638）刻本，疑为一种清代坊刻本。另可见于《摄生总要》。

校刊外台秘要
（王焘撰，程衍道校；1640）

现存。40卷。唐·王焘原撰，明·程衍道（程敬通）辑校。程衍道，字敬通，歙县人。

作者以明末残缺之经余居刻本为据，历时10年，重新辑校刊复王焘《外台秘要》，并为之序。此书一出，自明代至今，一直是国内通行的《外台秘要》祖本。今人民卫生出版社影印明经余居本，后有程氏校刊记者，即是此书。

本书单行本现存明崇祯十三年（1640）新安程衍道刻本歙西槐堂经余居藏板，藏于中国国家图书馆、中国科学院国家科学图书馆、北京大学图书馆等全国32家藏书机构。日本延享三年（1746）、日本天保十年（1839）分别有据明程衍道本重刻本平安养寿院藏板，国内中国国家图书馆、中国医学科学院图书馆、山东中医药大学图书馆等21家图书机构均有收藏。

医贯奇方
（阴有澜；1644）

现存。不分卷。又名《穷乡便方》。明·阴有澜（阴九峰）撰。阴有澜，字九峰，太平人。

按一方一证记载方剂，共载方140余首。方下述证、列药、示炮炙之法。内容以内、妇、儿、眼科为主，有汤、丸、散、膏、洗剂等剂型。其中对药物炮炙、服法、煎药容器、煎药用水等记载较详。

本书单行本现存2种版本：一种明书林张起鹏校刻本，藏于中国中医科学院图书馆、天津医学高等专科学校图书馆；日本宽文十年（1670）梅村书林刻本，藏于上海中医药大学图书馆。

简验良方集要
（张遂辰；1657）

现存。2卷。清·张遂辰（张卿子、相期、西农老人）辑。张遂辰，字卿子，号相期、西农老人，歙县人。

上卷分述以内科、五官科为主的各种病证验方主治；下卷载外科、妇科、儿科等11种病证，另附食忌、妊娠禁忌等多篇医论。

本书单行本现存2种版本：清乾隆四十七年（1782）许嗣灿重校刻本，藏于辽宁省图书馆；一种清代刻本，藏于吉林大学图书馆医学馆。

张卿子经验方
（张遂辰；1657）

现存。清·张遂辰（张卿子、相期、西农老人）编。张遂辰，字卿子，号相期、西农老人，歙县人。

全书分头面、口、耳、心、脾胃、痢、中风、诸药食毒、暴死诸症、痔疮、婴儿等38类病证，后附治验方，共载方290余首，其中多系张氏临床经验方。

本书单行本现存3种版本：清代海宁蒋氏别下斋校刻本，藏于中国中医科学院图书馆；清代粤东富文斋刻本，藏于浙江大学图书馆、江西省图书馆；一种清代刻本，藏于上海中医药大学图书馆。另可见于《汇刊经验方》。

秘方集验
（王梦兰编，张遂辰审，丁永祚校；1657）

现存。2卷。清·王梦兰编，张遂辰（张卿子、相期、西农老人）审鉴，丁永祚等校定。张遂辰，字卿子，号相期、西农老人，歙县人。

书中载内、外、妇、儿、耳鼻喉、眼科以及中毒等常见症、急重症数十种，集验方逾千首。所收验方，多为作者"已试而屡验者"或"人所已验而秘藏者"；所列方药，"专取药品简易，便于穷村僻壤应手而得，容有一二方药较多者，固立方奇验，不忍弃置者"。

本书单行本现存5种版本：清康熙四年（1665）醇祐堂刻本，藏于中国中医科学院图书馆；清康熙五十二年（1713）金文焕耕心堂刻本，藏于中国科学院国家科学图书馆、首都医科大学图书馆；一种清代康熙年间刻本，藏于中国科学院生命科学图书馆（上海）；一种清代宁寿堂刻本，藏于北京大学图书馆；一种清代刻本，藏于陕西中医药大学图书馆；一种抄本，藏于中国中医科学院图书馆、山东中医药大学图书馆。

程氏即得方
（程林；1670）

现存。2卷。又名《程氏即效方》。清·程林（程云来、静观居士）撰。程林，字云来，号静观居士，歙县人。

卷前有清康熙三年（1664）作者自序及黄周星序。全书依病症分列为54门，以病症为纲，下列诸方，若病仓卒，可随手即得，故名。方中药物以经验有效、价廉易得为主，是一部比较实用的应急方书。

本书单行本现存2种版本：一种清代康熙年间刻本，藏于首都图书馆、中国中医科学院图书馆、甘肃省图书馆；一种清代乾隆年间林勋抄本，藏于上海中医药大学图书馆。

程氏续即得方
（程林；1672）

现存。1卷。清·程林（程云来、静观居士）撰。程林，字云来，号静观居士，歙县人。

收载内科、五官科、外科、妇科、儿科、养生保健方688首，基本是单方、民间验方、偏方及食疗保健方等。用法比较全面，包括内服、外敷、熏洗、点眼、吹鼻等。其中，所载儿科外治法比较独特，对临床有一定参考价值。

本书单行本现存2种版本：清康熙十一年（1672）居易斋刻本，藏于中国人民解放军医学图书馆、甘肃省图书馆；一种抄本，藏于中国科学院国家科学图书馆。

急救危症简便验方
（胡其重；1672）

现存。2卷。清·胡其重（胡易庵）撰。胡其重，字易庵，徽州人。

汇集内、外、妇、儿、骨伤、温疫各科济急救危偏方验方，分为中风中寒中气诸方、中暑昏冒诸方等22门，所选方均有明确出处，并追求至简至便、随用有应，共收方1500余首。又收有针灸用方，共载穴19个，均详其位置及主治。

本书单行本现存4种版本：清康熙三十四年（1695）李忱等据康熙十二年（1673）广易堂刻本重印本，藏于中国中医科学院图书馆；清雍正七年（1729）广易堂刻本，藏于天津医学高等专科学校图书馆；一种抄本，藏于南京图书馆；一种抄本，藏于安徽博物院、中国中医科学院图书馆。

古今名医方论
（罗美；1675）

现存。4卷。又名《名医方论》。清·罗美（罗澹生、罗东逸）撰。罗美，字澹生、东逸，歙县人。

作者先前撰有《古今名医汇萃》，因有论无方，故又辑成《古今名医方论》。全书共录方150余首，每方先载方名，次列主治，再次为方剂的药物组成、服法与加减方，最后录入柯韵伯、喻嘉言、张景岳、张路玉、赵以德、程效倩等名医有关论述，其中以《伤寒论》方与柯韵伯方论最多，共选方论200余则，附补方药杂论17条。所录方论中，有一方数论者，有一方一论者，有数方合论者，各具特色，皆罗氏"喜得而集之"者，部分方论后还附有罗氏对方论之评语，指出其精义所在。

本书单行本现存12种刻印本。初刊本清康熙十四年（1675）古怀堂刻本，藏于中国科学院国家科学图书馆、中国医学科学院图书馆、安徽中医药大学图书馆等国内26家藏书机构。清康熙年间刻本还有2种：一种清代康熙刻本，藏于中国国家图书馆;一种清代康熙嘉禾存雅堂刻本,藏于辽宁省图书馆、上海中医药大学图书馆、宁波市图书馆、广州中医药大学图书馆、贵州中医药大学图书馆。另存一种清代抄本,藏于中国国家图书馆、清华大学图书馆、陕西省中医药研究院图书馆、南京市图书馆、苏州市中医医院图书馆、江西中医药大学图书馆。另可见于《古今名医汇粹古今名医方论合刊》和《三朝名医方论》。

急救须知（朱本中；1676）

现存。3卷。清·朱本中(朱泰来、凝阳子)撰。朱本中,字泰来,号凝阳子,歙县人。

共收载内科30症、妇儿科18症、外科28症之论治方。所集之方涉及医书百余种、医家数十人。病证包括内、外、妇、儿诸科,方剂多为单方、简方。

本书单行本现存6种版本:一种清康熙十五年(1676)刻本,藏于中国中医科学院图书馆、天津医学高等专科学校图书馆、天津中医药大学图书馆、嘉兴市图书馆;清康熙二十四年(1685)贻善堂刻本,藏于辽宁省图书馆、上海图书馆;清康熙二十八年(1689)古越吴兴祚刻本,藏于山西医科大学图书馆;一种清康熙年间还读斋刻本,藏于南京中医药大学图书馆;一种清康熙年间刻本,藏于首都医科大学图书馆、中国科学院生命科学图书馆(上海)、苏州市中医医院图书馆;一种清代刻本,藏于中国科学院国家科学图书馆、吉林省图书馆、上海中医药大学图书馆、安徽省图书馆、江西省图书馆。另可见于《贻善堂四种须知》。

圣济总录纂要（程林；1681）

现存。26卷。清·程林(程云来、静观居士)删定。程林,字云来,号静观居士,歙县人。

《政和圣济总录》是一部二百万字的医学巨著,虽经元代两次刊刻,终因卷帙浩繁,流传甚少。程氏少从叔祖程敬通学医时,曾阅过此书刻本,三十年后在维扬(淮阴)友人江郢上处,看到此书抄本,以其繁重,类似方重出,乃费时予以删定撰成。作者仍按原书门类,精选验证之方,汰除"神仙服饵"等内容,重为纂辑,每类之首作论1篇。其中原书缺小儿方5卷(173—177卷),遍访不得,乃请同窗项浚搜求小儿古今方论,补全5卷,以臻完璧,使这部巨撰保存精粹,得以流传。

本书单行本现存5种版本:一种清康熙二十年(1681)刻本,藏于中国中医科学院图书馆、山东中医药大学图书馆、山西省图书馆；清乾隆五年（1740）养素堂刻本，藏于首都图书馆、天津市医学科学技术信息研究所、上海中医药大学图书馆、南京中医药大学图书馆、浙江中医药大学图书馆、广州中医药大学图书馆；清乾隆五年（1740）张松孟刻本，藏于宁波天一阁博物院；一种清代黄绮堂刻本，藏于长春中医药大学图书馆；一种清代刻本，藏于中国国家图书馆、中国科学院生命科学图书馆（上海）、安徽省图书馆、嘉兴市图书馆。另可见于《四库全书》和《中国医学大成》。

医方集解
（汪昂；1682）

现存。3卷。清·汪昂（汪恒、汪切庵、浒湾老人）撰。汪昂，字切庵，初名恒，号浒湾老人，休宁人。

系以《内经》经旨为指导，以仲景学说为基础，仿陈言《三因极一病证方论》和吴崑《医方考》之大意，集数十家之言，详析方理而成，故名"集解"。全书采集上自东汉，下至明初，诸凡中医古代著名方书所载临床常用且具有代表性之方剂，并汇集历代医家论述予以注释。共搜选精专有效实用方865首，含正方377首、附方488首，分列21门，以法统方、以正方带附方，每方备述适应病证、方药组成、方解、附方加减。全书述说精当，内容完备，是一部理法方药贯通的佳作。附《求急良方》《勿药玄诠》各1卷。

本书自清康熙二十一年（1682）刊行以来，流传甚广，多次重刻，各类版本达80余种。其中刻本最精者，首推童氏，故清·季保常、费伯雄在童氏刻本的基础上，加眉批又刊行了《增评童氏医方集解》，此书于重点处均用圈点标明，评语简明扼要，透彻清晰。另费伯雄根据大量的临床体会，认为本书中可用之方固然很多，但不适用的方剂也不少，故撰《医方论》4卷，依次逐方予以评述，观点鲜明，颇多真知灼见。这些方书，对学习、研究《医方集解》均有很大的帮助。现存最早版本为清康熙二十一年（1682）刻本，共2种：一种为清康熙二十一年（1682）三槐堂刻本，藏于中国医学科学院图书馆、中国中医科学院图书馆、山东省图书馆等全国14家藏书机构；一种为清康熙二十一年（1682）宏道堂刻本，藏于首都图书馆、天津医学高等专科学校图书馆、河南中医药大学图书馆等全国7家藏书机构。

易简方论
（程履新；1683）

现存。6卷。又名《程氏医方简编》《程氏易简方论》。清·程履新（程德基）撰。程履新，字德基，休宁人。

全书有论有方，以方为主。卷一论述古医书、诊治要别、用药机要等；卷二至卷六分科、分门、分证记述方剂，以内科杂病及其方论为主，兼有五官科、妇科、儿科、外科病证。每证列病因、病理、总论、方剂、方义、加减法及治验案。选方中有不少民间简效方。

本书单行本现存4种版本：一种清康熙三十二年（1693）刻本，藏于中国人民解放军医学图书馆、北京大学医学图书馆、上海图书馆、广东省立中山图书馆；一种清嘉庆二十二年（1817）刻本，藏于中国科学院国家科学图书馆、中国中医科学院中国医史文献研究所、上海中医药大学图书馆等国内15家藏书机构；清道光二十四年（1844）求我斋刻本，藏于中国中医科学院图书馆、吉林省图书馆、镇江图书馆；清道光二十四年（1844）文会堂刻本，藏于济南图书馆、上海中医药大学图书馆、宁波市图书馆。

汤头歌诀
（汪昂；1694）

现存。1卷。清·汪昂（汪恒、汪讱庵、浒湾老人）撰。汪昂，字讱庵，初名恒，号浒湾老人，休宁人。

选录中医常用方剂300余方，分为补益、发表、攻里、涌吐等20类，以七言歌诀的形式加以归纳和概括，并于每方后附有简要注释，便于初学习诵，是一部流传较广的方剂学入门著作。本书每方均按诗韵编成七言韵语歌诀，其平仄、起承、转合皆循七言律诗规范，不仅文精义博、切于实用，而且读之朗朗上口，便于诵读、记忆和掌握，深受医家欢迎，时至今日仍然广为流传。全书选方严谨，注释精辟，运用经典理论，阐明用药的道理和使用方法，使读者同时学到许多医学经典的理论知识。此书一经问世，随即风行一时，不断有各种刊本、续补本、增注本、白话本等问世，并流传海外，成为医家必读之书。

本书单行本版本众多，现存清刻本、石印本、铅印本60余种。初刊本清康熙三十三年（1694）刻本仍存，藏于中国中医科学院图书馆、天津市医学科学技术信息研究所、甘肃省图书馆、大连市图书馆、中国医科大学图书馆、上海交通大学医学院图书馆、南通市图书馆、镇江图书馆、温州市图书馆、上海图书馆、重庆图书馆、广西壮族自治区图书馆、中山大学图书馆。

新编医方汤头歌诀
（汪昂撰，钱荣国改编；1694）

现存。4卷。清·汪昂（汪恒、汪讱庵、浒湾老人）原撰，钱荣国改编。汪昂，字讱庵，初名恒，号浒湾老人，休宁人。

系在《汤头歌诀》基础上，依其体例，修改增订而成。

本书单行本现存7种版本：清道光十一年（1831）靳志澄抄本，藏于山西中医药大学图书馆；一种清光绪七年（1881）刻本，藏于中国中医科学院图书馆；清宣统元年（1909）蹑云庐刻本，藏于北京中医药大学图书馆、天津医学高等专科学校图书馆、山西医科大学图书馆等全国13家藏书机构；一种清代刻本，藏于中国中医科学院图书馆、宁波天一阁博物院；1930年上海大一统书局石印本、上海文瑞楼石印本，均藏于广东省立中山图书馆；一种抄本，藏于中国中医科学院图书馆。

汤头医方药性合编
（汪昂；1694）

现存。2卷。清·汪昂（汪恒、汪讱庵、浒湾老人）编辑。汪昂，字讱庵，初名恒，号浒湾老人，休宁人。

以方歌形式，载述了各种药方的组成、用法、禁忌，并附小字注解。上卷分为补益剂、发表剂、攻里剂、涌吐剂、和解剂、表里剂、消补剂、理气剂、理血剂、祛风剂、祛寒剂、祛暑剂、利湿剂、润燥剂、泻火剂、除湿剂、收涩剂、杀虫剂、疮疡剂、经产剂20类，共有方歌200首，包括药方300余条；下卷对常用的药方进一步论述，并以歌诀形式阐明各种药物的药性和用法。

本书单行本现存3种版本：一种清代崇义堂刻本，藏于广东省立中山图书馆；一种民国时期石印本，藏于辽宁省图书馆；一种扫叶山房石印本，藏于黑龙江省图书馆。

方症联珠
（汪昂撰，萧瓒绪编；1694）

现存。1卷。清·汪昂（汪恒、汪讱庵、浒湾老人）原撰，萧瓒绪编。汪昂，字讱庵，初名恒，号浒湾老人，休宁人。

实为方书。以病证与方剂配成歌括，便于读者记忆。

本书单行本现存清咸丰八年（1858）聚贤堂刻本，藏于中华医学会上海分会图书馆、湖南中医药大学图书馆。

汇选增补应验良方
（汪启贤、汪启圣编，汪大年补；1696）

现存。2卷。清·汪启贤（汪肇开）、汪启圣（汪希贤）选编，汪大年（汪自培）增补。汪启贤，字肇开；汪启圣，字希贤；汪大年，字自培，均为歙县人。

收各种常见病症之适用验方179首，其中伤科、疮疡、皮肤科用方颇多。每方详述药物、剂量、制法、用法等，而略于功效、主治。

本书单行本现存一种抄本，藏于中国中医科学院图书馆。另可见于《济世全书》。

万方类编
（罗美；1699）

现存。不分卷。清·罗美（罗澹生、罗东逸）撰。罗美，字澹生、东逸，歙县人。

本书单行本现存一种清康熙三十八年（1699）残刻本，藏于辽宁中医药大学图书馆。

集验新方
（亟斋居士；1715）

现存。不分卷。清·亟斋居士（叶风、叶维风）编。亟斋居士，原名叶风，字维风，号亟斋，休宁人。

分为两部分，第一部分为《达生编》，以问答形式叙述临产、保胎、产后诸内容，并附胎产常用方药；第二部分为妇科、婴科、杂症验方汇录。

本书单行本现存清乾隆四十三年（1778）凤头斋美堂刻本，藏于苏州市中医医院图书馆。

急应奇方
（亟斋居士；1717）

现存。2卷。又名《亟斋急应奇方》。清·亟斋居士（叶风、叶维风）辑。亟斋居士，原名叶风，字维风，号亟斋，休宁人。

着重论述急症用方，共收方700余首，是中医药学史上为数不多的急症专题著作之一。书中专列急救门，共收载缢死、溺水死、跌死、打死、压死、冻死、热死、烧酒醉死、服信石、服金、服铜物、刀砍斧伤、中鸟枪、中药箭等24类危急病症。同时收录内、外、妇、儿、五官诸科杂症。作者认为治病不难于得方，而难于辨证，故详于论证而慎于选方。

本书单行本现存一种清代抄本，藏于中国中医科学院图书馆。2005年，中医古籍出版社将此抄本收入《中医古籍孤本大全》中影印出版。

灵药秘方
（郑宏纲；1718）

现存。不分卷。清·郑宏纲（郑纪原、梅涧、雪萼山人）撰。郑宏纲，字纪原，号梅涧、雪萼山人，歙县人。

原系蒲东方士师成子于清康熙初年所作。记载了道家治病所用丸散丹剂方药的适应病症、制药、用药方法，为处方真迹手写本。

本书单行本现存2种版本：郑宏纲手写本，保存完好，藏于郑氏后人处；一种方成培抄本，藏于安徽中医药大学图书馆。另可见于《三三医书》。

简便验方
（胡其重；1729）

现存。不分卷。又名《简便至宝》。清·胡其重（胡易庵）撰。胡其重，字易庵，徽州人。

记载中风、中痰、水肿等14类病证。每类病证下设若干方证，并详列方药煎服、炮制法。共载方800余首。

本书单行本现存清道光二十二年（1842）篆斋刻本，藏于中国中医科学院图书馆、故宫博物院图书馆、上海中医药大学图书馆。

经验良方
（曹国柱；1731）

现存。不分卷。又名《经验急救良方》。清·曹国柱（曹维石）撰。曹国柱，字维石，徽州人。

据证出方或方后列证，记录方剂320余首。涉及内、外、妇、儿、食物中毒、虫兽灾伤等。每一方下详列煎服、炮制法。所载剂型有汤、丸、散、膏、丹、洗剂等。对妇产科病证记录较详。

本书单行本现存清雍正九年（1731）乐山堂刻本，藏于辽宁中医药大学图书馆、上海中医药大学图书馆。

删补名医方论
（吴谦；1742）

现存。4卷。清·吴谦（吴六吉）等撰。吴谦，字六吉，歙县人。

原载于《医宗金鉴》。共选录清代以前临床常用方剂近200首，除记述方名、主治及处方外，均附有方义注释和历代医家对该方的论述。

本书单行本现存一种节抄本，藏于中国中医科学院图书馆。另可见于《医宗金鉴》。

本事方释义
（许叔微撰，叶桂释；1746）

现存。10卷。又名《类证普济本事方释义》。宋·许叔微原撰，清·叶桂（叶天士、香岩、南阳先生、上津老人）补释。叶桂，字天士，号香岩，别号南阳先生、上津老人，歙县人。

依《本事方》例分28门，释方230余首。重点从药物性味、配伍、归经、功用诸方面对所载方剂进行了分析释义。

本书单行本现存9种版本：清嘉庆十九年（1814）姑苏扫叶山房刻本，藏于中国国家图书馆、中国中医科学院图书馆、安徽中医药大学图书馆等全国78家藏书机构；一种清代嘉庆年间刻本，藏于中国国家图书馆、中国科学院国家科学图书馆；一种清代抄本，藏于辽宁省图书馆；一种清光绪十五年（1889）刻本，藏于南京中医药大学图书馆；一种清代成都黎照书屋刻本，藏于河南中医药大学图书馆、山西省图书馆、四川大学医学图书馆、成都中医药大学图书馆；一种清代眉寿堂刻本，藏于中国国家图书馆、中国中医科学院图书馆、宁波天一阁博物院、长春中医药大学图书馆、上海图书馆；一种清代刻本，藏于中国科学院生命科学图书馆（上海）、湖南中医药大学图书馆、广州中医药大学图书馆；1920年上海祥记书局、千顷堂书局刻本。

种福堂公选良方
（叶桂撰，华岫云编；1752）

现存。4卷。又名《精选良方》。清·叶桂（叶天士、香岩、南阳先生、上津老人）原撰，华岫云编校。叶桂，字天士，号香岩，别号南阳先生、上津老人，歙县人。

卷一为《温热论》与续医案，卷二至卷四为临床各科常见疾病验方、秘方选集，末附救急方。所选方剂简便实用，切合临床，不少方剂属于简、便、廉、验的经验良方。每首方剂所述内容大致包括适应证、药物组成、剂量、配制方法、使用注意等方面。

本书流传较广，现存约23种版本。最早版本为清乾隆四十年（1775）系列刻本：包括清乾隆四十年（1775）文苑堂刻本，藏于故宫博物院图书馆、山东省图书馆、上海图书馆等全国11家藏书机构；一种清乾隆四十年（1775）刻本，藏于山西省中医药研究院图书馆、上海辞书出版社图书馆、宁波市图书馆；一种清乾隆四十年（1775）序刻本，藏于内蒙古医科大学图书馆；清乾隆四十年（1775）三省堂刻本，藏于哈尔滨医科大学图书馆。

同寿录
（曹氏撰，项天瑞辑；1762）

现存。4卷。附《补遗河车说》。曹氏原撰，清·项天瑞（项友清）重辑。项天瑞，字友清，歙县人。

系作者据曹氏《经验良方》原本，删节编次，结合自身用方经验，参考他书，编撰而成。卷一述养生之法，并附种子、通治等37方；卷二载治杂症类方36种，并列急症16法及67种奇证；卷三载妇科、幼科；卷四列外科11门、伤寒证11种及杂病诸方38首。该书辑录了许多验方，亦有较多养生方面的内容。后附《补遗河车说》。

本书翻刻次数较多，现存约24种版本，其中刻本约17种。初刊本清乾隆二十七年（1762）刻本志仁堂藏板，藏于中国中医科学院图书馆、故宫博物院图书馆、安徽省图书馆、中国中医科学院图书馆、中国人民解放军医学图书馆、北京中医药大学图书馆、山西省图书馆、甘肃省图书馆、中国科学院生命科学图书馆（上海）、中国医科大学图书馆、哈尔滨医科大学图书馆、上海图书馆、上海中医药大学图书馆、南京中医药大学图书馆、杭州图书馆、苏州大学医学部图书馆、湖南图书馆、中山大学图书馆。另有一种抄本，藏于上海中医药大学图书馆、苏州图书馆。

景岳新方八阵汤头歌括
（吴宏定；1767）

现存。1卷。又名《景岳新方汤头歌括》。清·吴宏定（吴静庵）撰。吴宏定，字静庵，歙县人。

本书单行本现存3种版本：清乾隆三十二年（1767）浣月斋刻本，藏于中国中医科学院图书馆、苏州图书馆、安徽省图书馆；清乾隆四十五年（1780）刻本，藏于中国医学科学院图书馆、辽宁中医药大学图书馆、苏州市中医医院图书馆；一种清代抄本，藏于中国中医科学院图书馆、苏州图书馆、安徽省图书馆。

叶天士秘方大全
（叶桂撰，佚名氏辑；1775）

现存。不分卷。清·叶桂（叶天士、香岩、南阳先生、上津老人）原撰，佚名氏辑。叶桂，字天士，号香岩，别号南阳先生、上津老人，歙县人。

共分60门，录方1300余首。所列诸方前后互有出入，颇有混淆之弊。

本书单行本现存3种版本：1921年上海广文书局石印本，藏于齐齐哈尔市图书馆；1926年上海世界书局铅印本，藏于中国中医科学院图书馆、广东省立中山图书馆；1935、1936、1941、1947年上海中央书局铅印本，藏于中国国家图书馆、中国科学院国家科学图书馆、中国中医科学院图书馆等全国12家藏书机构。

叶天士经验方（叶桂撰，佚名氏辑；1775）

现存。不分卷。清·叶桂（叶天士、香岩、南阳先生、上津老人）原撰，佚名氏辑。叶桂，字天士，号香岩，别号南阳先生、上津老人，歙县人。

所载经验方或一方一证或一证一方，共307则330方，涉及内、外、妇、儿、五官等科，以及跌打损伤、虫兽灾伤、食物中毒、中暑等内容。

本书单行本现存3种版本：一种清代刻本，藏于中国医学科学院图书馆、上海中医药大学图书馆、宁波市图书馆；一种鉴湖陈再安抄本，藏于南京中医药大学图书馆；一种抄本，藏于上海辞书出版社图书馆。另可见于《汇刊经验方》。

万应奇效秘方（叶桂撰，李愚编；1775）

现存。不分卷。又名《叶天士万应奇效秘方一千五百种》。清·叶桂（叶天士、香岩、南阳先生、上津老人）原撰，李愚编。叶桂，字天士，号香岩，别号南阳先生、上津老人，歙县人。

分内科、外科、妇科、儿科、急救5门，下按病症分为伤寒、中暑、咳嗽、虚劳、疔疮、痈疽、经病、带病、惊风、痘症、死伤急救、毒物解救等56类，分类汇录验方，每类先论病因，后录通治方，共收方1500余首。

本书单行本现存1937年长沙民治书局铅印本，藏于中国医学科学院图书馆、天津中医药大学图书馆、内蒙古图书馆、陕西中医药大学图书馆、吉林省图书馆、浙江图书馆、湖北中医药大学图书馆、湖南图书馆、湖南中医药大学图书馆、成都市图书馆、广州中医药大学图书馆。

攒花易简方（徐文弼、陈杰撰，吴章侯校；1789）

现存。4卷。又名《易简方》《易简良方》。清·徐文弼、陈杰撰，清·吴章侯（吴畹清）校订。吴章侯，字畹清，歙县人。

系吴氏以家传《攒花知不足方》为蓝本，辑校徐文弼《寿世传真》《救急奇方》和陈杰《回生集》《续回生集》，合汇而成。正文列有急救门、杂症门、女科门等诸篇，每症之下载有常用验方，收载病症在百种以上，其中以外科病症为多。

本书单行本现存3种版本：清咸丰五年（1855）刻本延陵攒花藏板，藏于中国国家图书馆、苏州大学医学部图书馆；一种刻本，藏于南通市图书馆；一种抄本，藏于中国中医科学院图书馆、上海图书馆、上海中医药大学图书馆。

集古良方
（江进编，江兰校；1790）

现存。12卷。清·江进（江可亭）编，江兰校刻。江进，字可亭，歙县人。

是在江氏父子行医经验基础上辑成。共分48门，载方1117首，涉及内、外、妇、儿各科以及危症急救治疗验方。卷一、卷二述六淫六邪致病及危症急救治方；卷三至卷五述内科治方；卷六述外科治方；卷七述伤科治方；卷八述养生；卷九述五官科治方；卷十述妇产科治方；卷十一述小儿科治方；卷十二述子嗣、饮食忌、衣服、花木杂事。末附治花木器具之法。

本书单行本现存7种版本：清乾隆五十五年（1790）三瑞堂刻本，藏于故宫博物院图书馆；清嘉庆十一年（1806）文苑堂刻本，藏于天津中医药大学图书馆、天津医学高等专科学校图书馆、辽宁中医药大学图书馆；清嘉庆十六年（1811）带清堂刻本，藏于天津中医药大学图书馆；一种清代嘉庆年间刻本，藏于中国科学院生命科学图书馆（上海）；清道光四年（1824）文会堂刻本，藏于中国医学科学院图书馆、上海中医药大学图书馆；一种清咸丰元年（1851）刻本，藏于中国科学院国家科学图书馆、南京图书馆；一种鲍六顺堂刻本，藏于上海中医药大学图书馆；一种刻本，藏于山东中医药大学图书馆。

怪疾奇方
（汪汲；1791）

现存。1卷。附侯宁极《药谱》。清·汪汲（古愚老人）辑。汪汲，号古愚老人，休宁人。

系集汉唐至明清各家44书、奇疾怪证145则，汇为一编而成。每方均注明来源而不注方名。作者荟前人辨证之精粹，撷取对证之良方，以奇方治奇病，经备缓急而广施济。后附侯宁极《药谱》，载90种药物别名。全书广录多部方书，在保存和研究历代已佚方书内容方面，具有重要价值。

本书单行本现存4种版本：清嘉庆六年（1801）古愚山房刻本，藏于中国国家图书馆、中国医学科学院图书馆、安徽中医药大学图书馆等国内15家藏书机构；清光绪三十三年（1907）江陵邓氏刻本，藏于湖北省图书馆；一种清代刻本，藏于宁波市图书馆；一种民国节抄本，藏于苏州市中医医院图书馆。另可见于《古愚山房方书三种》和《古愚老人消夏录》。

汇集经验方
（汪汲；1791）

现存。1卷。清·汪汲（古愚老人）辑。汪汲，号古愚老人，休宁人。

本书搜罗临床各科共250条疑难怪证之验方，涉及多种时行病、五官科病证、急症、难治之证、怪证等，处方简易，药物皆为寻常易得之品。卷末附续《博物志》方，载述"久服川芎令人暴死"诸例。并据自身临证经验，论述"痛无补法"。

本书单行本现存一种清代嘉庆年间刻本，藏于吉林省图书馆。另可见于《古愚山房方书三种》和《古愚老人消夏录》。

解毒编
（汪汲；1792）

现存。1卷。又名《食毒捷解奇方》。清·汪汲（古愚老人）撰。汪汲，号古愚老人，休宁人。

书中按人之遇毒不一而分为14类，详尽介绍各种解毒之法。书首载以象牙、金、银、铜等试验诸毒之法；卷一载饮食、水火、药、木、金石5类中毒及解救之法；卷二名为食毒捷解奇方，载果、菜、草、虫、鳞、介、禽、兽、人9类中毒及解救之法；书末附15种病证解法。全书共载190余种解毒之法，对研究古代各类解毒药物具有重要参考价值。

本书单行本现存6种版本：清乾隆五十九年（1794）古愚山房刻本，藏于中国国家图书馆、中国中医科学院图书馆、北京中医药大学图书馆等国内22家藏书机构；清光绪三十三年（1907）江陵邓氏刻本，藏于南京图书馆、湖北省图书馆；一种清宣统三年（1911）刻本，藏于甘肃中医药大学图书馆；一种清代刻本，藏于长春中医药大学图书馆；一种清代石印本，藏于绍兴鲁迅图书馆；一种抄本，藏于中国中医科学院图书馆、上海中医药大学图书馆。另可见于《古愚山房方书三种》和《古愚老人消夏录》。

应验简便良方
（孙克任；1816）

现存。2卷。清·孙克任（孙莘臣）撰。孙克任，字莘臣，淮南人。

选择方书中应验简便之方辑成。上下2卷，分为22门。上卷以头目疾患及内科病为主，分为14门；下卷以外伤科及妇幼病为主，分为8门，共载方1600余首。

本书单行本现存6种版本：清嘉庆二十一年（1816）由我书屋刻本，藏于首都医科大学图书馆、山东中医药大学图书馆、内蒙古医科大学中蒙医学院图书馆、黑龙江中医药大学图书馆、苏州大学医学部图书馆；清同治五年（1866）湖北文秀堂刻本,藏于天津医学高等专科学校图书馆;清同治八年(1869)梅花阁刻本,藏于中国中医科学院图书馆、上海图书馆、中国科学院生命科学图书馆(上海)、上海市中医文献馆、浙江大学图书馆医学分馆;清同治十年(1871)本径庄刻本,藏于湖北中医药大学图书馆;一种清代退补斋刻本,藏于中国中医科学院图书馆、安徽中医药大学图书馆、上海图书馆、浙江中医药大学图书馆、江西中医药大学图书馆;一种清代刻本,藏于绍兴鲁迅图书馆。

审证传方
（汪文誉、倪涵初分编，佚名氏合编；1827）

现存。不分卷。又名《痢疾奇方》。清·汪文誉（汪广期、汪文芳）、倪涵初分编,佚名氏合编。汪文誉,字广期,又名文芳,休宁人。

载治湿热、风热、受风、受寒等40余种病证之方。选方平稳,务求实用。如治湿热,主张重在祛湿,湿祛则热自解,不必非用苦寒之药。末附集成至圣丹、三仙丹等验方10余首。

本书单行本现存一种清光绪二十四年(1898)刻本,藏于吉林省图书馆、长春中医药大学图书馆。

济世良方
（汪文誉撰,詹谆录；1827）

现存。不分卷。又名《随身青囊至宝》《济世亘方》《拟方》等。清·汪文誉（汪广期、汪文芳）原撰;詹谆抄录。汪文誉,字广期,又名文芳,休宁人。

作者擅治幼科及内科杂症,用药以平和轻灵著称。故其所制之方,看似平淡无奇,却能出奇中病。王孟英《归砚录》中曾赞曰:"近世惟有休宁汪文誉,治小儿专用轻剂。"本书即充分体现了汪氏临证方面的这一特点。

本书单行本现存4种版本:一种清道光七年(1827)刻本,藏于中国中医科学院图书馆、安徽省图书馆、福建中医药大学图书馆;一种清道光年间刻本,藏于甘肃中医药大学图书馆;一种清代尚友堂刻本,藏于广州中医药大学图书馆、上海中医药大学图书馆;一种抄本,藏于婺源私人处,收入上海大学出版社2018年出版的《珍稀中医稿钞本丛刊·新安卷》。

汪广期医方
（汪文誉；1828）

现存。不分卷。清·汪文誉（汪广期、汪文芳）编。汪文誉，字广期，又名文芳，休宁人。

主要收录汪广期的保婴拟方、胎产拟方及杂方。其中，载小儿停食惊风诸症17方、胎产拟十月方、治恶阻方、疗产后方；末附治霍乱吐泻疟痢等44杂方。

本书单行本现存一种抄本，藏于浙江省中医药研究院图书馆。

增辑验方新编
（张绍棠；1864）

现存。18卷。又名《增广验方新编》《中国名医验方集成》。清·鲍相璈编，张绍棠（张又棠）增辑。张绍棠，字又棠，合肥人。

张氏将鲍氏《验方新编》与续篇《痧症全书》《咽喉秘集》整理成18卷，内容有所增广。

本书所收方剂皆简便易求，切于实用，故流传广泛。单行本现存版本较多，包括清代刻本16种、民国刻本2种、石印本22种、铅印本16种。现存最早版本为清同治三年（1864）京都善成堂刻本，藏于江西中医药大学图书馆；一种清同治三年（1864）刻本浙江军需局藏板，后附《妇婴至宝》，藏于宁波市图书馆。

增订验方新编
（张绍棠；1864）

现存。8卷，附续方1卷。又名《精校验方新编》。清·鲍相璈编，张绍棠（张又棠）增辑。张绍棠，字又棠，合肥人。

按人体从头到足的顺序分部，内容包括内、外、妇、儿、五官、针灸、骨伤等科的医疗、预防、保健的方药与论述，以及怪症奇病的内外治法、方药、辟毒、去污杂法，特别是痧证专篇，详述痧证种类、兼症的内外治法，尤精于民间的刮痧疗法；骨伤跌打损伤专卷，精论伤损的检查诊断、整骨接骨、夹缚手法及民间手术。

本书单行本现存8种版本：清光绪十八年（1892）香港万卷楼铅印本，藏于上海中医药大学图书馆；清光绪三十年（1904）扬州益智社铅印本，藏于长春中医药大学图书馆、苏州大学医学部图书馆、广西壮族自治图书馆；1930年上海鸿文书局铅印本，藏于广东省立中山图书馆；1933、1936年大众书局铅印本，藏于吉林省图书馆、镇江图书馆、广州中医药大学图书馆；1935年上海中西医药局铅印本，藏于湖南图书馆；1935、1936年上海中央书店铅印本，藏于中国国家图书馆、武汉大学图书馆医学分馆、广东省立中山图书馆、广州中医药大学图书馆；上海新文化书社铅印本,藏于江西省图书馆;1909—1947年上海商务印书馆铅印本,藏于中国国家图书馆、中国中医科学院图书馆、上海图书馆等24家国内藏书机构。

经验选秘
(胡增彬;1871)

现存。6卷。又名《经验选秘良方》。清·胡增彬(胡谦伯)撰。胡增彬,字谦伯,歙县人。

系编者博采古今屡经效验且药病相符之验方良法,分门别类,删繁就简,汇辑而成。卷一分述头部、五官以及内科、外科杂病证治验方;卷二、卷三论述疮疡、痈疽、疔毒、皮肤疾患等外科杂病证治方药;卷四专述经、带、胎、产等妇科杂病治则治法;卷五详述小儿痘麻的鉴别、救治与忌宜;卷六列述缢死、暴死、温疫、霍乱以及虫兽所伤等急救治法。

本书单行本现存2种版本:清同治十年(1871)胡氏翰文斋刻本,藏于中国中医科学院图书馆、辽宁中医药大学图书馆、吉林省中医药研究院图书馆、上海图书馆、上海中医药大学图书馆、苏州市中医医院图书馆、苏州图书馆、安徽省图书馆、宁波市图书馆、浙江省中医药研究院图书馆、湖南中医药大学图书馆、广西壮族自治区图书馆;一种清代刻本,藏于安徽中医药大学图书馆。

拔萃良方
(曹履;1874)

现存。不分卷。清·曹履辑。曹履,歙县人。

共收录内外科验方100余首,部分采自徽州民间。每首验方均简要介绍其主治、配伍及用法等内容,具有一定的临床参考价值。

本书单行本现存一种稿本,藏于婺源私人处,收入上海大学出版社2018年出版的《珍稀中医稿钞本丛刊·新安卷》。

白岳庵经验良方
(余懋;1875)

现存。不分卷。清·余懋(余啸松)撰。余懋,字啸松,歙县人。

本书单行本现存清光绪元年(1875)新安著者自刻本,藏于河南省图书馆、浙江省中医药研究院图书馆。

胡庆余堂丸散膏丹全集
(胡光墉;1877)

现存。不分卷。又名《丸丹全集》。清·胡光墉(胡雪岩)撰。胡光墉,字雪岩,绩溪人。

撰者曾办胡庆余堂,本书系其经营产品之目录和简介,为胡庆余堂成药汇编。全书分14门,共载方423首,剂型齐备。每方均有方名,后列主治、病因病机、服药方法等内容,无药物组成。

本书单行本现存2种版本:清光绪三年(1877)杭州胡庆余堂刻本,藏于首都图书馆、中国中医科学院图书馆、宁波天一阁博物院、安徽省图书馆等国内54家藏书机构;一种民国时期据清光绪刻本重印本,藏于复旦大学图书馆。

洄溪秘方（徐大椿撰，余懋编；1879）

现存。不分卷。清·徐大椿原撰,余懋(余啸松)选编。余懋,字啸松,歙县人。

收载秘方26首。多以理气化痰、活血逐瘀功效为主,且方名均以功效厘定。

本书单行本现存2种版本:一种清光绪五年(1879)刻本,藏于中国中医科学院图书馆、苏州市中医医院图书馆、浙江省中医药研究院图书馆;一种抄本,藏于上海中医药大学图书馆。另可见于《白岳庵杂缀医书》和《国医小丛书》。

验方汇集（戴续安；1881）

现存。8卷,补遗4卷。清·戴绪安(戴筱轩、戴小轩)撰,常瑾芬补遗。戴绪安,字筱轩、小轩,寿县人。

卷一至卷三为内科诸证及水气脉药法;卷四为耳、鼻、齿、舌、淋、痔及针灸须知、针灸图等;卷五至卷八分别为妇、眼、幼科诸证。书末附十二时人神所在歌、尻神歌、九宫尻神所在歌、十平时不易用针歌。《补遗》卷一为杂证,卷二为疮毒、救急,卷三为内外诸疾,卷四为中病百误十问歌。全书共载191种病证,计1951方。

本书单行本现存2种版本:清光绪十年(1884)天津文利堂刻本,藏于中国科学院国家科学图书馆、中国医学科学院图书馆、首都图书馆、中国中医科学院图书馆、中国人民解放军医学图书馆、天津医学高等专科学校图书馆、天津中医药大学图书馆、吉林省图书馆、上海中医药大学图书馆、南京中医药大学图书馆、广西中医药大学图书馆;一种清光绪十七年(1891)刻本,藏于中国中医科学院图书馆。

万选良方（余懋；1887）

现存。2卷。清·余懋(余啸松)编。余懋,字啸松,歙县人。

主要记载内科、外科、妇人胎产、小儿痘疹等病症验方,载方210余首。方下列药物组成、煎服法等内容。

本书单行本现存2种版本:一种清光绪十三年(1887)刻本,藏于苏州市中医医院图书馆；一种刻本，藏于上海中医药大学图书馆。另可见于《白岳庵杂缀医书》。

方解别录
（余懋；1887）

现存。不分卷。清·余懋（余啸松）撰。余懋，字啸松，歙县人。

系作者引录各家学说阐明方义，并充分结合自身临证经验编撰而成。共列常用方剂50余首，以治内科杂病为多。

本书单行本现存一种清光绪十三年（1887）刻本，藏于苏州市中医医院图书馆。另可见于《白岳庵杂缀医书》。

青囊真秘
（华佗撰，天台老人校；1889）

现存。6卷。汉·华佗（华元化）原撰，清·天台老人校订。华佗，字元化，一名旉，亳州人。

本书单行本现存一种清光绪十五年（1889）刻本，藏于四川省图书馆、成都中医药大学图书馆。

是亦良方
（医俗子；1889）

现存。1卷。清·医俗子撰。医俗子，歙县人。

共录单验秘方60首。所录以明目清心、益寿延年之方为多，方下主治、组成、炮制明确，服用方法简单。

本书单行本现存一种清光绪十五年（1889）刻本，藏于中国中医科学院图书馆、河南中医药大学图书馆、苏州大学医学部图书馆、江西省图书馆。

华佗良方
（华佗撰，醉亭编；1900）

现存。不分卷。汉·华佗（华元化）原撰，清·醉亭编。华佗，一名旉，字元化，亳州人。

记载紫金锭、参芪内托散、透脓散等外科用方，附少量内科用方，共收方52首。末附用治自刎、疯犬咬伤、毒蛇蜈蚣咬伤、误服砒毒、自缢、溺水等急救方法和药物。

本书单行本现存一种清华永驹抄本，藏于苏州大学医学部图书馆。

新编医方汤头歌诀
（汪昂撰，方仁渊改编；1906）

现存。不分卷。清·汪昂（汪恒、汪讱庵、浒湾老人）原撰，方仁渊改编。汪昂，字讱庵，初名恒，号浒湾老人，休宁人。

方氏在基本保持汪昂所编《汤头歌诀》原貌的基础上，删减70余方，加入治温热及调理方亦70余方，附入新制方2首，并宗《景岳全书·新方八阵》分为8类，方下详加注解。末附舌苔歌。

本书单行本现存清光绪三十四年（1908）常熟方亦政堂刻本，藏于中国医学科学院图书馆、中国中医科学院图书馆、北京中医药大学图书馆、天津医科大学图书馆、天津医学高等专科学校图书馆、辽宁省图书馆、中国医科大学图书馆、长春中医药大学图书馆、复旦大学图书馆医科馆、南京图书馆、苏州大学医学部图书馆。

叶天士秘方
（叶桂撰，陆士谔、李古直编；1920）

现存。清·叶桂（叶天士、香岩、南阳先生、上津老人）原撰，陆士谔、李古直编。叶桂，字天士，号香岩，别号南阳先生、上津老人，歙县人。

据《万应奇效秘方》加以编次而成。分述伤寒、虚劳、癫狂等29种内伤、外感疾病病因病机和临床表现，辑选治疗各种杂症、急症的验方、单方和民间方约1500首。

本书单行本现存1921、1923年上海世界书局石印本，藏于中国医学科学院图书馆、上海图书馆、中国科学院生命科学图书馆（上海）、安徽中医药大学图书馆。

汤头歌诀正续集
（汪昂撰，严云增编；1924）

现存。不分卷。清·汪昂（汪恒、汪讱庵、浒湾老人）原撰，严云增编。汪昂，字讱庵，初名恒，号浒湾老人，休宁人。

分正续两集。正集分补益、发表、攻里、涌吐等20类。续集在正集分类基础上增补若干方歌，并新增幼科类方歌，计139首。

本书单行本现存1924年上海千顷堂书局石印本，藏于上海图书馆、苏州图书馆、贵州中医药大学图书馆、广西壮族自治区图书馆。

汪氏汤头歌诀新注
（汪昂撰，李盎春注；1931）

现存。不分卷。清·汪昂（汪恒、汪讱庵、浒湾老人）原撰，李盎春注。汪昂，字讱庵，初名恒，号浒湾老人，休宁人。

李氏于汪昂《汤头歌诀》各方后酌予注释，并加评论。其评或扬各方之美善，或发各方之偏谬，或引申补充。

本书单行本现存1931年上海中医书局铅印本，藏于中国中医科学院图书馆、北京大学医学图书馆、华中科技大学同济医学院图书馆、湖南图书馆、广东省医学情报研究所。

华佗神医秘方
（华佗撰，佚名氏辑；1936）

现存。22卷。汉·华佗（华元化）原撰，佚名氏辑。华佗，一名旉，字元化，亳州人。

分伤寒门、内科门、外科门、妇科门、幼科门、伤科门、急救门、眼科门、喉科门、牙科门、耳鼻唇舌门、皮肤门12编，共收方1103首。

本书单行本现存2种版本：1936—1947年上海大方书局铅印本，藏于辽宁省图书馆、湖北中医药大学图书馆、广东省立中山图书馆；1943年上海国医研究社铅印本，藏于成都中医药大学图书馆。

华佗神医秘方真传
（华佗撰，佚名氏辑；1936）

现存。不分卷。汉·华佗（华元化）原撰，佚名氏辑。华佗，一名旉，字元化，亳州人。

内容与《华佗神医秘方》大致相同，疑为后人辑录二书中内容而标以本书之名。共12编，各编均附验方。

本书单行本现存1948年明华书局铅印本，藏于甘肃省图书馆。

新编汤头歌诀正续编
（汪昂撰，潘杏初编；1936）

现存。不分卷。清·汪昂（汪恒、汪讱庵、浒湾老人）原撰，潘杏初重编。汪昂，字讱庵，初名恒，号浒湾老人，休宁人。

系潘氏在汪昂《汤头歌诀》的基础上，详细校勘，略加补充，删去经络药性等歌诀，重编而成。

本书单行本现存1936年上海医药研究会铅印本，藏于中国中医科学院图书馆。

分类方剂
（王一仁；1936）

现存。不分卷。王一仁（王以仁、王依仁、王晋第、瘦铁）撰。王一仁（1898—1971），又名以仁、依仁、晋第，号瘦铁，歙县人。

以病为经、以方为纬，共辑方117首。末附《外科方药选粹》，为孟河丁甘仁先生数十年经验之方。

本书单行本现存1936年上海千顷堂书局铅印本，藏于中国国家图书馆、中国中医科学院图书馆、上海中医药大学图书馆、镇江图书馆、四川省图书馆。另可见于《仁庵医学丛书》。

医药汤头歌诀（汪昂撰，范风源注；1940）

现存。不分卷。清·汪昂（汪恒、汪切庵、浒湾老人）原撰，范风源注。汪昂，字切庵，初名恒，号浒湾老人，休宁人。

系范氏以汪昂《汤头歌诀》为蓝本，结合自身经验予以校注说明而编成。

本书单行本现存一种1940年上海铅印本，藏于河南中医药大学图书馆、广东省立中山图书馆。

评秘三十六方（徐春甫；明代）

现存。不分卷。又名《评秘济世三十六方》。明·徐春甫（徐汝元、东皋、思敏、思鹤）撰。徐春甫，字汝元，号东皋、思敏、思鹤，祁门人。

共收载徐氏原创、改制、收集和精选的效用验方36首。书中徐氏有关方论尤为精彩，足启后学，堪称经典。

本书单行本现存一种抄本，藏于婺源私人处，收入上海大学出版社2018年出版的《珍稀中医稿钞本丛刊·新安卷》。

医学未然金鉴（徐春甫；明代）

现存。不分卷。明·徐春甫（徐汝元、东皋、思敏、思鹤）撰。徐春甫，字汝元，号东皋、思敏、思鹤，祁门人。

是徐春甫晚年所撰的一本讨论治法与方剂的专书。分晦、明2集。晦集原名《医家关键医学未然金鉴二十四方》，根据《素问·至真要大论》"大、小、缓、急、奇、复、偶"七方说以及前代按治法分"十剂"的基础上，首次提出"宣、通、补、泻、轻、重、滑、涩、燥、湿、调、和、解、利、寒、温、暑、火、平、夺、安、缓、淡、清"24字法，并精选出每种治法的代表方24首，于24法中列出。明集原名《医学未然金鉴六书》，评述了36首常用验方、4首秘传补遗经验方，方后均详载制法与功用等。徐氏将大健脾养胃丸推为"医家之主药"，体现了他重视脾胃的一贯主张。

本书原刻版本仍存，安徽科学技术出版社将此本整理收于《新安医籍丛刊》中出版。

集验方（沈省；明代）	现存。明·沈省（沈曾三）撰。沈省，字曾三，芜湖人。 本书单行本现存一种抄本，藏于上海图书馆。
采搜奇方余氏家藏（余氏；明代）	现存。2卷。明·余氏（余约元）撰。余氏，字约元，歙县人。 本书单行本现存一种抄本，藏于安徽省图书馆。
新安佚名氏验方集（佚名氏；清代）	现存。不分卷。清·佚名氏录。佚名氏，新安人。 分婴儿、儿科、痘科、急慢惊风、流火、痰嗽、诸丹方、膏药、升降丹等14门，辑录日常实用验方360余首。每方均列出适应证、药物组成、药物制法、药物用法等。 本书单行本现存一种抄本，藏于婺源私人处，收入上海大学出版社2018年出版的《珍稀中医稿钞本丛刊·新安卷》。
品草轩指掌录（汪二可；清代）	现存。不分卷。清·汪二可撰。汪二可，徽州人。 包括《论独药性汤丹丸》和《汤头加减丸散》两部分，首论伤寒、伤风、疟痢、暑证、咳嗽、霍乱、温疫等130余种病症之治则，要言不烦；继述诸病症常用方剂之加减，多采吴鹤皋、喻嘉言等名家之说而参以己意，时为补充，于临床诊疗多有发明。《论独药性汤丹丸》后半部分与《汤头加减丸散》类似，间附简要病理、药理论说。 本书单行本现存一种稿本，藏于婺源私人处，收入上海大学出版社2018年出版的《珍稀中医稿钞本丛刊·新安卷》。
发秘资生（王有性；清代）	现存。不分卷。清·王有性（王恒若）撰。王有性，字恒若，歙县人。为验方集录之作。共收方125首，所录之方大多来源于徽州民间。 本书单行本现存一种稿本，藏于婺源私人处，收入上海大学出版社2018年出版的《珍稀中医稿钞本丛刊·新安卷》。

外科汤头歌诀（张志熙；清代）

现存。不分卷。清·张志熙撰。张志熙，新安人。

分喉、舌、眼、肿疡、瘰疬等门类，选录外科常用方剂110余首。每首方剂均以七言歌诀形式加以概括，间附注解。全书文字浅近平易，朗朗上口，便于记诵。

本书单行本现存一种稿本，藏于婺源私人处，收入上海大学出版社2018年出版的《珍稀中医稿钞本丛刊·新安卷》。

家传秘方（江芝田；清代）

现存。2卷。清·江芝田撰。江芝田，休宁人。

系休宁"梅林江氏妇科"家学著作。

本书单行本现存一种抄本，藏于江氏后人处。

吴氏家传痰火七十二方（吴起甫撰，吴维周校；清代）

现存。1卷。又名《家传痰火秘方》。清·吴起甫原撰，吴维周校正。吴起甫，歙县人。

本书单行本现存一种抄本，藏于安徽博物院。

经验奇方（马暹；清代）

现存。清·马暹（马午亭）撰。马暹，字午亭，宣城人。

本书单行本现存一种抄本，藏于山东大学齐鲁医学部图书馆、安徽省图书馆。

医方集录（唐茂修；清代）

现存。2卷。清·唐茂修（唐竹轩）撰。唐茂修，字竹轩，休宁人。

本书单行本现存一种抄本，藏于休宁私人处。

汪氏拟方（许承尧；清代）

现存。1卷。清·许承尧（许际唐、许芚公、疑庵）辑。许承尧，字际唐、芚公，号疑庵，歙县人。

本书单行本现存一种抄本，藏于安徽博物院。

| **古方选注**（方成垣；清代） | 现存。1卷。清·方成垣（方星岩）注。方成垣，字星岩，歙县人。
本书单行本现存一种抄本，藏于安徽博物院。 |

| **验方秘录**（谢奕卿；清代） | 现存。1卷。清·谢奕卿撰。谢奕卿，黟县人。
本书单行本现存一种抄本，藏于安徽博物院。 |

| **手抄秘方**（吴爱铭；清代） | 现存。1卷。清·吴爱铭撰。吴爱铭，徽州人。
本书单行本现存一种抄本，藏于安徽博物院。 |

| **各证经验秘方**（胡其重；清代） | 现存。1卷。清·胡其重（胡易庵）撰。胡其重，字易庵，徽州人。
本书单行本现存一种抄本，藏于安徽博物院。 |

| **汤头歌诀新编**（汪昂撰，吴华卿编；清末民国） | 现存。2卷。清·汪昂（汪恒、汪讱庵、浒湾老人）原撰，吴华卿增编。汪昂，字讱庵，初名恒，号浒湾老人，休宁人。
全书仍仿原本，分作20门，编中歌括180首，附方38首，单方10首，共计228首。上下卷之方各10门：上卷有补益、表散、和解、消补、表里、收涩、攻导、涌吐、理气、理血；下卷有祛风、解暑、泻火、消寒、润燥、利湿、痰饮、虫疮、妇科、儿科。
本书单行本现存一种抄本，藏于河南中医药大学图书馆。 |

| **拣便良方**（戴松谷；民国） | 现存。2卷。民国·戴松谷撰。戴松谷，歙县人。
书中所录方剂，总以简便实用、切实有效为要，并不趋奇立异。全书涵盖了中风、痛风、虚劳、痰饮、血证、厥证、胀满、痔漏、脚气等130余种病证，涉及内、外、妇、儿、五官诸科，内容较为丰富。
本书单行本现存一种稿本，藏于婺源私人处，收入上海大学出版社2018年出版的《珍稀中医稿钞本丛刊·新安卷》。 |

针灸推拿类文献

针灸问对（汪机；1519）

现存。3卷。又名《针灸问答》。明·汪机（汪省之、石山居士）撰。汪机，字省之，号石山居士，祁门人。

为我国历史上第一部全面评议针灸理论与方法的专著，以问答的形式记述了脏腑经络、营卫气血理论以及针灸方法和腧穴。作者取《内经》《难经》及诸家针灸之书，"穷搜博览，遇有论及针灸者，日逐笔录，积之盈箧"，"复序次其说，设为问难，以撰明之"，故名。上卷共60问，讨论针灸基本理论问题；中卷共15问，论针法；下卷共10问，论灸法和经穴。答问内容大都摘自针灸典籍，亦有自我发挥。

本书单行本现存7种版本：一种明嘉靖十一年（1532）刻本，藏于中国国家图书馆、中国科学院国家科学图书馆、清华大学图书馆、安徽省图书馆、中国科学院生命科学图书馆（上海）；明崇祯六年（1633）汪氏朴墅刻本，藏于宁波天一阁博物院；一种明代刻本，藏于南京图书馆；一种清道光十年（1830）刻本，藏于天津市医学科学技术信息研究所；一种刻本，藏于成都中医药大学图书馆；一种日本抄本，藏于北京大学图书馆；上海千顷堂书局石印本，藏于河北医科大学图书馆、南京中医药大学图书馆、镇江图书馆、泸州市图书馆、福建中医药大学图书馆、广东省立中山图书馆、广州中医药大学图书馆。另可见于《汪石山医书八种》和《四库全书》。

治病针法（李氏；1549）

现存。1卷。明·李氏撰。李氏，六安人。

本书内容为李氏家传经验，以七言歌诀述流注八法66穴、补泻手法、九针形制、八穴主治。何柬授正，续编为《针治心法》。

本书收于《医学统宗》，并录于《海外回归中医善本古籍丛书》。

针方六集
（吴崐；1618）

现存。6卷。明·吴崐（吴山甫、鹤皋、参黄子）撰。吴崐，字山甫，号鹤皋、参黄子，歙县人。

为系统阐述针药并用理论的丛书。卷一为"神照集"，论述脏腑功能、经脉流注、经穴及奇穴考证，附图30幅；卷二为"开蒙集"，收《标幽赋》并加注释，论述五门八法、子午流注及十二经补泻法；卷三为"尊经集"，选录《内经》针灸要旨148条，并阐发经义；卷四为"旁通集"，通过"以药明针"论述针灸基本理论，对《金针赋》进行化裁讨论；卷五为"纷署集"，收641穴，按《针灸甲乙经》人身部位排列，并分述各穴主治；卷六为"兼罗集"，收载针灸歌赋13篇及部分穴位灸法。该书成书后吴崐未曾付梓，程处士（程标）为感谢吴崐治愈疾病之恩而刊刻此书。

本书单行本现存2种版本：明万历四十六年（1618）程标刻本，藏于北京大学图书馆、重庆图书馆；一种抄本，藏于中国中医科学院图书馆。

经络歌诀
（汪昂；1689）

现存。1卷。又名《经络歌诀注释》。清·汪昂（汪恒、汪讱庵、浒湾老人）撰。汪昂，字讱庵，初名恒，号浒湾老人，休宁人。

原载于《汤头歌诀》。将《灵枢·经脉》十二经循行与主病部分以及奇经八脉的循行与主病编成七言歌诀，以便初学诵读。汪昂认为："不熟十二经络，开口动手便错。"《灵枢》有"经脉"篇，是治证的纲领，无奈其文句参差繁复，"读诵不易，记忆尤难"，读者苦于难识而难辨。李东垣《医宗起儒》有经络歌诀12首，缀为七言，便于诵习，然其词句音韵"未尽谐畅"。汪昂发现后深受启发，对其加以润色，"又增加四首奇经歌诀"，以补李氏所未备。由于易诵、易记且实用，针者视为宝篆，渐成医家必读之书。

本书单行本现存4种版本：一种清同治八年（1869）刻本，藏于上海图书馆；一种清代刻本，藏于内蒙古医科大学图书馆；1934年薛玉成抄本，藏于河南中医药大学图书馆；一种抄本，藏于中国中医科学院图书馆、甘肃省图书馆、南京图书馆。

经络穴道歌
（汪昂；1694）

现存。1卷。清·汪昂（汪恒、汪讱庵、浒湾老人）编。汪昂，字讱庵，初名恒，号浒湾老人，休宁人。

汇集十二经脉歌、奇经八脉歌、十五络穴歌、十一募穴歌、十二经纳天干歌、十二经纳地支歌、五运六气歌等有关针灸歌诀，以备学者诵读。

本书单行本现存 2 种版本：一种广陵唐嘉燕抄本、一种鲁氏抄本（附内景仿真说），均藏于中国中医科学院图书馆。

动功按摩秘诀（汪启贤、汪启圣编，汪大年补；1696）

现存。2 卷。清·汪启贤（汪肇开）、汪启圣（汪希贤）选编，汪大年（汪自培）增补。汪启贤，字肇开；汪启圣，字希贤；汪大年，字自培，均为歙县人。

首述成人推拿治疗，共记述了中风及其后遗症等 50 余种内、外、妇、五官科病症的具体疗法，以穴位按压和推擦为基本手法，并指导患者兼行静功调摄和治疗性自我导引，包括自我按摩、肢体动功和调息；次述小儿推拿疗法，载有儿科诊法的"辨小儿诸证"、介绍小儿推拿复式操作法的"手诀"及各种惊风推拿治法的"小儿诸惊推揉法"等。

本书单行本现存 1985 年中医古籍出版社影印本。另可见于《济世全书》。

秘授太乙神针（韩贻丰撰，方成培录；1717）

现存。2 卷。原名《太乙神针心法》。清·韩贻丰撰，方成培（方仰松、岫云山人）抄录。方成培，字仰松，号岫云山人，歙县人。

原系清代医家韩贻丰撰，经由新安医家方成培抄录并附按语而成。

主要讲述运用太乙神针治疗各种病证之方法原则，涉及翻胃、膈气、瘿瘤、积聚等疾病。卷末附有方氏按语。

本书单行本现存 2 种版本：清康熙五十六年（1717）刻本本衙藏板，藏于中国科学院国家科学图书馆；一种抄本，藏于上海图书馆。

刺灸心法要诀（吴谦；1742）

现存。8 卷。清·吴谦（吴六吉）等撰。吴谦，字六吉，歙县人。

原载于《医宗金鉴》。系将针灸理论和临证分用七言歌诀的形式加以概括和论述。卷一为九针、十二经经穴、八会穴及经脉流注；卷二为周身骨度及各部诸穴；卷三至卷六为十二经及奇经的循行及经穴部位；卷七为头、胸腹背及手足各部的要穴及其主治病证；卷八为各种灸法及针灸禁忌等。歌诀之后加注，并附插图 134 幅，便于习诵。

本书单行本现存 2 种版本：一种清代刻本，藏于中国中医科学院图书馆、湖北省图书馆、重庆图书馆；一种节抄本，藏于中国中医科学院图书馆。另可见于《医宗金鉴》。

| 神灸经纶 (吴亦鼎；1851) | 现存。4卷。清·吴亦鼎(吴步蟾、吴定之、砚丞)撰。吴亦鼎,字定之,名步蟾,号砚丞,歙县人。

成书于清代"针刺火灸,究非奉君之所宜"的时代背景下,总结了清以前灸疗学的成就,是自三国曹操子东平王曹翁撰集《曹氏灸方》七卷(已佚)以后,我国医学史上比较全面、系统地论述灸法的专著。卷一详论蓄艾、用艾、禁忌、灸后调养、经络循行,并释周身部位名称;卷二述十二经、奇经八脉经穴位置,附有经穴歌和插图;卷三、卷四论临床各科证候艾灸治法和隔药饼灸治法,并介绍了黄蜡灸、豆豉饼灸、神灯照、桑柴火烘等法,末附《医愿》一文。作者对灸法理论有一定发挥,认为"针之手法未可以言传,灸之穴法尚可以度识"。曹炳章先生在《医学大成书目提要》中说:"亦鼎先生之从灸略针,与西方子、王焘可称鼎足为三,先后媲美。"本书虽专一论灸,但吴氏却认为汤液、针、灸,三者其用不同,而为医则一,应予同样重视。

本书传世较少,除清咸丰三年(1853)古歙吴氏刻本外,未见复刻。1962年,李济仁先生将家藏本献出,经耿鉴庭作序,由中医古籍出版社影印出版。1983年,中医古籍出版社据清咸丰三年(1853)古歙吴氏刻本出版影印本。

推拿述略 (夏鼎撰,余懋编；1887)

现存。清·夏鼎原撰、余懋删编。夏鼎,字禹铸,号卓溪叟,贵池人。余懋,字啸松,歙县人。

全书文字不到2000字,配图4幅,主要记述小儿推拿诸穴操作手法,对古代推拿中的男左女右之说提出异议,认为男女只有阴阳之别而无左右之分,但男女的三关六腑功效相反,主张男女皆推左手。

本书单行本现存一种抄本,藏于中国中医科学院图书馆。另可见于《白岳庵杂缀医书》。

金针秘传 (方慎庵；1937)

现存。不分卷。方慎庵撰。方慎庵(1893—1962),合肥人。

作者有感于中医针法"尤式微"不彰,遂发奋钻研针灸学术,将平时所得于师门与出于心悟者,著成此书。书中论述了针灸源流、骨度尺寸、经脉孔穴、经穴主治和临床常用手法等。上溯《内经》《难经》等有关针灸论述的旨义,旁采诸家针法,结合自身潜心研究所得,较为系统地论述了针灸理论及腧穴主治应用,全书图文并茂,有易于背诵的歌诀,有临床针灸治疗验案,不仅易于学习掌握,亦有利于临床应用。

本书现存1937、1939年上海医学泂澜社铅印本,藏于中国医学科学院图书馆、中国中医科学院图书馆、北京中医药大学图书馆、天津市医学科学技术信息研究所、山东省图书馆、河南中医药大学图书馆、吉林省图书馆、上海交通大学医学院图书馆、上海中医药大学图书馆、南京图书馆、安徽医科大学图书馆、湖南中医药大学图书馆、广西壮族自治区图书馆、广东省立中山图书馆、广州中医药大学图书馆。另收入浙江科学技术出版社出版的《近代中医珍本集成》。

明堂图（滑寿撰,吴崐校；明代）

现存。4幅。元·滑寿原撰,明·吴崐（吴山甫、鹤皋、参黄子）校定。吴崐,字山甫,号鹤皋、参黄子,歙县人。

本书单行本现存清乾隆四十七年（1782）吴郡魏玉麟刻本,藏于中国国家图书馆。

小儿烧针法（王君萃；清代）

现存。1卷。清·王君萃撰。王君萃,徽州人。

主要介绍以烧针法治疗小儿惊风抽搐等症,是新安医派针灸学和儿科学领域的宝贵遗产。作者根据小儿惊风发作时的临床表现及发病原因,将惊风分为脐风惊、呕逆惊、内吊惊等24种,并根据小儿惊风发作时表现,分别取穴,采用烧针法治疗。书中附图对惊风表现和烧针方法加以说明,简明实用。

本书单行本现存一种抄本,藏于私人处。安徽科学技术出版社将此本整理收于《新安医籍丛刊》中出版。

经络（俞正燮；清代）

现存。1卷。清·俞正燮（俞理初）撰。俞正燮,字理初,黟县人。

原载于《癸巳类稿》。为作者对中医经络理论的认识和探讨,具有较为明显的明清时期西学东渐背景下的学术色彩。

本书单行本未见刊行。可见于《癸巳类稿》。

针灸论
（汪必昌；清代）

现存。清·汪必昌（汪燕亭、聊复）撰。汪必昌，字燕亭，号聊复，歙县人。

本书现存一种稿本，藏于中国收藏家协会书报刊委员会。

临证综合与内科类文献

新刊丹溪心法（朱震亨撰，程充校补；1481）

现存。5卷，附录1卷。又名《重订丹溪心法》。元·朱震亨原撰，明·程充（程用光、复庵居士）校补。程充，字用光，号复庵居士，休宁人。

系《丹溪心法》传本的修订之作。程氏认为杨林玉所辑《丹溪心法》文多重出，王季献之《附方》方未备载，故以丹溪原论，复取《平治荟萃》《玉机微义》《卫生宝鉴》《济生拔萃》以及李东垣、刘河间诸书校之，究尾会首，因证求方，重为考订，又得丹溪曾孙朱贤家传抄本合参，辑成《重订丹溪心法》。首载《十二经见证》等医论6篇，次分100证论内、外、妇、儿科病证，末附宋濂《石表辞》、戴良《丹溪翁传》。全书删重、补遗、厘误、复原，分类胪列，附以己见，因证备方，阐发丹溪学说，研究内科杂病。书中论证皆首引丹溪原论，继而载朱氏门人戴元礼有关辨证施治的论述，并列举常用治疗方剂。每症之下，又设"附录"一项，进一步从病名解释、病因病机、诊断要点、施治用药等方面加以阐述发挥。

本书单行本现存14种版本：初刊本明成化十七年（1481）刻本，藏于首都图书馆、中国中医科学院图书馆、华中科技大学同济医学院图书馆等国内8家藏书机构；明弘治六年（1493）程祖兴等刻本，藏于上海图书馆、苏州图书馆、重庆图书馆；明嘉靖十八年（1539）丽水郑临等刻本，藏于天津中医药大学第一附属医院图书馆、上海图书馆；明嘉靖三十三年（1554）养正书馆刻本，藏于首都图书馆、中国中医科学院图书馆、上海图书馆；一种明代龚少冈刻本，藏于中国国家图书馆；一种明代刻本，藏于北京大学图书馆、天津中医药大学图书馆、宁波天一阁博物院、重庆图书馆；清道光五年（1825）静乐堂抄本，藏于中国中医科学院图书馆；清宣统元年（1909）萧氏刻本，藏于辽宁中医药大学图书馆、吉林省图书馆；一种清代尚德堂刻本和一种清代两仪堂刻本，均藏于南京中医药大学图书馆；一种清代二酉堂刻本，藏于天津中医药大学图书馆；一种清代江阴朱文震校刻本，藏于浙江中医药大学图书馆；一种清代刻本，藏于上海中医药大学图书馆、宁波天一阁博物院、江西省图书馆；一种抄本，藏于上海中医药大学图书馆、安徽省图书馆。另可见于《古今医统正脉全书》《丹溪全书十种》《丛书集成初编》。

松崖医径
（程玠；1484）

现存。2卷。《古今医统大全·采摭诸书》作4卷。现存为2卷本。又名《程氏松崖医径》《松崖医经药方》《医径》。明·程玠（程文玉、程松崖、丹崖）撰。程玠，字文玉、松崖，号丹崖，歙县人。

上卷（前集）首论伤寒及伤寒诸证，阐述六经证候分类与治方，将各脏脉证以图说形式予以介绍，后附治疗方剂165首，其中汤类77首、饮煎类10首、散类27首、丸丹类51首；下卷（后集）分述内科杂病、外科疮疡、妇人孕产，兼及儿科、目齿等，共载病证60余种，验方242首，其中家藏秘方约120首。全书内容丰富，博约相济，条分缕析，论述精辟，方便研学和应用。

本书单行本现存6种版本：一种明万历二十八年（1600）刻本，藏于中国中医科学院图书馆、上海图书馆、北京中医药大学图书馆、上海中医药大学图书馆、安徽省图书馆；明天启五年（1625）程檞校刻本，藏于中国科学院国家科学图书馆；一种明代刻本，藏于中国科学院生命科学图书馆（上海）、安徽省图书馆；一种清康熙九年（1670）刻本，藏于中国中医科学院图书馆、天津图书馆；一种清雍正年间抄本，藏于中国中医科学院图书馆；一种抄本，藏于四川省图书馆。另可见于《珍本医书集成》。

丹溪心法附余
（方广；1536）

现存。24卷。明·方广（方约之、古庵）撰。方广，字约之，号古庵，休宁人。

篇目仍仿《丹溪心法》。卷首1卷，载《本草衍义补遗》及《十二经见证》6篇论文，正文分21门100余证加以论述。作者认为，程充重订的《丹溪心法》，各证的丹溪正法、正方"考索精确，为医门万世之规矩准绳"，但"附录"与丹溪本意或相矛盾。于是历5年时间，削其附录，去讹存正，独存一家之言。鉴于程氏所著详于证而略于方，方氏取《袖珍方》《全生余集》等书所载之方，删繁就简，聚之以类，并附《明医杂著》方论分别列于"心法"之后，俾法不离方，方不离法。凡病证有欠发明处或医方有疑难处，方氏则以己意以通之，并标明"广按"加以区别。本书是研究丹溪学术思想的重要参考资料。

本书影响较大，刊本颇多，现存明清刻本及石印本约30种。初刊本明嘉靖十五年（1536）姚文清刻本仍存，藏于中国医学科学院图书馆、中国中医科学院图书馆、北京大学医学图书馆等全国15家藏书机构。其他明代刻本包括：一种明嘉靖十九年（1540）刻本，藏于上海图书馆；一种明嘉靖年间大叶堂刻本，藏于天津医学高等专科学校图书馆；明隆庆六年（1572）施笃臣刻本，藏于中国国家图书馆、中国医科大学图书馆、上海图书馆、上海辞书出版社图书馆、上海中医药大学图书馆、湖南图书馆；明隆庆六年（1572）山东布政司刻本，藏于中国中医科学院图书馆、中国医科大学图书馆、上海辞书出版社图书馆；明万历二十八年（1600）沈九畴刻本，藏于清华大学图书馆、上海中医药大学图书馆、南京图书馆；明万历天启年间金陵唐鲤耀刻本，藏于中国中医科学院图书馆、天津中医药大学图书馆、南京图书馆；明崇祯八年（1635）彭堉刻本，藏于南通市图书馆、浙江大学图书馆医学分馆；一种明代崇祯年间刻本，藏于中国人民大学图书馆；明四知馆杨君临刻本，藏于天津中医药大学第一附属医院图书馆、辽宁省图书馆；一种明代嘉靖年间刻本，藏于中国国家图书馆、天津医科大学图书馆、杭州图书馆；一种明代刻本，藏于中国国家图书馆、上海图书馆、大连市图书馆。现存抄本2种：一种明代抄本，存12卷，藏于上海图书馆；一种抄本，藏于安徽省图书馆。

脉症治方（吴正伦；1572）

现存。4卷，附《医案》1卷。明·吴正伦（吴子叙、春岩子）撰。吴正伦，字子叙，号春岩子，歙县人。

以《内经》《伤寒论》为主，以金元医家学术思想为羽翼，广征各家理法方药，参以个人临床经验，分列11门，对多种病证进行了系统研究。作者认为："仲景治伤寒，撰三百九十七法，一百一十三方，然究其大要，无出乎表里、虚实、阴阳、寒热八者而已，若能明究其的，则三百九十七法了然于胸中"，故将《伤寒论》病证归纳为有表实、有表虚、有里虚等12种类型，对后世研究《伤寒论》有所启示。书中附载名方91首，并对各方主治、用药、服法等记述精详，尤其强调辨时、辨证加减。书后附有春岩医案42则，较好地体现了吴正伦的临证经验与特色。

本书单行本现存2种版本：清康熙十二年（1673）澄溪倚云堂初刊木刻本，藏于中国中医科学院图书馆、中华医学会上海分会图书馆，1990年上海科学技术出版社据中华医学会上海分会图书馆所藏刻本影印出版，收入《明清中医珍善孤本精选丛书》；一种清代抄本，残存第一、四卷，藏于中国中医科学院图书馆。

慎斋遗书
（周之干；1573）

现存。10卷。明·周之干（周子干、慎斋）口授，门人整理。周之干，一名子干，号慎斋，宣城人。

卷一载"脏腑阴阳""亢害承制""气运经络"等篇，统论脏腑阴阳升降，五行亢害承制等与疾病的关系，及其在辨证上的应用，卷二论望色切脉，卷三以歌诀的形式阐述二十六字元机，卷四叙述用药权衡及药物炮制，卷五阐述古方，卷六分寒热，辨内外伤等十目，分别加以阐述，卷七至卷十列九十八种病证治，并附以验案或方剂。周之干深得《内经》《伤寒》之旨，临床经验丰富，将平生之治疗经验归纳为理，固，润，涩，通，塞，清，扬，逆，从，球，责，缓，峻，探，兼，候，夺，寒，热，补，泻，提，越，应，验二十六字元机，以指导临床用药。本书各病证治中，有论有方，有心得，有验案，使读者有例可据，有法可求，有方可用，有案可仿。此外师古而不泥古，多善增损化裁，随证加减。

本书单行本现存7种版本：一种清乾隆四十一年（1776）刻本，藏于吉林大学图书馆医学馆、四川省图书馆；清道光二十九年（1849）目耕堂刻本，藏于中国国家图书馆、中国中医科学院图书馆、上海中医药大学图书馆、南京中医药大学图书馆、安徽省图书馆等15家国内藏书机构；一种清光绪十一年（1885）刻本，藏于宁波市图书馆；一种清代刻本，藏于内蒙古医科大学中蒙医学院图书馆、中国科学院生命科学图书馆（上海）；一种清津门王治平抄本，仅存3卷，藏于中国国家图书馆；一种抄本，藏于中国中医科学院图书馆、上海辞书出版社图书馆、苏州市中医医院图书馆、苏州大学医学部图书馆；1919年绍兴育新书局石印本，藏于中国科学院国家科学图书馆、天津中医药大学图书馆、山东中医药大学图书馆、长春中医药大学图书馆、上海图书馆等14家国内藏书机构。另可见于《中国医学大成》。

周慎斋医书
（周之干；1573）

现存。4卷。明·周之干（周子干、慎斋）撰。周之干，一名子干，号慎斋，宣城人。

临证综合类著作。卷一列脉法用药、用药论、太素脉等篇，后三卷列中风、伤寒、虚损、痰火、咳嗽、痿痹、霍乱、泄泻、痞满等内科杂病及部分五官科病症。每一病症均详述病因病机、症状、分型、治法、方药，间附医案，以相发明，较有临床参考价值。

本书单行本现存一种清代抄本，藏于中国中医科学院图书馆、上海中医药大学图书馆。

赤水玄珠
（孙一奎；1573）

现存。30卷。明·孙一奎（孙文垣、东宿、生生子）撰。孙一奎，字文垣，号东宿、生生子，休宁人。

引录文献273种，分风、温疫、火热等77门，每门又分若干病证，各证引录《内经》及各家学说，结合个人临证经验，条分缕析，对寒、热、虚、实、表、里、气、血，辨证详细。本书对古今病名相混情况进行了较为明晰的辨别，其中对休息痢、乳岩的描述，尤为确切。此书在综合性临床医著中，以分门细致、科别整齐、明证和论治有条有理见长，历来为医家称颂，初刊后多次刊刻，并先后东传朝鲜、日本等国。

本书单行本现存4种版本：明歙县黄鼎刻本清印本西泠吴氏藏板，藏于首都医科大学图书馆、中国中医科学院图书馆、天津市医学科学技术信息研究所、河北医科大学图书馆、郑州市图书馆、上海图书馆；汲古阁书局校刻本，藏于天津中医药大学图书馆；广文书局石印本，藏于绍兴鲁迅图书馆；一种抄本，藏于安徽中医药大学图书馆。另可见于《四库全书》。1986年，中医古籍出版社据文渊阁四库全书本影印出版。

新刻汪先生家藏医学原理
（汪机撰，吴勉学校刻；1601）

现存。13卷。明·汪机（汪省之、石山居士）撰，吴勉学（吴肖愚、师古）校刻。汪机，字省之，号石山居士，祁门人。吴勉学，字肖愚，号师古，歙县人。

主要内容以述经络穴法、六淫之邪及气血之病、内伤诸症、妇儿科证治为主，各证前列有"丹溪活套"。卷一以经络图主论十二经脉、各经腧穴数量以及"穴法歌括"；卷二论奇经八脉，其中任、督二脉体例如论十二经脉，其余只有一般性文字论述；卷三至卷十三为各证临床内容。综观全书，充分体现出朱丹溪对汪氏的学术影响，在论述诸证治疗时，均将朱丹溪的经验列于前面，但亦非一味拘泥株守，而是有所取舍和发挥。

本书单行本现存4种版本：一种明代吴继武刻本，藏于天津图书馆、上海中医药大学图书馆；一种明代梅墅石渠阁刻本，藏于清华大学图书馆；一种明代古吴陈长卿刻本，藏于中国国家图书馆；一种抄本，藏于中国中医科学院图书馆。

疗马集
（喻仁、喻杰；1608）

现存。4卷，附录1卷。又名《牛马经》《元亨疗马集》。明·喻仁（喻本元、曲川）、喻杰（喻本亨、月川）撰。喻仁，字本元，号曲川；喻杰，字本亨，号月川，均为六安人。

包括《元亨疗马集》《元亨疗牛集》《驼经》三部分，其中，《元亨疗马集》是全书精华。全书分春、夏、秋、冬4卷，载112图、3赋、150歌、300余方，记述马有36起卧、72病，牛有56病，驼有48病。春卷"十二论"，一至二论述疾病诊断和针灸治马病方法，三至九论述七类觉病的区别诊断、病因病机和治疗方法，后三论选录有关马的外形鉴别和牧养须知。夏卷述"七十二大病"，对每种病的病因、病理、症状、疗法和护理，均有明确论述。秋卷包括"评讲八证论"和"东溪素问碎金四十七论"，"八证论"始见于《马书》，喻氏以"评讲"形式对原有纲要作了阐发；"碎金四十七论"以"东溪问曲川答"的方式，对马病诊疗中的47个问题予以解答。冬卷述"喂饮须知""五经治疗经性须知""陈反畏忌禁药须知""引经淀火疗病须知""君臣佐使用药须知""经验良方"。各病均有证、论、图、方，并将主要内容编成歌诀便于记诵，内容广泛，医理精深。该书问世后，成为兽医经典，一直被作为民间兽医传习的范本。

本书问世后成为当时一部总结性的兽医经典，明清两代不断翻刊、删补、改编，传习广泛，并流传海外。现存最早版本为明万历三十六年（1608）金陵唐少桥汝显堂刊本，不附《驼经》，附"丁宾序"，称为"丁序本"。清乾隆元年（1736）李玉书对原书进行改编，改《元亨疗马集》为6卷、《元亨疗牛集》为《图像水黄牛经大全》2卷，会同《驼经》1卷，名《牛马驼经大全集》，因附"许锵序"，称为"许序本"。尚有清乾隆五十年（1785）六安郭怀西注释本。另可见于《四库全书》。

医林统要通玄方论
（黄惟亮；1609）

现存。4卷。明·黄惟亮（黄丘）撰。黄惟亮，字丘，休宁人。

卷一述脉、五行、妙论、五积、五泻、标本病形、药性赋、类集杂方等，卷二述观形察色、听声、辨阴阳、论寒热表里虚实三阴三阳杂病奇方等，卷三、卷四述内、外、妇、儿各科证治，以儿科杂证及痘疹良方为突出特色。末附痈疽疔疮图论并方，亦颇有建树。

本书现收于《海外回归中医善本古籍丛书》。

医宗粹言
（罗周彦；1612）

现存。14卷。明·罗周彦（罗摹斋、罗德甫、赤诚）撰。罗周彦，字德甫，又名摹斋，号赤诚，歙县人。

所论多宗《内经》及张仲景、王叔和、刘河间、李东垣、朱丹溪、罗谦甫诸家，选摘其精粹之言，故以《医宗粹言》为名。首列总论，分述阴阳、脏腑、病机、伤寒、运气、摄生等内容；卷一、卷二论元气；卷三补订吴鹤皋《脉语》；卷四论药性；卷五、卷六论用药准绳；卷七至卷十为四时方论，以内科杂病为主，兼述五官、口齿病证；卷十一至卷十四分述妇人、小儿、外科、针灸科病证。全书间附图示。

本书单行本现存4种版本：一种明万历四十年（1612）刻本，藏于中国中医科学院图书馆、山西医科大学图书馆；一种明万历年间夏云刻本，藏于河北医科大学图书馆、中华医学会上海分会图书馆、苏州图书馆；一种明万历年间刻本，藏于中国科学院国家科学图书馆、河北医科大学图书馆、中国科学院生命科学图书馆（上海）；一种清代抄本，12卷，藏于上海图书馆。

伤暑全书
（张鹤腾；1623）

现存。2卷。明·张鹤腾（张元翰、张凤逵）撰。张鹤腾，字元翰，凤逵，阜阳人。

依据《内经》有关暑病理论，集历代名医对暑病的论述及验案，所选方剂皆为历代医家治暑之良方，如益元散、香薷饮、藿香正气散、清暑益气汤等。对暑病的论述透彻清晰，诚为集暑病研究之大成，是我国现存最早的暑病专书。卷一载有春夏秋冬温暑凉寒四证病原、天时、地气、辨寒暑证各异、暑证、暑厥、暑风、暑疡等十余篇医论，详细阐述暑证病因、病机、诊断及治疗；卷二论治暑主方，并附服药总结、古今名医品汇、名医类案等内容。1896年，叶霖对此书参以己见以释之，并补其不逮，谓之《增订伤暑全书》，内容更加全面。

本书单行本现存4种版本：明天启五年（1625）仁寿黄昌刻本，藏于上海图书馆；一种明代抄本，藏于中国国家图书馆；一种清代康熙年间补拙斋刻本，2卷，附温疫论、疫证治案、治疫名方，藏于中国国家图书馆；一种抄本，藏于上海辞书出版社图书馆。另可见于《医学研悦》。

丹台玉案
（孙文胤；1637）

现存。6卷。明·孙文胤（孙对薇、孙薇甫、在公、遵生主人）撰。孙文胤，字对薇、薇甫，号在公、遵生主人，休宁人。

集《内经》《难经》以及张仲景、刘河间、朱丹溪、李东垣诸家医书，摘其精要，删其繁杂雷同而成。卷内有类，类中有论，论中评脉，脉后立方，脉、因、证、治、理、法、方、药具备。卷一首论先天脉镜诊断，后列调摄养生16条，继之以脏象图说及各脏用药治法。卷二至卷六设73类、160余门，分别介绍伤寒、温病、温疫、杂病、妇人、小儿、五官、外科多种病证理法方药，门下各证均先述后议，继则立方遣药，并附症状、脏腑、经络、四时加减法，共收载内服方670首，其中外治方110首，另附多种针灸、拔罐、打坐、静功之法。本书议论集前贤且有创新，但其中间或体现出一定的道家思想。

本书单行本现存11种版本：明崇祯十年（1637）孙氏仁寿堂刻本，藏于中国中医科学院图书馆、长春中医药大学图书馆、天津图书馆、上海中医药大学图书馆、成都中医药大学图书馆；一种明崇祯十一年（1638）刻本，藏于上海图书馆；一种明代刻本，藏于中国国家图书馆、中国中医科学院图书馆、上海图书馆、上海交通大学医学院图书馆、成都市图书馆；清顺治十七年（1660）学余堂刻本，藏于中国医学科学院图书馆、中国人民大学图书馆、首都图书馆等国内12家藏书机构；一种清顺治年间师俭堂刻本，藏于首都医科大学图书馆；一种清代顺治年间刻本，藏于天津医学高等专科学校图书馆、哈尔滨医科大学图书馆、安徽省图书馆；一种清代康熙年间刻本，藏于中华医学会上海分会图书馆；清乾隆元年（1736）三乐堂刻本，藏于中国国家图书馆、中国中医科学院图书馆、首都图书馆、天津中医药大学图书馆、河北医科大学图书馆；一种清代乾隆年间刻本，藏于天津医学高等专科学校图书馆；一种清代刻本五凤楼藏板，藏于中国国家图书馆、中国中医科学院图书馆、北京中医药大学图书馆等国内14家藏书机构；一种清代刻本，藏于中国科学院生命科学图书馆（上海）。1984年上海科学技术出版社、1996年中医古籍出版社分别据明崇祯十年（1637）孙氏仁寿堂刻本影印出版。

诸证析疑
（余淙撰，余士冕补，余昭令编；1644）

现存。4卷。又名《苍生司命》。明·余淙（余午亭）撰，清·余士冕（余子敬）校补、余昭令编次。余淙，字午亭；余士冕，字子敬，均为歙县人。

编者将所谓古人不易之论、纯正之方、核于经旨而确实无疑者，汇为一书，共罗列病证 66 门，附证若干门，内容涉及内科杂病、五官科病及妇科病。每门首述病因病机、辨证施治，次取脉法，末附众家之方，共载方 875 首，并附医案医论若干。该书论理详而有要，选方博而不杂，宗古而不泥古，方论结合，便于检阅，是一部较为实用的综合性临床专著，亦是一部中医入门的简捷读本。

本书单行本现存 2 种版本：一种 1911 年抄本，藏于上海中医药大学图书馆；一种抄本，仅存卷三，藏于安徽省图书馆。

医学入门万病衡要（龚廷贤撰，洪正立补；1655）

现存。6 卷。又名《医衡》《新刻医衡》。明·龚廷贤原撰，清·洪正立（洪参歧）补编。洪正立，字参歧，歙县人。

以内科时病、杂病证治为主，兼及妇科诸疾，共载 80 多个病证。书中辑取刘河间、陶节庵、李东垣、朱丹溪、陈自明等医家之热病、伤寒、杂病、妇科病等的有关论述，以及朱肱、许叔微、杨仁斋、虞花溪和《太平惠民和剂局方》《世医得效方》等医著内容，结合作者临证心得，对所载病证的临床辨治进行了阐发。

本书单行本现存 3 种版本：清顺治十二年（1655）序刻本，藏于中国国家图书馆、中国中医科学院图书馆；日本延宝五年（1677）唐本屋喜右卫门刻本、日本天和三年（1683）伊藤五郎兵卫刻本，均藏于中国中医科学院图书馆；1985 年中医古籍出版社据日本延宝五年（1677）刻本影印出版。

名医类编（刘泽芳撰，程应旄编，周之苣校；1657）

现存。不分卷。又名《医学分法类编》。清·刘泽芳撰，程应旄（程效倩）编，周之苣校。程应旄，字效倩，歙县人。

本书单行本现存一种清顺治十四年（1657）刻本，藏于故宫博物院图书馆。2000 年海南出版社将此本收入《故宫珍本丛刊》中影印出版。

苇杭集（陈丰；1666）

现存。14 卷。又名《医学苇杭集》。清·陈丰（陈来章）撰。陈丰，字来章，歙县人。

上采《内经》《脉诀》，旁及张仲景、李杲、朱丹溪、滑寿诸家，内容包括脏腑、经络、阴阳、辨证、运气、药性、四诊及各科诸病证治，以各科诸病证治为主。卷一论述基础理论，并附 200 余味常用中药药性及简单功效；卷二至卷十三分述各科 140 余种杂病，其中五官科、妇科杂病较多。所论杂病先述病形，次述病因,后述治法,矫弊去偏。各病诊断中强调脉有病、生、死之别,并注重强调一证数候、一候数治、方取经验、法本中正。书末附方剂400余首。

本书单行本现存2种版本:一种清康熙五年(1666)刻本,藏于中国国家图书馆;一种清代抄本,藏于中国人民解放军医学图书馆。

杂症纂要
(张遂辰撰,郑日新订;1668)

现存。不分卷。清·张遂辰(张卿子、相期、西农老人)撰,郑日新订。张遂辰,字卿子,号相期、西农老人,歙县人。

为临证综合类文献,对内伤杂病之病机、辨证、治法、处方分别作简明扼要阐述,尤其在内伤杂病的辨证、治法方面,能结合先哲经验及自身临证独特心得加以阐释。

本书单行本现存一种抄本,藏于上海中医药大学图书馆。

医读
(汪机撰,程应旄补辑;1669)

现存。7卷。明·汪机(汪省之、石山居士)撰,清·程应旄(程效倩)补辑校订。汪机,字省之,号石山居士,祁门人;程应旄,字效倩,歙县人。

系程应旄补辑汪机《医读》而成,内容由4卷增为7卷。全书分为药性、脉候、病机、方括四部分,记载本草151种,述说脉象28种,辨各科病症95种,列医方182首。此书自本草、脉诀以至病机,皆四言为句,缀以韵语,辞义贯通、便于诵读,似为课徒之作。虽内容浅显,但"极力于源头径路上求其清、求其正"。又"汇诸家所有而折衷之,网罗虽多,旨归颇一",不失为中医药入门教育之佳作。此书未见于《汪石山医书八种》,明代亦未见刻本,据程氏序言所载,系其所得残卷复加补辑后,刊刻而成。

本书单行本现存2种版本:清康熙八年(1669)草墅刻本,藏于中国中医科学院图书馆、中国中医科学院中国医史文献研究所、上海中医药大学图书馆、南京图书馆;一种清代抄本,藏于南京图书馆、苏州图书馆。2016年中华书局将日本国立公文书馆内阁文库藏江户时期覆刊本收入《海外中医珍善本古籍丛刊》影印出版。

迈种苍生司命
（程衍道；1681）

现存。4卷。明·程衍道（程敬通）撰。程衍道,字敬通,歙县人。

全书采撷各说,汇集精粹,敷陈标新,参以己见,间附名贤验案验方于后。卷一载中风、中暑、疟疾、劳损、血症等；卷二载呕吐、噎膈、咳喘、黄疸、肿胀、诸痛等；卷三载泻、痢、淋、浊、痿、痉、厥及五官诸症等；卷四载经、带、胎、产等妇科诸症。共载74症。后附周身经络穴赋等数则。1978年歙县卫生局发现本书抄本,书中无自序,有清康熙二十年（1681）无名氏序文1篇,其文曰:"程敬通先生名著海宇,家传兹集,标曰《迈种苍生司命》,实乃医家司命之旨"。又有许怡庭补录云:"是书乃槐塘名医程敬通先生自著家藏秘法,书置堂中桌上,有病者就医,扶舆而至,清晨未起,被舆人窃之而去。至康熙年间,得书之家小儿患病,请岩镇汪廷佑先生诊治,见此书在桌上,询其来历？答曰:祖上不知何处买得此书。廷佑先生曰:此敬通先贤自著之秘书,未经刊梓,只有二徒抄得二部,程先贤失去原本,即此书也。"考此书无名氏之序文距敬通先生卒年不到二十载,而许氏补录中又详述此书失窃之由,无疑系敬通先生所著。

本书单行本现存一种抄本,藏于安徽中医药大学图书馆。安徽科学技术出版社将此本整理收于《新安医籍丛刊》中出版。

医宗指要
（汪昂撰，程照辑；1682）

现存。1卷。清·汪昂（汪恒、汪讱庵、浒湾老人）原撰,程照辑抄。汪昂,字讱庵,初名恒,号浒湾老人,休宁人。

首录汪昂《本草备要》叙与目录,次列《医宗指要》目录。主要言及阴阳五行、脏腑诊脉等内容。

本书单行本现存一种清代程照抄本,藏于中国中医科学院图书馆。

宝命真诠
（吴楚；1683）

现存。4卷,附《前贤医案》1卷。又名《辅孝盖亲》。清·吴楚（吴天士、畹庵）撰。吴楚,字天士,号畹庵,歙县人。

本书撰成未梓,传之三代,至其曾孙宗勉欲刊行不逮而离世,后由宗勉之弟与子继承兄父之志,于清乾隆六十年（1795）刊刻行世。全书首论《内经》要旨,列藏象、天真、阴阳、脏气、脉要、病能、论治、经度、运气9篇；次论脉法,分四脉统领、脉症详辨、脏腑部位、五脏平病死脉、脉诀死生、诸病宜忌、妇人小儿脉法、奇经八脉等10篇；后论本草,列266味药物,按部分类,分述其性味、归经、功用、主治、炮制、禁忌等项；再论证治,列举外感、温疫、内伤杂症、妇儿胎产等

50余种病证，每证分述脉证病机及治法。书末附前贤李士材、喻嘉言、薛立斋、程星海四家医案147则，涉及伤寒、疫证、虚中等病证，名为《前贤医案》。

本书单行本现存2种版本：一种清乾隆六十年（1795）刻本，藏于中国医学科学院图书馆、清华大学图书馆、中国中医科学院图书馆、天津图书馆、天津医学高等专科学校图书馆、上海中医药大学图书馆、宁波市图书馆、广州中医药大学图书馆；清咸丰元年（1851）澄塘家塾刻本，藏于中国医学科学院图书馆。

查了吾先生正阳篇选录（查万合撰，陈嘉璲选录；1694）

1卷。明·查万合（查了吾）原撰，清·陈嘉璲选录。查万合，字了吾，泾县人。

首论脉法，次论五脏阴阳气机，后述诸证治法53例。书中强调补中气、升清阳之作用，对"阳气"之义有所阐发，强调内伤病久，调理得法，气活动，即能转愈。

本书单行本现存1种版本，藏于中医科学院国家科学图书馆、中华医学会上海分会图书馆、北京中医药大学图书馆、浙江中医药大学图书馆。另可见于《医学粹精》《医家奥秘》。

血症良方（潘为缙；1711）

现存。1卷。又名《服童便论》《血症经验良方》《专治血症经验良方》。清·潘为缙（潘云师）撰。潘为缙，字云师，歙县人。

是一部以童便、自便治疗血症的专著。首列"血症良方论"，阐述血症的病证机理及治法，并论及历代诸家名方之主治、加减等，并提出用童便较为稳妥。其次搜集历代诸家对童便功用之论述，详述服用童便方法、养病方法及历代诸家验案，以说明用童便治疗血症为一简便可靠之法。末附"闭窗再记""良方释疑"，进一步阐发童便治病之理。书中所述童便用法，可供临床参考及研究。

本书单行本现存5种版本：清康熙五十一年（1712）著者自刻本麒振堂藏板，藏于中国科学院国家科学图书馆、中山大学图书馆；清咸丰元年（1851）如不及斋刻本，藏于浙江图书馆；清光绪二十八年（1902）长沙叶氏刻本，藏于中国国家图书馆、中国医学科学院图书馆、中国中医科学院图书馆等国内9家藏书机构；1932年万有书局石印本，藏于天津中医药大学图书馆、长春中医药大学图书馆、四川省图书馆等国内11家藏书机构；1933年明善书局石印本，藏于山东省图书馆。

医学心悟
（程国彭；1732）

现存。5卷，附《外科十法》1卷。清·程国彭（程山龄、程钟龄、恒阳子、普明子）撰。程国彭，字山龄、钟龄，号恒阳子、普明子，歙县人。

系作者积30年业医心得，融会经典及历代名医精华撰成。首卷为总论，载医论20余则，分述望、闻、问、切四诊，对治则理论与临床运用阐述精详，所论汗、吐、下、和、清、温、消、补八法，系在个人临床经验基础上，归纳总结前人五法、六法后形成，为后世治法研究与应用做出了重要贡献；其所总结的"寒热虚实表里阴阳辨""火字解""伤寒纲领"等，均有独到见地；卷二论伤寒六经证治；卷三、卷四论述54种内科常见病和22种五官科疾病证治；卷五对妇产科40余种疾病进行阐释。附录1卷，以十法将外科疮疡类疾病进行归类阐释。各卷所列病证，先述病源、症状，次述辨证、治疗，脉因证治，环环相扣，切于实用，流传甚广，被后世认尊为中医入门的重要参考书。

本书单行本现存版本40余种，其初刊本清雍正十年（1732）慎德堂刻本仍存，藏于中国中医科学院图书馆、中国医学科学院图书馆、北京大学医学图书馆、首都医科大学图书馆、河南中医药大学图书馆、辽宁中医药大学图书馆、安徽省图书馆、重庆图书馆、中山大学图书馆。

不居集
（吴澄；1739）

现存。50卷。清·吴澄（吴鉴泉、师朗）撰。吴澄，字鉴泉，号师朗，歙县人。

书名"不居"，乃取《易经》"化而裁之存乎变，推而行之存乎通，变动不居，周流六虚"之意。虚损乃不居之证，变动不测，非居于寒、居于热、居于补、居于散者可疗，故亦有作者不拘一家之言、不执一家之偏、随机活用、因证施治之意。全书主论虚损，分上下两集。上集30卷，以论治内损为主，卷首为例言、总旨、十法；卷一为统治大法；卷二至卷十一总结历代名家治虚损十法；卷十二为其他各家治法；卷十三至卷十七主要论述嗽、热、痰、血四大证治，尤以血证论述最详；卷十八至卷三十论内损杂证。下集20卷，以论治外损为主，即风、寒、暑、湿、燥、火六淫以及痰、积、食郁、外虫所致的虚损证，尤以"风劳"论述为详。书中汇集《内经》《难经》及历代名贤有关虚损证治的各家学说，结合撰者临床体会，旨在阐明虚劳理论、总结虚劳治法；每条论治，均首载经旨，后按脉法、病机、治法、方药、治案、方论选要逐一展开；创"外损致虚""理脾阴"新说，并提出解托、补托治虚损大法，是一部理法方药完备的虚损论治专书。

本书单行本现存 3 种版本：清道光十三年（1833）芸香阁刻本，藏于中国科学院国家科学图书馆、中国医学科学院图书馆、中国中医科学院图书馆、中国科学院生命科学图书馆（上海）、中华医学会上海分会图书馆、苏州市中医医院图书馆、浙江图书馆；1935 年上海中医书局铅印本，藏于中国科学院国家科学图书馆、中国医学科学院图书馆、中国中医科学院图书馆、安徽中医药大学图书馆等国内 42 家藏书机构；一种抄本，藏于安徽中医药大学图书馆。

杂病心法要诀（吴谦；1742）

现存。5 卷。清·吴谦（吴六吉）等撰。吴谦，字六吉，歙县人。

原载于《医宗金鉴》。强调辨证以八纲为本，求因以七情为重，论治以脾胃为主，攻补以胃气为先，投方用药不囿于汤散内服之类，而倡导外治妙法。全书繁简得宜，用词精练，充分体现了著者力求"小而约者以为初学诵读、大而博者以为学成参考"之意。

本书单行本现存 6 种版本：清乾隆七年（1742）武英殿刻本，藏于首都医科大学图书馆、浙江中医药大学图书馆、重庆图书馆；清宣统元年（1909）简青斋书局石印本，藏于上海图书馆、江西省图书馆；1922 年上海文化书局石印本，为残本，藏于广西壮族自治区图书馆；1929 年鸿宝斋石印本，藏于浙江大学图书馆；1947、1948 年上海广益书局铅印本，藏于江西省图书馆、重庆图书馆、广东省立中山图书馆；一种抄本，藏于中国中医科学院图书馆。另可见于《医宗金鉴》。

脉证方治存式（金硕礽；1744）

现存。1 卷。清·金硕礽（金介石）撰。金硕礽，字介石，休宁人。

作者遵循仲景学说，凭脉辨证用方，强调万病归宗于六经，六经归宗于辨脉、平脉，审脉而后议治。首论风、寒、暑、湿、燥、火六淫证治，继则论述癫狂、衄血、喘、咳嗽等内科杂证，鼻渊、齿痛、目疾等五官科疾病，以及妇科、儿科疾病的辨证治疗。书末对病机十九条作有解释。

本书单行本现存一种稿本，藏于上海中医药大学图书馆。

方氏脉症正宗（方肇权；1749）

现存。4 卷。又名《医学正宗》《脉症正宗》。清·方肇权（方秉钧）撰。方肇权，字秉钧，休宁人。

卷一以辨脉为主，有辨脉诀、脉与脏腑左右手排列、脉诀入式、脉诀形容、脉诀主病、脉诀顺逆、辨相似脉等篇，并对仲景诸汤方配伍应用提出不同见解;卷二至卷四,先述病源总论、证治总论、汤散歌诀,继述六淫诸证,气、血、虚损及内科杂病36证,再述妇科、儿科病证,并条陈其治法,后附医案若干则以为例证,每案分析透彻、用药合理。卷末附常用药物药性述要及经穴述要。

本书单行本现存2种版本:清乾隆十四年(1749)刻本存仁堂藏板,藏于中国中医科学院图书馆、上海中医药大学图书馆、成都中医药大学图书馆;清嘉庆四年(1799)武林大成斋刻本,藏于中国医学科学院图书馆、中国科学院生命科学图书馆(上海)、南京中医药大学图书馆。

杂症会心录（汪文绮;1754）

现存。2卷。又名《会心录》。清·汪文绮(汪蕴谷)撰。汪文绮,字蕴谷,休宁人。

系作者经典医籍研究心得和各科杂症临床经验的总结汇辑。共收录证治54篇,其中上卷23篇、下卷31篇,对中风、眩晕、燥证、肺痿等34种内科常见疾病和子痫、产后发热、阴吹等14种妇科疾病逐条分列,审脉论治,酌古准今,剖析发挥,方证具备。作者先论后方,列有医案,主以内科证治,牢笼百家,尤宗张景岳学说,以扶阳抑阴为主,重视温补之法。

本书单行本现存5种版本:清乾隆二十年(1755)率川自余堂刻本,藏于中国医学科学院图书馆、中国中医科学院图书馆、中国科学院生命科学图书馆(上海)、中华医学会上海分会图书馆、上海中医药大学图书馆、安徽省图书馆、浙江中医药大学图书馆;清乾隆二十年(1755)海阳程世法刻本、一种清代同治年间抄本,均藏于中国国家图书馆;一种清代刻本,藏于安徽中医药大学图书馆;一种抄本,藏于中国科学院国家科学图书馆、北京中医药大学图书馆、辽宁中医药大学图书馆、上海辞书出版社图书馆、上海中医药大学图书馆。1991年,中医古籍出版社据乾隆二十年(1755)率川自余堂刻本影印出版。另可见于《珍本医书集成》。

方症会要（吴迈;1756）

现存。4卷。清·吴迈(吴大年)编。吴迈,字大年,歙县人。

卷一至卷三论中风、咳嗽、泄泻等内科病症,卷四论妇人、五官科病症,共收46种病症,每一病症先论述其病因脉治,后附以方药,有论有方,其论多源于《内经》《伤寒杂病论》及金元诸家之说,并结合作者临证体会,故名《方症会要》。

本书单行本现存一种清乾隆二十一年(1756)刻本,藏于中国中医科学院图书馆。2005年中医古籍出版社将清乾隆二十一年(1756)刻本收入《中医古籍孤本大全》中影印出版。

疫疹一得
(余霖；1785)

现存。2卷。清·余霖(余师愚)撰。余霖,字师愚,桐城人。

作者因以其父死于时疫,故究心于疫疹的临床研究,颇有心得,著成此书。余氏长于治疗疫病,全书重点论述疫诊证治,在发病方面,书中较多地谈到运气主病。主张用石膏重剂,认为"非石膏不足以活热疫",创用了有名的清瘟败毒饮等方,为医家所推崇。书中所附治疗验方,亦颇多经验心得,对温病学有所贡献。附11则验案。

本书单行本现存8种版本:一种清乾隆五十九年(1794)抄本,藏于中国医学科学院图书馆;清道光八年(1828)延庆堂刻本,藏于中国中医科学院图书馆、天津医学高等专科学校图书馆、长春中医药大学图书馆、上海图书馆、上海中医药大学图书馆;一种清咸丰三年(1853)抄本,藏于中国国家图书馆;一种清光绪五年(1879)刻本,藏于中国中医科学院图书馆、首都医科大学图书馆、山东省图书馆、陕西中医药大学图书馆、甘肃中医药大学图书馆、浙江中医药大学图书馆;清光绪十年(1884)敬直堂刻本,藏于天津医学高等专科学校图书馆、河南中医药大学图书馆、苏州大学医学部图书馆、安徽中医药大学图书馆;一种清代刻本,藏于苏州市中医医院图书馆、蚌埠市图书馆;一种清代抄本,藏于中国国家图书馆、中国医学科学院图书馆、中国中医科学院图书馆、中华医学会上海分会图书馆、南京图书馆;1927年陈在山抄本,藏于中国中医科学院图书馆。

补正医学传心
(缪希雍撰,孙佑补；1786)

现存。4卷。明·缪希雍原撰,清·孙佑(孙慎修)补述。孙佑,字慎修,休宁人。

卷一论脉法及温疫、中风等病的病因病机及辨证方药,卷二述伤寒、温热病、疫病、痢疾等内科诸病治法方药,卷三载痿证、发黄、遗精等杂病及妇人病,卷四论儿科诸病证治。

本书单行本现存清道光四年(1824)百本菊花斋刻本,藏于首都图书馆、北京中医药大学图书馆。

慈航集
（王勋；1799）

现存。4卷。又名《三元普济方》。清·王勋（王于圣）撰。王勋，字于圣，歙县人。

卷一、卷二首论运气之常，再以春温、温疫等疫病之方药证治充实其中，锁喉、烂喉、大头瘟、虾蟆瘟等温病皆有所述。卷三以六经辨证为纲，以虚、实、寒、热为纬，对疟疾证治多有发挥。卷四专论治痢，共列38则，从阴、阳、气、血四方面阐述痢疾辨治，条分缕析。

本书单行本现存5种版本：清嘉庆四年（1799）敦行堂刻本，藏于中国科学院国家科学图书馆、中国中医科学院图书馆、武汉大学图书馆医学分馆等国内10家藏书机构；清光绪十一年（1885）钱塘吴氏刻本，藏于中国中医科学院图书馆、首都医科大学图书馆、黑龙江省图书馆、上海图书馆、上海中医药大学图书馆；清光绪十六年（1890）广百宋斋石印本，藏于中国科学院国家科学图书馆、中国中医科学院中国医史文献研究所、南京图书馆等国内9家藏书机构；一种清代光绪年间刻本，藏于扬州市图书馆；一种抄本，藏于中国中医科学院图书馆、山东中医药大学图书馆、上海中医药大学图书馆。1988年江苏广陵古籍刻印社据清嘉庆四年（1799）敦行堂刻本影印出版。

证因方论集要
（汪汝麟；1839）

现存。4卷。清·汪汝麟（汪石来）撰。汪汝麟，字石来，休宁人。

为作者博采喻嘉言、王晋三、柯韵伯等前贤之著名方论编辑而成。书中介绍了51种病证，以内科杂症最多，列方剂400余首。诸证之下，均先扼要阐述其病因、症状或辨证要点，后举方剂若干，每方详论主治、功效、组方法度、君臣佐使等，广泛引用各家学说，深入阐述。作者自谓全书不及脉者，以脉象诊候须详考沈金鳌《脉诀》、张石顽《诊宗三昧》，庶可融会贯通；也不载伤寒者，以伤寒六经表里，条例繁多，非综核喻嘉言《医门法律》、柯韵伯《伤寒论翼》，必不能得心应手。全文详明赅备，条理井然，证各有因，因各有方，方各有论。所选之方，均为经典有效良方。

本书单行本现存清道光二十年（1840）无止境斋刻本，藏于中国中医科学院图书馆、中国人民解放军医学图书馆、中华医学会上海分会图书馆。1986年中医古籍出版社据清道光二十年（1840）无止境斋刻本影印出版。

愚虑医草
（郑承湘；1840）

现存。34卷。清·郑承湘（郑雪渔）撰。郑承湘，字雪渔，歙县人。

为郑氏学习医理之见解及临床经验体会。作者强调作为一名医生，必须讲医德，要善于学、问、思、辨而行之，切戒愚、偏、妄、贪。

本书单行本现存一种抄本，藏于郑氏后人处。

费批医学心悟
（程国彭撰，费伯雄注；1851）

现存。6卷。清·程国彭（程山龄、程钟龄、恒阳子、普明子）原撰，费伯雄批注。程国彭，字山龄、钟龄，号恒阳子、普明子，歙县人。

系费氏取程氏《医学心悟》原书，于其精要处复加批注而成。全书内容能够发明其义，贯通医理，言简而又切扼其要。

本书单行本现存1939年人文印书馆铅印本，藏于天津市医学科学技术信息研究所、兰州大学图书馆、上海交通大学医学院图书馆。

医约补略
（程芝田撰，龚时瑞补；1863）

现存。4卷。又名《医约》《医学津梁》。清·程芝田（程瘦樵、程鉴）原撰，龚时瑞补略。程芝田，字瘦樵，号鉴，歙县人。

原名《医学津梁》，为有别于王肯堂之《医学津梁》，故改名为《医约补略》，后称《医约》。程氏以之授门人雷逸仙，再传雷少逸。书中卷一至卷三列内科证治36门，卷四列妇科证治11门，并附龚氏所撰《死候概要》一文，所录55条。纵观全书，其所举之证，皆为常见之疾；所用之方，亦多常用之方。且正文每门先述程氏原著之言，后由龚氏加以评按，言简意赅，条理清晰。

本书单行本现存1930年衢县六一草堂铅印本。1937年上海千顷堂书局予以刊行。

入门要诀
（汪宏；1875）

现存。1卷。清·汪宏（汪广庵）撰。汪宏，字广庵，歙县人。

以歌赋形式概述五脏六腑、十二经、十六络、奇经八脉生理功能及其证候特点，并附五运六气、七十二候诸歌。作者认为，药之所施，必因经络脏腑之证；方之所设，必由经络脏腑之病，若不明经络脏腑病证，则徒讲寒热补泻之药方，故著此书，以明脏腑经络、四时运气。全书取药本神农，组方法仲景，式为先导，以教初学临证者，知辨寒热虚实、风寒暑湿、脏腑经络、标本先后。

本书单行本现存清光绪十四年（1888）刻本歙东溪塘藏板，藏于天津中医药大学图书馆。另可见于《汪氏医学六种》。

医家四要
（程曦、江城、雷大复撰；1884）

现存。4卷。清·程曦（程锦雯、甫目）、江城、雷大复撰。程曦，字锦雯，号甫目，歙县人。

系医学入门读物。内容取自雷少逸父子医论及临证体会，按脉诀、病机、汤方、药性等分门别类，取"去泛删繁、辞明义显、便于记诵、极易入门、诚为医家至要至约之诀"之义。卷一论述诊脉大法和人体脏腑经络气血等内容。卷二论述时病、杂病和妇科疾病病因、病理和治法。卷三载方剂354首，分成40类，编成长歌40首，并附有君臣佐使、七方十剂等处方常识。卷四载药360种，分成寒热温平4门，并以对偶句形式概述药物功用主治，后附药性大略及十八反、十九畏等内容。

本书单行本现存7种版本：清光绪十二年（1886）豫章邓灿堂刻本养鹤山房藏板，藏于中国中医科学院中国医史文献研究所、中国科学院国家科学图书馆、安徽中医药大学图书馆等国内37家藏书机构；一种清光绪三十三年（1907）抄本，藏于内蒙古图书馆；一种清光绪年间无锡日昇山房刻本，藏于中国中医科学院图书馆、首都医科大学图书馆、安徽中医药大学图书馆等国内21家藏书机构；一种清代抄本，藏于苏州大学医学部图书馆；一种上海千顷堂书局石印本，藏于中国科学院国家科学图书馆、中国中医科学院图书馆、南京中医药大学图书馆等国内18家藏书机构；一种成都昌福公司铅印本，藏于四川省图书馆、四川大学医学图书馆；一种抄本，藏于内蒙古图书馆。另可见于《雷氏慎修堂医书三种》。

注礼堂医学举要
（戴绪安撰，常瑾芬补；1886）

现存。4卷。清·戴绪安（戴筱轩、戴小轩）撰，常瑾芬补遗。戴绪安，字筱轩、小轩，寿县人。

系入门性质的临证综合性医书。卷一论脉学；卷二论五运六气；卷三载常用方剂200首；卷四校补本草药性，分8部类共载药400味。末附录汪昂《医方集解》中每类方剂前的引言。

本书单行本现存3种版本：一种清光绪十二年（1886）刻本，藏于中国中医科学院图书馆、天津中医药大学图书馆、黑龙江中医药大学图书馆；一种清光绪十四年（1888）刻本，藏于中国国家图书馆；一种清光绪十五年（1889）刻本，藏于中国科学院国家科学图书馆、天津中医药大学图书馆、内蒙古医科大学中蒙医学院图书馆、安徽中医药大学图书馆。

医学精华
（周学海；1891）

现存。清·周学海（周澄之、周健之）撰。周学海，字澄之、健之，东至人。

本书单行本现存1928年上海广益书局石印本，藏于广东省中山图书馆。

增订伤暑全书
（张鹤腾撰，叶霖增订；1898）

现存。2卷。明·张鹤腾（张元翰、张凤逵）撰，清·叶霖增订。张鹤腾，字元翰、凤逵，阜阳人。

本书单行本现存4种版本：1917年绍兴医药学报社铅印本，藏于中国中医科学院中国医史文献研究所、吉林省图书馆、苏州市中医医院图书馆、成都中医药大学图书馆；1922年守一斋抄本，藏于上海中医药大学图书馆；一种抄本，藏于河南中医药大学图书馆；一种稿本，藏于南京图书馆。另可见于《珍本医书集成》《中国医学大成》。

医醇賸义歌诀
（胡学训；1902）

现存。清·胡学训（胡养素）撰。胡学训，字养素，歙县人。

胡氏在详加注释的基础上，将费伯雄《医醇賸义》有关内容编括成七言，分为21症，209首歌诀，以便于阅读和研习应用。

本书单行本现存一种抄本，藏于胡氏后人处。

余氏总集
（余懋辑，许兆奎校；1906）

现存。1卷。清·余懋（余啸松）辑，许兆奎校。余懋，字啸松，歙县人。

本书单行本现存一种清代光绪年间刻本，藏于嘉兴市图书馆。

医会纪要
（胡金相；1911）

现存。6卷。清·胡金相（胡秋帆）撰。胡金相，字秋帆，泾县人。

卷一分为形质篇、气化篇、平人篇，简略阐述生命与功能；卷二病人篇，论述中风、历节、吐哕、下利、消渴、淋病、黄疸、痉病、头风等病辨治方法；卷三论述虚劳、血痹、衄血、惊悸、痰饮、水气、肺痿、肺痈、奔豚气等辨证论治；卷四论四时伏气病、痢疾、虫胀、妇人杂病、产后病及妊娠病的辨证施治；卷五对阴阳消长说、五运六气说、三才一气说、两精相抟等学说，精辟释义，并附百病扼要说；卷六阐述气血的生成与运行，三焦功能，以及膀胱、命门、精血等。

本书单行本现存一种 1919 年幽篁馆刻本，藏于北京中医药大学图书馆、成都中医药大学图书馆。

华佗神医秘传（华佗撰，孙思邈辑，上海古书保存会编；1920）

现存。22 卷。又名《华佗神方》。汉·华佗（华元化）原撰，唐·孙思邈辑，上海古书保存会编。华佗，一名旉，字元化，亳州人。

卷一为华佗论病理秘传，共 48 篇，叙诊断之奥秘；卷二为华佗临证秘传，共载 28 种病症，明治疗之心法；卷三为华佗神方秘传，收麻沸散、神膏等许多为其他医书所未载的原方；卷四至卷十九分述内科、外科、妇科、产科、儿科、眼科、耳科、鼻科、齿科、喉科、皮肤科、伤科、结毒科、急救法、治奇症法、兽医科等方药；卷二十为制炼诸药法；卷二十一为养性服饵法；卷二十二为附华佗注《仓公传》。全书共收方 1103 首。

本书单行本现存 4 种版本：1920—1935 年上海古书保存会铅印本，藏于首都医科大学图书馆、天津市医学科学技术信息研究所、云南省图书馆；1929 年上海书局刻本，藏于重庆图书馆、成都中医药大学图书馆；1936、1937 年上海四明书店铅印本，藏于山东省图书馆、济南图书馆、广东省立中山图书馆；1922—1935 年上海大陆图书公司铅印本，藏于中国中医科学院图书馆、北京中医药大学图书馆、山东中医药大学图书馆、南京中医药大学图书馆、上海图书馆等 27 家国内藏书机构。

杂证类抄（王润基；1924）

现存。预作 5 卷，完成 4 卷。王润基（王浚、王少峰、王炳生）撰辑。王润基（1867—1932），又名浚，字少峰、炳生，休宁人。

以记述中风、肝风、眩晕、郁、惊等 74 种常见内科杂病为主，各为一门，重点摘录高鼓峰、汪文绮、叶桂等明清临床医家对各病的认识和辨治经验，并加以注评。其对各家之说的注评内容约占全书的十分之四，故可将此书视为作者多年临证的心得笔记和经验总结。书中所选各家内容，多为精辟之论、适用之语，习者读之，可收事半功倍之效。

本书单行本现存一种稿本，藏于王氏后人处。

四大病
（王润基；1930）

现存。不分卷。王润基（王浚、王少峰、王炳生）撰辑。王润基（1867—1932），又名浚，字少峰、炳生，休宁人。

历代惯称风、痨、臌、膈为内科疑难病证，本书以这四种病证各为一门，各门中再以主症为标题，从历代医籍中选切当之论，按病因、病机、辨证、治法顺序排列，并附以方药。所选方药，多为亲验有效者。书中记录了作者本人的部分临证体会，如于"痨门·咳嗽"中指出，咳嗽一病，新者大约属痰、实、风、寒，宜清宜散；久者大抵属劳火、阴虚，宜补宜收。

本书单行本现存一种稿本，藏于王氏后人处。

杂证精义
（毕成一；1934）

现存。不分卷。又名《杂证秘典》。民国·毕成一撰。毕成一，歙县人，曾任《新安医药》（半月刊）主编。

主要论述了中风、暑病、湿症、火症、内伤、郁证、气病、痰病、咳嗽、哮喘等17种内科杂症的辨治。在继承前人经验基础上有所发挥，具有较高的临床参考价值。

本书单行本现存一种稿本，藏于婺源私人处，收入上海大学出版社2018年出版的《珍稀中医稿钞本丛刊·新安卷》。

华佗神医秘方大全
（华佗撰，姚若琴编；1936）

现存。3卷。汉·华佗（华元化）原撰，民国·姚若琴编。华佗，一名旉，字元化，亳州人。

卷上为病源论，共48则，阐述五脏六腑、虚实及阴阳大要等内容；卷中为神方大全，概括神方、急救、兽医及内科、外科、妇科、儿科等十三科方剂，按病选方，载方1028首；卷下为附录，收华佗注《仓公传》，论述疽、积瘕、气膈、腰脊痛、月事不下、咳嗽等26种杂病病因病机，并录《世补斋医书》"不谢方"31首。

本书单行本现存1938、1942年上海春江书局铅印本，藏于首都图书馆、中国中医科学院图书馆、上海中医药大学图书馆、江西中医药大学图书馆、云南省图书馆、广西壮族自治区图书馆。

各证集说诸方备用并五脏六腑各论（叶桂撰，佚名氏辑；清代）

现存。1卷。又名《各证集说诸方备用并五脏六腑集论合抄》。清·叶桂（叶天士、香岩、南阳先生、上津老人）原撰，佚名氏辑。叶桂，字天士，号香岩，别号南阳先生、上津老人，歙县人。

内容多录自《临证指南医案》，后列《五脏六腑论》，全书除家传之说外，多引《内经》《难经》中的经典理论内容。第一部分论述内科71种病证的病因病机及治法；第二部分为诸方，载方180余首；第三部分为五脏六腑集说。

本书单行本现存一种抄本，藏于北京大学图书馆、首都图书馆。

医学汇纂指南（端木缙；清代）

现存。8卷。清·端木缙（端仪标）撰。端木缙，字仪标，当涂人。

摘取古今医书，荟萃成帙。每病之下，先详脉理，次病因，次现证，次治法，颇为明晰。惟于《素问》五运六气，拘执过甚，未免失于泥古。又第七卷所列医案，惟载近人治验，而古法一概不录。

本书单行本未见刊本，可见于《四库全书》。

叶天士杂症口诀（叶桂撰，佚名氏辑；清代）

现存。清·叶桂（叶天士、香岩、南阳先生、上津老人）原撰，佚名氏辑。叶桂，字天士，号香岩，别号南阳先生、上津老人，歙县人。

介绍了积聚、反胃、呕吐、哕等42种杂症的病因病机、症状及选方用药。

本书单行本现存一种抄本，藏于广西壮族自治区图书馆。

一本医贯（朱英；清代）

现存。不分卷。清·朱英（朱子椿）撰。朱英，字子椿，新安人。

首论脏腑部位及功能，次述妇科、儿科多种杂病治则，后附《脉诀摘要》《景岳全书传忠录摘要》《景岳八略》。作者推崇张景岳、赵献可之学，对三焦学说有较多探讨，并通过证候与方药互参阐述，其说与汪绂之说较为接近。

本书单行本现存一种稿本，藏于婺源私人处，收入上海大学出版社2018年出版的《珍稀中医稿钞本丛刊·新安卷》。

医学寻源 （童氏；清代）	现存。不分卷。清·童氏(半僧)撰。童氏,号半僧,徽州人。 按次分列《自撰汤头歌诀》《外科十法》《妇女证治》《小儿证治》《药性赋》及诸方,许多内容取自程国彭、江笔花等医家撰述。全书脉络清晰,临证亦有心得,具有一定的临床实用价值。 本书单行本现存一种稿本,藏于婺源私人处,收入上海大学出版社2018年出版的《珍稀中医稿钞本丛刊·新安卷》。
增订治疗汇要 （宁本瑜；清代）	现存。3卷。清·宁本瑜(宁瑨香)增订。宁本瑜,字瑨香,休宁人。 本书单行本现存一种抄本,藏于安徽博物院。
医阶 （许承尧；清代）	现存。1卷。清·许承尧(许际唐、许芚公、疑庵)辑。许承尧,字际唐、芚公,号疑庵,歙县人。 本书单行本现存一种稿本,藏于安徽博物院。
临症一得 （叶仲贤；清代）	现存。1卷。清·叶仲贤撰。叶仲贤,徽州人。 本书单行本现存一种抄本,藏于安徽博物院。
医约先规 （胡其重；清代）	现存。1卷。清·胡其重(胡易庵)撰。胡其重,字易庵,徽州人。 本书单行本现存一种抄本,藏于安徽博物院。

外伤科类文献

外科理例（汪机；1519）

现存。7卷，附方1卷。明·汪机（汪省之、石山居士）撰。汪机，字省之，号石山居士，祁门人。

系辑陈自明《外科精要》、李东垣《东垣试效方》、齐德之《外科精义》、朱丹溪《外科精要发挥》以及徐彦纯、刘宗厚《玉机微义》之论，复采薛己《外科心法》《外科发挥》内容，加以点评而成。书中所举案例多取自上述几本书中，文字有所改动，但原意保留。作者自序谓"古人所论治无非理也"，欲"学者诚仿其例而推广之"，故名"理例"。卷一、卷二总论痈疽之脉、因、证、治；卷三至卷七从头面赤肿到血风疮，分述47种常见外科疾病的病因、病机、诊断、治法及汪氏自身临证经验；附方1卷专载防治外科疾病的外用单方。书中定义了"外科"概念，主调理元气，先固根柢，不轻用寒凉攻利之剂，强调"外科必本于内"，提出托毒、疏通、和营卫三大治则。

本书单行本现存8种版本：明嘉靖二十年（1541）序刻本，藏于内蒙古医科大学图书馆、上海图书馆；明嘉靖年间祁门朴墅汪氏刻本，藏于中国中医科学院图书馆、北京中医药大学图书馆、山东省图书馆、上海中医药大学图书馆、安徽省图书馆、安徽中医药大学图书馆、安徽医科大学图书馆、宁波天一阁博物院；一种明代嘉靖年间刻本，藏于中国国家图书馆、中国中医科学院中国医史文献研究所、吉林省图书馆、宁波天一阁博物院；一种明代刻本，藏于中国国家图书馆、中国科学院生命科学图书馆（上海）、广东省立中山图书馆；日本嘉永元年（1848）鹿仓格直抄本，藏于北京大学图书馆；一种清代刻本，藏于上海中医药大学图书馆；民国上海千顷堂书局石印本，藏于中国科学院国家科学图书馆、中国中医科学院图书馆、南京中医药大学图书馆等国内15家藏书机构；一种别宥斋抄本，藏于宁波天一阁博物院。另可见于《四库全书》和《汪石山医书八种》。

外科应验良方（汪启贤；1696）

现存。1卷。清·汪启贤(汪肇开)撰。汪启贤，字肇开，歙县人。

主要记述了痈、疽、疮、疖、疔毒、瘰疬、痔漏等外科病症的辨证、治法及有关方药。共收载十宝丹、万灵丹、五色仙丹等外科方剂53首，内含痔漏验方15首。另载有痔漏各症绘图24幅。

本书单行本现存一种清代康熙年间也园主人刻本，藏于中国中医科学院图书馆。另可见于《济世全书》。

外科秘授著要（程让先；1711）

现存。1卷。清·程让先撰。程让先，徽州人。

首论疡科定法，分析外科病证基本病理，次述真人活命饮中13味药物的配伍、功效、主治、禁忌及托里消毒饮、大补汤、宝命丹的主治、药物组成；其后详述外科、五官科诸科疾病的病因论治及方药的随证加减。

本书单行本现存一种抄本，藏于上海图书馆。

外科十法（程国彭；1732）

现存。1卷。又名《华佗外科十法》《华佗外科证治方要》。清·程国彭(程山龄、程钟龄、恒阳子、普明子)撰。程国彭，字山龄、钟龄，号恒阳子、普明子，歙县人。

原载于《医学心悟》。系程氏将其于普陀寺诊治外科病证的经验，参考外科要旨，约成十法，撰辑而成。全书概括了外科治法，总结了内消法、艾灸法、神火照法、刀针砭石法、围药法、开口除脓法、收口法、服药法、五善七恶救援法、将息法等十法，附方110首。书中指出内服须讲求辨证论治，外用须明辨阴阳虚实，并对外科、皮肤科等45种病证的辨证施治进行了介绍。

本书单行本现存5种版本：清雍正十一年(1733)书粟轩刻本，藏于中国中医科学院图书馆、北京中医药大学图书馆、上海中医药大学图书馆、重庆图书馆、广西壮族自治区图书馆；一种清光绪二十四年(1898)抄本，藏于首都医科大学图书馆；一种清代刻本，藏于中国中医科学院中国医史文献研究所、上海图书馆、南京图书馆；一种刻本，藏于中国医学科学院图书馆、嘉兴市图书馆、浙江省中医药研究院图书馆；一种抄本，藏于中国中医科学院图书馆、首都医科大学图书馆。另可见于《医学心悟》。

外科灰余集
（程国彭；1732）

现存。1卷。又名《华佗遗书》。清·程国彭（程山龄、程钟龄、恒阳子、普明子）撰。程国彭，字山龄、钟龄，号恒阳子、普明子，歙县人。

首论作者总结形成的外科治疗十种方法，后将常见外科病证分为40门，分门按病证阐述证治方药，共载方69首。

本书单行本现存一种清雍正十一年（1733）刻本，藏于南京中医药大学图书馆、苏州大学医学部图书馆。

外科心法要诀
（吴谦；1742）

现存。16卷。又名《医宗金鉴外科》。清·吴谦（吴六吉）等撰。吴谦，字六吉，歙县人。

原载于《医宗金鉴》。是近代中医外科专书中较全面的著作。卷一论述十二经脉及外科痈疽证治总论；卷二为各类外科常用方剂；卷三至卷十一分论头、面、项、背等全身各部外科疾病；卷十二至卷十四论述全身性（发无定处）外科和皮肤科疾病；卷十五论述跌扑、金疮及竹、木、虫、兽所伤诸杂病；卷十六论述小儿外科疾病。各病所列方剂均编成七言歌诀，并附外科病图260余幅。

本书单行本现存约30种版本，其中光绪年间刻本6种：清光绪九年（1883）扫叶山房刻本，藏于首都医科大学图书馆、山东省图书馆、济南图书馆、吉林省图书馆、黑龙江中医药大学图书馆、苏州市中医医院图书馆、福建中医药大学图书馆；清光绪十八年（1892）上海图书集成印书局铅印本，藏于中国中医科学院图书馆、上海图书馆；清光绪十八年（1892）上海五彩书局石印本，藏于山东中医药大学图书馆、安徽省图书馆；清光绪二十九年（1903）上海经香阁石印本，藏于安徽省图书馆、华中科技大学同济医学院图书馆；清光绪三十二年（1906）有益斋石印本，藏于山东省图书馆、内蒙古自治区中蒙医研究所、江西省图书馆；清光绪三十二年（1906）文新书局石印本，藏于中国中医科学院图书馆、广东省立中山图书馆。另可见于《医宗金鉴》。

正骨心法要旨
（吴谦；1742）

现存。4卷。清·吴谦（吴六吉）等撰。吴谦，字六吉，歙县人。

原载于《医宗金鉴》。首载正骨手法总论及《内经》中有关记述，次述全身各部骨骼名称及损伤、骨折、脱臼等病的证治，后述伤损各症及其兼症的诊断和治疗。

本书单行本现存一种抄本,藏于中国中医科学院图书馆、黑龙江省图书馆。另可见于《医宗金鉴》。

疡医大全（顾世澄；1760）

现存。40卷。清·顾世澄（顾澄、顾练江、静斋）撰。顾世澄,一名澄,字练江,号静斋,芜湖人。

是现存内容最丰富的中医外科证治全书,汇集自《内经》以下历代外科著述分类汇编而成。卷一引录《内经》有关条文,逐句注释；卷二至卷九为诊断、脏腑、五运六气及痈疽、疮疡辨证总论和艾灸、针刀、砭石、辨脓、生肌、溻渍、汤洗等法；卷十至卷二十九按头面、眼目、颧脸、耳颊、唇口、舌、龈齿、咽喉、颈项、腋臂、胸膺脐腹、脑背、前后阴、腿膝、腓腨、足踝等部位及内痈、诸疯、癫痫等,分类介绍外科、皮肤科证治；卷三十至卷三十三列小儿诸疮、痘疹证治；卷三十四、卷三十五列诸疮疗证治；卷三十六为跌打损伤证治；卷三十七至卷三十九为急救和诸虫咬伤证治；卷四十为奇病治法。书中引录前人论述,多附以顾氏按语及经验方药,资料丰富,病名及证治详细。谢观对本书的评价为"博选治疗外证之效方,在疡科书中最为完备"。

本书因博采而实用,付梓后盛行一时,先后多次刊刻,现存约18种版本,其中刻本9种、石印本7种、铅印本1种、抄本1种。刻本中,以清乾隆三十八年（1773）艺古堂刻本为佳,藏于内蒙古医科大学中蒙医学院图书馆、黑龙江中医药大学图书馆、桂林图书馆。现存最早版本为清乾隆二十五年（1760）达安堂刻本,藏于上海图书馆、浙江中医药大学图书馆。另有一种清代光华堂刻本,校刻亦属上乘,藏于中国医学科学院图书馆、中国中医科学院图书馆、北京中医药大学图书馆、南京中医药大学图书馆、广州中医药大学图书馆等15家国内藏书机构。

疮疡经验（鲍集成、鲍席芬编；1798）

现存。3卷。又名《疮医经验》《疮疡经验秘本》。清·鲍集成（鲍元大）、鲍席芬合编。鲍集成,字元大,歙县人。

著者对疮疡类疾病的认识较为全面深入。尤其值得重视的是,书中记录了大量的疮疡防治验方,其方药组成、药物剂量、制剂类型、制作方法、使用方法列举详明,实属难得。

本书单行本现存3种版本：一种清嘉庆五年（1800）刻本,藏于中国科学院生命科学图书馆（上海）；一种清代刻本,藏于安徽省图书馆；一种抄本,藏于中国中医科学院图书馆、上海中医药大学图书馆。

玉泉镜（程景耀；1811）

现存。7卷。又名《天都程氏选辑外科良方》。清·程景耀（程介亭）撰。程景耀，字介亭，歙县人。

以介绍外科经验方和临证经验治法为主，汇集了疮疡、痈疽、痔疮、杨梅疮、外伤、外科杂症以及皮肤科、五官科、小儿科病证的经验方841首。由于程氏不谙医学，书中方名、症名混杂，所载方药亦不分门类。

本书单行本现存一种稿本，藏于中国中医科学院图书馆。

伤科方书（江考卿撰，金山农辑；1845）

现存。1卷。又名《江氏伤科方书》《江氏伤科学》。清·江考卿原撰，金山农（金履升）辑录。金山农，字履升，休宁人。

全书首论断死不治，后论12则骨折创伤的处理方法，记载全身大穴36处，小穴72处，合为108穴，认为其中36大穴为致命穴，并根据受伤的经络和穴位不同采用不同的方药进行治疗；载通治方11首，秘方57首，共68首。婺源江氏于道光年间以伤科名世，其学术多宗异远真人之说，用药大同小异，但也有经验创新。如对开放性骨折、粉碎性骨折的治疗，书中记载："凡人骨跌出内外折肉中，用二十号宝麻药一服，再将肉破开，取骨整"，"若骨碎甚，即以别骨填接"。这是麻醉后切开复位术及用骨移植术治疗的可贵记录。

本书单行本现存2种版本：1930年上海国医书局铅印本，藏于上海图书馆；一种民国时期抄本，藏于上海辞书出版社图书馆。另可见于《三三医书》和《珍本医书集成》。

德章祖传外科秘书（方家万；1893）

现存。清·方家万撰。方家万，徽州人。

本书单行本现存一种清光绪十九年（1893）抄本，藏于方氏后人处。

外科秘传（陈万镒；1903）

现存。2卷。又名《外科秘方》。清·陈万镒（陈含珍）撰。陈万镒，字含珍，无为人。

以痈疽辨证治疗为重点，论述外科诸症证治。首列痈疽总论，介绍痈、疽证治之不同，又列阴疽论治、阴疽症名摘要诸篇，再述肺疽、石疽、乳痈、子痈、流注、乳岩等28种病症证治,随列醒消丸、五通丸、代刀散、阳和汤等外科43方,又述暗疔、红丝疔、疔走毒、梅花结毒等18种杂病证治,末附内科、妇科效验方。全书文字虽不多,但理法方药分析极详。

本书单行本现存一种唐成之家藏稿抄本,藏于中国中医科学院图书馆,收入浙江科学技术出版社出版的《近代中医珍本集成》。

不二华佗秘书（华佗撰，佚名氏编；1911）

现存。不分卷。汉·华佗（华元化）原撰,佚名氏编。华佗,一名勇,字元化,亳州人。

将人身按正、背、侧面以及年龄、性别特发分类,并在此分类基础上阐发外科诸症辨治理法。

本书单行本现存一种清代抄本,藏于中国中医科学院图书馆。

仙传外科集验方（杨清叟撰，佚名氏录；元代）

现存。不分卷。又名《仙传外科秘方》。元·杨清叟原撰,佚名氏辑录。佚名氏,新安人。

系以《外科集验方》为主,附录《增添别本痈疽发背诸方》而成。其中《外科集验方》包括"痈疽发背证治""服药通变""敷贴温热凉药"等6篇;《增添别本痈疽发背诸方》分别论述了疔疮、瘰疬、疯狗咬伤等症的内外治法。全书共收录方剂87首,其中不乏民间验方。

本书单行本现存一种抄本,藏于婺源私人处,收入上海大学出版社2018年出版的《珍稀中医稿钞本丛刊·新安卷》。

新安绩邑张鸣鹗秘授跌打抓拿法（张鸣鹗；明代）

现存。不分卷。明·张鸣鹗（张横秋）撰。张鸣鹗,字横秋,绩溪人。

由《张横秋先生秘授问答歌诀》19首、《周身秘诀》12法以及《二十四式梨花枪法》组成。内容言简意赅,对研究明代武术及伤科医学具有一定的参考价值。

本书单行本现存一种清代抄本,藏于婺源私人处,收入上海大学出版社2018年出版的《珍稀中医稿钞本丛刊·新安卷》。

跌打回生集（佚名氏撰，金铎整理；清代）

现存。清·佚名氏撰，金铎（金习之）整理。金铎，字习之，徽州人。

首论伤科生死断法，次述身体各穴古怪异症与用药加减之法以及损伤用药歌诀、打伤各穴用药方，末为医治通身口诀及伤科各症治法与方药等内容。书中所载望眼诊伤法，与婺源伤科名医江考卿之诊法相近似。作者总结形成的"损伤十大治则"如下，伤：一看伤止，二看伤用止，三看伤用治，四看伤换药，五看伤贴药；损：一看损处如何，二揣度接损归原，三用焦药，四夹缚如法，五换药再夹。上述总结为本书所仅见，对指导伤科临床具有一定的实用价值。

本书单行本现存一种抄本，藏于婺源私人处，收入上海大学出版社2018年出版的《珍稀中医稿钞本丛刊·新安卷》。

跌打秘方（江昱；清代）

现存。不分卷。清·江昱编。江昱，歙县人。

详细论述了身体各部位、穴位损伤后的轻重症状表现、治疗原则、用药要诀、主方、预后等内容。载方79首，其中汤剂30首，丹、丸、散剂24首，外敷剂19首，熏洗剂2首，酒剂3首，吐药剂1首，每方均详述药物组成、剂量、制法、服法。

本书单行本现存一种抄本，藏于中国中医科学院图书馆。

梅柳秘传（养正山房主人；清代）

现存。清·养正山房主人撰。养正山房主人，歙县人。

为新安医派发展史上迄今可见之唯一关于梅毒的专著。开篇以歌诀形式简要概括了杨梅疮"气化"和"精化"的两种传播途径及治疗法则，治法多宗《医宗金鉴·外科》，所录方药多为土茯苓及丹汞制剂，亦有部分采自徽州民间验方。

本书单行本现存一种稿本，藏于婺源私人处，收入上海大学出版社2018年出版的《珍稀中医稿钞本丛刊·新安卷》。

啖芋斋杂录（徐少庵；清代）

现存。2卷。清·徐少庵撰。徐少庵，歙县人。

专论跌打损伤治疗，并附穴道图及体育拳势图，以供伤后锻炼所用。

本书单行本现存一种抄本，藏于安徽省图书馆。

摘选外科杂症（程耀明；清代）	现存。1卷。清·程耀明辑。程耀明，歙县人。本书单行本现存一种抄本，藏于安徽博物院。
外科症治神方（程耀明；清代）	现存。1卷。清·程耀明辑。程耀明，歙县人。本书单行本现存一种抄本，藏于安徽博物院。
疡科心传（吴氏；清代）	现存。1卷。清·吴氏辑。吴氏，歙县人。本书单行本现存一种抄本，藏于安徽博物院。
外科医方（旦谷氏；清代）	现存。1卷。清·旦谷氏撰。旦谷氏，休宁人。本书单行本现存一种抄本，藏于安徽博物院。
外科（官源氏；清代）	现存。1卷。清·官源氏辑。官源氏，休宁人。本书单行本现存一种抄本，藏于安徽博物院。
伤科（程培；清代）	现存。1卷。清·程培辑。程培，休宁人。本书单行本现存一种抄本，藏于安徽博物院。
伤科秘方（安文、定文；清代）	现存。1卷。清·安文、定文辑。安文、定文，休宁人。本书单行本现存一种抄本，藏于安徽博物院。

汪氏家传接骨全书（汪氏；民国）

现存。不分卷。民国·汪氏撰。汪氏，新安人。

据自序，可知汪氏之接骨术来自日本人外传。首论人身各部位之损伤症状及其辨治方法，次叙伤科要药诀。在伤科用药方面，首重"自然铜"；活血以当归、红花为主，续断、五加皮为辅；理气以青皮、枳壳为先；破血以桃仁、木通为君；补血以生地黄、川芎为先。主张散风不忘理气、活血不忘行气、破瘀不忘利湿。后列方剂74首，均为久经施用之效验方。

本书单行本现存一种抄本，藏于婺源私人处，收入上海大学出版社2018年出版的《珍稀中医稿钞本丛刊·新安卷》。

妇科类文献

生育宝鉴
（洪基撰，佚名氏编；1638）

现存。4卷。又名《种子奇方》《种子秘法奇方》。明·洪基（洪九有）原撰，佚名氏节编。洪基，字九有，歙县人。

为《摄生总要》之节略本。与《摄生总要》体例基本相同，删去《摄生总要》中"房中奇术"内容，增加了"种子方剖"内容，重新绘制了部分插图。书中记载了丹丸、药散、药酒共80种，每方列明组成、药量、用法，其中以丸剂为多。

本书单行本现存1917年上海振声译书社石印本，藏于山东中医药大学图书馆、广东省立中山图书馆。

摄生种子秘方
（洪基撰，佚名氏编；1638）

现存。4卷。明·洪基（洪九有）原撰，佚名氏节编。洪基，字九有，歙县人。

为《摄生总要》之另一种节略本。体例与《摄生总要》基本相同。

本书单行本现存3种版本：一种清代光绪年间石印本，藏于四川省图书馆；一种民国石印本，不分卷，藏于中国民族图书馆、上海图书馆；一种刻本，藏于浙江图书馆。

生育指南
（洪基撰，佚名氏编；1638）

现存。1卷。又名《种子奇方》《种子秘法奇方》。明·洪基（洪九有）原撰，佚名氏节编。洪基，字九有，歙县人。

为《摄生总要》第四卷的截取本。内容、体例与《摄生总要》完全相同。

本书单行本现存一种刻本，藏于广东省立中山图书馆。

新刻删补产宝全书（汪有信；1679）

现存。4卷。又名《产宝全书》。清·汪有信（汪敬然）撰。汪有信，字敬然，徽州人。

卷一首述月经生理病理、胎孕机理和方法、保胎事宜，对妊娠、产后、临产脉象讨论详细，后分门别类叙述72首方的适应证、方药，并附歌诀；卷二论产后病的病因病机、治则及47种产后病的诊断、辨证、治则、选方等；卷三首叙27首方的应用，详论方解，次论经、带、杂病13种病症；卷四论述妇人12种内科杂病。全书共载方238首。

本书单行本现存2种版本：清康熙十八年（1679）樾荫斋刻本，藏于上海中医药大学图书馆；一种清雍正乾隆年间残刻本，藏于中国中医科学院图书馆。

妇科胎产三十二问答（汪启贤；1696）

现存。1卷。清·汪启贤（汪肇开）撰。汪启贤，字肇开，歙县人。

产科专书。以问答形式论述胎产诸疾，共32则，内容简明扼要，便于掌握。后附蔡松汀难产神效方。

本书单行本现存清同治十三年（1874）扬州刻本，藏于长春中医药大学图书馆。

达生编（亟斋居士；1715）

现存。2卷。又名《改良达生编》《胎产辑要》。清·亟斋居士（叶风、叶维风）撰。亟斋居士，原名叶风，字维风，号亟斋，休宁人。

产科专书。"达生"即顺产之义。上卷论产前、临产、忌宜、要旨；下卷论保胎、饮食宜忌、小产、产后、乳少、胎死腹中、胞衣不下等。后附《产后十八论神验奇方》。所论贴合临床，广为流传。

本书问世以后多次重刊，版本众多，超过百种。各种版本虽然文字互有出入，但文意大体一致。现存最早刻本是清康熙五十四年（1715）初刻本，藏于首都图书馆、北京中医药大学图书馆、青岛市图书馆、兰州大学图书馆医学馆、长春中医药大学图书馆、浙江省中医药研究院图书馆、湖南中医药大学图书馆。另存一种清康熙五十四年（1715）张怀德刻本，藏于中国中医科学院图书馆。

胎产良方
（亟斋居士；1715）

现存。不分卷。又名《妇女良方》。清·亟斋居士（叶风、叶维风）辑。亟斋居士，原名叶风，字维风，号亟斋，休宁人。

书中载生化汤、增损四物汤、华佗愈风散等方近40首，多为胎产证治验方。

本书单行本现存清代上海广益书局石印本，藏于长春中医药大学图书馆、浙江省中医药研究院图书馆。1994年上海书店出版社将此石印本影印出版。

妇婴至宝续编
（亟斋居士；1715）

现存。不分卷。清·亟斋居士（叶风、叶维风）辑。亟斋居士，原名叶风，字维风，号亟斋，休宁人。

分妇科、儿科两部分。妇科部分主要论述经、带、胎、产诸症，以及16首生产歌，每歌首以韵语概括要义，次以注释阐明要旨，便于记诵；儿科部分述小儿诸证，附方61首。

本书单行本现存3种版本：一种清道光十年（1830）刻本、一种清同治十三年（1874）刻本，均藏于天津医学高等专科学校图书馆；一种清代残刻本，藏于上海中医药大学图书馆。

保生篇
（亟斋居士；1715）

现存。不分卷。清·亟斋居士（叶风、叶维风）辑。亟斋居士，原名叶风，字维风，号亟斋，休宁人。

书中针对民间关于胎孕、分娩、产后等过程中的诸多鄙俗和错误认识提出批判，并指出相应的处置措施和方法。后附《慈幼编》。

本书单行本现存一种清道光四年（1824）刻本，藏于黑龙江省图书馆、广州中医药大学图书馆。

达生保婴编
（亟斋居士；1715）

现存。1卷。清·亟斋居士（叶风、叶维风）辑。亟斋居士，原名叶风，字维风，号亟斋，休宁人。

论述女科病证百余种，以及保胎、临产宜忌、产后宜忌等产科内容，收方100余首。部分版本附保婴总论和脐风、胎黄等初生急病14种及治疗方。

本书单行本现存4种版本：清光绪十六年（1890）兰城同大昌靛行刻本，藏于浙江省中医药研究院图书馆；一种清光绪二十二年（1896）刻本，附《保婴集要》，藏于中国国家图书馆；一种清代秋梦斋刻本，附《保婴集要》，藏于中国中医科学院图书馆；一种清代刻本，藏于中国中医科学院图书馆、辽宁省图书馆。

生生录（郑晟；1718）

现存。2卷，附《急救回生方》《验方杂录》各1卷。清·郑晟（郑励明、莲亭）辑。郑晟，字励明，号莲亭，歙县人。

详述妇人胎产诸症、产前十忌、产后十忌及诸症治方，以及小儿新生诸症及调治方法等，后列方百余首。附《急救回生方》《验方杂录》。书中所论多辑自前人。

本书单行本现存清康熙五十七年（1718）锄经堂刊本，藏于中国科学院国家科学图书馆、中国科学院生命科学图书馆（上海）、安徽省图书馆。

汪广期先生胎产方（汪文誉撰，佚名氏辑；1737）

现存。1卷。又名《胎产方》。清·汪文誉（汪广期、汪文芳）原撰，佚名氏辑录。汪文誉，字广期，又名文芳，休宁人。

本书单行本现存2种版本：一种清代光绪年间抄本，藏于中国国家图书馆；一种清代刻本，藏于山西省图书馆。

妇科心法要诀（吴谦；1742）

现存。6卷。清·吴谦（吴六吉）等撰。吴谦，字六吉，歙县人。

原载于《医宗金鉴》。主要讨论了中医妇科胎、产、经、带四大证，内容涉及病因、症状、诊断、治疗等各个方面。正文编成七言歌诀，附加注释。

本书单行本现存一种抄本，藏于中国科学院国家科学图书馆、中国中医科学院图书馆、山东中医药大学图书馆。另可见于《医宗金鉴》和《编辑金鉴心法歌诀》。

胎产辑萃（汪家谟；1745）

现存。4卷。又名《辑萃胎产前后证治》《妇科胎产经验良方》。清·汪家谟（汪至言）撰。汪家谟，字至言，休宁人。

主要选录古代文献中对胎产诸病的论述及医案，间附作者个人心得。卷一、卷二论胎前，包括胎动不安、胎上逼心、经来胎漏以及伤食积聚、中风伤寒等妇科杂病的证治方药。卷三、卷四论产后，包括诸种产难、胞衣不下、血晕、血崩以及虚肿身痛、阴脱不闭等产后诸疾的病因证治。共集胎前案例

46则,产后案例43则。后附食忌、药忌。

本书单行本现存6种版本:清乾隆十七年(1752)安怀堂刻本,藏于首都图书馆、北京中医药大学图书馆、山东中医药大学图书馆等国内11家藏书机构;一种清代乾隆年间刻本,藏于中国医学科学院图书馆;一种清代刻本体仁堂藏板,藏于中国中医科学院图书馆;一种清代董思慕刻本,藏于锦州市图书馆、江西省图书馆;一种清代刻本,藏于济南图书馆;一种清乾隆十七年(1752)安怀堂刻本影抄本,藏于中国中医科学院图书馆。

广嗣编（方允淳编，许国光订；1750）

现存。2卷。清·方允淳(方耐庵)编,许国光参订。方允淳,字耐庵,休宁人。

分妊娠门、护胎门、保产门、寿婴门4篇。内容含女子天癸论、男女保精多儿说、调经说、胎教、朱丹溪难产七因、产前调理、临产斟酌、产后当知、从善堂保儿说等,共载方296首。附有戒溺女文、禁溺女歌等内容。

本书单行本现存清乾隆十五年(1750)务本轩刻本,藏于上海图书馆。

产科心法（汪喆；1780）

现存。2卷。清·汪喆(汪朴斋)撰。汪喆,字朴斋,休宁人。

为汪氏临床效验及心得体悟的汇编之作。上卷分种子门和胎前产后门,下卷分临产门和产后门,从种子、胎前、临产及产后四方面论述妇女的生理特点和病理规律,并扼要记述了产科常见病的治疗方药。作者承其师程国彭《医学心悟》妇科学术思想,加以发挥,相较《医学心悟》,增补了23种妇科病症。

本书流传较广,现存版本约40种,其中清代刻本29种,最早为清嘉庆九年(1804)嘉郡秀水县王绵文刻本,附《福幼编》,藏于天津中医药大学第一附属医院图书馆、山东省图书馆、陕西中医药大学图书馆、上海中医药大学图书馆、辽宁中医药大学图书馆、甘肃中医药大学图书馆、浙江省中医药研究院图书馆、上海图书馆、成都中医药大学图书馆。另有一种抄本,藏于北京中医药大学图书馆、天津中医药大学图书馆、河南中医药大学图书馆、南京图书馆、苏州大学医学部图书馆。

妇科秘方
（竹林寺僧撰，李小有编；1798）

现存。1卷。清·竹林寺僧撰，李小有（李长科、广仁居士）编。李小有，字长科，号广仁居士，淮南人。

从月经14症起至妇人肠肚生痈、足趾生疮3方止，计14则，主要论述妇科调经、种子、胎前、产后等常见病证，每症多有释名析因、证治方药，记录简便，多为效验之方，切于实用。

本书单行本现存9种版本：清道光九年（1829）山西乐善堂刻本，藏于首都图书馆、中国中医科学院图书馆、首都医科大学图书馆、天津医学高等专科学校图书馆、山东省图书馆、吉林大学图书馆医学馆、上海图书馆；清道光九年（1829）山西敬善堂刻本，藏于中国中医科学院图书馆；清同治五年（1866）秀水杜文澜刻本，藏于中国医学科学院图书馆、中国中医科学院图书馆、上海图书馆、兰州大学医学院图书馆、苏州图书馆等14家国内藏书机构；清光绪七年（1881）皖湖同善堂刻本，藏于中国科学院国家科学图书馆、安徽省图书馆；清光绪十二年（1886）刻本，藏于长春中医药大学图书馆、黑龙江中医药大学图书馆、上海中医药大学图书馆；清光绪十四年（1888）直隶藩署刻本，藏于中国国家图书馆、首都图书馆、中国中医科学院图书馆、北京中医药大学图书馆、上海中医药大学图书馆；一种清光绪三十二年（1906）抄本，藏于中国中医科学院图书馆；一种清代南京李光明庄刻本，藏于首都图书馆、天津中医药大学图书馆、吉林省图书馆、湖北中医药大学图书馆、湖南中医药大学图书馆；一种清代刻本，藏于嘉兴市图书馆。另可见于《曼陀罗华阁丛书》。

胎产护生篇
（李小有；1798）

现存。1卷。清·李小有（李长科、广仁居士）撰。李小有，字长科，号广仁居士，淮南人。

为论述妇女胎产诸证及保婴安胎的专著。以四明卜氏《产要》为基础，吸取竹林寺僧已试效方编成。主要内容有产家要诀、产前经验方、女胎经验方、临产经验方、产难经验方、保婴经验方、难产经验方补遗等，详述妇人临产各种征兆及产前、产后、临产"十忌"，并介绍产前、产后及安胎保婴之经验方，简便实用。

本书单行本现存8种版本：一种清道光七年（1827）刻本，藏于首都图书馆；清道光九年（1829）山西乐善堂刻本，藏于首都图书馆、天津医学高等专科学校图书馆、山东省图书馆、长春中医药大学图书馆、上海图书馆、呼和浩特市图书馆；清咸丰十一年（1861）刻本，藏于山东中医药大学图书馆；清同治元年（1862）桂林鸿文堂刻本，藏于中国中医科学院图书馆、辽宁省图书馆；清同治五年（1866）秀水杜文澜刻本，藏于中国中医科学院图书馆、湖州嘉业堂藏书楼、广西壮族自治区图书馆；一种清代同治年间南京李光明庄刻本，藏于上海中医药大学图书馆、苏州市中医医院图书馆、湖南中医药大学图书馆；清光绪十四年（1888）直隶藩署刻本，藏于中国中医科学院图书馆、天津中医药大学图书馆、山东中医药大学图书馆、辽宁中医药大学图书馆、长春中医药大学图书馆；一种清代刻本，藏于陕西省图书馆、陕西省中医药研究院图书馆、天一阁博物院、宁波市图书馆、成都中医药大学图书馆。另可见于《曼陀罗华阁丛书》。

增注达生编
（亟斋居士撰，毛祥麟增注；1852）

现存。2卷。清·亟斋居士（叶风、叶维风）原撰，毛祥麟增注。亟斋居士，原名叶风，字维风，号亟斋，休宁人。

本书单行本现存清宣统元年（1909）青浦居刻本，藏于中国中医科学院图书馆、南京图书馆、南通大学启秀校区图书馆、浙江省中医药研究院图书馆。

胎产合璧
（新安永思堂主人；1862）

现存。3卷。清·新安永思堂主人辑。新安永思堂主人，休宁人。

系汇集《产科心法》《产宝》诸书而成。后附《种子心法》《保产心法》《全婴心法》。上卷叙妊娠诊断及食忌、药忌，33种妊娠疾病的证治方药；中卷述临产要诀及难产的处理方法；下卷先总论产后病的病因病机、辨证治则及生化汤的临床应用，次述20种产后病的病因病机、治法方药、产后调护法等。共载方76首。

本书单行本现存4种版本：清同治元年（1862）古歙永思堂刻本，藏于中国国家图书馆、中国科学院国家科学图书馆、中国中医科学院图书馆、长春中医药大学图书馆、上海图书馆、安徽中医药大学图书馆、重庆图书馆；一种清代江阴庄氏刻本，藏于南京图书馆；一种清代刻本，藏于苏州图书馆、天津图书馆、河南中医药大学图书馆、上海中医药大学图书馆、南通大学启秀校区图书馆；一种抄本，藏于广西壮族自治区图书馆、安徽博物院。

广生编
（包诚；1865）

现存。2卷。清·包诚（包兴言）撰。包诚，字兴言，泾县人。

妇产广嗣著作。引用古人观点，对怀孕机理、方法及注意事项等予以详细论述。强调应不违背四时养生规律，结合适时气候调养身体则有利孕育，为一部关于孕育生子的实用之书。后附《十剂表》。

本书单行本现存清同治七年（1868）蕴璞斋刻本，藏于中国科学院国家科学图书馆、山东中医药大学图书馆、内蒙古图书馆、吉林省图书馆、上海中医药大学图书馆、南京中医药大学图书馆、苏州市中医医院图书馆、绍兴鲁迅图书馆、湖北省图书馆、湖南图书馆、贵州省图书馆、桂林图书馆。

保婴要言
（夏鼎撰，王德森编；1866）

现存。8卷，卷首1卷。又名《保赤要言》。清·夏鼎（夏禹铸、卓溪叟）原撰、王德森重编。夏鼎，字禹铸，号卓溪叟，贵池人。

卷一至卷五分述急惊、慢惊、麻症、痘症、脐风；卷六至卷八列琐语、便方、救溺等内容。

本书单行本现存8种版本：一种清同治五年（1866）刻本、一种清代刻本，均藏于绍兴鲁迅图书馆；清宣统二年（1910）苏州笪锦和刻本，藏于中国国家图书馆、上海图书馆、安徽中医药大学图书馆等17家国内藏书机构；一种1917年刻本，藏于中国人民解放军医学图书馆、上海中医药大学图书馆、浙江中医药大学图书馆；1919年苏州笪锦和刻本，藏于天津中医药大学图书馆、山西省图书馆、陕西中医药大学图书馆、黑龙江中医药大学图书馆、成都中医药大学图书馆；1926年四明乐善堂刻本，藏于中国中医科学院图书馆、上海图书馆、安徽中医药大学图书馆等16家国内藏书机构；一种1936年铅印本，藏于上海中医药大学图书馆；1941年上海国光印书局铅印本，藏于北京中医药大学图书馆、河南中医药大学图书馆、吉林省图书馆、上海图书馆、上海中医药大学图书馆。另可见于《病镜》。

卫生宝集
（亟斋居士；1875）

现存。不分卷。原题清·亟斋居士（叶风、叶维风）撰。亟斋居士，原名叶风，字维风，号亟斋，休宁人。

本书单行本现存2种版本：一种清光绪元年（1875）刻本，藏于中国中医科学院中国医史文献研究所；清光绪十六年（1890）潘氏梦琴书屋刻本，藏于安徽中医药大学图书馆。

女科锦囊
（刘泽清；1881）

现存。4卷。清·刘泽清（刘渭川、浊翁）撰。刘泽清，字渭川，号浊翁，巢县人。

本书单行本现存清光绪三十年（1904）三槐堂抄本，藏于辽宁中医药大学图书馆。

儿女至宝
（亟斋居士撰，三农老人注；1892）

现存。不分卷。又名《详要胎产问答》。清·亟斋居士（叶风、叶维风）原撰，三农老人注。亟斋居士，原名叶风，字维风，号亟斋，休宁人。

本书单行本现存2种版本：清光绪十八年（1892）上海管可寿斋铅印本，藏于中国国家图书馆、中国医学科学院图书馆、中国中医科学院图书馆、长春中医药大学图书馆、上海图书馆、上海中医药大学图书馆、南京中医药大学图书馆、安徽中医药大学图书馆、浙江省中医药研究院图书馆；一种1913年石印本，藏于四川大学医学图书馆。

叶天士女科医案
（叶桂撰，陆士谔编；1919）

现存。清·叶桂（叶天士、香岩、南阳先生、上津老人）原撰，陆士谔编。叶桂，字天士，号香岩，别号南阳先生、上津老人，歙县人。

分为调经门、胎产门、带崩门和血室门，每门又分类记述，集录了叶氏论治妇科病的临证经验。附论脉2则。

本书单行本现存1919—1935年间上海世界书局石印本，藏于中国医学科学院图书馆、中国中医科学院图书馆、天津图书馆、天津中医药大学图书馆、南京中医药大学图书馆等全国23家藏书机构。另有1920年神州医学社石印本，藏于中国中医科学院中国医史文献研究所。

大生全书
（杨调元；1933）

清末民国·杨调元（静庵）撰。杨调元，号静庵，宿松人。

集《大生要旨》《保赤要言》《妇科秘方》三书为一体。第一编《大生要旨》，分述种子、胎教、饮食、保胎、临产、产后、方药、全婴、补遗等；第二编《保赤要言》，论急惊、慢惊、麻症、痘症、脐风等5证，阐明病因病机、治法方药；第三编《妇科秘方》，载方114首，按证立法，阐发颇详。

本书单行本现存1933年上海美华书馆铅印本，藏于上海中医药大学图书馆、广东省立中山图书馆。

叶氏女科证治（叶桂撰，佚名氏辑；清代）

现存。4卷。又名《叶天士女科证治秘方》。清·叶桂（叶天士、香岩、南阳先生、上津老人）原撰，佚名氏辑。叶桂，字天士，号香岩，别号南阳先生、上津老人，歙县人。

论述了调经、求嗣、安胎、保产、新生儿护养和男子不育等方面内容。以记载妇产科治疗方药为主，较少探讨妇科生理病理、病因病机、辨证诊断。

本书单行本现存11种版本，全国各主要图书馆均有收藏。现存最早版本为清光绪二十七年(1901)、清光绪三十四年(1908)上海文宜书局石印本，藏于沈阳市图书馆、吉林省图书馆、长春中医药大学图书馆、苏州市中医医院图书馆、浙江省中医药研究院图书馆。本书1817年曾以《竹林女科》之名刊行，并有多种翻刻本。1913年鸿文书局将此书改叶氏之名石印，又有多种复印本。

妇科衣钵（黄予石；清代）

现存。不分卷。清·黄予石撰。黄予石，歙县人。

书中全面分析了难产的原因，包括临产努力太过、体脂肥厚、平素安逸、胎儿过大、妇人矮小、交骨不开、胞破水去太早、胞内干涩、胎死腹中、羊水过多、腹大异常等。针对横生、倒生等情况，分别提出了用手法矫正胎位的方法。

本书单行本现存一种抄本，藏于私人处。

女科成书（叶桂撰，佚名氏辑；清代）

现存。3卷。清·叶桂（叶天士、香岩、南阳先生、上津老人）原撰，佚名氏辑。叶桂，字天士，号香岩，别号南阳先生、上津老人，歙县人。

本书单行本现存一种清代抄本，藏于中国中医科学院图书馆。

秘传女科方论（耕心山房主人；清代）

现存。1卷。清·耕心山房主人辑。耕心山房主人，休宁人。

本书单行本现存一种抄本，藏于安徽博物院。

妇科金针（查晓园；清代）

现存。又名《临证金针》。清·查晓园（查东升）撰。查晓园，字东升，怀宁人。

本书单行本现存一种抄本，藏于天津中医药大学图书馆。

| **保产万金经**（许承尧；清代） | 现存。1卷。清·许承尧（许际唐、许苞公、疑庵）辑。许承尧，字际唐、苞公，号疑庵，歙县人。
本书单行本现存一种抄本，藏于安徽博物院。 |

| **胚幼切要**（邵愚斋；清代） | 现存。1卷。清·邵愚斋撰。邵愚斋，歙县人。
本书单行本现存一种抄本，藏于安徽博物院。 |

| **女科集要**（程文囿；清代） | 现存。3卷。清·程文囿（程观泉、杏轩）撰。程文囿，字观泉，号杏轩，歙县人。
本书单行本现存一种抄本，藏于安徽博物院。 |

| **女科汇编**（王润基；民国） | 现存。不分卷。王润基（王浚、王少峰、王炳生）撰辑。辑成于民国初年。王润基（1867—1932），又名浚，字少峰、炳生，休宁人。
原系作者笔记，用为临证备用之便。主要从《古今图书集成·医部全录·女科大备》《女科指南》《女科辑要》《济阴纲目》《女科经纶》等医籍中，摘选精要内容，分为胎前、产后、调经、杂症、崩漏、带下等项，分类整理而成。
本书单行本现存一种稿本，藏于王氏后人处。 |

儿科类文献

小儿痘疹方论（陈文中撰，薛己注；1253）

现存。不分卷。又名《婴幼摄养痘疮疹方》。宋·陈文中（陈文秀）撰，明·薛己校注。陈文中，字文秀，宿州人。

首叙痘疹受病之源为五脏六腑秽液之毒，或为皮膜筋之秽液发为泡疮。次论痘疹治法，按阴、阳、表、里、寒、热、虚、实八纲辨别证候。谓表里俱实者，身壮热，大便黄稠，其疮必光泽，起发肥满，疮易出易靥。表里俱虚者，已出未愈之间，疮不光泽，不起发，不红活，或兼腹胀，泻渴，气促而难靥。痘疹治法主托里、疏通、荣卫三法，兼附验方76首。

本书单行本现存4种版本：一种明代万历年间刻本，藏于中国国家图书馆、中国中医科学院图书馆、江西省图书馆；一种清代东溪堂刻本，藏于上海图书馆；一种清代刻本，藏于陕西中医药大学图书馆、辽宁省图书馆；一种抄本，藏于上海中医药大学图书馆。另可见于《家居医录》《薛氏医案十六种》《薛氏医案二十四种》《痘疹大全》《痘疹四种》。

小儿病源方论（陈文中；1254）

现存。4卷。又名《陈氏小儿病源方论》。宋·陈文中（陈文秀）撰。陈文中，字文秀，宿州人。

卷一为养子真诀及小儿变蒸候，介绍小儿的喂养方法和发育状况；卷二为形证门、面部形图，按图论证，分别介绍手纹和面色望诊的要领；卷三惊风门分论各证，并列举治疗诸惊风效方12首，详列组成、用法和主治；卷四为惊风引证和痘疮引证，分别列举急慢惊风和各痘疮病证案例。全书从病理上说明小儿的病源，从诊断上说明治疗的方法，从处方上说明具有疗效的药剂。《四库未收书目提要》指出："考诸家目录所载小儿方证各书、今多不传，此本（小儿病源方论）依宋刻影写，亦谨存之秘籍也。"

本书单行本现存4种版本：一种明代刻本，藏于中国中医科学院图书馆；日本元禄六年(1693)大阪洛阳书林刻本，与《类证小儿痘疹方论》合订，藏于中国国家图书馆；一种抄本，藏于天津医学高等专科学校图书馆、中国医科大学图书馆；1935年上海商务印书馆据宛委别藏影宋抄本影印本，藏于首都图书馆、天津图书馆、青岛大学浮山校区图书馆、上海中医药大学图书馆、南京图书馆等21家国内藏书机构。另可见于《宛委别藏》《选印宛委别藏》。

类证陈氏小儿痘疹方论（陈文中撰，熊均类证；1465）

现存。2卷。宋·陈文中(陈文秀)撰，明·熊均类证。陈文中，字文秀，宿州人。

本书单行本现存4种版本：明正德三年(1508)存德堂刻本，藏于美国哈佛大学燕京图书馆；一种日本宽政五年(1793)抄本，藏于中国国家图书馆；一种据日本永禄六年(1563)刻本抄本，藏于中国中医科学院图书馆；1921年上海大成书局铅印本，藏于上海中医药大学图书馆。

活幼便览（刘锡；1510）

现存。2卷。明·刘锡(刘廷爵)撰。刘锡，字廷爵，新安人。

全书载医论125条、方药130余首。前30条论述保胎固本之理及爱养之法，包括保胎、形有天地、下胎毒、裹脐、着衣、晒衣、择乳、剃头、保育、护养、养子日用、强施乳食令儿病、断乳、食忌等；后95条各究受病之源，随附经验急救疗法。本书重视胎教，强调勿受邪于胚胎之时；主张防微杜渐，使形体自充而无恶疾卒死之患。

本书单行本现存4种版本：一种明正德五年(1510)刻本，藏于中华医学会上海分会图书馆、扬州市图书馆；一种明代刻本，藏于陕西省图书馆、扬州市图书馆、宁波天一阁博物院；一种日本庆安三年(1650)抄本，藏于中华医学会上海分会图书馆；一种清顺治七年(1650)抄本，藏于上海中医药大学图书馆。

陈蔡二先生合并痘疹方（陈文中撰，蔡维藩编；1518）

现存。宋·陈文中(陈文秀)撰，明·蔡维藩编。陈文中，字文秀，宿州人。

为陈文中《小儿痘疹方论》及蔡维藩《痘疹方论》的辑录本。

本书单行本现存2种版本：明代万历年间新安吴勉学校刻本，藏于天津医学高等专科学校图书馆；一种抄本，藏于上海中医药大学图书馆。另可见于《痘疹大全》《痘疹四种》。

痘治理辨（汪机；1531）

现存。1卷，附方1卷。又名《痘疹理辨》《痘证理辨》。明·汪机（汪省之、石山居士）撰。汪机，字省之，号石山居士，祁门人。

作者因"嘉靖庚寅(1530)冬，有非时之暖，痘灾盛行，而死者过半"，"遂探索群书，见有论治痘疮者，纂为一编"，专论痘疹，对前贤高论颇多留意，尤为推崇魏直《博爱心鉴》的理论与治法。全书以诸家所论列之于前，引魏直《博爱心鉴》之说辨之于后，卷末附痘治方153首，对儿科发疹性疾病的治疗有重要指导意义。

本书单行本现存7种版本：明嘉靖十年(1531)汪氏自刻本，藏于广东省立中山图书馆、中山大学图书馆；一种明嘉靖十三年(1534)刻本，藏于南京中医药大学图书馆、四川大学华西医学院图书馆、吉林省图书馆；一种明代刻本，藏于首都医科大学图书馆、河南中医药大学图书馆、上海图书馆、上海中医药大学图书馆、苏州图书馆；一种清代刻本，藏于安徽中医药大学图书馆；一种抄本，藏于上海中医药大学图书馆；一种上海石竹山房石印本，藏于辽宁中医药大学图书馆；一种石印本，藏于上海中医药大学图书馆、泸州市图书馆、成都中医药大学图书馆。另可见于《汪石山医书八种》。

痘治附方（汪机；1531）

现存。1卷。明·汪机（汪省之、石山居士）撰。汪机，字省之，号石山居士，祁门人。

原载于《痘治理辨》。从麻痘疮疹及其兼证至咽喉肿痛生疮、疮疹烂湿不干、咳嗽痰盛、壮热惊悸等的防治，均有论及。共载方153首，并详述各方组成、用法及功效。

本书单行本现存一种刻本，藏于四川大学医学图书馆、安徽中医药大学图书馆。另可见于《痘治理辨》和《汪石山医书八种》。

博集稀痘方论（郭奎；1577）

现存。2卷。明·郭奎（郭子章、望云）撰。郭奎，字子章，号望云，巢县人。

谓婴孩之痘，须于病未成而治之。全书列未生、初生、避地、避忌方、禁忌法等8篇，详述痘疹防治方法，博集前贤方论，并参以己见。后附

《痘疹辨论》。

本书单行本现存 2 种版本：明万历二十二年（1594）新安吴勉学校刻本，藏于中国中医科学院图书馆、天津医学高等专科学校图书馆；一种明代万历年间刻本，藏于中国中医科学院图书馆。另可见于《痘疹大全》《痘疹四种》。

汪氏痘书
（汪若源撰，立秀常订；1577）

现存。又名《痘疹大成》《痘疹大成集览》。明·汪若源原撰，立秀常参订。汪若源，徽州人。

包括辨痘疮发热、见点分轻重、辨阴阳表里虚实、内外证轻重等内容。作者认为但见红点便应戒用升麻葛根汤，恐发得表虚。书中对痘疹诸症，逐个附方，并详明证治，以使后人可法可从。

本书单行本现存 3 种版本：一种明天启三年（1623）刻本、一种明代金坛于衙刻本，均藏于中国国家图书馆；一种明代鞠鼎衡旭沧刻本，藏于中国中医科学院图书馆、南京图书馆。

保赤全书
（管橓撰，李时中补，施文举校；1585）

2 卷。明·管橓撰，李时中增补，施文举校正。管橓，南陵人。

上卷论痘病诊治，凡 92 论；下卷论女人出痘、麻疹证治及痘疹治疗方剂。全书有论有方，简明扼要。

本书单行本现存版本较多，约 16 种。刻本 11 种，其中明代刻本 6 种，初刊本明万历十三年（1585）沈尧忠阳春堂刻本仍存，藏于中国中医科学院图书馆、中华医学会上海分会图书馆、上海中医药大学图书馆、南京图书馆、湖南图书馆、四川省图书馆。抄本 4 种，包括一种明代抄本，藏于安徽省图书馆；一种清代抄本，藏于中国中医科学院图书馆；一种 1914 年抄本，藏于南京中医药大学图书馆；一种抄本，藏于中国国家图书馆、中国中医科学院图书馆。石印本 1 种，为清光绪三十三年（1907）上海朱氏焕文书局石印本，藏于河南中医药大学图书馆、长春中医药大学图书馆、黑龙江中医药大学图书馆。

痘疹心印
（孙一奎；1602）

现存。2 卷。明·孙一奎（孙文垣、东宿、生生子）撰。孙一奎，字文垣，号东宿、生生子，休宁人。

为孙氏节录诸家痘疹方书，间或参以己见，汇编而成。卷上首录原痘论、肾无痘辨、首尾不可汗下辨、审证等医论 10 余篇，后为夹癍、夹疹、夹痧、惊搐等20余种病证证治,最后列痘疹证治;卷下列黑痘、天根痘、荣萸痘等52种痘形状及28种异痘诊治。全书共载治痘方197首。书后简述麻疹证治。

本书单行本现存3种版本:一种明万历三十年(1602)刻本,藏于中国中医科学院图书馆;清宣统元年(1909)刘氏果育轩刻本,藏于中国国家图书馆、中国中医科学院图书馆、河南中医药大学图书馆、上海图书馆、湖南中医药大学图书馆、湖北省图书馆;一种抄本,藏于上海中医药大学图书馆、安徽省图书馆。

痘家心印（朱巽；1604）

现存。明·朱巽(朱嘘万)撰。朱巽,字嘘万,宣城人。

本书现存一种明万历三十二年(1604)抄本,藏于天津中医药大学图书馆、河北医科大学图书馆。

痘症要诀（吴子扬；1611）

现存。2卷。又名《小儿痘症要诀》。明·吴子扬(吴居敬、东园)撰。吴子扬,字居敬,号东园,泾县人。

本书单行本现存3种版本:明万历三十九年(1611)刻本,藏于北京中医药大学图书馆;一种1921年抄本,藏于中国中医科学院图书馆;一种抄本,藏于中国科学院生命科学图书馆(上海)。另可见于《保产痘症合编》。

摘星楼治痘全书（朱一麟；1619）

现存。17卷,补遗1卷。又名《治痘大成》《痘科大成》。明·朱一麟(朱应我)撰。朱一麟,字应我,泾县人。

采集古今痘疹著作,加以综合归纳而成。首列痘症总论,后对痘疹各阶段及其症状、治疗等予以论述。并收载作者治痘验案、古方、药性释义以及痘症杂论、人痘法等。书中并附"灯火攻痘法"及穴位图,是本书的特色。

本书单行本现存5种版本:清乾隆七年(1742)序刻本,藏于南开大学图书馆;清道光六年(1826)上海耕乐堂刻本,藏于中国国家图书馆、中国中医科学院图书馆、安徽中医药大学图书馆、山东中医药大学图书馆、上海中医药大学图书馆等39家国内藏书机构;清咸丰四年(1854)上海耕乐堂刻本藏于辽宁中医药大学图书馆、安徽医科大学图书馆、广东省立中山图书馆、广州中医药大学图书馆;清光绪十二年(1886)刻本培植堂藏板,藏于北京中医药大学图书馆、石河子大学图书馆、辽宁省图书馆等13家国内藏书机构;一种清代刻本,藏于陕西中医药大学图书馆。

痘疹奇衡
（唐玄真；1621）

现存。2卷。明·唐玄真（唐云龙）撰。唐玄真，字云龙，绩溪人。

上卷列明宗篇述痘之病源、阴阳气血盈虚之理；应变篇述痘有顺、逆、险三症；胃气篇述救痘者必救阴，救阴者必扶胃；并载有正面、始出、圆混、顺逆险三法等图。下卷述大人痘疹论治、痘疹杂治、附方及制药法。书末附有《青囊明辨》，分18条论述辨发热轻重、报点部位、起胀动静、脓灌三关、收焦缓急、结靥脱甲、辨灰斑、死证不治例等内容。

本书单行本现存2种版本：清顺治七年（1650）五松阁刻本，藏于中国国家图书馆、安徽省图书馆；一种据五松阁刻本影抄本，略去附录内容，藏于中国中医科学院图书馆。

程氏家传经验痧麻痘疹秘要妙集
（程嘉祥；1634）

现存。5卷。明·程嘉祥（程良吉、岩泉）撰。程嘉祥，字良吉，号岩泉，歙县人。

为程氏治疗痧症、麻疹、痘疹等儿科疾病的经验集录。卷一列太极、两仪、四象、八卦、五运六气、脏腑经络、论痘始终，概述痘之辨治；卷二论痘之顺逆、童女孕妇痘症及麻疹、水痘等证治；卷三论痘之夹杂证治法和痘之善恶预后及验痘方法等；卷四列古方及程氏家传秘方500余首；卷五为医案。

本书单行本现存2种版本：明崇祯八年（1635）金龙朱云龙刻本，藏于中国中医科学院图书馆；一种据明崇祯刻本影抄本，藏于上海中医药大学图书馆。

痘疹玄言
（汪勠；1637）

现存。2卷，附《名医类集》1卷。明·汪勠撰。汪勠，歙县人。

上卷论述痘疹病因病机、观色察形法、痘出顺序部位，以及如何察痘预后生死善恶、痘症逐日诊法和分阶段逐日用药法，对痘疹兼症、恶症、怪症救治方药也一一列出；下卷论述痘疹不出原因，按经络治法、上中下三部治法、痘出太盛及兼症治法，通论所需用药和方剂。

本书单行本现存明崇祯十年（1637）程士述松石居刻本，藏于安徽省图书馆。

痘科切要
（吴元溟；1637）

现存。1卷。明·吴元溟（吴澄甫）撰。吴元溟，字澄甫，歙县人。

系作者将其父吴意痘疹临证经验加以整理，掺合自身经验，撰集而成。

本书单行本现存一种抄本，藏于上海中医药大学图书馆。

痘科键
（朱巽；1644）

现存。2卷。明·朱巽（朱嘘万）撰。朱巽，字嘘万，宣城人。

摘录《痘疹金镜录》《保赤全书》有关内容，补入家传经验，对痘疹理论、辨证、治法、预后、合并症、治疗方药等，进行了较详细的论述。作者以为此书论述全面系统能揭痘科之秘，犹钥匙之启金锁，故以键名。1831年，经朱慎人订、徐缙重补，题名为《增补痘疹键》。

本书单行本现存6种版本：日本享保十五年（1730）武叔安刻本，藏于北京大学图书馆、中国中医科学院图书馆、河北医科大学图书馆、吉林大学图书馆医学馆、上海图书馆、上海中医药大学图书馆、南京图书馆；一种日本安永六年（1777）刻本，藏于中国医学科学院图书馆、甘肃省图书馆、中国医科大学图书馆、上海中医药大学图书馆；一种清道光十一年（1831）刻本徐森荫堂藏板，藏于中国国家图书馆、中国中医科学院中国医史文献研究所、天津医学高等专科学校图书馆、辽宁省图书馆、长春中医药大学图书馆、上海交通大学医学院图书馆、苏州市中医医院图书馆、南通市图书馆、宁波市图书馆、浙江省中医药研究院图书馆；一种清代刻本，藏于中国国家图书馆、中国中医科学院图书馆、上海图书馆；一种清代抄本，藏于中国国家图书馆；一种抄本，藏于中国人民解放军医学图书馆、上海中医药大学图书馆、苏州图书馆。

痘疹元珠
（江希舜；1660）

现存。1卷，附《疗痘遗方》1卷。清·江希舜（江孺慕）撰。江希舜，字孺慕，旌德人。

载述原痘论、脉诀、闭症论等医论53篇，治痘药100余种。

本书单行本现存一种抄本，藏于河南中医药大学图书馆、甘肃中医药大学图书馆、齐齐哈尔市图书馆。

痘疹百问秘本
（吴学损；1676）

现存。不分卷。清·吴学损（吴损庵）撰。吴学损，字损庵，休宁人。

原载于《痘疹四合全书》。以问答体裁将痘疹诊治中经常遇到的问题概括为175问，并逐一作答。论述虽较简单，但切于临床实用。

本书单行本现存4种版本：清康熙十五年（1676）三多斋刻本，藏于中国中医科学院图书馆、天津医学高等专科学校图书馆、南京中医药大学图书馆；一种清代康熙年间刻本，藏于中国中医科学院图书馆；一种清代刻本，藏于河南中医药大学图书馆、苏州大学医学部图书馆；一种抄本，藏于中国科学院国家科学图书馆、上海中医药大学图书馆。另可见于《痘疹四合全书》。

痘疹心法秘本（吴学损；1676）

现存。3卷。清·吴学损（吴损庵）撰。吴学损，字损庵，休宁人。

原载于《痘疹四合全书》。上卷论痘源辨证、精炮制用药法以及痘疹各阶段调治法；中卷列夹斑丹、夹麻、内胀、水疮等17种痘疹异症、兼症，后附治痘医案11则，古今治痘要方12首；下卷为麻疹论，首论忌荤腥、忌生冷、忌风寒及用药之忌，次述麻疹发热至热毒流注成利之各阶段证治，末附幼儿杂症方论。

本书单行本现存一种清代刻本，藏于长春中医药大学图书馆、上海中医药大学图书馆。另可见于《痘疹四合全书》。

痘科宝镜全书（汪昂；1689）

现存。1卷。清·汪昂（汪恒、汪讱庵、浒湾老人）撰。汪昂，字讱庵，初名恒，号浒湾老人，休宁人。

先释痘源，后述痘疹证治，又以28图看痘吉凶及出痘逐日顺逆险，提出治痘有发表、和中、泻火凉血、清气解毒之法，认为痘出之始当以散为主，正气虚以补益升发为主。末附发热、报点、起胀等口诀，便于记诵。

本书单行本现存一种清代武林学耕堂刻本，藏于上海中医药大学图书馆。

幼科推拿秘书（骆如龙；1691）

现存。5卷。又名《幼科推拿全书》。清·骆如龙（骆潜庵）撰，骆民新抄订。骆如龙，字潜庵，太平人。

儿科推拿专著。卷一列保婴赋等歌赋，杂论儿科诊法；卷二述推拿穴位；卷三论各种推拿手法；卷四为多种病症的推拿治法；幼科药方附于卷末。该书首录"保婴赋"等歌括，杂论儿科病诊法，次列推拿穴位及各种推拿手法、诸病推拿法，为中医儿科外治法之经典。

本书单行本现存12种版本：清乾隆三十七年（1772）宝兴堂刻本，藏于中国中医科学院图书馆；一种清乾隆四十九年（1784）刻本，藏于中国科学院国家科学图书馆、吉林省图书馆；清乾隆五十年（1785）金陵四教堂刻本，藏于中国医学科学院图书馆、中国中医科学院图书馆、天津中医药大学图书馆、安徽中医药大学图书馆、山东省图书馆；清道光十五年（1835）聚锦堂刻本，藏于山西省中医药研究院图书馆、上海图书馆；清光绪三十四年（1908）济南正益石印馆石印本，藏于山东省图书馆、山东大学齐鲁医学部图书馆；一种清代光绪年间石印本，藏于苏州市中医医院图书馆；一种清代会德堂刻本，藏于江西省图书馆；一种清代刻本，藏于辽宁中医药大学图书馆、上海图书馆、镇江图书馆；一种清代抄本，藏于宁波市图书馆；一种经纶堂刻本，藏于山东中医药大学图书馆、安徽中医药大学图书馆；一种抄本，藏于山东中医药大学图书馆、山西省图书馆；1924—1938年商务印书馆铅印本。

幼科铁镜
（夏鼎；1695）

现存。6卷。清·夏鼎（夏禹铸、卓溪叟）撰。夏鼎，字禹铸，号卓溪叟，贵池人。

卷一论述小儿推拿及医生须知，内容包括九恨、十三不可学、十传、摹看手指筋纹乃医家异教说、治病不可关门杀贼说、治病不可开门揖盗说以及有关推拿的讨论；卷二论五脏形色及初生儿疾病，有阐明五脏生克以知补母泻子、望形色审苗窍从外知内、五脏各有所司从外治内、辨脐风、胎寒、胎热、胎毒发丹、胎惊胎风等14症；卷三至卷五为儿科常见病证论治，共列66种杂病，尤详于惊风；卷六述儿科常用方药药性；末附录常见方剂75首。本书切近临床，合于实用，突出儿科治疗，提出多种治法，包括药物、推拿、灯火等治法的综合使用。其整理32种惊风是一大特色，为后世医家所推重，至今仍有重要临床参考价值。

本书初刊于清康熙三十四年（1695），经多次翻刻，流传广泛，其单行本现存版本甚多。清代刻本中，现存4种康熙年间刻本：清康熙三多斋刻本，藏于中国国家图书馆、扬州市图书馆、安徽省图书馆；清康熙味经堂刻本，藏于中国中医科学院图书馆、山东中医药大学图书馆、黑龙江中医药大学图书馆、上海图书馆、江西省图书馆、云南中医药大学图书馆、广州中医药大学图书馆；清康熙敬业堂刻本，藏于中国国家图书馆；清康熙文渊堂刻本，藏于陕西中医药大学图书馆、上海中医药大学图书馆。另可见于《幼科大成》《幼科三种》《贵池刘氏信天堂汇刻医书三种》。

幼科铁镜集证
（夏鼎；1695）

现存。2卷。清·夏鼎（夏禹铸、卓溪叟）撰。夏鼎，字禹铸，号卓溪叟，贵池人。

上卷包括九恨、十三不可学、十传等40篇医论；下卷包括麻疹、夹食伤寒、腹痛、痢疾等49种儿科病症。对常见病证之辨析叙述尤详。

本书单行本现存1926年上海文武书局铅印本，藏于浙江中医药研究院图书馆。

幼科金鉴
（夏鼎；1695）

现存。清·夏鼎（夏禹铸、卓溪叟）撰。夏鼎，字禹铸，号卓溪叟，贵池人。

本书单行本现存一种抄本，藏于中国中医科学院图书馆。

治疗全书
（夏鼎；1695）

现存。4卷。清·夏鼎（夏禹铸、卓溪叟）撰。夏鼎，字禹铸，号卓溪叟，贵池人。

系记述儿科杂病辨治的著作。

本书单行本现存3种版本：一种清咸丰八年（1858）刻本、一种清光绪二十六年（1900）刻本，均藏于民间私人处；1926年上海文武书局铅印本，藏于浙江省中医药研究院。

慈幼筏
（程云鹏；1704）

现存。12卷。又名《慈幼新书》《慈幼纲目新书》《慈幼秘书》。清·程云鹏（程华仲、凤雏、香梦书生）撰。程云鹏，字华仲，号凤雏、香梦书生，歙县人。

对小儿生理禀赋、脏腑特点、各种病证治疗，大至胎产、痘疹、惊痫、寒热，小至耳、目、喉、齿之疾与疱、疥、癣等症，均有涉及，论述甚为详备，并附有医案，后世或注或按或评者达80余家。本书有5卷论述痘疮、1卷论述麻疹，对痘疮发病原因、病理变化、临床表现、顺逆之证以及预后判断、治疗和预防等，均做了详细论述，形成了较为完整的痘疹预防及诊治体系。

本书单行本现存6种版本：清康熙五十年（1711）刻本石经楼藏板，藏于中国中医科学院图书馆；一种清康熙年间姑苏桐石山房刻本，藏于中国国家图书馆、吉林大学图书馆医学馆、苏州市中医医院图书馆；清乾隆十一年（1746）玉诏堂刻本，藏于中国中医科学院图书馆、中国科学院生命科学图书馆（上海）、上海中医药大学图书馆、安徽中医药大学图书馆、浙江大学图书馆医学分馆、南京图书馆；一种清代乾隆年间刻本，藏于长春中医药大学图书馆；一种清代抄本，藏于中国中医科学院图书馆；一种刻本，藏于北京中医药大学图书馆。另可见于《中国医学大成》。

活法启微
（何鼎亨；1736）

现存。3卷。清·何鼎亨（何德嘉、何容斋）撰。何鼎亨，字德嘉、容斋，休宁人。

专论小儿麻痘及幼科杂症的辨证论治。上中两卷专论麻痘二症，设痘学精粹问答72条、麻症汇要问答36条，详述麻痘之症状、病因、病机、兼证、转归等，后列小儿杂病60余证。

本书单行本现存2种版本：一种清乾隆元年（1736）刻本，藏于中国人民解放军医学图书馆；一种清乾隆五十二年（1787）刻本，藏于中国医学科学院图书馆、上海中医药大学图书馆、安徽省图书馆、江西省图书馆。

痘科约言
（潘伦；1737）

现存。1卷。又名《痘疹钧言》。清·潘伦（潘慎斋）撰。潘伦，字慎斋，休宁人。

首述痘疹发病、见形和治疗大法；次论痘疹机理、兼症表现以及治疗法则、观形、用药规则和预后。末附《痘科雪扫录》。

本书单行本现存一种清德滋堂刊本之传抄本，藏于安徽省图书馆。

幼科杂病心法要诀
（吴谦；1742）

现存。6卷。清·吴谦（吴六吉）等撰。吴谦，字六吉，歙县人。

原载于《医宗金鉴》。卷一为四诊总括，述察色、听声、审病、切脉之要，及初生保育之法；卷二介绍初生儿疾病15种，并详论惊风、痫证；卷三论疳证、吐证、泻证3门；卷四为感冒、温疫、暑证、霍乱、痢疾、疟疾、咳嗽、喘证等门；卷五、卷六论疝证、淋证等小儿杂病14门。

本书单行本现存2种版本：民国上海锦章书局石印本，藏于中国中医科学院图书馆、广东省医学情报研究所；一种抄本，藏于天津医学高等专科学校图书馆、甘肃省图书馆。另可见于《医宗金鉴》。

种痘心法要旨
（吴谦；1742）

现存。1卷。清·吴谦（吴六吉）等撰。吴谦，字六吉，歙县人。

原载于《医宗金鉴》。书中列种痘要旨、选苗、蓄苗、天时、择吉、调摄、禁忌、可种、不可种、水苗种法、五脏传送之理、旱苗种法、痘衣种法、痘浆种法、信苗、补种、自出、治法等，凡18篇。本书专论鼻苗种痘法，谓种痘施于未病之先，调于无病之日，为去险履平、避危就安之良法。

本书单行本现存一种清乾隆四十六年（1781）刻本，藏于河南中医药大学图书馆、上海图书馆、湖南中医药大学图书馆。另可见于《医宗金鉴》。

痘科雪扫录（潘伦；1752）

现存。1卷。清·潘伦(潘慎斋)撰。潘伦，字慎斋，休宁人。

原载于《痘科约言》。主要阐述痘疹之误诊、误治，共列有比例伤寒、升发下夺失宜、浪用石膏、一味退热、毒药迫浆、不早救阳、认痒为热、不知催浆宜早用人参黄芪、不知息脉等诊治之误30种，以针砭时弊，告诫医者。

本书单行本现存一种抄本，藏于安徽省图书馆。

窪少集（王世溕；1758）

现存。13卷。又名《怀少集》。清·王世溕(王麟洲、杏圃)撰。王世溕，字麟洲，号杏圃，铜陵人。

重点引录整理前代儿科学成就，结合个人临床经验写成此书。卷一为诊治总论；卷二至卷十分述200余种儿科病证的证治；卷十一、卷十二为痘科；卷十三为麻科。详于惊疳痘麻。

本书单行本现存2种版本：一种培元堂初刻本，藏于中国中医科学院图书馆；一种清光绪四年(1878)刻本，藏于上海中医药大学图书馆。

痘疹专门秘授（董维岳撰，董上贡补；1762）

现存。2卷。又名《痘症专门》《董氏痘科》。清·董维岳(董之嵩)撰，董上贡校补。董维岳，字之嵩，南陵人。

选翁仲仁《痘疹金镜录》及沈尧中《保赤全书》之精要，结合个人临证心得而有所发挥，共95则。卷上列辨痘赋、逆痘歌、痘疹传变、原痘论、发热论、传经结经论等；卷下列小儿不易治、五善七恶、论用大黄法、看痘用药总论、麻痘同异辨、煎药法等。

本书单行本现存11种版本：清乾隆三十四年(1769)董上贡刻本，藏于中国医学科学院图书馆、中国中医科学院图书馆、山东省图书馆、山西医科大学图书馆、上海中医药大学图书馆；清道光十三年(1833)刻本晋介书业德记藏板，藏于中国国家图书馆、中国中医科学院图书馆、首都医科大学图书馆、浙江大学图书馆医学分馆；清道光二十五年(1845)姑苏书业堂刻本，藏于首都图书馆、中国中医科学院图书馆、北京中医药大学图书馆等13家国内藏书机构；清道光二十五年(1845)书业德记刻本，藏于中国国家图书馆、中国中医科学院图书馆、吉林省图书馆、长春中医药大学图书馆、吉林大学图书馆医学馆;清同治九年(1870)李楚乔据董上贲刻本重刻本芳居楼藏板,藏于中国中医科学院图书馆、上海中医药大学图书馆、南京中医药大学图书馆;清同治九年(1870)刻本光绪七年(1881)重印本,藏于上海图书馆、苏州图书馆;清光绪二十六年(1900)管氏刻本,藏于中国国家图书馆、陕西省中医药研究院图书馆、南京图书馆、安徽省图书馆、广州中医药大学图书馆;一种清代刻本,藏于中国国家图书馆、中国中医科学院图书馆;一种1928年石印本,藏于陕西省中医药研究院图书馆;1941年奉天海城县汉医会铅印本,藏于天津中医药大学图书馆、辽宁省图书馆、辽宁中医药大学图书馆、长春中医药大学图书馆;一种京都文茂斋刻本,藏于长春中医药大学图书馆。

橡村治验（许豫和；1782）

现存。1卷。又名《治验》《小儿治验》。末附《用药须知》和《补论初生病》。清·许豫和(许宣治、橡村)撰。许豫和,字宣治,号橡村,歙县人。

记载了许氏治疗儿科疑难病案55则,是许氏临床治疗代表性的验案记录,集中体现了作者辨证用药的特色。书中针对较有心得者往往随案附论,如惊风发搐录10症附论7条、暑风发搐附论10条、或问5条,又有丙申长夏附论1条、顿嗽附论1条、肿胀附论2条、痢疾附论1条、丹痧瘿疮附论1条,并记有儿科三难二险、用药须知及小儿初生病,均为儿科疑难病症经验之谈。

本书单行本现存3种版本:一种清乾隆六十年(1795)刻本,藏于扬州市图书馆;一种清代刻本,藏于甘肃中医药大学图书馆;一种抄本,藏于中国中医科学院图书馆。另可见于《许氏幼科七种》。

橡村痘诀（许豫和；1783）

现存。2卷。清·许豫和(许宣治、橡村)撰。许豫和,字宣治,号橡村,歙县人。

共载医论39则,后附治案,为许氏治疗痘疹的经验记录。上卷列出痘程序、百日内痘、大人痘、用药杂说、立方六则,并节录出痘十八症等;下卷论痘顺变、痘后、治验及麻疹要略、治法等,又录翟良解毒化毒论、寒暑异治论、暑月生浆饮3篇。

本书单行本现存3种版本:清乾隆四十八年(1783)顾行堂刻本,藏于中国中医科学院图书馆、山东中医药大学图书馆、吉林省图书馆、湖南中医药大学图书馆；一种抄本，藏于上海中医药大学图书馆；一种抄本，藏于安徽省图书馆。另可见于《许氏幼科七种》。

痘诀余义（许豫和；1783）

现存。1卷。又名《橡村余义》。清·许豫和（许宣治、橡村）撰。许豫和，字宣治，号橡村，歙县人。

为《橡村痘诀》之续篇，是为补充《橡村痘诀》而作。全书列论治2条、论疫9条、论闭症4条、论伏症5条、论气血毒三字当分当合7条、火字解6条、又论气血毒5条、用药法28条、蓄药20条（附方8则）、放痘（鼻苗）须知20条、放痘总论1篇、治案13则，后有麻诀余议9条、丙辰夏令麻症大行因时论治10条。书中"痘症多心脾热，麻多肺热"之论，切合临床实际，甚为精辟。

本书单行本现存5种版本：清乾隆四十八年（1783）顾行堂刻本，藏于山东中医药大学图书馆、吉林省图书馆、上海中医药大学图书馆、重庆图书馆、扬州市图书馆、江西省图书馆；一种清嘉庆二年（1797）刻本，藏于中国国家图书馆、上海中医药大学图书馆、苏州市中医医院图书馆、扬州市图书馆、浙江省中医药研究院图书馆、江西图书馆；一种上海受古书店石印本，藏于南京中医药大学图书馆；一种抄本，藏于安徽省图书馆；一种抄本，藏于成都中医药大学图书馆。另可见于《许氏幼科七种》。

痘症本义（方省庵；1808）

现存。2卷。清·方省庵（方补德）撰。方省庵，字补德，歙县人。

首叙钱乙之法，朱济川、聂久吾之论；次列治痘诸方，如换痘丹、托里化毒汤、解毒汤等；末附医略。

本书单行本现存一种清道光十年（1830）刻本，藏于吉林省图书馆。

秘传小儿杂症捷法（石得春；1814）

现存。不分卷。清·石得春撰。石得春，新安人。

首论初生儿疾病、小儿面部望诊、指纹望诊以及脉诊等，次引寒门总括歌、热门总括歌、伤风门总括歌、斑疹门总括歌、疳积门总括歌等歌诀论述儿科诸症治法。书中诸论以及所录方剂，多引自元代曾世荣《活幼口议》《小儿推拿秘旨》诸书，取合精当。

本书单行本现存一种稿本，藏于婺源私人处，收入上海大学出版社2018年出版的《珍稀中医稿钞本丛刊·新安卷》。

痘疹精华
（程文囿；1826）

现存。1卷。清·程文囿（程观泉、杏轩）撰。程文囿，字观泉，号杏轩，歙县人。

原系《医述》第15卷。内容包括痘疹纲领20则、因期施治20则、证治要略10余则、余义5则，间附各家痘疹辨治名言及医案。

本书单行本现存一种抄本，藏于民间私人处。另可见于《医述》。

痘科键删正补注
（朱巽撰，池田独美注，池田晋补；1829）

现存。2卷。明·朱巽（朱嘘万）原撰，日本·池田独美注，日本·池田晋补。朱巽，字嘘万，宣城人。

上卷97篇，论述痘之病因证治；下卷33篇，载发热、见点三日口诀、程法及加减、药性、方歌、痘麻鉴别等。认为痘麻虽皆系胎毒，但有脏腑、阴阳、气血、有形无形及寒热之异。

本书单行本现存日本文政十三年（1830）古我堂刻本，藏于北京大学图书馆、上海中医药大学图书馆。

麻疹备要方论
（吴亦鼎；1853）

现存。1卷。清·吴亦鼎（吴步蟾、吴定之、砚丞）撰。吴亦鼎，字定之，名步蟾，号砚丞，歙县人。

吴氏认为麻出六腑、痘出五脏，治有不同，故研阅先哲之传书，补前人详于论痘、略于论麻之不足。首载元始论，其后按次论诊脉、辨证、初热、疹治合时、见形论治、收没论治、分论始终、杂症、禁忌、麻疹备用诸方。全书删繁就简，取精用宏，系统介绍了麻疹的病原、脉证、各种兼证、禁忌以及备用诸法等。

本书单行本未见刊行，曾与《原瘼要论》合刊，并被曹炳章收入《中国医学大成》。

活幼珠玑
（许佐廷；1873）

现存。2卷，补编1卷。又名《治幼珠玑》。清·许佐廷（许乐泉）撰。许佐廷，字乐泉，歙县人。

前编1卷，首列"指南赋"，次列"总诀"，再分21门歌括，包括形色、脉象、服药禁忌、胎毒、惊风、呕吐、泄泻、痢疾、发热、咳嗽、哮喘、疳症、夜啼、腹痛、虫痛、腹胀、浮肿、疝气等篇；后编1卷，将儿科病证分为胎毒、变蒸、惊风等32门，详论其诊断及辨证用药治法。补编1卷，汇集前后编各类应用汤药丸散等方。

本书单行本现存2种版本：清同治十二年（1873）芳远堂初刻本，藏于中国国家图书馆、中国医学科学院图书馆、中国中医科学院图书馆、天津医科大学图书馆、天津市医学科学技术信息研究所、山东中医药大学图书馆、上海图书馆、上海中医药大学图书馆、南京图书馆、苏州大学医学部图书馆、湖南图书馆、成都中医药大学图书馆；一种清代刻本，藏于军事医学科学院图书馆、天津市医学科学技术信息研究所、长春中医药大学图书馆。

沈氏麻科（沈望桥；1876）

现存。不分卷。又名《经验麻科》《沈望桥先生麻科心法》。清末民国·沈望桥撰，赵开泰辑。沈望桥，太平人。

先列总论述麻疹之病源和证治框架，次论治麻诸药药性及升药、降药随症加减，再列治疗麻疹效验方，后论麻疹证治104种，末附补疹子诸方。

本书单行本现存清光绪二年（1876）浙江台州管作鼎本，藏于浙江中医药大学图书馆，收入浙江科学技术出版社出版的《近代中医珍本集成》。另可见于《麻科至宝沈氏麻科合编》。

刺种牛痘要法（余懋；1881）

现存。1卷。又名《牛痘要法》。清·余懋（余啸松）撰。余懋，字啸松，歙县人。

首列种痘诸穴部位图说与种痘刀式；次述种痘要诀，以及认穴、下苗、魁期、辨证、补种、调治等种痘步骤。录治痘方6首及验案8则。

本书单行本现存2种版本：一种清光绪七年（1881）刻本，藏于上海图书馆；一种清光绪十年（1884）刻本，藏于上海图书馆、上海中医药大学图书馆、湖南中医药大学图书馆。另可见于《白岳庵杂缀医书》。

幼科仁寿录（孙光业；1905）

现存。清·孙光业（孙昌祖）撰。孙光业，字昌祖，徽州人。

无序跋，目录和正文皆以歌诀形式写成。正文分列病源心法总论、观形歌、认筋之法、观面部歌、五色主病歌、诊脉歌、小儿四时脉候歌、诸证诸方歌括等内容，末附治麻痘诸经验方。

本书单行本现存一种清光绪三十一年(1905)抄本,藏于中国中医科学院图书馆。

陈氏痘科青囊明辨（陈双溪；明代）

现存。不分卷。又名《青囊明辨》。明·陈双溪（陈嘉麟）撰。陈双溪，字嘉麟，绩溪人。

原载于唐玄真《痘疹玄言》。专论小儿痘疹。主张痘症当明辨并早治，否则最易误人性命。正文以《辨发热轻重》开篇，在总论痘症的危害之后，对报点部位、起胀动静、脓灌三关、收焦缓急、结靥脱甲、夹斑、发泡失血、痒塌内攻、寒战咬牙、腹痛腰痛、渴呛声哑、大小便闭等痘科形症逐一进行剖析、辨误及厘正。

本书单行本现存一种清代抄本，藏于婺源私人处，收入上海大学出版社2018年出版的《珍稀中医稿钞本丛刊·新安卷》。

幼科秘诀（佚名氏；清代）

现存。清·佚名氏撰。佚名氏，新安人。

包括用药法则、小儿杂症方两部分，共收录儿科秘方、验方180余首，涉及小儿吐泻、胎黄、赤白痢、噤口痢、口疳、痰核、痄腮、走马牙疳、五软症、五硬症、遗尿、痘疹、皮癣、赤游丹等病症。

本书单行本现存2种抄本：一种清代抄本，藏于上海图书馆；一种抄本，藏于婺源私人处，收入上海大学出版社2018年出版的《珍稀中医稿钞本丛刊·新安卷》。

幼科要略（叶桂撰，周学海补注；清代）

现存。2卷。又名《叶氏幼科要略》。清·叶桂（叶天士、香岩、南阳先生、上津老人）原撰，周学海（周澄之、周健之）补注。叶桂，字天士，号香岩，别号南阳先生、上津老人，歙县人。周学海，字澄之、健之，东至人。

上卷从伏气至冬寒共10则，下卷从看三关至暑热共9则，对伏气、风温、夏热、厥逆、疳、胀、痧疹、惊等小儿杂病的辨证和治法方药进行了简要叙述。

本书单行本现存一种清代刻本，藏于安徽中医药大学图书馆。

叶氏痘疹锦囊（叶桂撰，佚名氏辑；清代）

现存。1卷。清·叶桂（叶天士、香岩、南阳先生、上津老人）原撰，佚名氏辑。叶桂，字天士，号香岩，别号南阳先生、上津老人，歙县人。

原无书名，由藏馆所加。内容主要包括痘疹诊法、预后、治痘方药、歌赋等。

本书单行本现存一种抄本，藏于中国中医科学院图书馆。

活幼纂集（胡允遐；清代）

现存。4卷。清·胡允遐撰。胡允遐，徽州人。

专叙儿科杂症的辨证治法。卷一列论气血、观小儿形证、看面色生病、幼儿护理、诊脉等内容，附小儿指纹图21幅；卷二论述惊风、痔症、呕吐、泄泻、疟疾、痢疾、伤寒、热证、咳嗽等小儿疾病的病因病机、形证表现、诊断预后及治疗方药，有歌诀有叙议；卷三介绍伤积、疝气、夜啼等20种杂症证治方药；卷四为蛊症、瘰疬、痘疹证治和诊法大要。

本书单行本现存一种抄本，藏于安徽省图书馆。

秘传育婴杂症论治（汪守安；清代）

现存。2卷。清·汪守安撰。汪守安，太平人。

卷一论述小儿疾病望诊、切诊、五脏绝症预测，卷二论述初生儿病、五官疾患、五迟、变蒸、惊、痉、中风、伤寒等小儿杂病证治。书末附面色图和指纹图24幅。

本书单行本现存一种清代抄本，藏于安徽博物院。

小儿方药（汪宗沂；清代）

现存。1卷。清·汪宗沂（汪仲伊、汪咏村、韬庐）撰。汪宗沂，字仲伊、咏村，号韬庐，歙县人。

本书单行本现存一种抄本，藏于安徽博物院。

儿科方药（胡永康；清代）

现存。1卷。清·胡永康撰。胡永康，歙县人。

本书单行本现存一种抄本，藏于安徽博物院。

麻证秘诀（胡永康；清代）	现存。2卷。清·胡永康撰。胡永康，歙县人。本书单行本现存一种抄本，藏于安徽博物院。
痘疹集成（程坤锡；清代）	现存。1卷。清·程坤锡撰。程坤锡，歙县人。本书单行本现存一种抄本，藏于安徽博物院。
麻痘科秘要（金凯；清代）	现存。4卷。清·金凯撰。金凯，歙县人。本书单行本现存一种抄本，藏于安徽博物院。
小儿急慢惊风专治（陆石仙；清代）	现存。1卷。清·陆石仙撰。陆石仙，徽州人。本书单行本现存一种抄本，藏于安徽博物院。
沈望桥先生幼科心法（沈望桥撰，赵开泰辑；民国）	现存。不分卷。清末民国·沈望桥撰，赵开泰辑。沈望桥，太平人。本书现存一种稿本，藏于浙江中医药大学图书馆。

五官科类文献

经验眼科秘书（程玠；1484）

现存。1卷。明·程玠（程文玉、程松崖、丹崖）撰。程玠，字文玉、松崖，号丹崖，歙县人。

书中将眼科常见病症逐一论治，列明治疗方药，并附图示。

本书单行本现存一种清光绪十二年（1886）刻本，藏于山东中医药大学图书馆。

汇治眼目痛药性及治诸病之方（程玠；1484）

现存。1卷。明·程玠（程文玉、程松崖、丹崖）撰。程玠，字文玉、松崖，号丹崖，歙县人。

本书单行本现存一种抄本，藏于湖南中医药大学图书馆。

古歙槐塘程松崖眼科（程玠，1484）

现存。1卷。又名《眼科秘要》。明·程玠（程文玉、程松崖、丹崖）撰。程玠，字文玉、松崖，号丹崖，歙县人。

首叙眼的生理，次论眼病治法，共收20余首眼科治验方。

本书单行本现存3种版本：一种清光绪元年（1875）刻本，藏于中国国家图书馆；清光绪六年（1880）开封朱聚文斋刻本，藏于河南省图书馆；一种广州经守堂刻本，藏于广西壮族自治区图书馆。

眼科心法要诀（吴谦；1742）

现存。2卷。清·吴谦（吴六吉）等撰。吴谦，字六吉，歙县人。

原载于《医宗金鉴》。书中首述眼的生理、病因、病机，次论多种急慢性眼病形症、病因及治疗。内容多取材于《秘传眼科龙目论》，补遗部分增入"能近怯远"等10种眼病证治内容。后附眼科外治方药。

本书单行本现存一种清代抄本，题为《金鉴眼科心法》，藏于中国国家图书馆。

另可见于《医宗金鉴》。

重楼玉钥
（郑宏纲；1768）

现存。2卷。又名《重楼玉钥喉科指南》《喉科指南》。清·郑宏纲（郑纪原、梅涧、雪萼山人）撰。郑宏纲，字纪原，号梅涧、雪萼山人，歙县人。

是我国第一部喉科针药治疗专著，开创了喉科学史上著名的"养阴清润派"。本书系据黄明生授徒用秘本，参以著者临床经验增订而成。黄氏手抄本原名《喉科三十六症》，付梓后改为《喉科秘授良方》。郑氏予以补充修订时，采道家《黄庭经》"咽喉为十二重楼"之语，意为治咽喉病之钥匙，取名《重楼玉钥》。上卷共17篇，主要阐述喉科基础理论、辨证施治方法，收载内服方24首，咽喉局部药方28首，熏、含化、外敷方6首，卷末附"梅涧医语"2则；下卷共39篇，专论喉症针灸疗法，论述针灸治喉病常用73个腧穴的部位、取穴、进针、出针等针刺操作方法及功用和主治等，提出了针灸治疗咽喉口齿唇舌疾病的"开风路针""破皮针"和"气针"三针学说。书中最早记载白喉，并创立治疗白喉的基本法则和有效方药"养阴清肺汤"。撰者挚友方成培作序并在书中加有按语，其子郑承瀚在1792—1795年间复加按语，记录了新安郑氏喉科三代五位医家（郑于丰、郑于番、郑宏纲、郑承瀚、郑既均）凡80余年的临床学术经验。

本书单行本现存约20种版本，其中清代刻本13种：清道光十九年（1839）苏城喜墨斋刻本谦吉堂藏板，藏于中国国家图书馆、长春中医药大学图书馆、北京中医药大学图书馆等国内23家藏书机构；清咸丰五年（1855）天津同文仁南纸书局刻本，藏于中国中医科学院图书馆、北京中医药大学图书馆、郑州大学医学院图书馆、山西省中医药研究院图书馆；清光绪四年（1878）盛京南彩盛刻本，藏于中国中医科学院图书馆、长春中医药大学图书馆、沈阳市图书馆、延边大学医学院图书馆、上海图书馆；清光绪五年（1879）浙江有容斋刻本，藏于山东省图书馆、山东中医药大学图书馆、宁波天一阁博物院等国内8家藏书机构；清光绪七年（1881）骆孝先刻本，藏于山东中医药大学图书馆、长春中医药大学图书馆、中国科学院生命科学图书馆（上海）；清光绪七年（1881）申报馆铅印本，藏于中国中医科学院图书馆、北京大学医学图书馆、中华医学会上海分会图书馆；清光绪十年（1884）重香堂刻本，藏于山东中医药大学图书馆；清光绪十三年（1887）湖南长沙芋园刻本李芋香堂藏板，藏于中国中医科学院图书馆、北京大学医学图书馆、南京图书馆；清光绪二十五年(1899)武威留清堂刻本兰省万检堂藏板,藏于甘肃省图书馆、湖南中医药大学图书馆;清光绪二十六年(1900)杭州景文斋刻本,藏于中国国家图书馆、上海图书馆、安徽中医药大学图书馆等国内19家藏书机构;一种清代光绪年间刻本,藏于中国科学院国家科学图书馆、嘉兴市图书馆;一种清代刻本,藏于四川省图书馆、镇江图书馆、锦州市图书馆;一种清代抄本,藏于中国中医科学院图书馆。另有一种抄本,藏于中国中医科学院图书馆、安徽中医药大学图书馆、广西壮族自治区图书馆。

眼科易知录（程玠撰，王震芝订；1796）

现存。1卷。明·程玠(程文玉、程松崖、丹崖)原撰,王震芝订正。程玠,字文玉、松崖,号丹崖,歙县人。

共载迎风下泪、瞳神散大、飞丝入目、赤脉贯瞳、打伤破睛、眼珠暴出等25种眼科常见病症,按病绘图,并分析了病因证治。

本书单行本现存清光绪六年(1880)近文斋刻本,藏于中国中医科学院图书馆。

眼科应验良方（程正通；1796）

现存。1卷。又名《眼科良方》。原题明·程玠(程文玉、程松崖、丹崖)撰。据来雅庭考证,认为应系清·程正通撰著。程玠,字文玉、松崖,号丹崖,歙县人。程正通,歙县人。

系汇集程松崖眼科治疗经验的方药集。卷首为五轮眼图,五轮配五脏;次列眼病17种,且逐一配有眼病图,上图下方,阐述病因病机、证治方药,除内服方剂外,还配以洗、点等多种外治方药。

本书单行本现存10种版本:清同治八年(1869)浔江林植棠刻本、清同治十三年(1874)陕西萧氏竹林堂刻本,均藏于南京中医药大学图书馆;清光绪二年(1876)赵氏完璧堂刻本,藏于甘肃省图书馆、甘肃中医药大学图书馆;一种清光绪三年(1877)刻本,藏于南京图书馆、苏州市中医医院图书馆;清光绪五年(1879)江西会文堂刻本,藏于安徽省图书馆;清光绪十二年(1886)姑苏来青阁刻本,藏于南京中医药大学图书馆、苏州图书馆;一种清光绪十八年(1892)刻本,藏于中国国家图书馆;一种清代刻本,藏于安徽中医药大学图书馆、中山大学图书馆;一种刻本,藏于上海中医药大学图书馆;一种抄本,藏于南通市图书馆。

歙西槐塘松崖程正通先生眼科家传秘本
（程正通；1796）

现存。1卷。又名《眼科秘方》。原题清·程正通撰。程正通，歙县人。

内容与程玠《眼科良方》多有重复。

本书单行本现存7种版本：一种清道光二十三年（1843）刻本，藏于首都图书馆；一种清道光年间刻本、一种清末遐川洪鉴斋抄本，均藏于中国国家图书馆；清光绪八年（1882）积善书舍刻本，藏于安徽省图书馆、江西省图书馆；一种清光绪十七年（1891）刻本，藏于中国科学院国家科学图书馆、北京中医药大学图书馆、长春中医药大学图书馆；1912年上海醉墨庄刻本，藏于上海中医药大学图书馆；一种抄本，藏于中国中医科学院图书馆、内蒙古医科大学图书馆。

喉白阐微
（郑承瀚；1797）

现存。1卷。又名《咽喉白腐要诀》。清·郑承瀚（郑若溪、枢扶）撰。郑承瀚，字若溪，号枢扶，歙县人。

作者据其临床治疗心得，对白喉的辨证论治、药用宜忌、所用药物药性、常用验方等进行了概括总结，对白喉的发病规律、症状特点和治疗原则均提出了个人见解。后附《咽喉伤燥论》《秋斋偶记》。

本书单行本现存一种抄本，藏于郑氏后人处。1956年，安徽人民出版社据此抄本出版排印本。

重楼玉钥续篇
（郑承瀚、方成培撰；1804）

现存。1卷。又名《重楼玉钥续编》。清·郑承瀚（郑若溪、枢扶）、方成培（方仰松、岫云山人）撰。郑承瀚，字若溪，号枢扶；方成培，字仰松，号岫云山人，均为歙县人。

凡11篇。内容主要包括三方面：一是引证古今医书阐述十二经脉与咽喉、口、齿、唇、舌等的关系，阐述喉痹的基本概念及辨治要领；二是补《重楼玉钥》"36种喉风"之不足，共补遗病症72种；三是精选五官科疾病方药26首。书中对喉证色脉、辨证施治、加减用药等均予详解。作者认为，"白喉"病机乃伤燥和感受疫气而成，盖水虚而金失濡则燥，当以养阴清润兼辛凉为主，为治白喉开创了新径。

本书单行本未见刊行，可见于《三三医书》。

喉风论
（方省庵；1808）

现存。4卷。清·方省庵（方补德）撰。方省庵，字补德，歙县人。

作者强调喉痹病因非内热所为，而是风邪为患，治疗上主张以祛风为主，不宜用苦寒药妄攻，兼用针刀钩割之法，故取名为《喉风论》。卷一首列概说，其次阐明喉风治疗诸方及辨证大法；卷二为咽痛门；卷三为喉风之36症门；卷四为经络图穴及治喉风针刀诸法，并附插图。

本书单行本现存3种版本：清嘉庆十三年（1808）初刻本，藏于中国中医科学院图书馆、北京大学医学图书馆；清嘉庆二十二年（1817）敦化堂刻本，藏于天津市医学科学技术信息研究所；清光绪二十九年（1903）新加坡集文斋石印本，藏于上海中医药大学图书馆。

喉齿科玉钥全函
（汪必昌；1810）

现存。5卷。又名《咽喉口齿玉钥全函》。清·汪必昌（汪燕亭、聊复）撰。汪必昌，字燕亭，号聊复，歙县人。

分论、证、方、针四部分，另附白喉、走马牙疳各1篇。总论部分述咽喉病成因、辨证、治则及易治、难治、不治之症；证治部分列咽喉口齿36症（附耳防风），每症设图、论、诀，对各症的起因、症状、体征、用药、预后均作详细阐述；方药部分载内服、外用方16首；针诀篇举常用穴位。书末论述白喉、走马牙疳，各详证因施治及用药禁忌。

本书单行本现存2种版本：一种抄本，藏于上海中医药大学图书馆；一种清代刻本，藏于重庆图书馆。另可见于《聊复集》。

华佗师喉科灰余集
（1820）

现存。1卷。汉·华佗（华元化）原撰，佚名氏编，清·华文械校录。华佗，一名旉，字元化，亳州人。

首列总论，述喉痹有虚火实火之分、外感内伤之别；后分述缠喉风、缠舌喉风、乳蛾、喉瘤等10种喉病证治，录柳华散、麝香散、清胃散、葛根汤等7方。后附华文桂增辑之《喉科秘书补要》，杨龙九氏要方6首，格阳喉痹、半夏毒发喉痈等医案10则，烂喉痧论、烂喉丹痧治宜论2则。

本书单行本现存一种清代道光年间刻本，藏于中国科学院国家科学图书馆。

丹痧咽喉经验秘传（叶桂撰，佚名氏整理；1843）

现存。1卷。清·叶桂（叶天士、香岩、南阳先生、上津老人）原撰，佚名氏整理。叶桂，字天士，号香岩，别号南阳先生、上津老人，歙县人。

分为"丹痧经验秘传""咽喉经验秘传""制药秘法"三部分内容。"丹痧经验秘传"叙烂喉痧的病因病机、临床表现、治疗宜忌，并附有透邪煎、托里举斑汤等治疗丹痧效方17首；"咽喉经验秘传"对咽喉常见病证的病因病机、证候表现进行了详细论述，并附有喉煎方、舌煎方等验方50余首；"制药秘法"对喉症膏剂、散剂的调制方法进行了详细记述。末附喉症十二字药方、喉痛吊痰方。

本书单行本现存清嘉庆二十三年（1818）种德堂刊本，藏于南京图书馆。

经验喉科（许佐廷；1864）

现存。1卷。清·许佐廷（许乐泉）撰。许佐廷，字乐泉，歙县人。

本书单行本现存清同治三年（1864）兴化西鸿文堂刻本，藏于湖南中医药大学图书馆。

喉科白腐要旨（许佐廷；1865）

现存。2卷。清·许佐廷（许乐泉）撰。许佐廷，字乐泉，歙县人。

为白喉专著。作者学术思想源于《重楼玉钥》养阴清肺之论。在刊行《喉科秘钥》时，作《喉症补编》，并积40余年治喉之经验及治疗白喉的体会之总结，撰《喉科白腐要旨》。上卷3篇，以肺肾述证，以养阴清润论治，主要阐述喉科白腐的病因、病机、临床表现、治法、宜忌等；下卷6篇，主要详举治方及用药宜忌，并解时医之惑。共载内服方3首，吹药方5首，宜用药24种，忌用药48种。该书对"属虚伤燥"之喉科白腐的认识有独到之处。

本书单行本现存4种版本：清光绪元年（1875）古歙芳远堂刻本，藏于中国中医科学院图书馆；一种清光绪元年（1875）抄本，藏于上海图书馆；1933年上海墨华轩荣记铅印本，藏于上海市中医文献馆、中国中医科学院图书馆；1933年余姚夏仁培铅印本，藏于上海中医药大学图书馆。

喉科秘钥（郑尘撰，许佐廷增订；1868）

现存。2卷。清·郑尘（郑玉辉）原撰，许佐廷（许乐泉）增订。郑尘，字玉辉；许佐廷，字乐泉，均为歙县人。

清道光二十年（1840）许佐廷探得郑氏秘本，共3书，购得后抄成供临床使用。清同治三年（1864）春遇贼，书被抢走，3年后物归原主。清同治六年（1867）遇句容杨春华，重金购得《紫珍集喉科》，予以合并刊出，内再附许佐廷证治经验《喉症补编》。因校对稍疏,于清同治八年(1869)修订后再版。上卷由喉症要说、喉症歌诀、喉症方药三部分组成,为郑氏学术思想之精髓。下卷以图说方式,以病名为纲,将咽喉疾病的局部检查特征,绘图表达,同时简要阐述其病机、治法、方药。附录《喉症补编》为许氏所作,讲述许氏诊治白喉运用清润之剂的临床经验。书中记载了1785年、1856年两度流行白喉。

本书单行本现存12种版本：一种清同治七年(1868)刻本,藏于湖南中医药大学图书馆;清同治八年(1869)芳远堂刻本,藏于辽宁中医药大学图书馆、南京中医药大学图书馆、福建中医药大学图书馆、镇江图书馆;一种清同治十二年(1873)刻本,藏于上海中医药大学图书馆;清光绪十年(1884)粹文堂刻本,藏于内蒙古图书馆、上海图书馆、苏州大学医学部图书馆、浙江图书馆、浙江省中医药研究院图书馆;一种清光绪十二年(1886)成都刻本,藏于中国中医科学院图书馆、北京大学医学图书馆、天津医学高等专科学校图书馆;清光绪十二年(1886)山阴周锡莹刻本,藏于中国国家图书馆;清光绪十六年(1890)广百宋斋铅印本,藏于中国中医科学院图书馆、北京中医药大学图书馆、辽宁中医药大学图书馆;一种清光绪年间刻本,藏于天津市医学科学技术信息研究所、南京中医药大学图书馆、四川省图书馆;一种清宣统三年(1911)抄本,藏于中国医学科学院图书馆;一种1917年刻本,藏于吉林省中医药研究院图书馆、浙江图书馆;1920年上海进化书局石印本,藏于黑龙江省图书馆、上海图书馆、上海中医药大学图书馆;1934年勤斋据清光绪十年(1884)姚清祺刻本抄本,藏于上海中医药大学图书馆。另可见于《喉科合璧》。

白喉辨证
(黄维翰；1876)

现存。1卷。清·黄维翰(黄冉生)撰。黄维翰,字冉生,南陵人。专述白喉的理、法、方、药,以问答形式,逐一论述白喉的病源、证治、脉象,并按寒热轻重气血分证。载方29首,录吹噙方5首。末附治验略述4则。作者对张绍修"白喉系疫症"之说提出异议,力辟白喉非疫。

本书单行本现存11种版本：清光绪二年(1876)刻本,藏于中国中医科学院图书馆;清光绪六年(1880)杭州刻本,藏于浙江中医药大学图书馆;一种清光绪六年(1880)刻本,藏于安徽中医药大学图书馆、湖南中医药大学图书馆;清光绪九年(1883)信述堂刻本,藏于天津医学高等专科学校图书馆、天津中医药大学图书馆;一种清光绪十年(1884)刻本,藏于陕西省图书馆;清光绪十三年(1887)张荣兴刻本,藏于贵州中医药大学图书馆;清光绪二十五年(1899)衡阳艾萃贤堂刻本,藏于广东省立中山图书馆;一种清光绪刻本,藏于绍兴鲁迅图书馆;清光绪年间浣江杨麟斋木活字本,藏于上海中医药大学图书馆;一种清宣统二年(1910)刻本,藏于桂林图书馆;1936年上海国医书局铅印本,藏于安徽中医药大学图书馆。另可见于《国医小丛书》。

痧喉阐义（程镜宇；1877）

现存。1卷。清·程镜宇(程翼安)撰。程镜宇,字翼安,歙县人。

共29篇。阐述了温、瘴、疫、疠等的定义,对斑、疹、痧作了鉴别,细述疫痧传染缘由、痧喉的命名由来及其病因病机,集陈耕道、叶天士、朱铁山、吴又可等诸家效验方43首。书末详细记载吹鼻、塞鼻、吹喉、漱口、涂敷、熏蒸、针刺等多种外治痧喉法。对痧喉之流行、转归、临床表现、治疫要领、辨证施治、用药法度等,立论较详。对陈耕道《疫痧草》未尽发明者,引申其学,阐发周详。

本书单行本现存4种版本:清光绪三年(1877)维扬从吾斋刻本,藏于北京大学医学图书馆、北京中医药大学图书馆、辽宁中医药大学图书馆、上海图书馆、南京中医药大学图书馆、苏州市中医医院图书馆、南通大学启秀校区图书馆、安徽中医药大学图书馆、成都中医药大学图书馆、中山大学图书馆;清光绪三年(1877)扬州宏文斋刻本,藏于首都医科大学图书馆;一种清代刻本,藏于上海中医药大学图书馆、福建中医药大学图书馆;一种抄本,藏于中国中医科学院图书馆、长春中医药大学图书馆。

喉症单方（毕泽丰；1900）

现存。1卷。清·毕泽丰辑。毕泽丰,歙县人。
内容以喉科为主,兼及口齿、内科杂病。共辑录验方380余首。
本书单行本现存一种抄本,藏于中国中医科学院图书馆。

简明眼科学（程玠撰、王桂林校注；1911）

现存。1卷。明·程玠(程文玉、程松崖、丹崖)原撰、王桂林校注。程玠,字文玉、松崖,号丹崖,歙县人。

本书单行本现存一种民国十年(1921)铅印本,藏于上海图书馆。另可见于绍兴医药学报社铅印本《国医百家》。

华佗秘传验方
（华佗撰，佚名氏辑；1948）

现存。不分卷。汉·华佗（华元化）原撰，佚名氏辑。华佗，一名旉，字元化，亳州人。

以记载外科方证为主，且以图说明病位，有"伏形图""正面图""侧形图"等10幅图。于每一图形下列本图出现的病证，然后叙述病因病机、治法方药。每一病证多采用内服、外用联合用药的治法方药。每一方下详记组成、煎服法等内容。最后记载杂疗方，内容涉及内、妇、儿等科。全书载方五百余首。

本书单行本现存一种抄本，藏于上海中医药大学图书馆。

新安鲍震宇先生秘传眼科
（鲍震宇；明代）

现存。不分卷。明·鲍震宇撰。鲍震宇，歙县人。

首列眼科总论、脉法、眼目冷热证、男女眼病、五轮看法等篇，次叙虚实、远视近视、风热血虚等证治法，最后详述眼科用药法、制药法、点药法、五轮症治法以及头痛害目症、孕妇目症、小儿疳积目症治法。鲍氏眼科特色鲜明，主张凡治人之目，应首分南人、北人，其次当审病人之老少肥弱；首重五轮，言五轮而不言八廓；分火眼为风热、湿热、劳役3型。治疗上，认为眼目虽云多端，不脱"风、热"二字。

本书单行本现存一种清代抄本，藏于婺源私人处，收入上海大学出版社2018年出版的《珍稀中医稿钞本丛刊·新安卷》。

程松崖眼科咽喉秘集
（程玠撰，潘化成辑；清代）

现存。2卷。明·程玠（程文玉、程松崖、丹崖）原撰，清·潘化成编辑。程玠，字文玉、松崖，号丹崖，歙县人。

上卷为眼科，先述眼与脏腑的关系，以"瞳人属肾、黑珠属肝、白珠属肺、大小角属心、上胞属脾、下胞属胃"为基本理论阐述眼科病因、病机，后绘图并注解眼科各种病症的症状、辨证、治法和所用内服外治方药及其随症加减。下卷为咽喉秘集，阐述喉症分经、咽喉治法要诀、喉科四绝症、十六绝形，分喉痹、喉风、喉痛等门详述各种病证治方药，载吴氏咽喉24大症歌诀，列张氏汤药列方、吴氏丹药列方、喉症应验备急方及其主治等。

本书单行本现存清光绪二十年（1894）宝善堂刻本，藏于成都中医药大学图书馆。

眼科合纂（佚名氏；清代）

现存。不分卷。清·佚名氏撰。清末新安医家方克均收藏。佚名氏，新安人。

本书由《异授眼科》《程松崖先生眼科秘方》两部分组成。《异授眼科》主要包括明目论、看眼脉诀图、眼病歌诀、药性光明赋、眼目虚实冷热论、看眼法、点眼药药性、炮炼法、演药法、制药法等内容，并以问答形式详述了72种眼科病症的治法；《程松崖先生眼科秘方》载眼科主症基本方17首，其他常用眼科验方10首。

本书单行本现存一种抄本，藏于婺源私人处，收入上海大学出版社2018年出版的《珍稀中医稿钞本丛刊·新安卷》。

眼科良方（叶桂撰，佚名氏辑；清代）

现存。1卷。又名《眼科秘方》《叶氏眼科方》《叶天士眼科》。清·叶桂（叶天士、香岩、南阳先生、上津老人）原撰，佚名氏辑。叶桂，字天士，号香岩，别号南阳先生、上津老人，歙县人。

记述眼病21症，各症均有绘图，明示病变所在，并述所属脏腑及其病因、症状、治疗等，分列荆防汤等方22首，另附牙痛神效方1首。

本书单行本现存20余种版本。现存最早版本为清道光四年（1824）古虞求无过生校刻本，藏于南京中医药大学图书馆。道光年间版本还有清道光二十五年（1845）萧英华刻本，藏于辽宁省图书馆。另有一种清代抄本，藏于中国中医科学院图书馆、黑龙江中医药大学图书馆。

白喉方书（吴桐斋；清代）

现存。不分卷。清·吴桐斋撰。吴桐斋，新安人。

书前有歙县吴菊庄序。书中首论白喉诊法，次论白喉治法，末载治白喉验方。全书文字极简略，内容多为临床经验之谈，大体继承了浏阳张善吾喉科之学术。

本书单行本现存一种抄本，藏于婺源私人处，收入上海大学出版社2018年出版的《珍稀中医稿钞本丛刊·新安卷》。

良方眼科合编
（叶桂撰，孙沐贤编；清代）

现存。1卷。清·叶桂（叶天士、香岩、南阳先生、上津老人）原撰，孙沐贤编。叶桂，字天士，号香岩，别号南阳先生、上津老人，歙县人。

本书单行本现存1931年上海明善书局石印本，藏于河南中医药大学图书馆、宁波天一阁博物院、浙江省中医药研究院图书馆、云南中医药大学图书馆。

精选喉科秘要良方
（郑宏纲撰，佚名氏辑；清代）

现存。清·郑宏纲（郑纪原、梅涧、雪萼山人）原撰，佚名氏辑。郑宏纲，字纪原，号梅涧、雪萼山人，歙县人。

本书单行本现存2种版本：一种徽城乙照斋木刻本，撰年、刻年不详，现存郑氏后人处；一种抄本，藏于中国科学院国家图书馆、中国中医科学院图书馆。

咽喉伤燥论
（郑承洛；清代）

现存。1篇。又名《烂喉痧》《烂喉风》。清·郑承洛（郑既均、杏庵）撰。郑承洛，字既均，号杏庵，歙县人。

原附《喉白阐微》后。

本书单行本现存一种抄本，藏于郑氏后人处。

眼科秘本
（叶桂撰，佚名氏整理；清代）

现存。1卷。清·叶桂（叶天士、香岩、南阳先生、上津老人）原撰，佚名氏整理。叶桂，字天士，号香岩，别号南阳先生、上津老人，歙县人。

本书单行本现存一种陈溶抄本，藏于天津医学高等专科学校图书馆。

喉科秘笈
（汪云粹；清代）

现存。3卷。清·汪云粹辑。汪云粹，歙县人。
本书单行本现存一种抄本，藏于安徽博物院。

咽喉秘要全书
（言立诚；清代）

现存。1卷。清·言立诚撰。言立诚，徽州人。
本书单行本现存一种抄本，藏于安徽博物院。

养生类文献

三元参赞延寿书
(李鹏飞；1291)

现存。5卷。宋·李鹏飞（澄心老人）撰。李鹏飞，澄心老人，池州人。

卷一论述天元之寿，成人精气不耗；卷二论述地元之寿，律人起居有常；卷三论述人元之寿，教人饮食有节；卷四述神仙救世，却老还童真诀。卷五录神仙警示。认为养生之要在于节欲、七情适度、起居应时、五味调和，并介绍了常用食物性味功用。

本书单行本现存4种版本：一种元代刻本，藏于中国科学院生命科学图书馆（上海）；一种明代嘉靖年间刻本，藏于上海图书馆；一种明代刻本，藏于中国中医科学院图书馆；一种抄本，藏于北京中医药大学图书馆、湖南中医药大学图书馆。另可见于《正统道藏养生选录十六种》《格致丛书》《寿养丛书》。

养生类要
(吴正伦辑，吴敖校订；1564)

现存。2卷。明·吴正伦（吴子叙、春岩子）辑，吴敖校订。吴正伦，字子叙，号春岩子，歙县人。

分为前集、后集，为作者离开临清地区之时应友人要求所著，是一部涉及气功、养生、药物学及内、外、妇、儿科疾病的养生经验方书。前集以记述养生预防为主，包括导引、防病、服饵、饮食等内容，附养生方40余首。后集内容涉及按摩、气功、饮食，药物炮制、剂型、药膳、药酒、胎产、儿科、老年病防治等，论述了春夏秋冬诸证宜忌、合用方法，录养生方100余首。全书内容简明，涉及面较广，具有重要的实用价值。

本书单行本现存2种版本：明万历十六年(1588)新安吴氏木石山房家刻重刊本，藏于上海图书馆；一种明代嘉靖年间刻本，藏于中国国家图书馆。

养生秘要活人心诀
（洪基；1638）

现存。4卷。明·洪基（洪九有）撰。洪基，字九有，歙县人。

卷一述导引法、祛病延年六字法、四季养生歌及一般养生常识；卷二至卷四载方105首，涉及养生以及内、外、妇、男、儿、伤、五官各科，各方皆述主治、组成、功用及加减用法。

本书单行本现存明崇祯十三年（1640）大有堂刻本，藏于上海中医药大学图书馆。

陈希夷房术玄机中萃纂要
（洪基；1638）

现存。不分卷。又名《房术奇书》。明·洪基（洪九有）撰。洪基，字九有，歙县人。

本书单行本未见刊行。可见于《摄生总要》。

饮食须知
（朱本中；1676）

现存。1卷。清·朱本中（朱泰来、凝阳子）撰。朱本中，字泰来，号凝阳子，歙县人。

本书单行本现存3种版本：清康熙十五年（1676）贻善堂刻本，藏于中国国家图书馆、上海图书馆；一种清代刻本，藏于济南图书馆；一种别下斋抄本，藏于天津图书馆。另可见于《贻善堂四种须知》。

勿药元诠
（汪昂；1682）

现存。1卷。又名《勿药玄诠》。清·汪昂（汪恒、汪讱庵、浒湾老人）撰。汪昂，字讱庵，初名恒，号浒湾老人，休宁人。

原载于《医方集解》。书中先征引《素问·上古天真论》养生之论及儒、释、道三家修炼之法，以备世人采用。介绍了一些养生防病的具体方法，如"调息之法"、苏子瞻"养生颂"、佛门道教"小周天"、《道经》"六字诀"以及"一秤金诀"、"金丹秘诀"、十六事宜等；载列风寒湿诸伤和饮食起居之禁忌，以为纵恣者之防范。

本书单行本现存3种版本：清道光二十五年（1845）文盛斋刻本，藏于甘肃中医药大学图书馆；清咸丰四年（1854）文盛斋刻本，藏于中国国家图书馆、中国中医科学院图书馆、天津中医药大学图书馆、云南中医药大学图书馆；一种清末刻本，藏于辽宁省图书馆。

添油接命金丹大道
（彭真人撰，汪启贤、汪启圣注，汪大年补；1696）

现存。不分卷。彭真人原撰，清·汪启贤（汪肇开）、汪启圣（汪希贤）选编，汪大年（汪自培）增补。汪启贤，字肇开；汪启圣，字希贤；汪大年，字自培，均为歙县人。

书中详载"添油接命术"等28种内养功法的理论基础、具体练法、要点及养生防病作用。另载12种练功养生秘诀及4种配合练功之秘方。

本书单行本现存一种清代抄本，藏于中国中医科学院图书馆。

汇选方外奇方
（汪启贤、汪启圣注，汪大年补；1696）

现存。2卷。清·汪启贤（汪肇开）、汪启圣（汪希贤）选编，汪大年（汪自培）增补。汪启贤，字肇开；汪启圣，字希贤；汪大年，字自培，均为歙县人。

为养生方药专著。载炼丹方法、蒸脐疗法及多种养生保健经验方，并详论各方的制法、用法。

本书单行本现存一种清代康熙年间刻本，藏于中国中医科学院图书馆。

玄宗旨
（季蕙壤撰，杨典抄录；1718）

现存。不分卷。清·季蕙壤原撰，杨典抄录。杨典，新安人。

为气功内丹术著作。首列"蕙纕先生金丹直指"篇，阐述性命根蒂；继列"直指口诀""金丹关窍说""修炼须知""炼丹次第要知"诸篇，阐释金火反还之旨；后为"壶齐老人口诀问答""炼精化气问答"诸篇，宣揭性命双修大丹之秘。集宋元明内丹学之大成，堪与清代婺源朱永之《金火灯》相媲美。

本书单行本现存一种抄本，藏于婺源私人处，收入上海大学出版社2018年出版的《珍稀中医稿钞本丛刊·新安卷》。

摩腹运气图考
（方开；1735）

现存。1卷。又名《摩腹运气图解》《延年九转法》《却病延年法》。清·方开撰。方开，新安人。

养生气功类著作。作者认为导引具有化生阴阳、启发生机、通上下、理内外、助疗病之功。附图系由后人增加，并同时更名为《延年九转法》。

本书单行本现存一种抄本，藏于上海中医药大学图书馆。

医案医论医话类文献

石山医案
（汪机撰，陈桷、程廷彝辑；1519）

现存。3卷，附录1卷。明·汪机（汪省之、石山居士）原撰，陈桷（陈惟宜）、程廷彝辑。汪机，字省之，号石山居士；陈桷，字惟宜，均为祁门人。

系汪机门人为汪氏编录的专集。虽以医案为主而名《石山医案》，亦编入汪机部分医论、书信、笔记及由汪机友人李汛所作《石山居士传》和汪氏门人程镐撰写的《病用参芪论》。全书共载医案183则，上卷57则、中卷55则、下卷23则、附录48则，其中转抄《韩氏医通》中案例（包括医论）3则，集中在上卷，分别为"脉""补阴"和"惊"等条；收录他人诊治案例9则，分布在上卷"鼓胀""茎中虫出"，中卷"杨梅疮"，下卷"喜""舌出""忧""气结"等条；其余属汪氏亲诊者171则。撰者临证圆机活法，用药不拘成方，因时因地因人制宜，重视四诊合参，尤长脉诊与望诊，治疗上主张调补气阴，善用人参、黄芪，发明"营卫一气""参芪双补"新说。

本书单行本现存13种版本：明嘉靖二年（1523）许忠刻本，藏于中国国家图书馆；明嘉靖十年（1531）陈桷校刻本，藏于哈尔滨医科大学图书馆、上海中医药大学图书馆、贵州中医药大学图书馆；明嘉靖二十年（1541）据嘉靖十年（1531）陈桷刻本重修本，藏于中山大学图书馆；一种明代嘉靖年间刻本，藏于中国国家图书馆、陕西省中医药研究院图书馆、中华医学会上海分会图书馆；明崇祯六年（1633）汪惟校刻本，藏于北京中医药大学图书馆；明末汪氏祁门朴墅刻本，藏于上海图书馆；一种明代刻本，藏于上海图书馆、广东省立中山图书馆；一种明刻清印本，藏于杭州图书馆；日本元禄九年（1696）大阪涩川清右卫门刻本，藏于武汉大学图书馆医学分馆、上海图书馆；一种清宣统元年（1909）刻本，藏于重庆图书馆；一种抄本，藏于安徽中医药大学图书馆、南京图书馆；一种石印本，藏于泸州市图书馆；一种铅印本，藏于北京中医药大学图书馆、辽宁中医药大学图书馆。另可见于《汪石山医书八种》和《四库全书》。

推求师意（戴思恭撰，汪机编录；1534）

现存。2卷。明·戴思恭原撰，汪机（汪省之、石山居士）编录。汪机，字省之，号石山居士，祁门人。

原为朱丹溪门人戴元礼所撰，汪机于歙县获见戴氏之本，录之以归。因"观其中之所语，皆本丹溪先生之意，门人弟子推求其意而发其所未发者"；又嘉许协助整理刻印的陈桷、项悋"能善推予之所欲推"，故题名"推求师意"。刊行于世，使此书不致湮没而流传下来。全书共述病症58种，汪氏在抄校此书的过程中多有发挥。

本书单行本现存4种版本：明嘉靖十三年（1534）陈桷刻本，藏于山东中医药大学图书馆、哈尔滨医科大学图书馆、上海图书馆、上海中医药大学图书馆、南京图书馆、南京中医药大学图书馆、苏州图书馆、宁波天一阁博物院；一种清嘉庆十二年（1807）刻本，藏于上海图书馆；一种清道光十四年（1834）刻本，藏于天津市医学科学技术信息研究所；一种石印本，藏于泸州市图书馆。另可见于《汪石山医书八种》和《四库全书》。

论医汇粹（余傅山；1543）

现存。1卷。又名《余傅山医话》《乌聊山馆医论汇粹》。明·余傅山等撰。余傅山，歙县人。

为我国历史上第一部医学讲学实录。系余氏邀汪宦、汪双泉、吴篁池等新安名医同仁9人在徽州府乌聊山馆讲学论道的讨论内容记录，时间为1543年10月13日。书中有关脉学、伤寒、杂证等相关知识的论述，甚为精到、形象，发人深省。所载医案，对于运用温补培元之法尤有经验。

本书未有刻本，仅存两种抄本于民间，分别名为《余傅山医话》和《乌聊山馆论医汇粹》，经歙县卫生局新安医学研究室将两书校注整理成铅印本。安徽科学技术出版社据上述抄本，将本书整理收于《新安医籍丛刊》中出版。

名医类案（江瓘辑，江应宿补；1549）

现存。12卷。明·江瓘（江民莹、江廷莹、篁南子）原辑，江应宿补辑。江瓘，字民莹、廷莹，号篁南子，歙县人。

为现存第一部研究古代医案的专著。汇集明代以前历代医家医案及经史百家中所载医案近3000则，开医案类书编纂之先河。据书前所附"诸家姓名"及"引用诸书",计收集上自秦越人、淳于意、华佗、张仲景、褚澄,下迄元明诸家共193家案论;引用《素问》《难经》《千金方》《伤寒论》以下书目共150种。初分180余门,后增订为205门。以病证分门类,下列若干案例,同一医家抑或数案并载,以便读者比较异同,触类旁通。书中收集病类较丰富,涉及内、外、妇、儿、五官诸科。所载医案较完整,多述姓名、年龄、脉证、诊断、方治、疗效,间有江瓘评论,揭示病机治疗之理、遣方用药之妙。本书为中医医案学的奠基之作,既是明以前著名医家临床经验的总结,也是中医理论与临床实践密切结合的典范,对后世医案的总结与整理有很大影响,具有较高的文献价值和临床价值。《四库全书总目提要》称赞本书"可为法式者固十之八九,亦医家之法律矣"。

本书单行本现存10种版本:初刊本明万历十九年(1591)江应宿序刻本,藏于中国中医科学院图书馆、中国医科大学图书馆、黑龙江中医药大学图书馆、南京图书馆、浙江省中医药研究院图书馆、四川省图书馆、中山大学图书馆;日本元和九年(1623)猪子梅寿刻本,藏于北京大学图书馆;日本宽文元年(1661)野田庄右卫门刻本,藏于中国中医科学院图书馆、上海中医药大学图书馆;清乾隆三十五年(1770)新安鲍氏知不足斋刻本,藏于中国国家图书馆、安徽省图书馆、山东中医药大学图书馆等国内46家藏书机构;清同治十年(1871)藏修堂重刻知不足斋本,藏于中国国家图书馆、安徽中医药大学图书馆、华中科技大学同济医学院图书馆等国内36家藏书机构;一种清同治年间刻本,藏于南京图书馆、绍兴鲁迅图书馆;清光绪四年(1878)文富堂刻本,藏于甘肃省图书馆、吉林大学图书馆医学馆、成都中医药大学图书馆;一种清光绪年间刻本,藏于四川省图书馆;一种清代抄本,藏于上海图书馆、杭州图书馆、浙江省中医药研究院图书馆;一种抄本,藏于中国中医科学院图书馆、内蒙古图书馆。另可见于《四库全书》。

医学质疑
(汪宦;1572)

现存。2卷。明·汪宦(汪子良、心谷、寅谷)撰。汪宦,字子良,号心谷、寅谷,祁门人。

所论内容较为丰富,其中对脉法的探讨最为著名,部分内容保留在徐春甫所著《古今医统大全·内经脉候》中。

本书单行本现存一种抄本,藏于中国中医科学院中国医史文献研究所、南通市图书馆。

周慎斋医案
（周之干撰，查万合编；1573）

现存。3卷。明·周之干（周子干、慎斋）原撰，查万合（查了吾）编。周之干，一名子干，号慎斋，宣城人。查万合，字了吾，泾县人。

书名"医案"，实为周氏的医论验案汇编。分列脉法、用药、汤论、辨证、伤寒及杂病等39篇医论，并载周氏验案110则，较为集中地反映了周氏之学术思想和临证经验。

本书单行本现存一种抄本，藏于首都医科大学图书馆、上海中医药大学图书馆、苏州图书馆。

孙文垣医案
（孙一奎撰，孙泰来、孙朋来、余煌编；1573）

现存。5卷。又名《赤水玄珠医案》《生生子医案》。明·孙一奎（孙文垣、东宿、生生子）撰；门人余煌，其子孙泰来、孙朋来同编。孙一奎，字文垣，号东宿、生生子，休宁人。

按孙氏临证所在地区不同分卷。卷一、卷二为《三吴治验》，载案154则；卷三、卷四为《新都治验》，载案203则；卷五为《宜兴治验》，载案40则，共收验案397则。所载病案内容涉及温热时疫、内科杂症、妇人胎产、幼虫童疳以及耳目诸疾，对许多奇疾怪病辨治有法，不落常套，医学功底深厚。孙氏尤其强调临证应询问病史，详审脉证，辨证施治。该书集中反映了孙氏临床诊治经验，对习医临证具有较高的参考价值。

本书单行本现存13种版本：明万历元年（1573）序刻本，藏于中国中医科学院图书馆、上海图书馆、武汉大学图书馆医学分馆、成都市图书馆；明万历七年（1579）孙氏刻本，藏于长春中医药大学图书馆；一种明万历二十四年（1596）刻本，藏于山西省图书馆、内蒙古医科大学图书馆、鞍山市图书馆；一种明代万历年间刻本，藏于中国国家图书馆、中国中医科学院图书馆、北京中医药大学图书馆、上海图书馆、南京图书馆；一种明代刻本，藏于天津中医药大学图书馆、辽宁中医药大学图书馆、安徽省图书馆；日本明历三年（1657）室町鲤山町田中清右卫门刻本，藏于北京大学图书馆；一种清光绪二十六年（1900）抄本，藏于甘肃中医药大学图书馆；一种清东佛镇天宝楼刻本，藏于首都医科大学图书馆；一种清代刻本，藏于中国中医科学院图书馆、苏州市中医医院图书馆、安徽中医药大学图书馆、浙江中医药大学图书馆；一种清代抄本，藏于吉林省图书馆、苏州图书馆、安徽省图书馆、中山大学图书馆；民国成都昌福公司铅印本，藏于中国中医科学院图书馆、天津中医药大学图书馆、安徽中医药大学图书馆等国内19家藏书机构；一种刻本，藏于中国中医科学院中国医史文献研究所；一种抄本，藏于河南中医药大学图书馆、山西省图书馆、黑龙江中医药大学图书馆。另可见于《中国医学大成》。

三吴治验
（孙一奎；1573）

现存。2卷。明·孙一奎（孙文垣、东宿、生生子）撰。孙一奎，字文垣，号东宿、生生子，休宁人。

为孙氏在三吴地区行医治验之实录。收载心痹、胁痛、痛风、肠风、肠痈、半身不遂、晕厥、脘痛、痞积、疟症及妇人经带胎产等病症治案，共154则。

本书单行本现存4种版本：一种明万历元年（1573）刻本，藏于中国中医科学院图书馆、武汉大学图书馆；一种明代刻本，藏于中国国家图书馆、黑龙江中医药大学图书馆；一种清代刻本，藏于苏州市中医医院图书馆；一种抄本，藏于成都中医药大学图书馆。另可见于《孙文垣医案》。

新都治验
（孙一奎；1573）

现存。2卷。明·孙一奎（孙文垣、东宿、生生子）撰。孙一奎，字文垣，号东宿、生生子，休宁人。

系孙氏在新都临证治验之实录。收载外感、发热、咯血、肺痈、中风、下痢脓血、眩晕、癫痫、温症、口疮等病症治案，共203则。

本书单行本现存4种版本：一种明代万历年间刻本，残本，藏于天津医学高等专科学校图书馆；一种明代刻本，残本，藏于中国中医科学院图书馆；一种刻本，残本，藏于浙江中医药大学图书馆；一种抄本，藏于中国中医科学院图书馆、南京中医药大学图书馆。

孙一奎临诊录存医案
（孙一奎；1573）

现存。不分卷。原题明·孙一奎（孙文垣、东宿、生生子）撰。孙一奎，字文垣，号东宿、生生子，休宁人。

所载诸医案以内伤杂病为主，共110则。

本书单行本现存一种抄本，藏于上海图书馆。

医案二种（孙一奎；1573）

现存。不分卷。原题明·孙一奎（孙文垣、东宿、生生子）撰。孙一奎，字文垣，号东宿、生生子，休宁人。

本书单行本现存一种明代刻本，藏于中国科学院生命科学图书馆（上海）。

程原仲医案（程崙；1621）

现存。5卷，附方1卷。又名《程氏医案》《寸补集》《寸补医案》。明·程崙（程原仲、星海）撰。程崙，字原仲，号星海，歙县人。

首卷载原道、原脉、审证、聆音、辨味、奇正、贵简、博约医论8篇，介绍望、闻、问、切审证要旨；其余各卷分伤寒、痢疾、产狂、血症、呕吐、咳喘、不寐、痰饮、难产、腹痛、黄疸、牙痛等门，载各科医案192则，每案记其主脉、主症、病程转机、方药变通等，可充分体现程氏丰富的临证经验和诊疗特色。卷末附验方56首。

本书单行本现存5种版本：明天启五年（1625）方道大刻本，藏于首都图书馆、中国中医科学院图书馆、安徽省图书馆；一种明天启年间抄本，藏于苏州图书馆；清乾隆二十四年（1759）柴国琏抄本，藏于江西省图书馆；一种抄本，藏于苏州市中医医院图书馆；一种日本抄本，藏于中国医学科学院图书馆、上海中医药大学图书馆。

程茂先医案（程从周；1632）

现存。4卷，一本作2卷。明·程从周（程茂先）撰。程从周，字茂先，歙县人。

不分门类，载内、外、妇、儿科医案87则。以"火与元气不两立"为依据，持甘温除热之说，阐发阴证伤寒之理。程氏学术上受李东垣、汪机影响，诊治疾病多立足于阴、气、脾、肾，善用参、芪、归、术、苓等，多与干姜、附子合方，强调处方"贵简"，书中近70%医案是以温补培元治法论治并取效。

本书单行本现存1979、1981年上海古籍书店据明崇祯五年（1632）刻本影印本。

医学会通（方以智；1638）

明·方以智（方密之、曼公、龙眠愚者）撰。方以智，字密之，号曼公、龙眠愚者，桐城人。

医论类著作。主要讨论诸家之争，对于气火之论、左肾右命门等方面有所发明。

本书单行本现存一种抄本，藏于安徽博物院。

古今名医汇粹（罗美；1675）

现存。8卷。清·罗美（罗澹生、罗东逸）撰。罗美，字澹生、东逸，歙县人。

作者因感于众多学医者"面墙窥管，费人试方"，乃与同志数人，旁搜远绍，始自汉代，下迄元明，不下百余家，选辑医论名言，汇通《灵枢》《素问》诸经微旨，分医论、脉要、病能3集，编成此书。书中医论集10篇，载先贤论述89则；脉要集14篇，载景岳脉章11条，诸家脉论8条；病能集载杂病53门，记薛氏医案64则，妇人治验4篇，妇科杂病8则，胎产产后病证72则。盛新甫序言说："咀啜近代之精华，不言轩岐而经旨悉具；《金匮》《千金》之方，虽篇目不列而治法无遗。"

本书单行本现存11种版本：一种清代康熙年间抄本，藏于中国中医科学院图书馆、哈尔滨医科大学图书馆、吉林省图书馆；清嘉庆六年（1801）五柳居刻本，藏于中国国家图书馆、中国科学院国家科学图书馆、北京大学图书馆等国内12家藏书机构；清道光三年（1823）嘉兴盛新甫刻本，藏于中国国家图书馆、安徽中医药大学图书馆、中国中医科学院图书馆等国内28家藏书机构；一种清道光三年（1823）刻本本衙藏板，藏于河北医科大学图书馆；一种清道光十三年（1833）刻本，藏于中国中医科学院图书馆、长春中医药大学图书馆；清咸丰九年（1859）巴县桂文堂刻本，藏于重庆图书馆；一种清代刻本，藏于广州中医药大学图书馆、镇江图书馆、陕西中医药大学图书馆；一种清代抄本，藏于中国国家图书馆、中国中医科学院图书馆、复旦大学图书馆、中山大学图书馆；1924年上海大成书局石印本，藏于浙江省中医药研究院图书馆、山东大学医学部图书馆、安徽省图书馆；一种抄本，藏于中国国家图书馆、北京中医药大学图书馆、上海图书馆；一种节抄本，藏于中国中医科学院图书馆。

名医汇编（罗美；1675）

现存。3卷。清·罗美（罗澹生、罗东逸）撰。罗美，字澹生、东逸，歙县人。

系《古今名医汇粹》的节抄本。

本书单行本现存一种清代抄本，藏于民间私人处。

医暇卮言（程林；1676）

现存。2卷。清·程林（程云来、静观居士）撰。程林，字云来，号静观居士，歙县人。

为医话论著。杂录各代医药典故，并予述说，演成此帙。全书述天地阴阳、形神脏腑、脉证方药，多取材于《庄子》《吕览》等。限于时代，在杂谈自然、物理现象及释医中，掺杂了一些糟粕性内容。

本书单行本现存一种清代抄本，藏于中国中医科学院图书馆。另可见于《中国医学大成》。

医验录（吴楚；1683）

现存。卷首1卷，初集2卷，二集2卷，附《兰藂十戒》。清·吴楚（吴天士、畹庵）撰。吴楚，字天士，号畹庵，歙县人。

初集以时间为序，载吴楚自辛酉至癸亥（1681—1683）3年验案，共101则，涉及内、妇、儿、五官等科疾病，所选医案多为俗医误治而疑难者。二集原为4卷，载吴楚自康熙乙丑至癸未（1685—1703）近20年间临证奇验之医案，多为疑难危重之证。卷二内伤部分由潜溪汪修况于清康熙四十年（1701）刊印，卷一伤寒部分于清乾隆十八年（1753）由其子吴芳洲编次刊行，卷三、卷四终未刊行。二集改初集以时间为序的做法，按证分类，分伤寒、内伤、杂证，皆疑难误治病案，共计97则，涉及伤寒52则、内伤24则、虚劳21则，各案均夹叙夹议，所论不落俗套。吴氏善用温补，尤对真假寒热能精思明辨，所载医案，用寒凉而验者十之三四，用温补而验者十之五六。

本书单行本现存4种版本：清康熙年间吴元度刻初集、清乾隆十八年（1753）汪宽刻二集畹香草堂刻本，藏于中国医学科学院图书馆（仅存初集）、中国中医科学院图书馆、北京中医药大学图书馆、吉林省图书馆、中华医学会上海分会图书馆、上海中医药大学图书馆、南京图书馆、苏州市中医医院图书馆、四川大学医学图书馆；清嘉庆五年（1800）朱隐洪抄本，藏于河南中医药大学图书馆；清咸丰三年（1853）内江博学斋刻本，藏于四川省图书馆、重庆图书馆；一种抄本，藏于中国中医科学院图书馆。

医学碎金
（汪启贤、汪启圣注，汪大年补；1696）

现存。1卷。清·汪启贤（汪肇开）、汪启圣（汪希贤）选编，汪大年（汪自培）增补。汪启贤，字肇开；汪启圣，字希贤；汪大年，字自培，均为歙县人。

分内、外、妇、五官诸科，载中暑、中寒、水肿等内科疾病50余种，瘰疬、痈疽等外科疾病6种，带下、崩漏等妇科疾病7种和妊娠18问，以及眼、耳、口、鼻、咽喉、唇等疾病，记述了所载各科疾病的病因、病机及治疗方法。

本书单行本现存一种清代刻本，藏于中国中医科学院图书馆。

素圃医案
（郑重光；1706）

现存。4卷。又名《郑素圃医案》。清·郑重光（郑在章、郑在辛、素圃老人）撰。郑重光，字在章、在辛，号素圃老人，歙县人。

为郑氏医案存录，共载案182则。卷一为伤寒治效；卷二为暑证、疟疾、痢疾治效；卷三为诸中证、男病治效；卷四为女病、胎产治效。郑氏长于内科杂病及妇产科，辨证精而用药准，故诊治疾病颇有胆识。其治方以温补见长，但并无偏执。医案记录内容较为完整，有助于读者从中借鉴。吴守远在本书校后记中评价说："论治以阴证居多，故议治多以温补见长，尤多用姜、附起病，为本书一大特色。"

本书单行本现存3种版本：清康熙四十五年（1706）古歙许氏刻本，藏于中国科学院国家科学图书馆、上海中医药大学图书馆；一种清秩斯堂刻本，藏于南京图书馆；一种抄本，藏于上海辞书出版社图书馆、上海中医药大学图书馆。另可见于《郑素圃医书五种》和《珍本医书集成》。

医学体用
（卢云乘；1722）

现存。2卷。清·卢云乘（卢在田、鹤轩）撰。卢云乘，字在田，号鹤轩，黟县人。

系作者平素临证治疗笔记的整理汇编。

本书单行本现存一种清代康熙年间刻本，藏于中国医学科学院图书馆、中国人民解放军医学图书馆。

临证指南医案
（叶桂撰，华岫云整理；1766）

现存。10卷，附《种福堂公选温热论医案》1卷、《种福堂公选良方》3卷。清·叶桂（叶天士、香岩、南阳先生、上津老人）原撰，华岫云整理。叶桂，字天士，号香岩，别号南阳先生、上津老人，歙县人。

后世公认的临床医案范本。系由叶桂门人华岫云收集叶氏晚年医案2500余则，取其方药治验者，分类编辑而成。所收医案充分体现了叶氏温病学术思想及杂病辨治特色，是反映叶桂诊疗温热时证、各科杂病经验的主要著作。全书按病证分为89门，以温病治案尤多。每门由其门人撰附论治1篇，门后附徐灵胎评议。卷一至卷八记载内科杂证、时证案，卷九载妇科案，卷十载儿科案，书末附所用方剂索引。所载医案，辨证精细，充分体现了叶氏治病细微、善于抓住主症的特点，立法处方妥帖、中肯，用药灵活而有法度，往往以平凡药物而获奇效，吴鞠通《温病条辨》多取材于此。

本书是一部影响深远的名医医案专著。问世之后，屡经刻行，现存约54种版本。其初刊本清乾隆三十一年（1766）序刻本仍存，藏于河北医科大学图书馆、内蒙古医科大学图书馆、甘肃中医药大学图书馆、上海图书馆、宁波市图书馆。

小儿诸热辨
（许豫和；1775）

现存。1卷。又名《热辨》。清·许豫和（许宣治、橡村）撰。许豫和，字宣治，号橡村，歙县人。

为医论著作，专述小儿热病的辨证治疗及临床经验。列医论20篇，除结胸论、先天不足论、小儿无七情辨等10篇杂论外，主要论述两大专题，一为小儿外感或内伤发热诸证，一为小儿惊风发搐。其辨治小儿发热证的经验，较为全面地体现了许氏对小儿热病的诊治特色。许氏治疗热证首重存阴，治疗惊风不专金石，危急重症内外并施，制方遣药精简轻锐。

本书单行本现存一种清代刻本，藏于山东中医药大学图书馆、中国中医科学院图书馆、江西省图书馆、黑龙江中医药大学图书馆、中国科学院生命科学图书馆（上海）、扬州市图书馆。另可见于《许氏幼科七种》。

赤崖医案
（汪廷元；1782）

现存。2卷。又名《新安医案》《新安医案摘录》。清·汪廷元（汪瓒禾、赤崖）撰。汪廷元，字瓒禾，号赤崖，歙县人。

系汪氏于扬州行医验案的记录整理。共收医案51则，包括伤寒、温病和内、妇、儿等科杂病。所收案例多为奇症，辨证清晰，处方用药严谨细致。

本书单行本现存一种清乾隆四十七年（1782）刻本，藏于浙江省中医药研究院图书馆、安徽省图书馆。中医古籍出版社 2011 年将此本影印出版。

怡堂散记（许豫和；1785）

现存。2 卷。清·许豫和（许宣治、橡村）撰。许豫和，字宣治，号橡村，歙县人。

为医话著作，所载内容系作者的读书心得、诊余杂记。上卷为医案医话，记录作者平时临证治验与见闻实录；下卷评论各家之说，驳斥门户之见，倡导不可"执守一方"，及至方论本草，详述其理。曹文埴评价该书说："列病证，详医方，以己所临治有验者，悉书其原委曲折，各家论辩，以与古相发明。"

本书单行本现存一种清代刻本汉镇粤东公所藏板，藏于中国中医科学院图书馆。另可见于《许氏幼科七种》中。

散记续编（许豫和；1785）

现存。1 卷。清·许豫和（许宣治、橡村）撰。许豫和，字宣治，号橡村，歙县人。

为《怡堂散记》之续编。共 21 论，既有对中医理论的阐发，如读经、再论秋伤于湿、生气、论五行等篇；亦有对于临床用药证治的思考，如用药有法、用药相机、保赤续言、痘诀续言等篇，对于中医理论研究和临床指导均有启悟。

本书单行本现存 2 种版本：一种清代刻本，藏于天津中医药大学图书馆；一种 1926 年抄本，藏于南通大学启秀校区图书馆。另可见于《许氏幼科七种》。

方星岩见闻录（方成垣；1786）

现存。5 卷。清·方成垣（方星岩）注。方成垣，字星岩，歙县人。

本书单行本现存一种清乾隆五十一年（1786）抄本，藏于四川省图书馆。

医论三十篇（韦协梦；1798）

现存。1 卷。清·韦协梦（韦静山）撰。韦协梦，字静山，芜湖人。

医论医话著作。载医论 30 篇，内容涉及阴阳、气血、水火、治则、治法、遣方、用药、禁忌、任医、养生等，篇幅精短，论说精辟，多有独到见解，对中医临床多有启迪。

本书单行本现存 2 种版本：一种清嘉庆三年（1798）刻本，藏于中华医学会上海分会图书馆、南京中医药大学图书馆；一种清代道光年间刻本，藏于中国中医科学院图书馆。

杏轩医案（程文囿；1805）

现存。3 卷。又名《程杏轩医案》。清·程文囿（程观泉、杏轩）撰。程文囿，字观泉，号杏轩，歙县人。

子目包括：医案初集、医案续录、医案辑录。《初集》成书于清嘉庆十年（1805），《续录》编成于清道光六年（1826），至清道光九年（1829）合初集、续录、辑录一并刊刻。不分门类，共辑录临床疑难病案 192 则，包括《初集》77 则、《续录》50 则、《辑录》65 则，是程氏一生临床经验的总结。所载医案包括内、外、妇、儿诸科，包含许多急危重症。每案详述病因证治，多有辨析真假寒热、实证类虚、阴极似阳等复杂病证，选案精严，查症细致，立方遣药灵活化裁。医案记录真实完整，不仅记录成功案例，也收录了疗效不佳或无效案例，并注意后期追访。

本书单行本现存 9 种版本：一种清嘉庆十年（1805）刻本（存初集），藏于中国科学院国家科学图书馆、南京中医药大学图书馆；一种清道光九年（1829）刻本，藏于中国中医科学院图书馆（存辑录）、中国中医科学院中国医史文献研究所（存辑录）、北京中医药大学图书馆、上海图书馆、安徽省图书馆、江西省图书馆；一种清代道光年间刻本，藏于中国国家图书馆（存续录）、中国中医科学院图书馆；一种清光绪六年（1880）刻本，藏于中国中医科学院图书馆（存辑录）、辽宁省图书馆、上海辞书出版社图书馆、上海中医药大学图书馆、南京中医药大学图书馆、苏州市中医医院图书馆、安徽省图书馆；清光绪十七年（1891）汉上刻本琴溪梅氏家塾藏板，藏于中国国家图书馆、天津医学高等专科学校图书馆、河南中医药大学图书馆、上海辞书出版社图书馆（存辑录）、苏州市中医医院图书馆、安徽省图书馆、成都中医药大学图书馆；一种清代刻本，藏于中国国家图书馆（存初集）、中国中医科学院图书馆（存续录）、北京大学医学图书馆、天津中医药大学图书馆、内蒙古图书馆；民国上海大东书局铅印本，藏于首都图书馆、长春中医药大学图书馆、云南省图书馆；民国中华书局铅印本，藏于陕西中医药大学图书馆、长春中医药大学图书馆；一种抄本，藏于中国科学院国家科学图书馆、中国人民解放军医学图书馆、辽宁省图书馆、长春中医药大学图书馆、上海图书馆、上海中医药大学图书馆、苏州市中医医院图书馆、苏州大学医学部图书馆、浙江省图书馆。另可见于《珍本医书集成》和

《中国医学大成》。

医阶辨证（汪必昌；1810）

现存。1卷。清·汪必昌（汪燕亭、聊复）撰。汪必昌，字燕亭，号聊复，歙县人。

对病状相同而病因不同的内外诸证加以辨析，阐述要点，共载139种病证，有助于临床鉴别诊断。对有些病证，分析鉴别过于简略，有的只是病名解释，是其不足之处。末附《虚证用药法》。

本书单行本现存一种清嘉庆十五年（1810）刻本，藏于河北医科大学图书馆。另可见于《聊复集》和《三三医书》。

医经余论（罗浩；1812）

现存。1卷。又名《医经原论》《内经余论》。清·罗浩（罗养斋）撰。罗浩，字养斋，歙县人。

为医话专著。包括论师道、论读书、论脉等24篇。附《医林杂咏》30首。对口、鼻两种感邪途径所导致的温疫类疾病证候和轻重进行了辨析，主张"温疫截断下手宜辣"，可视为后世医家治疗温病"扭转截断"疗法的先声。全书述医理文辞富赡，多涉医史，以经证经，论本草证以张仲景之方，多为作者攻读医籍与临床实践的心得体会，语简意明，荟萃精华。

本书单行本现存2种版本：一种清嘉庆十七年（1812）刻本，藏于上海中医药大学图书馆、南京中医药大学图书馆、云南省图书馆；一种抄本，藏于上海中医药大学图书馆。

叶氏医案存真（叶桂撰、叶万青辑；1832）

现存。3卷。又名《叶案存真类编》《评点叶案存真类编》。清·叶桂（叶天士、香岩、南阳先生、上津老人）原撰，叶万青辑。叶桂，字天士，号香岩，别号南阳先生、上津老人，歙县人。叶万青，叶桂玄孙。

系叶桂玄孙叶万青取家藏方案及《天元医案》中所载叶桂医案等辑成。不分类别，脉证方药齐备。卷一以杂病治案为主；卷二以温热病案为多；卷三为运用仲景方验案。末附马元仪《印机草》1卷及祁正明、王晋三医案数则。周学海在点评《叶案存真类编》中说："叶先生于外感，最长于温热；于杂病，最长于虚损；总是长于治郁而已，自来医案皆自编辑，故必其证之稍新、治之已效者，乃从而撰之。其寻常易晓者，不多见也。先生案辑于后人，得失兼收，瑕瑜不掩，因其所矣！而案之宏富，遂为医林中独成一子，好学得思者，正乐而读之，以观其真，岂非盛事耶！"

本书单行本现存 10 种版本，主要为清道光、光绪年间系列刻本，全国各主要图书馆多有藏本。现存最早版本为清道光十六年（1836）吴县叶氏家刻本，藏于中国国家图书馆、中国中医科学院图书馆、安徽中医药大学图书馆、首都医科大学图书馆、济南图书馆、陕西中医药大学图书馆、中国医科大学图书馆、吉林省图书馆、黑龙江中医药大学图书馆、苏州图书馆、浙江省中医药研究院图书馆、福建中医药大学图书馆、中山大学图书馆。另有一种清代道光年间刻本，藏于陕西省中医药研究院图书馆；一种抄本，藏于河南中医药大学图书馆、内蒙古图书馆、苏州大学医学部图书馆。

红树山庄医案（叶昶；1861）

现存。12 卷。清·叶昶（叶馨谷、涪兰）撰。叶昶，字馨谷，号涪兰，休宁人。

系作者晚年将其 30 余年验案交于其子叶韵笙整理而成。

本书单行本现存一种抄本，藏于中山大学图书馆、安徽博物院和私人处。

新安佚名氏医案（佚名氏撰，刘彦词录；1867）

现存。不分卷。清·佚名氏撰，刘彦词录。佚名氏，新安人。

共收录医案近百则。各案处方中肯，施药灵活，按语简洁。

本书单行本现存一种稿本，藏于婺源私人处，收入上海大学出版社 2018 年出版的《珍稀中医稿钞本丛刊·新安卷》。

引经证医（程梁；1873）

现存。4 卷。清·程梁（程汀茵）撰。程梁，字汀茵，歙县人。

前 2 卷采用客主问答形式，援引《内经》《难经》经文，对阴阳、四时、五行等 12 个重要概念和中风、肿胀、疟等 40 种常见病证进行理论阐述。

后 2 卷为医案部分，多引用《内经》经文对前述各病证进行理论分析，并附效验方。该书说理、论病皆以经典理论为指归，深入浅出，娓娓道来；临证处方，师古不泥，灵活多变，是中医药经典理论与临床实践相结合的一部好书，对后世医家多有启发。

本书单行本现存 2 种版本：一种清光绪八年（1882）刻本，藏于首都图书馆、中国中医科学院图书馆、安徽中医药大学图书馆等全国23家藏书机构；一种刻本，藏于北京中医药大学图书馆、吉林省图书馆、黑龙江省中医药科学院图书馆。

管见医案
（陈鸿猷；1873）

现存。1卷。清·陈鸿猷（陈长谷）撰。陈鸿猷，字长谷，祁门人。

系陈氏晚年辑录其生平治验整理而成。首列"人身阴阳水火说"，详论人身阴阳互根、水火既济之理；次列"医书传道说"，示医家必深究之医理，体会明通，方能临证不惑；再列"医案"58则，涉及内、外、妇、儿各科，脉症悉具，方药齐备，使读者一目了然。陈氏之说，多宗前贤，尤其重视张介宾之学。

本书单行本现存清同治十二年（1873）祁西陈氏刻本，藏于安徽省图书馆。

性理绪余
（朱祝三；1877）

现存。5卷。清·朱祝三（朱光民、尧民）撰。朱祝三，字光民，号尧民，庐江人。

按金、木、水、火、土分为5卷，分别为《医话原道篇》《医话陈情篇》《医话尚友篇》《医话使巧篇》《医话尽心篇》。记述了有关阴阳五行、五运六气、藏象、病机、养生、诊断、治疗等方面的内容，并有对古代医籍的部分论述和古代医家某些理论的个人见解和发挥，卷五大部分为医案，共收医案百余则。

本书单行本现存清光绪五年（1879）白鹿山房活字本，藏于中国医学科学院图书馆、中国人民解放军医学图书馆、安徽省图书馆。

医法心传
（程芝田撰，雷丰校订；1882）

现存。1卷。清·程芝田（程瘦樵、程鉴）撰，雷丰校订。程芝田，字瘦樵，号鉴，歙县人。

系整理程氏读书、行医心得而成。共包括医法长沙、读书先要根柢说、张刘李朱四子论、伤寒六经析义等医论12篇，涵括伤寒、温疫、痢疾、痘科及损伤等病症病机要点、辨治要领。作者学验俱丰，又有革新思想，故论述多有新意。

本书单行本现存3种版本：清光绪十一年（1885）日昇山房刻本，藏于中国国家图书馆、福建中医药大学图书馆；清光绪十三年（1887）养鹤山房刻本，藏于中国国家图书馆、中国中医科学院图书馆、首都图书馆等全国37家藏书机构；一种清代光绪年间刻本，藏于天津医学高等专科学校图书馆、武汉大学图书馆医学分馆、四川大学医学图书馆、福建中医药大学图书馆。另可见于雷少逸《雷刻医书三种》和《医籍汇录》。

程敬通医案（程衍道遗方，程曦注释；1883）

现存。2卷。又名《仙方遗迹》《仙方注释》。明·程衍道（程敬通）遗方，清·程曦（程锦雯、甫目）注释。程衍道，字敬通；程曦，字锦雯，号甫目，歙县人。

清光绪九年（1883），程曦得程衍道遗方57首，遂在雷少逸指导下，逐一注释，并仿程衍道手迹加以钩摹，于清光绪九年（1883）编成，当时名曰《程正通先生仙方注释》，后于1927年由浙江衢县龚六一堂编入《六一子医学丛书》第一集，刊行于世，医界皆辗转传抄。1977年，歙县卫生局将此书更名为《程敬通医案》，重新排印问世。全书载程氏晚年医案57则，其中8则有方无案，案语言简义邃，处方用药简洁精当，叶桂、薛雪皆有所宗，温病学家雷少逸喻之为"丰城剑、卞和玉"。

本书成稿后未刊行。现存清光绪九年（1883）稿本，藏于中国中医科学院图书馆；一种抄本，藏于上海中医药大学图书馆。本书稿本收于1927年浙江衢县龚六一堂铅印《六一子医学丛书》中，现北京中医药大学图书馆、天津医学高等专科学校图书馆、上海图书馆、上海中医药大学图书馆、山西省中医药研究院图书馆、浙江中医药研究院有藏。1977年，安徽省歙县卫生局曾根据手抄本翻印。另有一种抄本，藏于婺源私人处，收入上海大学出版社2018年出版的《珍稀中医稿钞本丛刊·新安卷》。

广陵医案摘录（汪廷元撰，佚名氏录；1890）

现存。3卷。又名《广陵医案》。清·汪廷元（汪瓒禾、赤崖）原撰，佚名氏摘录。汪廷元，字瓒禾，号赤崖，歙县人。

载医案34则，涉及临床各科。对病程始末、辨证用药处方等记载颇详，于疑难证治尤多阐发。后附太乙神针、金疮铁扇散方。

本书单行本现存撰者自刻本，藏于辽宁省图书馆、上海中医药大学图书馆。1984年江苏广陵古籍刻印社据此本影印出版。

读医随笔
（周学海；1891）

现存。6卷。清·周学海（周澄之、周健之）撰。周学海，字澄之、健之，东至人。

系作者汇集其读书和临证笔记而成。卷一为证治总论，卷二为形气、脉法类，卷三、卷四为证治类，列各种病症证治，卷五为方药类，审辨药物性味效用，卷六为评释类，为作者研读医书的心得体会。

本书单行本现存4种版本：清光绪二十四年（1898）皖南建德周氏刻本，藏于中国科学院国家科学图书馆、中国中医科学院中国医史文献研究所、北京中医药大学图书馆、山东中医药大学图书馆、广州中医药大学图书馆等16家国内藏书机构；1928、1933、1934年上海广益书局石印本，藏于中国中医科学院、天津中医药大学图书馆、安徽中医药大学图书馆、上海中医药大学图书馆、成都中医药大学图书馆等14家国内藏书机构；1936年上海大东书局铅印本，藏于长春中医药大学图书馆；一种抄本，藏于中国科学院国家科学图书馆。另可见于《周氏医学丛书》《中国医学大成》。

医门奇验
（胡金相；1894）

现存。4卷。又名《胡氏医案》。清·胡金相（胡秋帆）撰。胡金相，字秋帆，泾县人。

卷一首述历代名贤之特长，次论外感门，载有风症、肝风、温热、湿热、寒湿、温疫等病案30则；卷二为内伤门，收入痢疾、吐泻、疟疾、气痛、血症等病案40则；卷三为虚损门，载阴虚阳脱、阴阳两脱危证等病案27则；卷四为杂病门，列妇科、痘疹、肩腰痛、疝气、痫症等病案49则。以上所载病案用方多为自拟方。

本书单行本现存一种清光绪二十年（1894）刻本，藏于中国科学院国家科学图书馆、天津图书馆、上海中医药大学图书馆。

困学随笔
（朱恩；1897）

现存。13卷。清·朱恩（朱心农、朱锡农）撰。朱恩，字心农、锡农，芜湖人。

系朱氏读书心得所辑而成。内容为杂述、医案、方解等。广集诸家之言，内容较为丰富，在温热杂感辨治上颇有心得。含医案6卷。

本书单行本现存清光绪二十三年（1897）上海宝善书局石印本，藏于中国中医科学院中国医史文献研究所、中国人民解放军医学图书馆、山西省中医药研究院图书馆、上海中医药大学图书馆、苏州市中医医院图书馆、苏州大学医学部图书馆、广州中医药大学图书馆。

李能谦医案（李能谦；1905）

现存。不分卷。又名《医案合方经验》。附《李永铎医案》。清·李能谦(李光瑞、李启赞)撰。李能谦，字光瑞、启赞，歙县人。

系李氏父子医案合纂。首载父李能谦验案45则，涉及虚损、崩漏、癫狂、咳嗽等32种病证；次为子李永铎验案50余则，包括寒疫、阳痿等42种病证。每案记录甚详，辨证用药颇具见地。

本书单行本现存一种清光绪三十一年(1905)抄本，藏于上海中医药大学图书馆。

东山别墅医案（叶熙钧；1918）

现存。1卷。清·叶熙钧(叶韵笙)原撰，叶氏曾外孙整理编辑。叶熙钧，字韵笙，歙县人。

据原抄本附注分类，共分25门，载医案124则，多为杂病验案。书末附叶氏曾孙胡仲灵集叶氏方案，名为《东山余集》，亦分25门，辑医案148则。另录有叶熙铎《种蕉山房医案》10余则。叶氏重视后天之本，临证常治以"抚土"法，调和营卫气血，善用轻灵之药。

本书单行本现存一种抄本，藏于安徽博物院，安徽科学技术出版社将此本整理收于《新安医籍丛刊》中出版。

中国医药问题（王一仁；1927）

现存。不分卷。王一仁(王以仁、王依仁、王晋第、瘦钦)撰。王一仁(1898—1971)，又名以仁、依仁、晋第，号瘦钦，歙县人。

作者抛去成见，将中西医的内容以及中西医的利弊进行剖析，尤其注意将改造途径分段论述，主张吸收外来医药精粹，整理发扬中医中药，走中西医结合道路。书后附有《阴阳五行六气之释义》。

本书单行本现存3种版本：1928年上海著者铅印本，藏于上海中医药大学图书馆；1930年上海吴承记书局铅印本，藏于重庆图书馆；1935年上海国医学会铅印本，藏于中国中医科学院图书馆、上海中医药大学图书馆。

三衢治验录
（王一仁；1932）

现存。不分卷。王一仁（王以仁、王依仁、王晋第、瘦钦）撰。王一仁（1898—1971），又名以仁、依仁、晋第，号瘦钦，歙县人。

系王一仁先生的临证经验笔记汇编，其中包括较多急证治验。

本书单行本现存1932年上海中医书局铅印本，藏于江西中医药大学图书馆。

丰文涛医案
（丰文涛撰，佚名氏辑；1936）

现存。不分卷。民国·丰文涛原撰，佚名氏辑。丰文涛，歙县人。

共收录丰氏临证医案168则，涉及内、外、妇、儿诸科。

本书单行本现存一种抄本，藏于婺源私人处，收入上海大学出版社2018年出版的《珍稀中医稿钞本丛刊·新安卷》。

中医系统学
（王一仁；1936）

现存。不分卷。王一仁（王以仁、王依仁、王晋第、瘦钦）撰。王一仁（1898—1971），又名以仁、依仁、晋第，号瘦钦，歙县人。

分上下两篇。上篇为阴阳与细胞、五行与化学、六气论、经脉通论等内容；下篇为导言，独创新论，认为太阳经主体温系统、阳明经主营养系统、少阳经主分泌系统、太阴经主消化系统、少阴经主代谢系统、厥阴经主传导系统。

本书单行本现存1936年杭州仁庵学舍铅印本，藏于中国中医科学院图书馆、上海中医药大学图书馆、安徽医科大学图书馆。另可见于《仁庵医学丛书》。

意庵医案
（王琠；明代）

现存。不分卷。明·王琠（王邦贡、意庵、小药山人）撰。王琠，字邦贡，号意庵，别号小药山人，祁门人。

所载医案最晚为1542年案。共载病案84则，包括内科54则、外科11则、妇科5则、儿科11则、眼科3则。评脉辨证切中要点，治多祛邪，每用吐、下而收奇效，汗、吐、下三法者超过半数。行文流畅生动，医案理法方药切中辨证论治要点，议论中肯。

本书原未曾刊行，河南省中医药研究院张金鼎、曹鸿云于1982年在郑州发现其手抄本，通过整理校注，由江苏科学技术出版社于1986年出版。

新安程星海医案（程崙；明代）

现存。不分卷。明·程崙（程原仲、星海）撰。程崙，字原仲，号星海，歙县人。

本书单行本现存一种清代抄本，藏于南京图书馆。

医法心传（程衍道；明代）

现存。1卷。明·程衍道（程敬通）撰。程衍道，字敬通，歙县人。

以论理为主，博约相济，共载杂病52种。每病分述病因、病机、辨证、治疗及预后。如对眩晕病机的认识，提出"六淫之感，七情之伤，皆足是病"，"怒气伤肝，则肝火上冲"，"脾受湿伤，久则湿热痰凝；肾水不足，而雷龙之火震发于上，皆能为眩为晕，其得之气血耗损，更自不少，或虚或实，切而知之"，"治法概以清火、导痰、理气、养血为正"，可谓集各家之精华，独有见解，对后学有一定启发。

本书单行本现存一种抄本，藏于私人处。1977年安徽省歙县卫生局曾据手抄本翻印，1989年歙县中医医院亦有翻印。

舟山医案（唐茂修；清代）

现存。6卷。清·唐茂修（唐竹轩）撰。唐茂修，字竹轩，休宁人。

系唐氏门人根据按日抄录的门诊处方整理而成。分30门，载医案118则。内容文字未经修饰，案语甚简，用药轻灵。一本后附哲衡补抄方案21则。

本书单行本现存2种版本，一种华阳胡均安抄本，一种平阳汪焕章稿本，均藏于休宁、祁门私人处。安徽科学技术出版社据上述稿抄本，将本书整理收于《新安医籍丛刊》中出版。

温热症医案（孙一奎撰，永和恒记主人辑；清代）

现存。不分卷。又名《孙文垣温热病医案》。明·孙一奎（孙文垣、东宿、生生子）原撰，清末徽州永和恒记主人整理。孙一奎，字文垣，号东宿、生生子，休宁人。

共辑录孙一奎温热病案42则。较为集中地展现了孙氏诊治温热病的特色。各病案辨证深细，用药灵活精当。

本书单行本现存一种抄本，藏于婺源私人处，收入上海大学出版社2018年出版的《珍稀中医稿钞本丛刊·新安卷》。

新安痘疹医案（佚名氏；清代）

现存。不分卷。清·佚名氏撰。佚名氏，新安人。

收录新安医家痘疹验案100余则，多数为危重病案。作者辨证审慎，处方中肯，施药妥帖灵活，案语翔实切要。从书中各案处方看，喜用血肉有情之品。

本书单行本现存一种稿本，藏于婺源私人处，收入上海大学出版社2018年出版的《珍稀中医稿钞本丛刊·新安卷》。

评点叶案存真类编（叶桂撰，叶万青编，周学海评；清代）

现存。2卷。清·叶桂（叶天士、香岩、南阳先生、上津老人）原撰，叶万青编，周学海评。叶桂，字天士，号香岩，别号南阳先生、上津老人，歙县人。

系周氏对《叶氏医案存真》加以整理评点，调整体例而成。周氏先将叶案根据病种进行分类，上卷载以内科杂病为主验案24则，下卷载外感热病、妇、儿科验案25则，删除原书马元仪及他人医案。

本书单行本现存4种版本：清光绪十九年（1893）序刻本，藏于中国国家图书馆、中国中医科学院图书馆、天津市医学科学技术信息研究所、黑龙江中医药大学图书馆、苏州市中医医院图书馆、镇江图书馆、安徽中医药大学图书馆、浙江中医药大学图书馆；一种1932年刻本，藏于天津市医学科学技术信息研究所；一种上海千顷堂石印本，藏于上海中医药大学图书馆；一种抄本，藏于黑龙江中医药大学图书馆、苏州大学医学部图书馆。另可见于《周氏医学丛书》。

未刻本叶氏医案（叶桂撰，周仲升录，程门雪校；清代）

现存。2卷。清·叶桂（叶天士、香岩、南阳先生、上津老人）原撰，周仲升抄录，程门雪校读。叶桂，字天士，号香岩，别号南阳先生、上津老人，歙县人。

系根据叶氏学徒周仲升每日抄录叶天士先生的临诊脉案，整理成册，以供日后临诊参考、借鉴之用，未曾经过修饰，为可靠之叶氏原意。唯不载姓氏及复诊等内容，漫无分别，使后学无从稽考。是书抄成后，顾其年借周之抄本再抄，由朱周燮于清乾隆三十四年（1769）孟夏作序，并由顾其年于清朝乾隆三十六年（1771）三月初六始刻，20世纪上半叶由上海张耀卿医师收藏抄本，经名医程门雪借得校读。程门雪在校读过程中写下《校读记》，谓本书"议论之恢宏，治疗之奇特，收罗之广博，自不及《指南》之富、《存真》之精。而特有之好处，亦二书所未有也。"

本书单行本现存1963年上海科学技术出版社据张耀卿藏抄本影印本。另可见于清吴金寿《三家医案合刻》。

徐批叶桂晚年方案真本（叶桂撰，徐大椿批，张振家校；清代）

现存。2卷。又名《叶天士晚年方案真本》。清·叶桂（叶天士、香岩、南阳先生、上津老人）原撰，叶桂门人辑录，徐大椿评批，张振家参校。叶桂，字天士，号香岩，别号南阳先生、上津老人，歙县人。

共收病案497则，均系叶天士晚年方案，且未经修饰。所载医案涉及内、外、妇、儿各科，多为内科杂病，且未刊入《叶案存真》。编写体例与《临证指南医案》大致相同，或旁加引证，探究病之本源，或融哲理于医理，浑然而成，亦有寥寥片语而就者，亦言简意赅。清代医家徐灵胎之批语，每中肯綮，豁然于目。此书后为吴县张振家所得，爰与门人共同校订，刊于清光绪十五年（1889），之后由曹炳章圈校，复刻于《中国医学大成》中。

本书单行本现存4种版本：清光绪十五年（1889）苏城六润斋刻本，藏于中国科学院国家科学图书馆、中国中医科学院图书馆、首都医科大学图书馆、山东省图书馆、陕西中医药大学图书馆、辽宁中医药大学图书馆、中国医科大学图书馆、吉林省中医药研究院图书馆、上海图书馆、复旦大学图书馆、上海中医药大学图书馆、安徽中医药大学图书馆、苏州市中医医院图书馆、浙江省中医药研究院图书馆、江西省图书馆；1921年绍兴医药学报社刻本，藏于中国中医科学院图书馆、安徽中医药大学图书馆；1923年杭州三三医社刻本，藏于中国中医科学院图书馆；1937年上海大东书局铅印本，藏于南京图书馆。另可见于《中国医学大成》。

临证指南医案续集（叶桂撰，佚名氏辑；清代）

现存。不分卷。清·叶桂（叶天士、香岩、南阳先生、上津老人）原撰，佚名氏辑。叶桂，字天士，号香岩，别号南阳先生、上津老人，歙县人。

本书单行本现存清光绪二十二年（1896）宝善局石印本，藏于上海中医药大学图书馆。

叶天士家传秘诀（叶桂撰，佚名氏辑；清代）

现存。1卷。清·叶桂（叶天士、香岩、南阳先生、上津老人）原撰，佚名氏辑。叶桂，字天士，号香岩，别号南阳先生、上津老人，歙县人。

记述胀病、积痛、吐泻、呕吐、泄泻、痢疾、疟、痔等儿科证治验案50余则。论述仅系小儿杂病证治的一部分，内容不够完整，但多数医案均对辨治之法予以详细论析，有一定参考价值。

本书单行本现存3种版本：一种清道光十八年（1838）石印本，藏于苏州市中医医院图书馆；一种抄本，藏于广州中医药大学图书馆；1929年回澜社影印本，藏于首都图书馆、中国中医科学院图书馆、北京大学医学图书馆、河北医科大学图书馆、上海图书馆、上海中医药大学图书馆、南京图书馆、苏州市中医医院图书馆、苏州图书馆、安徽中医药大学图书馆、重庆图书馆。

眉寿堂方案选存（叶桂撰，郭维浚编；清代）

现存。2卷。清·叶桂（叶天士、香岩、南阳先生、上津老人）原撰，郭维浚编校。叶桂，字天士，号香岩，别号南阳先生、上津老人，歙县人。

上卷载春温、时疠、暑、燥、寒、冬温、疟疾等各类时症；下卷载妇科、儿科、外科病症。每类病症均重点介绍辨证立法及处方，辨析疑似之症，分析各类治法。其中妇科治案记述尤详。

本书单行本现存1937年上海大东书局石印本，藏于长春中医药大学图书馆。另可见于《中国医学大成》。

叶天士内科医案（叶桂撰，佚名氏辑；清代）

现存。不分卷。清·叶桂（叶天士、香岩、南阳先生、上津老人）原撰，佚名氏辑。叶桂，字天士，号香岩，别号南阳先生、上津老人，歙县人。

本书单行本现存一种石印本，藏于中国中医科学院图书馆。

叶天士幼科医案（叶桂撰，陆士谔编；清代）

现存。不分卷。清·叶桂（叶天士、香岩、南阳先生、上津老人）原撰，陆士谔编。叶桂，字天士，号香岩，别号南阳先生、上津老人，歙县人。

收载叶氏诊治春温伏气、风温、夏热病、暑湿、受热厥逆、秋燥、吐泻霍乱、急慢惊风、疳积、黄疸、痧疹等19种儿科病症，录医案100余则。案后有徐洄溪、王晋三、王孟英、章虚谷、邹润安等医家评议。

本书单行本现存1920—1933年间世界书局石印本，藏于中国中医科学院图书馆、天津市医学科学技术信息研究所、天津中医药大学图书馆、内蒙古图书馆、内蒙古医科大学中蒙医学院图书馆、锦州市图书馆、上海图书馆、上海中医药大学图书馆、苏州市中医医院图书馆、苏州图书馆、扬州市图书馆、宁波市图书馆、嘉兴市图书馆、浙江省中医药研究院图书馆、湖南图书馆、湖南中医药大学图书馆、四川省图书馆、成都中医药大学图书馆。

叶案括要（叶桂撰，潘名熊编；清代）

现存。8卷。又名《评琴书屋叶案括要》。清·叶桂(叶天士、香岩、南阳先生、上津老人)原撰，潘名熊编。叶桂，字天士，号香岩，别号南阳先生、上津老人，歙县人。

卷一至卷七为内科，卷八为妇科，共列各科病证76种，附案78则。有关温病的论述集中在卷四和卷五，其中卷四列风温、温热、暑，卷五列湿、燥、疫、瘿瘰疹瘰等。

本书单行本现存6种版本：一种清同治十二年(1873)刻本，藏于中国科学院国家科学图书馆、辽宁省图书馆、上海交通大学医学院图书馆、南京中医药大学图书馆、苏州市中医医院图书馆、浙江中医药大学图书馆、成都中医药大学图书馆、广西壮族自治区图书馆、广东省立中山图书馆、广州中医药大学图书馆；清同治十三年(1874)拾芥园刻本，藏于辽宁中医药大学图书馆；一种清同治十三年(1874)刻本，藏于广州中医药大学图书馆；一种清代刻本，藏于天津医科大学图书馆、辽宁中医药大学图书馆、广州中医药大学图书馆；另有1925—1935年间广州大成新记书局铅印本、广州林记书庄石印本存世。

叶天士先生方案（叶桂撰，佚名氏辑；清代）

现存。不分卷。清·叶桂(叶天士、香岩、南阳先生、上津老人)原撰，佚名氏辑。叶桂，字天士，号香岩，别号南阳先生、上津老人，歙县人。

本书单行本现存一种抄本，藏于中国中医科学院图书馆。

叶氏医案抄（叶桂撰，佚名氏抄；清代）

现存。不分卷。清·叶桂(叶天士、香岩、南阳先生、上津老人)原撰，佚名氏抄。叶桂，字天士，号香岩，别号南阳先生、上津老人，歙县人。

本书单行本现存一种节抄本，藏于黑龙江中医药大学图书馆。

南阳医案
（叶桂撰，佚名氏辑；清代）

现存。不分卷。清·叶桂（叶天士、香岩、南阳先生、上津老人）原撰，佚名氏辑。叶桂，字天士，号香岩，别号南阳先生、上津老人，歙县人。

本书单行本现存 2 种版本：一种清代抄本，藏于南京中医药大学图书馆；一种抄本，藏于中国科学院国家科学图书馆。

香岩医案
（叶桂撰，门人抄录；清代）

现存。8 卷。清·叶桂（叶天士、香岩、南阳先生、上津老人）原撰，叶氏门人抄录。叶桂，字天士，号香岩，别号南阳先生、上津老人，歙县人。

以病为纲，分为 63 门，包括内科杂病医案 5 卷、温病医案 2 卷、妇产科医案 1 卷。书末附《温热论》。

本书单行本现存一种抄本，藏于苏州市中医医院图书馆。

香岩诊案
（叶桂撰，佚名氏辑；清代）

现存。不分卷。清·叶桂（叶天士、香岩、南阳先生、上津老人）原撰，佚名氏辑。叶桂，字天士，号香岩，别号南阳先生、上津老人，歙县人。

本书单行本现存 1981 年上海古籍书店据集益斋抄本影印本。

叶氏医案
（叶桂撰，佚名氏辑；清代）

现存。2 卷。清·叶桂（叶天士、香岩、南阳先生、上津老人）原撰，佚名氏辑。叶桂，字天士，号香岩，别号南阳先生、上津老人，歙县人。

本书单行本现存 2 种版本：一种清代道光年间抄本，藏于苏州图书馆；清光绪二十一年(1895)顾道生抄本，藏于中国中医科学院图书馆。

叶案指南
（叶桂撰，佚名氏辑；清代）

现存。清·叶桂（叶天士、香岩、南阳先生、上津老人）原撰，佚名氏辑。叶桂，字天士，号香岩，别号南阳先生、上津老人，歙县人。

本书单行本现存一种抄本，藏于上海图书馆。

叶案疏证
（叶桂撰，李启贤编；清代）

现存。2 卷。清·叶桂（叶天士、香岩、南阳先生、上津老人）原撰，李启贤编。叶桂，字天士，号香岩，别号南阳先生、上津老人，歙县人。

系松江李启贤在研读《叶氏医案存真》的过程中，遇有会意者，逐条采录，积成百案，并为之发挥疏证而编成。上下卷各 50 种治法，合为 100 法。

本书单行本现存 1937 年上海求恒医社铅印本，藏于中国国家图书馆、中国中医科学院图书馆、安徽中医药大学图书馆等全国 29 家藏书机构。

医验录
（叶桂撰，佚名氏辑；清代）

现存。不分卷。清·叶桂（叶天士、香岩、南阳先生、上津老人）原撰，佚名氏辑。叶桂，字天士，号香岩，别号南阳先生、上津老人，歙县人。

本书单行本现存一种清代汪宽佩抄本，藏于苏州市中医医院图书馆。

扫雪庐医案
（叶桂撰，佚名氏辑；清代）

现存。2 卷。清·叶桂（叶天士、香岩、南阳先生、上津老人）原撰，佚名氏辑。叶桂，字天士，号香岩，别号南阳先生、上津老人，歙县人。

本书单行本现存一种抄本，藏于中国中医科学院中国医史文献研究所。

叶香岩先生医案
（叶桂撰，黄寿南编；清代）

现存。不分卷。附《病机医案》。清·叶桂（叶天士、香岩、南阳先生、上津老人）原撰，黄寿南编。叶桂，字天士，号香岩，别号南阳先生、上津老人，歙县人。

本书单行本现存一种王守恒抄本，藏于苏州大学医学部图书馆。另可见于《黄寿南抄辑医书二十种》。

叶选医衡
（叶桂撰，佚名氏辑；清代）

现存。2 卷。清·叶桂（叶天士、香岩、南阳先生、上津老人）原撰，佚名氏辑。叶桂，字天士，号香岩，别号南阳先生、上津老人，歙县人。

系医论著作。共选集历代医家论病、论脉、论治著作 70 余篇，大多简明，能反映出不同时代、不同医家的学术特点。

本书单行本现存 7 种版本：清同治十二年（1873）正古屋刻本，藏于南京中医药大学图书馆；清光绪二十四年（1898）上海图书集成印书局铅印本，藏于中国国家图书馆、上海图书馆、苏州图书馆等国内 13 家藏书机构；清宣统二年（1910）上海文瑞楼石印本，藏于中国中医科学院图书馆、黑龙江省图书馆、浙江中医药大学图书馆等国内 28 家藏书机构；一种清末资州刻本，藏于成都市图书馆；一种清代正古书局刻本，藏于北京中医药大学图书馆、泸州市图书馆、成都中医药大学图书馆；一种抄本，藏于中国科学院生命科学图书馆（上海）；1920 年上海锦章书局石印本。

箕余医语
（郑宏纲；清代）

现存。又名《箕余医话》。清·郑宏纲（郑纪原、梅涧、雪萼山人）撰。郑宏纲，字纪原，号梅涧、雪萼山人，歙县人。

全书约6000字，言简意赅，阐微发隐，在中医基础理论、脉诊、辨证施治、中药药性、法与方的关系、临证"病不执方"及"托散"法治外感等方面，具有诸多发明创新和学术特色。如中医基础理论方面，首次以经络功能发隐"命门学说"；从"五纲审证、谙熟药性、依法立方、病不执方"四个方面阐述"药贵中病论"；创脉诊"三法参伍说"等。又如中医儿科学术思想与临证经验方面，在生殖孕育学说、补阴扶阳准则、"易感儿"外感的因机证治以及儿科四大病症的惊风、痘疹等方面，识独见卓，立论精辟。

本书现有手抄本和郑景岐整理《安徽卫生》（1959年第6期）刊载本存世。

新安四家医案
（洪桂撰，佚名氏辑；清代）

现存。不分卷。清·洪桂（洪月芬）等撰，佚名氏辑。洪桂，字月芬，歙县人。

主要包括月芬夫子、洪竹潭先生、韻澜先生、绩溪汪澄波先生等新安医家医案，以及少量外籍医家如巢崇山、王九峰、张千里等之医案。所载医案以外感及内伤杂症居多。

本书单行本现存一种抄本，藏于婺源私人处，收入上海大学出版社2018年出版的《珍稀中医稿钞本丛刊·新安卷》。

洪桂医案
（洪桂；清代）

现存。不分卷。清·洪桂（洪月芬）撰。洪桂，字月芬，歙县人。

辑选洪桂医案108则，按43类编排，涉及内、外、妇、儿各科病证。洪氏处方用药轻灵精当，辨证强调脉证合参，治法力避见病治病，论治重于顾护元气，兼采各家之长，每案案语言简意赅，具有较高的临床参考价值。

本书单行本现存一种稿本，藏于洪桂后人处，安徽科学技术出版社将此本整理收于《新安医籍丛刊》中出版。

冯塘医案（程有功；清代）

现存。2卷。清·程有功（程思敏）撰。程有功，字思敏，歙县人。

上卷为医论，下卷为医案。共载医案162则，多为杂病验案。用药平正中和，甘淡灵巧，罕有峻险克伐之品，议病处方，灵活多变，脉案精彩，处方巧妙。程氏取诸家之长，自成一家之论，为后世医家所推崇。

本书单行本现存一种残抄本，藏于黄山私人处，安徽科学技术出版社将此本整理收于《新安医籍丛刊》中出版。

论医药（方中履；清代）

现存。清·方中履（方素北、合山）撰。方中履，字素北，号合山，桐城人。

方氏著有《古今释疑》18卷，皆考证之文，第十五卷为《论医药》。

本书未见单行本，可见于《古今释疑》。

怪证汇纂（汪必昌；清代）

现存。不分卷。清·汪必昌（汪燕亭、聊复）撰。汪必昌，字燕亭，号聊复，歙县人。

汇集了从春秋战国到清嘉庆年间各种疑难怪症秘方540余首。

本书单行本现存一种稿本，藏于中国收藏家协会书报刊委员会。

怪证方法（汪必昌；清代）

现存。不分卷。清·汪必昌（汪燕亭、聊复）撰。汪必昌，字燕亭，号聊复，歙县人。

本书单行本现存一种稿本，藏于中国收藏家协会书报刊委员会。

郑素圃先生医案集（郑重光撰，佚名氏辑；清代）

现存。2卷。清·郑重光（郑在章、郑在辛、素圃老人）原撰，佚名氏辑。郑重光，字在章、在辛，号素圃老人，歙县人。

本书单行本现存一种抄本，藏于上海中医药大学图书馆。

医论（叶桂撰，华岫云辑；清代）

现存。2卷。清·叶桂（叶天士、香岩、南阳先生、上津老人）原撰，华岫云辑。叶桂，字天士，号香岩，别号南阳先生、上津老人，歙县人。

本书单行本现存一种清代抄本，藏于辽宁中医药大学图书馆。

| 医案新编
（刘作铭；清代） | 现存。不分卷。清·刘作铭（刘鼎扬、意亭）撰。刘作铭，字鼎扬，号意亭，休宁人。
共收录病案165则，以内科、妇科杂症居多。
本书单行本现存一种稿本，藏于婺源私人处，收入上海大学出版社2018年出版的《珍稀中医稿钞本丛刊·新安卷》。 |

| 月芬夫子医案
（洪桂；清代） | 现存。不分卷。清·洪桂（洪月芬）撰。洪桂，字月芬，歙县人。
本书单行本未见刊行，可见于《新安四家医案》。 |

| 张氏医话
（张节；清代） | 现存。2卷。清·张节（张心在、梦畹）撰。张节，字心在，号梦畹，歙县人。
内容包括基础理论、常见病证等。书中所论多引经据典，涉及较广。
本书单行本现存一种抄本，藏于辽宁中医药大学图书馆。 |

| 谷荪医话
（戴谷荪；清代） | 现存。不分卷。清·戴谷荪撰。戴谷荪，休宁人。
本书单行本现存一种1957年油印本，藏于安徽中医药大学图书馆。 |

| 殷云舫医案
（殷安涛；清代） | 现存。2卷。清·殷安涛（殷景修、殷云舫、海峰）撰。殷安涛，名景修，字云舫，号海峰，歙县人。
本书单行本现存一种抄本，藏于殷氏后人处。 |

| 胡学训医案
（胡学训；清代） | 现存。不分卷。清·胡学训（胡养素）撰。胡学训，字养素，歙县人。
本书单行本现存一种抄本，藏于胡氏后人处。 |

| 两梅庵医案
（叶孟辄；清代） | 现存。不分卷。清·叶孟辄撰。叶孟辄，歙县人。
本书单行本现存一种抄本，藏于黄山私人处。 |

| 医案辑录
（倪榜；清代） | 现存。1卷。清·倪榜等辑。倪榜，歙县人。
本书单行本现存一种抄本，藏于安徽博物院。 |

| 观颐居医案辑录
（叶熙铎；清代） | 现存。不分卷。清·叶熙铎（叶卓民）撰。叶熙铎，号卓民，歙县人。
本书单行本现存一种抄本，藏于安徽博物院。 |

| 种蕉山房医案
（叶熙铎；清代） | 现存。不分卷。清·叶熙铎（叶卓民）撰。叶熙铎，号卓民，歙县人。
本书单行本现存一种抄本，藏于黄山私人处。 |

| 王仲奇医案
（王仲奇；清末民国） | 现存。不分卷。清末民国·王仲奇（王金杰、梦庐、懒翁）原撰，王氏后人整理。王仲奇（1881—1945），原名金杰，号梦庐，晚年自号懒翁，歙县人。 |

共录病案约710则，以内科、妇科杂症居多。其于中风、肺痨、哮喘等症之诊治尤多精到见解。强调"处方用药宜切不宜泛"，遣药组方多经方、时方与民间单方并用，长于辨治温热病。

本书单行本现存一种抄本，藏于上海中医药大学图书馆。另其后人据王仲奇门诊处方及子女王樾亭、王惠娱、王燕娱和侄儿王任之随侍王仲奇门诊所遗医案，辑成《王仲奇医案》，后附两篇仲奇先生文章，一篇系1927年《丁甘仁医案·序》，另一篇为1933年陈存仁编《中国药学大辞典·跋》，收入《新安医籍丛刊》中出版。

胡天宗评佚名氏医论（佚名氏撰，胡天宗评；清末民国）

现存。不分卷。清末民国·佚名氏撰，胡天宗评。胡天宗，歙县人。

记录了佚名氏治病必求其本论、药何以能治病论、痈疽论、早婚亡种论、温病论等14篇医论。每论之后附以胡氏评语，理、法、方、药均有涉及。

本书单行本现存一种稿本，藏于婺源私人处，收入上海大学出版社2018年出版的《珍稀中医稿钞本丛刊·新安卷》。

天中瘦鹤研精集（胡天宗；清末民国）

现存。不分卷。清末民国·胡天宗撰。胡天宗，歙县人。

内容主要由著者所撰医学随笔、研医笔记以及发表于《三三医报》《绍兴医药学报》《如皋医药杂志》《歙县医药杂志》等刊物上的医学文章组成。书后附有2篇民国时期出版的报刊剪辑内容。所载内容对于了解近代医学掌故、医学争鸣和流行性疾病的防治等，有一定参考价值。

本书单行本现存一种稿本，藏于婺源私人处，收入上海大学出版社2018年出版的《珍稀中医稿钞本丛刊·新安卷》。

洪竹潭先生医案（洪溶；清末民国）

现存。不分卷。清末民国·洪溶（洪竹潭）撰。洪溶，字竹潭，歙县人。

作者系黄宾虹内弟，早年随洪桂学医，擅长治疗时病，亦精内伤杂病。

本书单行本未见刊行，可见于《新安四家医案》中。

韵澜先生医案（洪祺；清末民国）

现存。清末民国·洪祺（洪韵澜）撰。洪祺，字韵澜，歙县人。

作者为洪桂之子。

本书单行本未见刊行。歙县卫生局曾于1980年进行过整理。可见于《新安四家医案》中。

休宁佚名氏医案（佚名氏；民国）

现存。不分卷。民国·佚名氏撰。佚名氏，休宁人。

共收录病案110余则，以外感与杂症居多。作者深得叶桂、王孟英两家之精髓，尤其重视舌脉参合，并对苔色、苔的粗糙起刺、苔的薄厚分布、舌边绛赤等变化与疾病的转归做了深入探讨。用药讲求"药味圆缓，默化于无形"。据内容推测，此书可能出自叶馨谷后人之手。

本书单行本现存一种稿本，藏于婺源私人处，收入上海大学出版社2018年出版的《珍稀中医稿钞本丛刊·新安卷》。

歙县佚名氏医案（佚名氏；民国）

现存。不分卷。民国·佚名氏撰。佚名氏，歙县人。

共收录病案64则，以湿温及内科杂症居多。所治血证多宗缪仲淳，以"塞流""澄源""复旧"三法贯穿始终；治疗湿温多以佩兰、大豆卷、石菖蒲、广郁金、焦山栀、白薇、鲜稻穗、苏合香丸、牛黄散等宣窍透热、芳香化浊、醒脾和中。

本书单行本现存一种稿本，藏于婺源私人处，收入上海大学出版社2018年出版的《珍稀中医稿钞本丛刊·新安卷》。

墨西医案（郑维林；现代）

现存。不分卷。郑维林撰。郑维林(1889—1959)，字墨西，歙县人。

本书单行本现存一种抄本，藏于郑氏后人处。

郑渭占医案（郑渭占；现代）

现存。不分卷。郑渭占撰。郑渭占(1886—1966)，字梦熊，歙县人。

本书单行本现存一种抄本，藏于郑氏后人处。

方詠涛医案（方詠涛；现代）

现存。1卷。方詠涛撰。方詠涛，徽州人。

集其内、外、妇、儿、五官科五大类病案，合计222则。诊疗谨慎，于外感热病和妇科类病证颇有心得。

本书原稿本仍存，藏于黄山市屯溪区档案局。1976年，安徽省屯溪中医院曾组织整理并内部刊印。

医史传记类文献

医说
（张杲；1189）

现存。10卷。南宋·张杲（张季明）撰。张杲，字季明，歙县人。

是我国现存最早的笔记体裁医史传记著作。全书内容分为49门，所立条目接近千条，记述从上古到作者生活时代的医学掌故及见闻。卷一载名医传记，涉及116人；卷二载医论36则，所论涉及医书、针灸、诊视、杂症、杂论、妇儿科、养生、医案和秘方等内容；余卷为证治杂谈。全书体例成熟，内容全面，人文色彩突出，且引书注明出处，具有重要的文献价值。《四库全书提要》评价此书："取材既富，奇疾险证，颇足以资触发，又古之专门禁方往往在焉。盖三世之医，渊源有自，因与道听途说者殊矣。"

本书国内现存传本约22种，主要有宋刊本、明嘉靖二十二年（1543）张子立刻本、明嘉靖二十三年（1544）上海顾定芳刻本又同年翻宋刻本、明嘉靖二十五年（1546）沈藩校刻本、明嘉靖二十八年（1549）刻本、明万历新安吴勉学校刻本、四库全书本等。其中，宋本有二，分别藏于南京图书馆、北京大学图书馆，皆有阙失，阙失最少者是南京图书馆藏本。此本曾两次影印出版：1933年由国学图书馆影印，阙页配以顾定芳刻本；2006年由北京图书馆出版社再次影印，阙页配以抄本。宋本之外，刻印最精美者是顾定芳本。顾定芳本收藏者较多，唯安徽中医药大学图书馆藏本较诸本多出顾定芳跋文1篇，弥足珍贵。

石山居士传
（李汛；1523）

现存。不分卷。明·李汛撰。

本传附刊于《石山医案》后，依次叙述新安医家汪机之姓氏、字号、世系、里籍、学医和行状。所述医案，备言其察病辨证、立法遣方之要。末列居士著述。附刊《辨明医杂著忌用参芪论》。

本书单行本现存一种抄本，藏于上海中医药大学图书馆。

世医吴洋吴桥传（汪道昆；1591）

现存。1卷。明·汪道昆（汪伯玉、南溟、太函）撰。汪道昆，字伯玉，号南溟，又号太函，徽州人。

吴洋，徽州人，号篁池，明正德、嘉靖年间徽州人，明代医家。先世业眼科，至吴洋时医名渐著。

本书单行本现存一种明万历十九年（1591）金陵刊本，藏于中国国家图书馆、安徽省图书馆。

合刊与汇编类文献

汪石山医书八种（汪机；1519）

现存。29卷。又名《汪氏医学丛书》。明·汪机（汪省之、石山居士）撰辑校注。汪机，字省之，号石山居士，祁门人。

医学丛书。子目包括：滑寿编、汪机续注《读素问抄》4卷；戴起宗原撰、汪机补订《脉诀刊误集解》（附《矫世或脉论》）4卷，戴元礼《推求师意》2卷；汪机《外科理例》（附方1卷）8卷；汪机《针灸问对》3卷；汪机《痘治理辨》（附方1卷）2卷；汪机《石山医案》（附录1卷）4卷；汪机《运气易览》3卷。

本书现存2种版本：明嘉靖元年（1522）至明崇祯六年（1633）祁门朴墅汪氏祠堂刻本，藏于中国医学科学院图书馆、清华大学图书馆、上海中医药大学图书馆等国内30家藏书机构，其中中国科学院国家科学图书馆、北京大学图书馆、河南中医药大学图书馆、山西省中医药研究院图书馆、辽宁中医药大学图书馆、安徽省图书馆、四川省图书馆、广州中医药大学图书馆所藏为残本；1921年上海石竹山房石印本，藏于中国中医科学院图书馆、中国科学院生命科学图书馆（上海）、山东中医药大学图书馆、安徽中医药大学图书馆等国内30家藏书机构。

丹溪心法附余（吴中珩；1536）

现存。明·吴中珩（吴延美）辑校。吴中珩，字延美，歙县人。

医学丛书。子目包括：李杲《医学发明》；朱震亨《脉诀指掌》；朱震亨《金匮钩玄》；戴原礼《证治要诀》；朱震亨《活法机要》；戴原礼《证治要诀类方》。

本书现存12种版本，其中明代刻本2种：初刻本明万历二十九年（1601）新安吴勉学校步月楼刻本映旭斋藏板，藏于中国国家图书馆、中国中医科学院图书馆、西安交通大学医学部图书馆、中国医科大学图书馆、吉林大学图书馆医学馆、齐齐哈尔市图书馆、上海中医药大学图书馆、南京图书馆、浙江省中医药研究院图书馆、广西壮族自治区图书馆、广西中医药大学图书馆；一种明代刻本，藏于大连市图书馆。

新刊仁斋直指医书四种
（杨士瀛撰，朱崇正附遗；1550）

现存。40卷。又名《新刊仁斋直指》。宋·杨士瀛撰，明·朱崇正（朱宗儒、惠斋）附遗。朱崇正，字宗儒，号惠斋，徽州人。

医学丛书。子目包括：《仁斋直指附遗方论》26卷；《医脉真经》2卷；《伤寒类书活人总括》7卷；《仁斋直指小儿附遗方论》5卷。

本书现存5种版本：明嘉靖二十九年（1550）黄镀刻本，藏于中国国家图书馆、中国医学科学院图书馆、北京大学图书馆、中国中医科学院图书馆、青海大学医学院图书馆、辽宁省图书馆、上海图书馆、上海中医药大学图书馆、浙江中医药大学图书馆、江西中医药大学图书馆、湖南图书馆；一种明书林熊咸初刻本，藏于中国国家图书馆、辽宁省图书馆；一种明代刻本，藏于中国国家图书馆、南京图书馆；一种清代抄本，藏于中国人民解放军医学图书馆、苏州图书馆；一种日本抄本，藏于中国医学科学院图书馆。

古今医统大全
（徐春甫；1556）

现存。100卷。又名《医统大全》。明·徐春甫（徐汝元、东皋、思敏、思鹤）撰。徐春甫，字汝元，号东皋、思敏、思鹤，祁门人。

医学类书。本书卷一列"历世圣贤名医姓氏"，附270多位医家传略，是医史研究的重要资料。卷二至卷五为《内经要旨》《翼医通考》《内经脉候》《运气易览》等；卷六卷七为经穴针灸；卷八至卷九十二为临床各科证治，包括内、外、妇、儿、骨伤、五官以及老年病等，共论病400余种，每病载有病机、脉候、治法、方药、易简诸方、灸法、导引法等项；卷九十三至卷九十八为经验秘方，本草性能、功用及制法，通用诸方等；卷九十九、卷一百为《养生余录》。

本书现存7种版本：明嘉靖三十六年（1557）陈长卿刻本，1996年由中医古籍出版社影印出版；明隆庆四年（1570）陈长卿刻本德聚堂藏板，藏于中国中医科学院图书馆、上海图书馆、上海中医药大学图书馆、中华医学会上海分会图书馆、南京中医药大学图书馆；一种明代万历年间刻本，藏于中国科学院国家科学图书馆、上海图书馆；一种明代刻本，藏于上海中医药大学图书馆、四川省图书馆、重庆图书馆；日本明历三年（1657）立野据金陵唐氏藏板重刻本，藏于中国中医科学院图书馆、长春中医药大学图书馆；一种日本万治三年（1660）刻本，藏于中国医学科学院图书馆、南京图书馆；一种日本半半堂抄本，仅存18卷，藏于首都医科大学图书馆。20世纪90年代安徽科学技术出版社收入《新安医籍丛刊》重出。

慎斋三书
（周之干撰，查万合编；1573）

现存。3卷。明·周之干（周子干、慎斋）原撰，查万合（查了吾）编。周之干，一名子干，号慎斋，宣城人。查万合，字了吾，泾县人。

医学丛书。子目包括：《口授记录》1卷；《内伤杂语》1卷；《医案》1卷。系其门人据口述笔录整理而成。主要载述周氏有关病机、脉诊、辨治等方面医论及其验案，其中对内伤脾胃治法及补中益气汤等方药应用论述颇详。

本书现存一种清代康熙年间刻本，藏于中华医学会上海分会图书馆、浙江省中医药研究院图书馆。另可见于《医学粹精》。

赤水玄珠全集
（孙一奎；1573）

现存。37卷。又名《孙氏医书三种》。明·孙一奎（孙文垣、东宿、生生子）撰。孙一奎，字文垣，号东宿、生生子，休宁人。

医书丛书。子目包括：《赤水玄珠》30卷；《医旨绪余》2卷；《三吴医案》2卷；《新都医案》2卷；《宜兴医案》1卷。

本书现存约17种版本。较早且较珍贵的明代刊本有5种：明代歙邑黄鼎刻本清康熙印本，藏于长春中医药大学图书馆、江西省图书馆；明代万历年间新安孙泰来孙朋来刻本，藏于中国国家图书馆、山东省图书馆、复旦大学图书馆、杭州图书馆、天一阁博物院、浙江大学图书馆；一种明万历二十四年(1596)刻本，藏于北京大学图书馆、中国科学院国家科学图书馆、安徽省图书馆、北京中医药大学图书馆等国内21家藏书机构；一种明代万历年间刻本，藏于中国国家图书馆、上海图书馆；一种明代刻本，藏于中国中医科学院图书馆、首都图书馆、北京大学医学图书馆等国内17家藏书机构。另有一种抄本，藏于黑龙江省图书馆、安徽中医药大学图书馆。国内现存2种日本刻本：日本明历三年(1657)风月庄左卫门刻本，藏于北京大学图书馆、中国中医科学院图书馆、天津中医药大学第一附属医院图书馆、广州中医药大学图书馆；一种日本万治三年(1660)刻本，藏于中国医学科学院图书馆。

医学指南捷径六书
（徐春甫撰，汪腾蛟校注；1586）

现存。6卷。又名《医家关键二十四方治捷径》《古今医学捷要六书》《医学入门捷径六书》。后附《一体堂宅仁医会录》。明·徐春甫（徐汝元、东皋、思敏、思鹤）原撰，汪腾蛟等校注。徐春甫，字汝元，号东皋、思敏、思鹤，祁门人。

医学类书。是徐氏课徒私授的秘验家书。按"阴、阳、风、雨、晦、明"六字命名，分内经正脉、雷公四要纲领发微、病机药性歌赋、诸症要方歌诀、二十四方、评秘济世三十六方6集，分别独立成书。全书内容为医学基础知识和临床实用方剂，反映其平生临床实际经验，其中最后两集为此书精要部分。

本书现存3种版本：明万历二十五年（1597）刘双松刻本，藏于北京中医药大学图书馆，仅存4卷；一种明代刻本，藏于安徽省图书馆；一种抄本，藏于中国医学科学院图书馆、江西中医药大学图书馆。

古今医统正脉全书
（王肯堂辑，吴勉学校刻；1601）

现存。又名《医统正脉全书》。明·王肯堂辑，吴勉学（吴肖愚、师古）校刻。吴勉学，字肖愚，号师古，歙县人。

医学丛书。汇辑44种医著，子目包括：王冰《黄帝内经素问》（附《素问遗篇》）、《黄帝内经灵枢》；皇甫谧《黄帝针灸甲乙经》；华佗《中藏经》；王叔和《脉经》；滑寿《难经本义》；张机《金匮要略方论》；成无己《注解伤寒论》《伤寒明理论》；崔嘉彦《脉诀》；朱肱《类证活人书》；刘完素《素问玄机原病式》《黄帝素问宣明论方》《素问病机气宜保命集》《伤寒直格论方》《伤寒标本心法类萃》《伤寒心要》；张从正《伤寒心镜》《儒门事亲》；李杲《内外伤辨惑论》《脾胃论》《兰室秘藏》《脉诀指掌病式图说》；王好古《医垒元戎》《此事难知》《汤液本草》《癍论萃英》；朱震亨《丹溪心法》（附录1卷）《格致余论》《局方发挥》《医学发明》《金匮钩玄》《活法机要》；齐德之《外科精义》；王履《医经溯洄集》；马宗素《伤寒医鉴》；戴原礼《证治要诀》《证治要诀类方》；陶华《伤寒琐言》《伤寒家秘的本》《伤寒杀车槌法》《伤寒一提金》《伤寒截江网》《伤寒明理续论》。

本书现存明万历二十九年（1601）新安吴勉学校步月楼刻本映旭斋藏板，藏于中国国家图书馆、中国科学院国家科学图书馆、中国医学科学院图书馆、中国中医科学院图书馆、安徽中医药大学图书馆等国内29家藏书机构，其中，河南中医药大学图书馆所藏为补配本，北京师范大学图书馆、上海图书馆、重庆图书馆所藏为残本。

痘疹大全
（吴勉学；1601）

现存。明·吴勉学（吴肖愚、师古）辑刻。吴勉学，字肖愚，号师古，歙县人。

医学丛书。子目包括：钱乙撰、阎孝忠编、熊均注《钱氏小儿方诀》10卷；闻人规《痘疹论》2卷；陈文中《小儿痘疹方论》1卷；蔡维藩《痘疹方论》1卷；陈文中、蔡维藩《陈蔡二先生合并痘疹方》1卷；魏直《博爱心鉴》2卷；佚名氏《痘疹宝鉴》2卷；郭子章《博集稀痘方论》2卷。

本书现存一种明代万历年间新安吴氏刻本，藏于中国医学科学院图书馆、中国中医科学院图书馆、南京图书馆。

痘疹四种
（吴勉学；1601）

现存。明·吴勉学（吴肖愚、师古）辑刻。吴勉学，字肖愚，号师古，歙县人。

医学丛书。子目包括：郭子章《博集稀痘方论》2卷；陈文中《陈氏小儿痘疹方论》；蔡维藩《蔡氏小儿痘疹方论》；陈文中、蔡维藩《陈蔡二先生合并痘疹方》。

本书现存明代万历年间新安吴勉学校刻本，藏于中国中医科学院图书馆。

保产痘症合编
（陈治道撰，吴子扬编；1613）

现存。明·陈治道撰，吴子扬编。吴子扬，字居敬，号东园，泾县人。

子目包括：陈治道撰《保产万全书》1卷；吴子扬撰《痘症要诀》2卷。

本书现存明万历四十一年（1613）梁治麟刻本，藏于上海中医药大学图书馆。

十竹斋刊袖珍本医书
（胡正心；1632）

现存。明·胡正心（胡无所、肖然子）辑。胡正心，字无所，号肖然子，休宁人。

医学丛书。子目包括：薛己《内科摘要》2卷；倪维德《原机启微》2卷（附录1卷）；佚名氏《保婴金镜》1卷；薛己《痘疹撮要》4卷；薛己《痘疹方论》2卷；薛己《女科撮要》2卷；佚名氏《嗣产法论》1卷；薛己《外科枢要》4卷；陈长卿《伤寒五法》2卷；杜本《伤寒金镜录》1卷；胡正心《伤寒秘要》2卷；董玹《五运六气详解》1卷。

本书现存明崇祯六年（1633）十竹斋序刻本，藏于中国中医科学院图书馆，较原书缺《保婴金镜》和《嗣产法论》。

伤寒三种
（胡正心；1632）

现存。明·胡正心（胡无所、肖然子）辑。胡正心，字无所，号肖然子，休宁人。

医学丛书。子目包括：陈长卿《伤寒五法》2卷；杜本《伤寒金镜录》1卷；陈长卿《伤寒秘要》2卷。

本书现存明崇祯五年（1632）十竹斋刻袖珍本，藏于中国中医科学院图书馆。

摄生总要
（洪基；1638）

现存。9卷。又名《摄生秘剖选要四种》。明·洪基（洪九有）撰。洪基，字九有，歙县人。

医学丛书。子目包括：石渠阁精订《摄生秘剖》4卷；《摄生种子秘剖》2卷；《种子方剖》1卷；《陈希夷房术玄机中萃纂要》（又名《房术奇书》）2卷。

本书现存4种版本：一种明崇祯十一年（1638）刻本，经考订，疑非洪基原著，似为清代坊刻本；清光绪三年（1877）石渠阁刻本，藏于河北医科大学图书馆、辽宁省图书馆；清光绪十五年（1889）六吉堂刻本，藏于中国国家图书馆；一种清光绪三十一年（1905）刻本，藏于中国中医科学院图书馆。

古今名医汇粹古今名医方论合刊
（罗美；1675）

现存。清·罗美（罗澹生、罗东逸）撰。罗美，字澹生、东逸，歙县人。系《古今名医汇粹》《古今名医方论》的合刻本。

本书现存4种版本：清康熙十四年（1675）古怀堂刻本，藏于辽宁中医药大学图书馆、广西中医药大学图书馆；清嘉庆六年（1801）五柳居刻本、清道光三年（1823）嘉兴盛新甫刻本，均藏于南京中医药大学图书馆；1924年上海大成书局石印本，藏于中国中医科学院图书馆、北京中医药大学图书馆、河北医科大学图书馆、山东中医药大学图书馆、河南中医药大学图书馆、辽宁中医药大学图书馆、长春中医药大学图书馆、黑龙江中医药大学图书馆、黑龙江省中医药科学院图书馆、南京中医药大学图书馆、安徽省图书馆、湖南中医药大学图书馆、广州中医药大学图书馆。

贻善堂四种须知（朱本中；1676）

现存。清·朱本中（朱泰来、凝阳子）撰。朱本中，字泰来，号凝阳子，歙县人。

医学类书。子目包括：《急救须知》3卷；《饮食须知》1卷；《修养须知》，摘《至道心传》《至真妙道》及炼丹入室口诀，末为调摄导引方法；《格物须知》，述道德修养、精神调摄、医药卫生，分格言、格物、格情三门，碑观、检身、天时、地理等70门。

本书现存4种版本：清康熙十五年（1676）贻善堂刻本，残本，藏于北京中医药大学图书馆；清康熙二十八年（1689）古越吴兴祚刻本，藏于中国中医科学院图书馆；一种清康熙年间还读斋刻本，藏于上海图书馆、中国科学院生命科学图书馆（上海）、中华医学会上海分会图书馆；一种清代刻本，藏于首都医科大学图书馆。

痘疹四合全书（吴学损；1676）

现存。3卷。清·吴学损（吴损庵）编。吴学损，字损庵，休宁人。

医学丛书。子目包括：《痘疹金镜录真本》《痘疹百问秘本》《痘疹心法秘本》（附《增补麻疹心法》）《痘疹玉髓像痘疹集图善本》。本书系将明代翁仲仁撰《幼科痘疹金镜录》与作者家藏《痘疹百问》（辨证辨方157条）、戴氏《痘疹心法》及《痘疹图像善本》四书合刊，因痧证未全，又补《麻疹心法》（录王宇泰、缪仲醇医书内容）于后。

本书现存2种版本：清康熙十五年（1676）三多斋刻本，藏于中国中医科学院图书馆、河南省图书馆、上海中医药大学图书馆、上海市中医文献馆、浙江省中医药研究院图书馆；一种清代刻本，藏于山东省图书馆、辽宁省图书馆、辽宁中医药大学图书馆、中国医科大学图书馆。

本草医方合编（汪昂撰辑、汪桓参订；1694）

现存。10卷。清·汪昂（汪恒、汪讱庵、浒湾老人）撰辑，汪桓参订。汪昂，字讱庵，初名恒，号浒湾老人，休宁人。

医学丛书。子目包括：《本草备要》4卷；《医方集解》6卷。二书卷数与单行本不同。

本书流传较广，现存约90种版本。最早为清代康熙年间刻本，共3种：一种清康熙年间姑苏延禧堂刻本，藏于河南中医药大学图书馆、山西省图书馆、云南中医药大学图书馆、成都中医药大学图书馆；一种清康熙年间桂华楼刻本，藏于首都医科大学图书馆、黑龙江省中医药科学院图书馆、贵州中医药大学图书馆；一种清康熙年间刻本,藏于陕西中医药大学图书馆、中国科学院生命科学图书馆(上海)、四川大学图书馆、湖南中医药大学图书馆、贵州中医药大学图书馆。

医方集解本草备要汤头歌诀合编（汪昂；1694）

现存。清·汪昂(汪恒、汪切庵、浒湾老人)撰。汪昂,字切庵,初名恒,号浒湾老人,休宁人。

医学合刊本。子目包括:《医方集解》《本草备要》《汤头歌诀》。

本书现存3种版本:一种清代崇义堂刻本,藏于广东省立中山图书馆;一种刻本,藏于上海中医药大学图书馆;一种民国石印本,藏于辽宁省图书馆。

济世全书（汪启贤、汪启圣编，汪大年补；1701）

现存。清·汪启贤(汪肇开)、汪启圣(汪希贤)选编,汪大年(汪自培)增补。汪启贤,字肇开;汪启圣,字希贤;汪大年,字自培,均为歙县人。

医学全书。一集子目16种,包括:《悟真指南》《添油接命金丹大道》《女娲氏炼石补天》《清净金丹大道》《六种应验神方》《虚劳汇选应验良方》《女科汇选应验良方》《幼科汇选应验良方》《外科汇选应验良方》《动功按摩秘诀》《中风瘫痪验方》《蛊膈汇选验方》《汇选方外奇方》《汇选增补应验良方》《广嗣秘诀验方》《脏腑辨论》。二集子目11种,包括:《性命道统》《道体源流》《鑫丹撮要》《三峰师祖秘诀》《醒世理言》《养生须知》《食物须知》《汤液须知》《脉诀宗机》《明医治验》《医学碎金》。

本书现存3种版本:一种清康熙四十年(1701)刻本,藏于中国医学科学院图书馆、中国中医科学院中国医史文献研究所、上海图书馆、河北医科大学图书馆、中国科学院生命科学图书馆(上海);一种清代刻本,残本,藏于中国国家图书馆、中国中医科学院图书馆、河北医科大学图书馆;一种抄本,残本,藏于中国中医科学院图书馆。

郑素圃医书五种（郑重光；1716）

现存。23卷。清·郑重光(郑在章、郑在辛、素圃老人)撰。郑重光,字在章、在辛,号素圃老人,歙县人。

医学丛书。子目包括:《素圃医案》4卷;《伤寒论证辨》3卷;《温疫论补注》2卷;《伤寒论条辨续注》12卷;柯琴《伤寒论翼》2卷。附潘之爽《郑素圃先生传》。

本书现存清康熙五十五年(1716)秩斯堂刻本,藏于中国中医科学院图书馆、上海中医药大学图书馆。

医宗金鉴
(吴谦;1742)

现存。90卷。清·吴谦(吴六吉)等奉旨"御纂"。吴谦,字六吉,歙县人。

医学全书。是由清政府组织编写的一部大型综合性医书。子目包括:《订正伤寒论注》17卷;《订正金匮要略注》8卷;《删补名医方论》8卷;《四诊心法要诀》1卷;《运气要诀》1卷;《伤寒心法要诀》3卷;《杂病心法要诀》5卷;《妇科心法要诀》6卷;《幼科杂病心法要诀》6卷;《痘疹心法要诀》6卷;《幼科种痘心法要旨》1卷;《外科心法要诀》16卷;《眼科心法要诀》2卷;《刺灸心法要诀》8卷;《正骨心法要旨》4卷。其中《订正伤寒论注》和《订正金匮要略注》为吴谦亲自编注。其余各卷,虽出众人之手,多经吴氏审订、修改和补充。全书荟萃历代重要中医著作,经选排、校订、删补、完善编辑而成,论述了医经、伤寒、四诊、运气、方论、杂病、妇科、幼科、外科、眼科、正骨、痘疹与种痘、刺灸等,包括中医经典理论、诊法、方药、临证各科施治诸多内容,全面系统,充实丰富,上自春秋战国,下至明清历代名著之精义,分门别类,删其驳杂,采其精粹,发其余蕴,补其未备,贯穿辨证论治,形成一整套理论与实践方法体系,尤其是各科心法,先歌诀,后注释,便于习诵,使执教者易教,从学者易学,是具有教材性质的普及性医学丛书,故刊行后颇受医界推崇。

本书自1742年刊行,1749年起被清太医院定为医学生教科书。现存清乾隆、道光、同治、光绪、宣统年间多种刻本,1912年以来多种石印本、铅印本,共50余种版本。现存清乾隆七年(1742)内府稿本(附工笔精绘图,残本),藏于中国中医科学院图书馆、辽宁中医药大学图书馆。通行本为清乾隆年间武英殿聚珍本,藏于中国国家图书馆、中国医学科学院图书馆、中国中医科学院图书馆等国内46家藏书机构。

草木备要
(汪昂撰,吴世芳辑;1778)

现存。清·汪昂(汪恒、汪讱庵、浒湾老人)原撰,吴世芳辑刊。汪昂,字讱庵,初名恒,号浒湾老人,休宁人。

医学丛书。子目包括:《本草备要》《医方集解》。

本书内容同于《本草医方合编》,吴氏刊行时易名为《草木备要》。

许氏幼科七种（许豫和；1785）

现存。10卷。又名《幼科七种大全》。清·许豫和（许宣治、橡村）撰辑。许豫和，字宣治，号橡村，歙县人。

医学丛书。子目包括：《小儿诸热辨》1卷；《橡村治验》（又名《小儿治验》）1卷；《金镜录注释》（又名《重订幼科痘疹金镜录》）3卷；《橡村痘诀》2卷；《痘诀余义》1卷；《怡堂散记》2卷；《散记续编》1卷。《重订幼科痘疹金镜录》为明翁仲仁所作，许豫和为其注释，其余六种为许氏原著。

本书现存9种版本：一种清乾隆五十年（1785）刻本，藏于中国中医科学院图书馆、苏州市中医医院图书馆；一种清乾隆嘉庆年间顾行堂刻本，藏于天津中医药大学图书馆、河南中医药大学图书馆、辽宁中医药大学图书馆；一种清嘉庆元年（1796）刻本，藏于中国中医科学院图书馆、天津中医药大学图书馆；一种清同治十年（1871）刻本，藏于南通大学启秀校区图书馆；一种清同治十一年（1872）刻本，藏于中国国家图书馆、上海图书馆、南京图书馆、南京中医药大学图书馆、成都中医药大学图书馆；一种清代同治年间刻本，藏于天津中医药大学图书馆、上海中医药大学图书馆；一种清代刻本，藏于天津中医药大学图书馆；一种抄本，藏于中国中医科学院图书馆；民国上海中一书局、受古书店石印本，全国多数中医药类藏书机构均有收藏。

怡堂散记散记续编合刻（许豫和；1785）

现存。3卷。清·许豫和（许宣治、橡村）撰。许豫和，字宣治，号橡村，歙县人。

为《怡堂散记》（2卷）和《散记续编》（1卷）之合刊本。

本书现存5种版本：清嘉庆二年（1797）序刻本，藏于中国中医科学院图书馆、中国人民解放军医学图书馆、北京中医药大学图书馆、山东中医药大学图书馆、上海中医药大学图书馆、南京图书馆、湖南中医药大学图书馆；一种清嘉庆六年（1801）刻本，藏于中国国家图书馆、南京图书馆、南京中医药大学图书馆、苏州市中医医院图书馆；一种清同治十一年（1872）刻本，藏于南京图书馆；一种龙斋草堂韩先鼎抄本，藏于南通大学启秀校区图书馆；1926年蒋颂南家抄本，藏于扬州市图书馆。

古愚老人消夏录（汪汲；1795）

现存。3卷。又名《古愚丛书》。清·汪汲（古愚老人）辑。汪汲，号古愚老人，休宁人。

医学丛书。子目包括：《怪疾奇方》1卷；《解毒编》1卷；《汇集经验良方》1卷。

本书现存清乾隆嘉庆年间清河汪氏古愚山房刻本，藏于中国国家图书馆、清华大学图书馆、北京大学图书馆、北京师范大学图书馆、首都图书馆、天津图书馆、山东省图书馆、陕西省图书馆、辽宁省图书馆、吉林大学图书馆、复旦大学图书馆、上海辞书出版社图书馆、南京图书馆、苏州图书馆、安徽省图书馆、浙江省图书馆、湖北省图书馆、武汉大学图书馆、四川省图书馆、重庆图书馆。

张氏医参（张节；1801）

现存。6卷，附经6卷。清·张节（张心在、梦畹）撰辑。张节，字心在，号梦畹，歙县人。

医学类书。子目包括：《学医一得》1卷；《持脉大法》1卷；《本草分经》1卷；《温疫论》1卷；《痘源论》（附诸家论痘）1卷；《伤燥论》1卷；《附经》6卷。

本书现存3种版本：清嘉庆六年（1801）率真草堂刻本，藏于中国科学院生命科学图书馆（上海）；一种清宣统元年（1909）刻本，藏于中国中医科学院图书馆、安徽中医药大学图书馆；一种抄本，藏于苏州图书馆、上海中医药大学图书馆。

古愚山房方书三种（汪汲撰，竹林人辑；1801）

现存。3卷。清·汪汲（古愚老人）原撰，竹林人辑。汪汲，号古愚老人，休宁人。

医学丛书。为《古愚老人消夏录》的异刊本。子目包括：《怪疾奇方》1卷；《解毒编》1卷；《汇集经验方》1卷。

本书现存3种版本：清光绪三十三年（1907）江陵邓氏刻本，藏于中国中医科学院图书馆、上海中医药大学图书馆、湖北省图书馆；清光绪三十三年（1907）乔阴山房刻本，藏于安徽中医药大学图书馆；一种抄本，藏于长春中医药大学图书馆。

聊复集
（汪必昌撰，王国瑞校；1810）

现存。5卷。清·汪必昌（汪燕亭、聊复）撰，王国瑞校。汪必昌，字燕亭，号聊复，歙县人。

医学类书。子目包括：《医阶诊脉》1卷，为脉学专著，分23目述脉学要义，并附诊法体用1则；《医阶辨证》1卷，总括中医症状鉴别之要旨；《医阶辨药》1卷，从药性、分类、疗效等方面，对临床常用药物加以对比分析；《眼科心法》1卷，对眼科辨治纲领进行约要阐述，其中所述金针拔内障法，在《审视瑶函》之前；《咽喉口齿玉钥全函》1卷，实为郑梅涧《重楼玉钥》之上集。以上五种于清嘉庆十五年（1810）刊刻问世。其中卷二《医阶辨证》于民国时期被裘庆元收入《三三医书》中。此书为明清时期具有代表性的医学著作，于1990年选入《历代中医珍本集成》。

本书现存2种版本：清嘉庆十五年（1810）初刊本，藏于中国中医科学院中国医史文献研究所、中国人民解放军医学图书馆、山西医科大学图书馆、安徽省图书馆、四川大学医学部图书馆；一种清代年间抄本，藏于中国中医科学院图书馆、安徽省图书馆。

宋元检验三录
（吴鼒；1812）

现存。8卷。清·吴鼒（吴山尊）撰。吴鼒，字山尊，全椒人。

法医丛书。子目包括：宋慈《洗冤录》5卷；无名氏《平冤录》1卷；王与《无冤录》2卷。此书为吴氏据顾广圻所藏宋人宋慈《洗冤集录》（通称《洗冤录》）、宋元间人赵逸斋《平冤录》和元人王与《无冤录》所刻印之书，是中国法医学方面的重要典籍。

本书现存清嘉庆十七年（1812）吴鼒刻本，藏于中国国家图书馆、北京大学图书馆、中国中医科学院图书馆、上海图书馆、辽宁省图书馆。另可见于《续修四库全书》。

吴郑合编二种
（吴有性、郑康宸撰，佚名氏编；1821）

现存。6卷。明·吴有性、清·郑康宸（郑奠一）分撰，佚名氏合编。郑康宸，字奠一，歙县人。

医学丛书。系将明清两位医家有关温疫专著合编而成，即吴有性《温疫论》2卷、郑康宸撰《温疫明辨》4卷。

本书现存一种清道光年间东江文光阁刻本，藏于上海中医药大学图书馆。

医述
（程文囿；1826）

现存。16卷。清·程文囿（程观泉、杏轩）撰。程文囿，字观泉，号杏轩，歙县人。

医学类书。书名取"述而不作"之意。子目包括：《医学溯源》2卷；《伤寒提钩》1卷；《伤寒析疑》1卷；《杂证汇参》8卷；《女科原旨》1卷；《幼科集要》1卷；《痘疹精华》1卷；《方药备考》1卷。作者从清乾隆五十年（1785）至清道光六年（1826），历时40余年，上溯轩岐，下逮汉、唐、宋、明，系统节录前贤诸家医论320余家，经史子集40余种，反复披阅，摘其精粹，分类汇编而成，开节录诸家医论之先河。共设130门，570类，选案248则，附方197首。全书可归纳为两大特色：一是搜罗广博，其中有不少新安医派医籍文献，部分现已绝版；二是讲究考据，注重实用，所辑群言，只斯切要。

本书现存5种版本：一种清道光六年（1826）刻本，藏于中山大学图书馆；一种清道光十三年（1833）刻本，藏于陕西中医药大学图书馆、成都中医药大学图书馆；一种清光绪十七年（1891）汉上刻本，藏于中国国家图书馆、中国医学科学院图书馆、首都图书馆、中国中医科学院图书馆、北京中医药大学图书馆、天津医学高等专科学校图书馆、辽宁省图书馆、辽宁中医药大学图书馆、上海中医药大学图书馆、南京图书馆、南京中医药大学图书馆、苏州市中医医院图书馆、安徽省图书馆、安徽中医药大学图书馆、浙江省中医药研究院图书馆、四川省图书馆、云南省图书馆、广州中医药大学图书馆；中华书局铅印本，藏于河北医科大学图书馆；1959年安徽人民出版社铅印本。后由安徽科学技术出版社再出铅印本。

鲍氏汇校医书四种
（鲍泰圻；1828）

现存。18卷。清·鲍泰圻辑。鲍泰圻，歙县人。

医学丛书。子目包括：宋杨士瀛《伤寒类书活人总括》7卷；宋吴彦夔《传信适用方》4卷；佚名氏《产宝诸方》1卷；佚名氏《急救仙方》6卷。

本书现存清道光八年（1828）棠樾鲍氏广陵木活字刻本，藏于中国中医科学院图书馆、南京图书馆、中国医学科学院图书馆（残）。

喉科合璧
（许佐廷；1868）

现存。1卷。清·许佐廷（许乐泉）辑。许佐廷，字乐泉，歙县人。

医学丛书。子目包括：郑尘撰、许佐廷增订《喉科秘钥》2卷；张绍修《时疫白喉捷要》1卷。

本书现存2种版本，一种清光绪年间刻本，藏于镇江图书馆；一种

1931年铅印本，藏于南京中医药大学图书馆。

妇幼五种
（亟斋居士；1874）

现存。5卷。原题清·亟斋居士（叶风、叶维风）撰。亟斋居士，原名叶风，字维风，号亟斋，休宁人。

医学丛书。

本书现存清同治十三年（1874）济南鸿文堂刻本，藏于济南图书馆。

汪氏医学六种
（汪宏；1875）

现存。14卷。又名《汪氏医学六书》。清·汪宏（汪广庵）撰。汪宏，字广庵，歙县人。

医学丛书。子目包括：卷首1卷；汪宏注、程端参订《神农本草经注解》6卷；佚名氏《本经歌诀》与汪宏《入门要诀》合为1卷；汪宏《望诊遵经》2卷；汪宏《本草附经歌括》3卷；崔嘉彦撰、李言闻删补《脉诀》1卷。

本书现存清光绪元年（1875）歙东汪村竹里刻本，藏于上海中医药大学图书馆。

白岳庵杂缀医书
（余懋；1887）

现存。5卷。清·余懋（余啸松）撰。余懋，字啸松，歙县人。

医学丛书。子目包括：《万选良方》1卷；《洞溪秘方》1卷；《方解别录》1卷；《牛痘要法》1卷；《推拿述略》1卷。

本书现存一种清光绪十五年（1889）刻本，藏于中国中医科学院图书馆、中国人民解放军医学图书馆、天津中医药大学图书馆、上海中医药大学图书馆。

周氏医学丛书
（周学海；1891）

现存。共3集、32种、194卷。清·周学海（周澄之、周健之）撰辑。周学海，字澄之、健之，东至人。

医学丛书。初集子目包括：吴普等撰《本草经》3卷；缪希雍撰《本草经疏》30卷；王叔和撰《脉经》10卷；戴起宗撰《脉诀刊误》2卷；滑寿撰，周学海增辑《难经本义》2卷；华佗撰《中藏经》3卷，附方1卷；华佗撰《内照法》1卷；巢元方撰《诸病源候论》50卷；朱震亨撰《脉因证治》4卷；钱乙撰《小儿药证直诀》3卷；阎孝忠撰《小儿方论》1卷；董汲撰《小儿瘢疹备急方论》1卷。

二集子目包括：周学海撰《脉义简摩》8卷、《脉简补义》2卷、《诊家直诀》2卷、

《内经评文》36卷、《读医随笔》6卷;张机撰、周学海章句《辨脉平脉章句》2卷;滑寿撰、周学海评注《诊家枢要》1卷,附录1卷;张元素撰、周学海校正《藏腑标本药式》1卷;朱震亨撰、周学海评注《金匮钩玄》3卷;刘完素撰、周学海注《三消论》1卷;叶桂撰、周学海注《温热论》1卷、《幼科要略》2卷、《叶案存真类编》2卷;马元仪撰、周学海评注《印机草》1卷。

三集子目包括:周学海注《评注史载之方》2卷;胡慎柔撰、周学海评注《慎柔五书》5卷;韩懋撰《韩氏医通》2卷;周学海撰《伤寒补例》2卷、《形色外诊简摩》2卷、《重订诊家直诀》2卷。

本书现存清光绪十七年(1891)至清宣统三年(1911)周氏福慧双修馆刻本,藏于中国国家图书馆、中国科学院国家科学图书馆、中国中医科学院图书馆、山东中医药大学图书馆、安徽省图书馆等58家国内藏书机构。其中,中国医学科学院图书馆、首都图书馆、天津医学高等专科学校图书馆、吉林市图书馆、黑龙江中医药大学图书馆、南京图书馆、蚌埠市图书馆、安徽中医药大学图书馆所藏为残本。

周氏脉学四种（周学海；1892）

现存。14卷。清·周学海(周澄之、周健之)撰。周学海,字澄之、健之,东至人。

子目包括:《脉义简摩》8卷;《脉简补义》2卷;《诊家直诀》2卷;《辨脉平脉章句》2卷。

本书现存清光绪二十二年(1896)周学海刻周氏医学丛书本,藏于中国医学科学院图书馆、北京大学医学图书馆、天津中医药大学图书馆、南京中医药大学图书馆、安徽省图书馆等18家国内藏书机构,其中,中国中医科学院图书馆、吉林省图书馆所藏为残本。

贵池刘氏信天堂汇刻医书三种（刘含芳；1895）

现存。清·刘含芳(刘芗林)辑。刘含芳,字芗林,贵池人。

子目包括:夏鼎撰《幼科铁镜》6卷;邱熺撰《引种牛痘法》1卷;佚名氏撰《华祖灰余集》。《华祖灰余集》系伪托华佗之名所作外科专著,列有外科十法、外科杂症方案等内容。

本书现存清光绪二十一年(1895)贵池刘氏信天堂刻本,藏于中国中医科学院图书馆。

仁庵医学丛书（王一仁；1936）

现存。又名《国医读本》《国医基础读本》。王一仁（王以仁、王依仁、王晋第、瘦钬）撰。王一仁（1898—1971），又名以仁、依仁、晋第，号瘦钬，歙县人。

医学丛书。子目包括：《中医系统学》《内经读本》《难经读本》《伤寒读本》《金匮读本》《饮片新参》《神农本草经新注》《分类方剂》。

本书现存2种版本：1936年杭州仁庵学舍铅印本，藏于兰州大学图书馆医学馆、上海中医药大学图书馆、广西中医药大学图书馆；民国上海千顷堂书局铅印本，藏于天津医科大学图书馆、上海中医药大学图书馆。

橡村治验小儿诸热辨合刻（许豫和；清代）

现存。1卷。清·许豫和（许宣治、橡村）撰。许豫和，字宣治，号橡村，歙县人。

为《橡村治验》《小儿诸热辨》之合刊本。

本书现存一种清代刻本，藏于甘肃中医药大学图书馆。

佚失文献

淮南王食经并目（刘安；汉代）	据清乾隆三十二年（1767）《寿州志》。 未见。汉·刘安撰。刘安，淮南人。
内事（华佗；汉代）	据《七录》。 未见。5卷。又名《华佗内事》。汉·华佗（华元化）撰。华佗，一名旉，字元化，亳州人。
观形察色并三部脉经（华佗；汉代）	据《隋书·经籍志》。 未见。1卷。汉·华佗（华元化）撰。华佗，一名旉，字元化，亳州人。
枕中灸刺经（华佗；汉代）	据《隋书·经籍志》。 未见。1卷。汉·华佗（华元化）撰。华佗，一名旉，字元化，亳州人。
华佗方（华佗；汉代）	据《隋书·经籍志》。 未见。10卷。汉·华佗（华元化）原撰。魏晋·吴普辑。华佗，一名旉，字元化，亳州人。
华佗尤候（华佗；汉代）	据《幼幼新书》。 未见。汉·华佗（华元化）撰。华佗，一名旉，字元化，亳州人。
华氏外科方（华佗；汉代）	据《医藏目录》。 未见。汉·华佗（华元化）撰。华佗，一名旉，字元化，亳州人。

| 脉经
（华佗；汉代） | 据《濒湖脉学》。
未见。汉·华佗（华元化）撰。华佗，一名旉，字元化，亳州人。 |

| 脉诀
（华佗；汉代） | 据《难经集注》。
未见。1卷。汉·华佗（华元化）撰。华佗，一名旉，字元化，亳州人。 |

| 济急仙方
（华佗；汉代） | 据《国史经籍志》。
未见。1卷。汉·华佗（华元化）撰。华佗，一名旉，字元化，亳州人。 |

| 药方
（华佗；汉代） | 据清光绪二十年（1894）《亳州志》。
未见。1卷。汉·华佗（华元化）撰。华佗，一名旉，字元化，亳州人。 |

| 老子五禽六气诀
（华佗；汉代） | 据清光绪二十年（1894）《亳州志》。
未见。1卷。汉·华佗（华元化）撰。华佗，一名旉，字元化，亳州人。 |

| 曹氏黄帝十二经明堂偃侧人图
（曹氏；三国） | 据《新唐书》。
未见。又名《曹氏黄帝十二经偃侧人图》。三国·曹氏撰。曹氏，亳州人。 |

| 曹氏灸方
（曹氏；三国） | 据清光绪二十年（1894）《亳州志》。
未见。1卷，一作7卷。三国·曹氏撰。曹氏，亳州人。 |

| 夏侯氏药方
（夏侯氏；三国） | 据清光绪二十年（1894）《亳州志》。
未见。7卷。三国·夏侯氏撰。夏侯氏，亳州人。 |

| 羊中散方
（羊欣；南北朝） | 据《宋书·羊欣传》。
未见。30卷。南朝宋·羊欣（羊敬元、羊中散）撰。羊欣，字敬元，人称羊中散，山东泰山南城人，曾任新安郡太守职。为羊欣出任新安太守期间，收集新安当地草药及单验效方整理而成。其后《经方小品》中曾引用本书内容。 |

| 杂汤丸散酒方
（羊欣；南北朝） | 据《中国医籍考》。
未见。1卷。南朝宋·羊欣（羊敬元、羊中散）撰。羊欣，字敬元，人称羊中散，山东泰山南城人，曾任新安郡太守职。为羊欣出任新安太守期间，收集新安当地草药及单验效方整理而成。 |

| 疗下汤丸散方
（羊欣；南北朝） | 据《中国医籍考》。
未见。10卷。南朝宋·羊欣（羊敬元、羊中散）撰。羊欣，字敬元，人称羊中散，山东泰山南城人，曾任新安郡太守职。为羊欣出任新安太守期间，收集新安当地草药及单验效方整理而成。 |

| 撰注黄帝明堂经
（杨玄操；唐代） | 据《旧唐书·经籍志》。
未见。3卷。唐·杨玄操（杨玄）撰。杨玄操，一作杨玄，里籍不详，曾任歙州县尉。 |

| 素问释音
（杨玄操；唐代） | 据《宋史·艺文志》。
未见。1卷。唐·杨玄操（杨玄）撰。杨玄操，一作杨玄，里籍不详，曾任歙州县尉。 |

黄帝八十一难经注（杨玄操；唐代）

据《中国医籍考》。

未见。1卷，一作5卷。唐·杨玄操（杨玄）撰。杨玄操，一作杨玄，里籍不详，曾任歙州县尉。系对吴太医令吕广所注《难经》重新予以疏注，附以音义，明其大旨而成，是《难经》的重要注本之一。原书虽佚，但书中大部分内容在《难经集注》中得以保存。

针经音（杨玄操；唐代）

据《中国医籍考》。

未见。1卷。又名《明堂音义》。唐·杨玄操（杨玄）撰。杨玄操，一作杨玄，里籍不详，曾任歙州县尉。

八十一难音义（杨玄操；唐代）

据《宋以前医籍考》。

未见。1卷。唐·杨玄操（杨玄）撰。杨玄操，一作杨玄，里籍不详，曾任歙州县尉。

明堂音义（杨玄操；唐代）

据《宋以前医籍考》。

未见。3卷。唐·杨玄操（杨玄）撰。杨玄操，一作杨玄，里籍不详，曾任歙州县尉。

本草注音（杨玄操；唐代）

据《宋以前医籍考》。

未见。唐·杨玄操（杨玄）撰。杨玄操，一作杨玄，里籍不详，曾任歙州县尉。

太素造化脉论（齐氏；宋代）

据《中国医籍考》。

未见。1卷。南宋·齐氏（齐能之）撰。齐氏，字能之，新安人。

太素脉经诗诀（齐氏；宋代）

据《中国医籍考》。

未见。1卷。南宋·齐氏（齐能之）撰。齐氏，字能之，新安人。

古方书
（邵悦；宋代）

据清康熙三十二年（1693）《休宁县志》。

未见。北宋·邵悦（邵贞父）撰。邵悦，字贞父，休宁人。

伤寒切要
（张扩；宋代）

据《新安医学史略》。

未见。北宋·张扩（张子充、承务）撰。张扩，字子充，号承务，歙县人。

医流论
（张扩；宋代）

据《新安医学史略》。

未见。北宋·张扩（张子充、承务）撰。张扩，字子充，号承务，歙县人。

徐氏方书
（徐杜真；元代）

据清康熙三十二年（1693）《休宁县志》。

未见。元·徐杜真撰。徐杜真，休宁人。

经验针法
（鲍同仁；元代）

据清康熙三十八年(1699)《徽州府志》。

未见。1卷。元·鲍同仁（鲍国良）撰。鲍同仁，字国良，歙县人。

通玄指要赋注
（鲍同仁；元代）

据清康熙三十八年(1699)《徽州府志》。

未见。2卷。元·鲍同仁（鲍国良）撰。鲍同仁，字国良，歙县人。

去病简要
（吴以凝；元代）

据清道光七年(1827)《徽州府志》。

未见。27卷。元·吴以凝（吴凝之）撰。吴以凝，字凝之，歙县人。

太素脉诀
（程琟；明代）

据明弘治十五年(1502)《徽州府志》。

未见。明·程琟(程文炳、宝山)撰。程琟,字文炳,号宝山,歙县人。

经验方
（程琟；明代）

据明弘治十五年(1502)《徽州府志》。

未见。明·程琟(程文炳、宝山)撰。程琟,字文炳,号宝山,歙县人。

诸家医书
（朱升；明代）

据明弘治十五年(1502)《徽州府志》。

未见。明·朱升(朱允升)撰。朱升,字允升,休宁人。

治麻方论
（汪奇；明代）

据明嘉靖四十三年(1564)《徽州府志》。

未见。明·汪奇撰。汪奇,休宁人。

六气标本论
（汪宧；明代）

据明万历年间《祁门志》。

未见。明·汪宧(汪子良、心谷、寅谷)撰。汪宧,字子良,号心谷、寅谷,祁门人。

统属诊法
（汪宧；明代）

据《中国医籍考》。

未见。明·汪宧(汪子良、心谷、寅谷)撰。汪宧,字子良,号心谷、寅谷,祁门人。其书虽佚,但原书"候病""统候""属候"等部分内容,经徐春甫整理后,收入《古今医统大全·内经脉候》。

证治要略
（汪宧；明代）

据《中国医籍考》。

未见。1卷。明·汪宧(汪子良、心谷、寅谷)撰。汪宧,字子良,号心谷、寅谷,祁门人。

医方 （吴璋；明代）	据明泰昌元年（1620）《全椒县志》。 未见。明·吴璋（吴文赞）撰。吴璋，字文赞，全椒人。
素问补注 （汪机；明代）	据《千顷堂书目》。 未见。1卷。又名《内经补注》。明·汪机（汪省之、石山居士）撰。汪机，字省之，号石山居士，祁门人。
诊脉早晏法 （汪机；明代）	据《脉诀刊误·附录》。 未见。1卷。明·汪机（汪省之、石山居士）撰。汪机，字省之，号石山居士，祁门人。
本草会编 （汪机；明代）	据《本草纲目》。 未见。20卷。明·汪机（汪省之、石山居士）撰。汪机，字省之，号石山居士，祁门人。
拯生诸方 （程伊；明代）	据《脉荟·序》。 未见。明·程伊（程宗衡、月溪）撰。程伊，字宗衡，号月溪，歙县人。
涵春堂医案 （程伊；明代）	据《脉荟·序》。 未见。明·程伊（程宗衡、月溪）撰。程伊，字宗衡，号月溪，歙县人。
医林史传 （程伊；明代）	据《医藏目录》。 未见。4卷。明·程伊（程宗衡、月溪）撰。程伊，字宗衡，号月溪，歙县人。

医林外传
（程伊；明代）

据《医藏目录》。

未见。6卷。明·程伊（程宗衡、月溪）撰。程伊，字宗衡，号月溪，歙县人。

史传拾遗
（程伊；明代）

据《医藏目录》。

未见。1卷。明·程伊（程宗衡、月溪）撰。程伊，字宗衡，号月溪，歙县人。

原医图赞
（程伊；明代）

据《医藏目录》。

未见。1卷。明·程伊（程宗衡、月溪）撰。程伊，字宗衡，号月溪，歙县人。

治痘方书
（程锐；明代）

据《医藏目录》。

未见。又名《经验痘疹治法》。明·程锐（程晨峰）撰。程锐，字晨峰，新安人。

医学权衡
（吴显忠；明代）

据《古今医统大全》。

未见。明·吴显忠（吴用良、雪窗）撰。吴显忠，字用良，号雪窗，休宁人。

医学碎金
（王琠；明代）

据《古今医统大全》。

未见。明·王琠（王邦贡、意庵、小药山人）撰。王琠，字邦贡，号意庵，别号小药山人，祁门人。

十三种证治
（吴崐；明代）

据《中国医籍考》。

未见。又名《十三科证治》。明·吴崐（吴山甫、鹤皋、参黄子）撰。吴崐，字山甫，号鹤皋、参黄子，歙县人。

药纂
（吴崐；明代）

据《脉语绳愆·鹤皋山人小传》。

未见。明·吴崐（吴山甫、鹤皋、参黄子）撰。吴崐，字山甫，号鹤皋、参黄子，歙县人。

参黄论
（吴崐；明代）

据《脉语绳愆·鹤皋山人小传》。

未见。明·吴崐（吴山甫、鹤皋、参黄子）撰。吴崐，字山甫，号鹤皋、参黄子，歙县人。

砭焫考
（吴崐；明代）

据《脉语绳愆·鹤皋山人小传》。

未见。明·吴崐（吴山甫、鹤皋、参黄子）撰。吴崐，字山甫，号鹤皋、参黄子，歙县人。

脉法解
（周之干撰，陈嘉璲注；明代）

据《古今图书集成·医部全录》。

未见。2卷。明·周之干（周子干、慎斋）撰，陈嘉璲注。周之干，一名子干，号慎斋，宣城人。

张柏医案
（张柏；明代）

据清康熙十一年(1672)《兰溪县志》。

未见。明·张柏（张世茂）撰。张柏，字世茂，歙县人。

保婴痘疹书
（戴端蒙；明代）

据清康熙十一年(1672)《天长县志》。

未见。又名《保婴痘疹编》。明·戴端蒙撰。戴端蒙，号圣所，天长人。

王哲禁方
（王哲；明代）

据清康熙十二年(1673)《太平府志》。

未见。明·王哲撰。王哲，太平人。

养生秘诀
（朱勋；明代）

据清康熙十二年(1673)《滁州志》。

未见。明·朱勋撰。朱勋，字汝德，南陵人。

千金圣惠方
（陆仲明；明代）

据清康熙十二年(1673)《太平府志》。

未见。明·陆仲明撰。陆仲明，青阳人。

医学汇纂
（闵守泉；明代）

据清康熙十二年(1673)《太平府志》。

未见。明·闵守泉撰。闵守泉，太平人。

医家图说
（汪延造；明代）

据清康熙十四年(1675)《潜山县志》。

未见。明·汪延造(汪深之、懒圣)撰。汪延造，字深之，别号懒圣，潜山人。

医学论理
（许宁；明代）

据清康熙二十三年(1684)《江南通志》。

未见。明·许宁(许裕卿)撰。许宁，字裕卿，歙县人。

医纪
（许宁；明代）

据清康熙二十三年(1684)《江南通志》。

未见。明·许宁(许裕卿)撰。许宁，字裕卿，歙县人。

脉法正宗
（姚浚；明代）

据清康熙二十三年(1684)《江南通志》。

未见。明·姚浚(姚哲人)撰。姚浚，字哲人，和县人。

佚失文献

药品征要
（姚浚；明代）

据清康熙二十三年(1684)《江南通志》。

未见。明·姚浚（姚哲人）撰。姚浚，字哲人，和县人。

风疾必读
（姚浚；明代）

据清康熙二十三年(1684)《江南通志》。

未见。明·姚浚（姚哲人）撰。姚浚，字哲人，和县人。

难经考误
（姚浚；明代）

据清康熙二十三年(1684)《江南通志》。

未见。明·姚浚（姚哲人）撰。姚浚，字哲人，和县人。

黄氏医案
（黄佅；明代）

据清康熙二十九年(1690)《歙县志》。

未见。明·黄佅（黄谷如）撰。黄佅，字谷如，歙县人。

保婴全书
（汪源；明代）

据清康熙二十九年(1690)《歙县志》。

未见。又名《辑注保婴全书》。明·汪源撰。汪源，休宁人。

伤寒翼
（程宏宾；明代）

据清康熙二十九年(1690)《歙县志》。

未见。明·程宏宾撰。程宏宾，歙县人。

虚车录
（吴正伦；明代）

据清康熙二十九年(1690)《歙县志》。

未见。明·吴正伦（吴子叙、春岩子）撰。吴正伦，字子叙，号春岩子，歙县人。

活人心鉴 （吴正伦；明代）	据清康熙二十九年（1690）《歙县志》。 未见。明·吴正伦（吴子叙、春岩子）撰。吴正伦，字子叙，号春岩子，歙县人。
吴氏医案 （吴正伦；明代）	据清道光七年（1827）《徽州府志》。 未见。1卷。明·吴正伦（吴子叙、春岩子）撰。吴正伦，字子叙，号春岩子，歙县人。
医准 （朱天壁；明代）	据清康熙三十二年（1693）《休宁县志》。 未见。明·朱天壁撰。朱天壁，休宁人。
医学大原 （俞桥；明代）	据清康熙三十二年（1693）《休宁县志》。 未见。明·俞桥（俞子木、溯洄道人）撰。俞桥，字子木，号溯洄道人，休宁人。
本草类方 （黄良佑；明代）	据清康熙三十二年（1693）《休宁县志》。 未见。明·黄良佑（黄履新）撰。黄良佑，字履新，休宁人。
麻痘秘法 （黄良佑；明代）	据清康熙三十二年（1693）《休宁县志》。 未见。明·黄良佑（黄履新）撰。黄良佑，字履新，休宁人。
试效集成 （汪副护；明代）	据清康熙三十二年（1693）《休宁县志》。 未见。明·汪副护（汪天相）撰。汪副护，字天相，休宁人。

佚失文献

医学指南 （陈嘉谟；明代）	据康熙三十八年(1699)《徽州府志》。 未见。明·陈嘉谟（陈庭采、月朋子）撰。陈嘉谟，字庭采，号月朋子，祁门人。
医荟 （毕戀襄；明代）	据清康熙三十八年(1699)《徽州府志》。 未见。18卷。明·毕戀襄（毕君平）撰。毕戀襄，字君平，歙县人。
外科秘要 （洪玥；明代）	据清康熙三十八年(1699)《徽州府志》。 未见。明·洪玥撰。洪玥，歙县人。
大定数 （程玠；明代）	据清康熙三十八年(1699)《徽州府志》。 未见。明·程玠（程文玉、程松崖、丹崖）撰。程玠，字文玉、松崖，号丹崖，歙县人。
见证辨疑 （程玠；明代）	据清康熙三十八年(1699)《徽州府志》。 未见。明·程玠（程文玉、程松崖、丹崖）撰。程玠，字文玉、松崖，号丹崖，歙县人。
脉法指要 （程玠；明代）	据清康熙三十八年(1699)《徽州府志》。 未见。又名《脉法指明》。明·程玠（程文玉、程松崖、丹崖）撰。程玠，字文玉、松崖，号丹崖，歙县人。
医论集粹 （程玠；明代）	据《中医大辞典·医史文献分册》。 未见。明·程玠（程文玉、程松崖、丹崖）撰。程玠，字文玉、松崖，号丹崖，歙县人。

儿科方要 （吴元溟；明代）	据清康熙五十七年(1718)《钱塘县志》。 未见。1卷。又名《儿科切要》。明·吴元溟(吴澄甫)撰。吴元溟，字澄甫，歙县人。
痘疹方 （左忠；明代）	据清乾隆元年(1736)《江南通志》。 未见。又名《痘疹医方》。明·左忠撰。左忠，字仲怒，泾县人。
医汇 （毕懋康；明代）	据清乾隆元年(1736)《江南通志》。 未见。15卷。明·毕懋康(毕孟候)撰。毕懋康，字孟候，歙县人。
病源赋 （方广；明代）	据《方氏脉症正宗·自序》。 未见。明·方广(方约之、古庵)撰。方广，字约之，号古庵，休宁人。
伤寒地理 （方广；明代）	据《方氏脉症正宗·自序》。 未见。明·方广(方约之、古庵)撰。方广，字约之，号古庵，休宁人。
陶氏伤寒节抄 （方广；明代）	据《方氏脉症正宗·自序》。 未见。明·方广(方约之、古庵)撰。方广，字约之，号古庵，休宁人。
脉药证治 （方广；明代）	据《方氏脉症正宗·自序》。 未见。又名《脉诀杂录》。明·方广(方约之、古庵)撰。方广，字约之，号古庵，休宁人。

医指天机 （方广；明代）	据《方氏脉症正宗·自序》。 未见。明·方广（方约之、古庵）撰。方广，字约之，号古庵，休宁人。
本草集要 （方广；明代）	据《方氏脉症正宗·自序》。 未见。明·方广（方约之、古庵）撰。方广，字约之，号古庵，休宁人。
重选药性类要 （方广；明代）	据《方氏脉症正宗·自序》。 未见。明·方广（方约之、古庵）撰。方广，字约之，号古庵，休宁人。
伤寒捷径书 （孙文胤；明代）	据《中国医籍考》。 未见。明·孙文胤（孙对薇、孙薇甫、在公、遵生主人）撰。孙文胤，字对薇、薇甫，号在公、遵生主人，休宁人。
伤寒一科 （孙文胤；明代）	据《新安医学史略》。 未见。又名《医经经方两家指诀》。明·孙文胤（孙对薇、孙薇甫、在公、遵生主人）撰。孙文胤，字对薇、薇甫，号在公、遵生主人，休宁人。
图方 （李蓁；明代）	据清乾隆十七年(1752)《颍州府志》。 未见。明·李蓁撰。李蓁，阜阳人。
脉诀约言 （戴文炳；明代）	据清乾隆十七年(1752)《颍州府志》。 未见。明·戴文炳（戴芝所、訾窳子）撰。戴文炳，字芝所，号訾窳子，蒙城人。

伤寒权
（戴文炳；明代）

据清乾隆十七年(1752)《颖州府志》。

未见。明·戴文炳（戴芝所、呰窳子）撰。戴文炳,字芝所,号呰窳子,蒙城人。

怪症表里因
（刘继芳；明代）

据清乾隆十九年(1754)《芜湖县志》。

未见。明·刘继芳（养元）撰。刘继芳,号养元,芜湖人。

了吾医录
（查万合；明代）

据清乾隆二十年(1755)《泾县志》。

未见。明·查万合撰。查万合,字了吾,泾县人。

调元要录
（洪守美；明代）

据清乾隆二十年(1755)《泾县志》。

未见。明·洪守美撰。洪守美,字在中,泾县人。

医录圭旨
（查国第；明代）

据清乾隆二十年(1755)《泾县志》。

未见。8卷。明·查国第撰。查国第,泾县人。

名医秘旨
（查国第；明代）

据清乾隆二十年(1755)《泾县志》。

未见。8卷。明·查国第撰。查国第,泾县人。

性学弥纶图
（胡蚩英；明代）

据清乾隆二十年(1755)《泾县志》。

未见。8卷。明·胡蚩英撰。胡蚩英,泾县人。

医学正宗（程汝惠；明代）

据清乾隆二十一年(1756)《绩溪县志》。

未见。明·程汝惠撰。程汝惠，绩溪人。

明医摘粹（周士先；明代）

据清乾隆二十一年(1756)《绩溪县志》。

未见。明·周士先(周尚仲)撰。周士先，字尚仲，绩溪人。

杏庄集（濮镛；明代）

据清乾隆二十三年(1758)《太平府志》。

未见。明·濮镛(濮景鸣)撰。濮镛，字景鸣，太平人。

医鉴（李昌期；明代）

据清乾隆二十三年(1758)《太平府志》。

未见。明·李昌期撰。李昌期，繁昌人。

伤寒杂证（程崙；明代）

据清乾隆三十六年(1771)《歙县志》。

未见。明·程崙(程原仲、星海)撰。程崙，字原仲，号星海，歙县人。

程氏验方（程崙；明代）

据清乾隆三十六年(1771)《歙县志》。

未见。1卷。明·程崙(程原仲、星海)撰。程崙，字原仲，号星海，歙县人。

伤寒考证（潘仲斗；明代）

据清乾隆三十六年(1771)《歙县志》。

未见。明·潘仲斗撰。潘仲斗，歙县人。

阐明伤寒论 （巴应奎；明代）	据《中国医籍考》。 未见。明·巴应奎（巴子文、西涣）撰。巴应奎，字子文，号西涣，歙县人。
医宗思知录 （叶天彝；明代）	据清嘉庆八年(1803)《庐州府志》。 未见。明·叶天彝撰。叶天彝，合肥人。
奇方集验 （苟镒；明代）	据清嘉庆八年(1803)《庐州府志》。 未见。明·苟镒(苟育真)撰。苟镒，字育真，合肥人。
医书 （王甚美；明代）	据清嘉庆九年(1804)《萧县志》。 未见。2卷。明·王甚美(王怀楚)撰。王甚美，字怀楚，萧县人。
痘疹二证全书 （吴子扬；明代）	据清嘉庆十一年(1806)《泾县志》。 未见。明·吴子扬撰。吴子扬，字居敬，号东园，泾县人。
痘症撮要 （吴子扬；明代）	据清嘉庆十一年(1806)《泾县志》。 未见。明·吴子扬撰。吴子扬，字居敬，号东园，泾县人。
蠢子录 （吴子扬；明代）	据清嘉庆十一年(1806)《泾县志》。 未见。明·吴子扬撰。吴子扬，字居敬，号东园，泾县人。

重刻东园痘证全书（吴子扬撰，吴启泰辑；明代）	据清嘉庆十一年（1806）《泾县志》。 未见。明·吴子扬原撰，吴启泰辑。吴子扬，字居敬，号东园；吴启泰，均为泾县人。
医易（翟时泰；明代）	据清嘉庆十一年（1806）《泾县志》。 未见。明·翟时泰撰。翟时泰，泾县人。
读素问灵枢志（梅鹗；明代）	据清嘉庆十三年（1808）《旌德县志》。 未见。明·梅鹗撰。梅鹗，字百一，号凫山，旌德人。
四时调理方书（周之明；明代）	据清嘉庆十三年（1808）《太平县志》。 未见。明·周之明（周诚生）撰。周之明，字诚生，太平人。
问答医案（周之明；明代）	据清嘉庆十三年（1808）《太平县志》。 未见。明·周之明（周诚生）撰。周之明，字诚生，太平人。
痘疹览（阴有澜；明代）	据清嘉庆十三年（1808）《太平县志》。 未见。5卷。明·阴有澜撰。阴有澜，字九峰，太平人。
稀痘方（阴有澜；明代）	据清嘉庆十三年（1808）《太平县志》。 未见。1卷。明·阴有澜撰。阴有澜，字九峰，太平人。

医方辑要
（周广运；明代）

据清嘉庆十五年(1810)《绩溪县志》。

未见。清·周广运(周景唐)撰。周广运,字景唐,绩溪人。

医易
（何介；明代）

据清嘉庆十五年(1810)《休宁碎事》。

未见。明·何介(何介民)撰。何介,字介民,休宁人。

汤剂指南
（江应全；明代）

据清嘉庆二十二年(1817)《东台县志》。

未见。明·江应全(江左衡)撰。江应全,字左衡,歙县人。

活人书
（江应全；明代）

据清嘉庆二十二年(1817)《东台县志》。

未见。明·江应全(江左衡)撰。江应全,字左衡,歙县人。

慈幼集
（许长春；明代）

据清嘉庆二十四年(1819)《怀远县志》。

未见。6卷。明·许长春撰。许长春,号华修,怀远人。

黄宗三医书
（黄宗三；明代）

据清道光三年(1823)《休宁县志》。

未见。明·黄宗三(黄橘泉)撰。黄宗三,字橘泉,休宁人。

医林摘粹
（黄鉴；明代）

据清道光七年(1827)《徽州府志》。

未见。明·黄鉴撰。黄鉴,黟县人。

佚失文献

借红亭本草（姚康；明代）

据清道光七年(1827)《桐城续修县志》。

未见。明·姚康（姚士晋、姚康伯、休那）撰。姚康，一名士晋，字康伯，号休那，桐城人。

医宗脉要（余淙；明代）

据清道光八年(1828)《歙县志》。

未见。又名《脉要》。明·余淙（余午亭）撰。余淙，字午亭，歙县人。

伤寒伤暑辨（张鹤腾；明代）

据清道光九年(1829)《阜阳县志》。

未见。明·张鹤腾（张元翰、张凤逵）撰。张鹤腾，字元翰、凤逵，阜阳人。

逸医编（卢晋；明代）

据清道光九年(1829)《阜阳县志》。

未见。明·卢晋撰。卢晋，字伯进，号东崃，阜阳人。

八法针（卢晋；明代）

据清道光九年(1829)《阜阳县志》。

未见。明·卢晋撰。卢晋，字伯进，号东崃，阜阳人。

养恬录（卢晋；明代）

据清道光九年(1829)《阜阳县志》。

未见。明·卢晋撰。卢晋，字伯进，号东崃，阜阳人。

古方解（方以智；明代）

据清道光十年(1830)《安徽通志》。

未见。明·方以智（方密之、曼公、龙眠愚者）撰。方以智，字密之，号曼公、龙眠愚者，桐城人。

针灸仅存录 （黄宰；明代）	据清同治十二年(1873)《祁门县志》。 未见。明·黄宰(黄敬甫)撰。黄宰,字敬甫,祁门人。
加减汤头歌括 （汪时鹍；明代）	据清同治十二年(1873)《祁门县志》。 未见。明·汪时鹍撰。汪时鹍,祁门人。
发挥十二经动脉图解 （刘继芳；明代）	据清光绪七年(1881)《重修安徽通志》。 未见。明·刘继芳(养元)撰。刘继芳,号养元,芜湖人。
素问发明 （程剩生；明代）	据清光绪十三年(1887)《桐乡县志》。 未见。明·程剩生(程长年、黄山先生)撰。程剩生,字长年,号黄山先生,休宁人。
避水集验要方 （董炳；明代）	据清光绪十四年(1888)《泗虹合志》。 未见。4卷。明·董炳(董文化、怀鹤云)撰。董炳,字文化,号怀鹤云,泗县人。
治蛊奇书 （方震孺；明代）	据清光绪十八年(1892)《凤台县志》。 未见。明·方震孺(方孩未)撰。方震孺,字孩未,桐城人。
医统 （蔡溥；明代）	据清光绪三十四年(1908)《凤阳府志》。 未见。明·蔡溥(蔡公济)撰。蔡溥,字公济,凤阳人。

佚失文献

滇南本草图说
（沐英；明代）

据清光绪三十四年(1908)《凤阳府志》。

未见。明·沐英撰。沐英,定远人。

痘科大成集
（朱一麟；明代）

据民国二十三年(1934)《安徽通志》。

未见。明·朱一麟撰。朱一麟,字应我,泾县人。

痘科指要
（宋孟元；明代）

据民国二十三年(1934)《安徽通志》。

未见。清·宋孟元撰。宋孟元,泾县人。

医集大成
（程邦贤；明代）

据民国二十六年(1937)《歙县志》。

未见。明·程邦贤(程君敬)撰。程邦贤,字君敬,休宁人。

医家正统
（程公礼；明代）

据《幼幼全书》。

未见。明·程公礼(程耆祥)撰。程公礼,字耆祥,休宁人。

行仁辑要
（程公礼；明代）

据《幼幼全书》。

未见。明·程公礼(程耆祥)撰。程公礼,字耆祥,休宁人。

保赤方略
（程公礼；明代）

据《幼幼全书》。

未见。明·程公礼(程耆祥)撰。程公礼,字耆祥,休宁人。

余午亭医案 （余浞；明代）	据《歙县医药杂志》。 未见。2卷。又名《余氏医验录》。明·余浞（余午亭）撰。余浞，字午亭，歙县人。
医补 （曹恒占；明代）	据《新安医学史略》。 未见。2卷。又名《曹守堂医补》《医谱》。明·曹恒占（曹心立、守堂）撰。曹恒占，字心立，号守堂，歙县人。
本草澄源 （朱齐龙；明代）	据《新安名医考》。 未见。明·朱齐龙（朱澄源）撰。朱齐龙，字澄源，休宁人。
诸家医论 （谢承文；清代）	据清康熙十二年（1673）《太平府志》。 未见。明·谢承文（谢郁宇）撰。谢承文，字郁宇，当涂人。
医学发明 （芮养谦；清代）	据清康熙十二年（1673）《太平府志》。 未见。清·芮养谦撰。芮养谦，太平人。
医经原始 （芮养仁；清代）	据清康熙十二年（1673）《太平府志》。 未见。清·芮养仁撰。芮养仁，字六吉，太平人。
痘科约言 （许学文；清代）	据清康熙二十三年（1684）《江南通志》。 未见。清·许学文（许博我）撰。许学文，字博我，合肥人。

保赤正脉 （许学文；清代）	据清康熙二十三年(1684)《江南通志》。 未见。又名《保赤正宗》《保赤要言》《保赤正宗要言》。清·许学文（许博我）撰。许学文，字博我，合肥人。
尊生内编 （王有礼；清代）	据清康熙二十四年(1685)《嘉兴县志》。 未见。10卷。清·王有礼（王三五）撰。王有礼，字三五，休宁人。
尊生外编 （王有礼；清代）	据清康熙二十四年(1685)《嘉兴县志》。 未见。8卷。清·王有礼（王三五）撰。王有礼，字三五，休宁人。
痘疹心法 （吴邦宁；清代）	据清康熙三十三年(1694)《休宁县志》。 未见。清·吴邦宁（吴惟和）撰。吴邦宁，字惟和，休宁人。
广嗣篇 （徐国显；清代）	据清康熙三十六年(1697)《合肥县志》。 未见。清·徐国显（徐公佑、东谷）撰。徐国显，字公佑，号东谷，合肥人。
则庵医案 （严宫方；清代）	据清康熙六十年(1721)《安庆府志》。 未见。清·严宫方（严则庵）撰。严宫方，字则庵，桐城人。
逸园方书 （任埙；清代）	据清康熙六十年(1721)《安庆府志》。 未见。清·任埙撰。任埙，字德音，号逸园，怀宁人。

经验良方 （吴文冕；清代）	据清乾隆十二年(1747)《海盐县续图经》。 未见。12卷。清·吴文冕（白鹤逸民）撰。吴文冕，号白鹤逸民，休宁人。
医学指南 （吴文冕；清代）	据清乾隆十二年(1747)《海盐县续图经》。 未见。10卷。清·吴文冕（白鹤逸民）撰。吴文冕，号白鹤逸民，休宁人。
儿科秘方 （吴文冕；清代）	据清乾隆十二年(1747)《海盐县续图经》。 未见。4卷。清·吴文冕（白鹤逸民）撰。吴文冕，号白鹤逸民，休宁人。
幼幼心法 （吴文冕；清代）	据清乾隆十二年(1747)《海盐县续图经》。 未见。2卷。清·吴文冕（白鹤逸民）撰。吴文冕，号白鹤逸民，休宁人。
女科则要 （唐翼真；清代）	据清乾隆十五年(1750)《当涂县志》。 未见。明·唐翼真撰。唐翼真，当涂人。
神效方 （徐远达；清代）	据清乾隆十五年(1750)《当涂县志》。 未见。清·徐远达（徐斗儒）撰。徐远达，字斗儒，当涂人。
经验方 （徐远达；清代）	据清乾隆十五年(1750)《当涂县志》。 未见。清·徐远达（徐斗儒）撰。徐远达，字斗儒，当涂人。

| 奇验方书
（吴天植；清代） | 据清乾隆十五年(1750)《当涂县志》。
未见。清·吴天植撰。吴天植，当涂人。 |

| 医书
（胡正言；清代） | 据清乾隆十六年(1751)《六安州志》。
未见。清·胡正言（胡曰从）辑订。胡正言，字曰从，休宁人。 |

| 元气论
（胡邦旦；清代） | 据清乾隆十九年(1754)《芜湖县志》。
未见。明·胡邦旦撰。胡邦旦，芜湖人。 |

| 寿婴秘书
（赵崇济；清代） | 据清乾隆二十年(1755)《泾县志》。
未见。清·赵崇济（赵作舟）撰。赵崇济，字作舟，泾县人。 |

| 医家指南
（曹光绍；清代） | 据清乾隆二十一年(1756)《绩溪县志》。
未见。清·曹光绍（曹晟）撰。曹光绍，名晟，绩溪人。 |

| 脉症应绳录
（程南；清代） | 据清乾隆二十一年(1756)《绩溪县志》。
未见。1卷。清·程南（程圣可、庸庵）撰。程南，字圣可，号庸庵，绩溪人。 |

| 类方秘录
（程南；清代） | 据清乾隆二十一年(1756)《绩溪县志》。
未见。清·程南（程圣可、庸庵）撰。程南，字圣可，号庸庵，绩溪人。 |

本草详要 （周士遐；清代）	据清乾隆二十一年(1756)《绩溪县志》。 未见。清·周士遐（周镜玉、冒道人）撰。周士遐,字镜玉,自号冒道人,绩溪人。
俞穴 （周士遐；清代）	据清乾隆二十一年(1756)《绩溪县志》。 未见。清·周士遐（周镜玉、冒道人）撰。周士遐,字镜玉,自号冒道人,绩溪人。
医案 （周士遐；清代）	据清乾隆二十一年(1756)《绩溪县志》。 未见。清·周士遐（周镜玉、冒道人）撰。周士遐,字镜玉,自号冒道人,绩溪人。
伤寒寸金 （曹若楫；清代）	据清乾隆二十一年(1756)《绩溪县志》。 未见。清·曹若楫（曹济臣）撰。曹若楫,字济臣,绩溪人。
幼科指南 （何其沧；清代）	据清乾隆二十二年(1757)《铜陵县志》。 未见。清·何其沧撰。何其沧,铜陵人。
幼科金针 （王世湰；清代）	据清乾隆二十二年(1757)《铜陵县志》。 未见。清·王世湰（王麟洲、杏圃）撰。王世湰,字麟洲,号杏圃,铜陵人。
医言 （李蕃；清代）	据清乾隆二十二年(1757)《铜陵县志》。 未见。清·李蕃（李伯衍）撰。李蕃,字伯衍,铜陵人。

医砭
（余鹤；清代）

据清乾隆二十三年(1758)《太平府志》。

未见。1卷。清·余鹤(余觐五)撰。余鹤,字觐五,繁昌人。

医学管见
（曹洛禋；清代）

据清乾隆二十三年(1758)《太平府志》。

未见。清·曹洛禋(曹麟书)撰。曹洛禋,字麟书,当涂人。

温疫辨论
（白启阳；清代）

据清乾隆三十二年(1767)《寿州志》。

未见。清·白启阳撰。白启阳,寿县人。

易医合参
（张遂辰；清代）

据清乾隆四十四年(1779)《杭州府志》。

未见。清·张遂辰(张卿子、相期、西农老人)撰。张遂辰,字卿子,号相期、西农老人,歙县人。

女科指南
（刘泽清；清代）

据清嘉庆八年(1803)《无为州志》。

未见。2卷。清·刘泽清(刘渭川、浊翁)撰。刘泽清,字渭川,号浊翁,巢县人。

医道用中一集
（孙兆本；清代）

据清嘉庆八年(1803)《庐江县志》。

未见。清·孙兆本(孙秀年)撰。孙兆本,字秀年,庐江人。

伤寒辨论
（胡履吉；清代）

据清嘉庆九年(1804)《绩溪县志》。

未见。又名《伤寒辨注》。清·胡履吉编。胡履吉,绩溪人。

| 本草类集良方
(郑传；清代) | 据清嘉庆十一年(1806)《泾县志》。
未见。清·郑传撰。郑传，泾县人。 |

| 幼幼辑要
(郑传；清代) | 据清嘉庆十一年(1806)《泾县志》。
未见。清·郑传撰。郑传，泾县人。 |

| 麻科简要
(倪元颐；清代) | 据清嘉庆十一年(1806)《泾县志》。
未见。清·倪元颐撰。倪元颐，泾县人。 |

| 存济录
(杜五七；清代) | 据清嘉庆十三年(1808)《太平县志》。
未见。清·杜五七(杜知非)撰。杜五七，字知非，太平人。 |

| 险症医案
(杜五七；清代) | 据清嘉庆十三年(1808)《太平县志》。
未见。清·杜五七(杜知非)撰。杜五七，字知非，太平人。 |

| 麻痘明镜
(崔涵；清代) | 据清嘉庆十三年(1808)《太平县志》。
未见。清·崔涵(崔圣度)撰。崔涵，字圣度，太平人。 |

| 活幼心法
(崔涵；清代) | 据清嘉庆十三年(1808)《太平县志》。
未见。清·崔涵(崔圣度)撰。崔涵，字圣度，太平人。 |

佚失文献

| 脉诀辑要（朱正杰；清代） | 据清嘉庆十三年(1808)《旌德县志》。
未见。清·朱正杰(香崖)撰。朱正杰,晚号香崖,旌德人。 |

| 药性纂要（陈允昺；清代） | 据清嘉庆十三年(1808)《旌德县志》。
未见。清·陈允昺(陈尔光)撰。陈允昺,字尔光,旌德人。 |

| 女科得解（陈允昺；清代） | 据清嘉庆十三年(1808)《旌德县志》。
未见。清·陈允昺(陈尔光)撰。陈允昺,字尔光,旌德人。 |

| 本草诗笺（方玉简；清代） | 据清嘉庆十五年(1810)《绩溪县志》。
未见。10卷。清·方玉简(方岳封)撰。方玉简,字岳封,绩溪人。 |

| 脉症指微（程本遐；清代） | 据清嘉庆十五年(1810)《绩溪县志》。
未见。清·程本遐(程永龄)撰。程本遐,字永龄,绩溪人。 |

| 医方类编（程本遐；清代） | 据清嘉庆十五年(1810)《绩溪县志》。
未见。2卷。清·程本遐(程永龄)撰。程本遐,字永龄,绩溪人。 |

| 杏墩日抄（胡杏墩；清代） | 据清嘉庆十七年(1812)《黟县志》。
未见。16卷。清·胡杏墩撰。胡杏墩,黟县人。 |

伤寒论编 （汪纯粹；清代）	据清嘉庆十七年(1812)《黟县志》。 未见。清·汪纯粹(汪惇士、春圃)撰。汪纯粹,字惇士,号春圃,黟县人。
游秦医案 （汪纯粹；清代）	据清道光七年(1827)《徽州府志》。 未见。清·汪纯粹(汪惇士、春圃)撰。汪纯粹,字惇士,号春圃,黟县人。
伤寒指南 （周瑶；清代）	据清嘉庆《备修天长县志稿》。 未见。清·周瑶撰。周瑶,天长人。
伤寒论注 （王廷相；清代）	据清道光三年(1823)《休宁县志》。 未见。清·王廷相(王赞宸)撰。王廷相,字赞宸,休宁人。
难经释义 （汪钰；清代）	据清道光三年(1823)《休宁县志》。 未见。又名《难经析义》。清·汪钰(汪勉斋)撰。汪钰,字勉斋,休宁人。
温疫论二注 （汪文绮；清代）	据清道光三年(1823)《休宁县志》。 未见。清·汪文绮(汪蕴谷)撰。汪文绮,字蕴谷,休宁人。
证治括言 （汪文绮；清代）	据清道光三年(1823)《休宁县志》。 未见。清·汪文绮(汪蕴谷)撰。汪文绮,字蕴谷,休宁人。

医案草述（程琦；清代）

据清道光三年(1823)《休宁县志》。

未见。清·程琦（程自超）撰。程琦，字自超，休宁人。

柚粮医案（程微灏；清代）

据清道光三年(1823)《休宁县志》。

未见。清·程微灏（程幼梁）撰。程微灏，字幼梁，休宁人。

黄士迪医案（黄士迪；清代）

据清道光三年(1823)《休宁县志》。

未见。清·黄士迪（黄纯夫）撰。黄士迪，字纯夫，休宁人。

明光奥旨（汪镇国；清代）

据清道光三年(1823)《休宁县志》。

未见。清·汪镇国（汪载阳）撰。汪镇国，字载阳，休宁人。

惜孩微言（金硕祢；清代）

据清道光三年(1823)《休宁县志》。

未见。清·金硕祢（金介石）撰。金硕祢，字介石，休宁人。

脉宗管见（张天泽；清代）

据清道光四年(1824)《怀宁县志》。

未见。清·张天泽撰。张天泽，怀宁人。

行素斋秘要（张天泽；清代）

据清道光四年(1824)《怀宁县志》。

未见。清·张天泽撰。张天泽，怀宁人。

痘证指要
（朱元孟；清代）

据清道光五年（1825）《泾县续志》。

未见。又名《痘科指要》。清·朱元孟（朱崇佳）撰。朱元孟，字崇佳，泾县人。

易经会纂
（王秉伦；清代）

据清道光五年（1825）《泾县续志》。

未见。6卷。又名《医意》。清·王秉伦（王彝仲）撰。王秉伦，字彝仲，泾县人。

医选
（倪殿标；清代）

据清道光六年（1826）《旌德县续志》。

未见。24卷。清·倪殿标（倪济庵）撰。倪殿标，字济庵，旌德人。

训科指迷
（吕发礼；清代）

据清道光六年（1826）《旌德县续志》。

未见。1卷。清·吕发礼（吕时先）撰。吕发礼，字时先，旌德人。

青囊秘选
（吕发礼；清代）

据清道光六年（1826）《旌德县续志》。

未见。1卷。清·吕发礼（吕时先）撰。吕发礼，字时先，旌德人。

天都医案
（汪廷元；清代）

据清道光七年（1827）《徽州府志》。

未见。2卷。清·汪廷元（汪瓒禾、赤崖）撰。汪廷元，字瓒禾，号赤崖，歙县人。

宾阳医案
（吴尚相；清代）

据清道光七年（1827）《徽州府志》。

未见。1卷。清·吴尚相撰。吴尚相，歙县人。

扶婴录（郑瑚；清代）

据清道光七年(1827)《徽州府志》。

未见。2卷。清·郑瑚(郑友夏)撰。郑瑚,字友夏,祁门人。

遁气符（许凝；清代）

见清道光七年(1827)《徽州府志》。

未见。清·许凝(许裕卿)撰。许凝,字裕卿,歙县人。

本草略（潘元森；清代）

据清道光七年(1827)《徽州府志》。

未见。清·潘元森(潘茂堂)撰。潘元森,字茂堂,黟县人。

可行集（潘元森；清代）

据清道光七年(1827)《徽州府志》。

未见。清·潘元森(潘茂堂)撰。潘元森,字茂堂,黟县人。

时疫类方（汪世渡；清代）

据清道光七年(1827)《徽州府志》。

未见。4卷。清·汪世渡(汪问舟)撰。汪世渡,字问舟,歙县人。

诸证采微（程式仪；清代）

据清道光七年(1827)《徽州府志》。

未见。8卷。清·程式仪撰。程式仪,歙县人。

证治阐微（程三才；清代）

据清道光七年(1827)《徽州府志》。

未见。4卷。清·程三才撰。程三才,歙县人。

飞布保脉集 （江本良；清代）	据清道光七年(1827)《徽州府志》。 未见。1卷。清·江本良撰。江本良,歙县人。
列代名医要旨记录 （王谟；清代）	据清道光七年(1827)《徽州府志》。 未见。5卷。又名《口述篇记录》。清·王谟(王养涵)撰。王谟,字养涵,歙县人。
麻症全编 （程国汉；清代）	据清道光七年(1827)《徽州府志》。 未见。2卷。清·程国汉撰。程国汉,歙县人。
痘科要录 （王卜远；清代）	据清道光七年(1827)《徽州府志》。 未见。1卷。清·王卜远撰。王卜远,歙县人。
痘科类编 （罗世震；清代）	据清道光七年(1827)《徽州府志》。 未见。3卷。清·罗世震撰。罗世震,歙县人。
医理抉微 （周调鼎；清代）	据清道光七年(1827)《徽州府志》。 未见。1卷。清·周调鼎撰。周调鼎,徽州人。
张氏医案 （张节；清代）	据清道光七年(1827)《徽州府志》。 未见。1卷。清·张节(张心在、梦畹)撰。张节,字心在,号梦畹,歙县人。

| 万锦集
（张克肇；清代） | 据清道光七年(1827)《阜阳县志》。
未见。1卷。清·张克肇撰。张克肇，阜阳人。 |

| 汇补敲爻歌
（张克肇；清代） | 据清道光七年(1827)《阜阳县志》。
未见。1卷。清·张克肇撰。张克肇，阜阳人。 |

| 医学择要
（连斗山；清代） | 据清道光七年(1827)《阜阳县志》。
未见。清·连斗山(连叔度、南轩)撰。连斗山，字叔度，号南轩，阜阳人。 |

| 医学纂要
（王寅；清代） | 据清道光七年(1827)《桐城续修县志》。
未见。清·王寅撰。王寅，桐城人。 |

| 非风条辨
（严颢；清代） | 据清道光七年(1827)《桐城续修县志》。
未见。清·严颢(严守愚、克斋)撰。严颢，字守愚，号克斋，桐城人。 |

| 虚损元机
（严颢；清代） | 据清道光七年(1827)《桐城续修县志》。
未见。清·严颢(严守愚、克斋)撰。严颢，字守愚，号克斋，桐城人。 |

| 杂症一贯
（严颢；清代） | 据清道光七年(1827)《桐城续修县志》。
未见。清·严颢(严守愚、克斋)撰。严颢，字守愚，号克斋，桐城人。 |

女科心会 （严颢；清代）	据清道光七年(1827)《桐城续修县志》。 未见。清·严颢(严守愚、克斋)撰。严颢，字守愚，号克斋，桐城人。
医学寻宗 （吴瓯玉；清代）	据清道光七年(1827)《桐城续修县志》。 未见。8卷。清·吴瓯玉(吴仁斋)撰。吴瓯玉，号仁斋，桐城人。
十三科 （严大鹏；清代）	据清道光七年(1827)《桐城续修县志》。 未见。清·严大鹏(严广誉、云轩)撰。严大鹏，字广誉，号云轩，桐城人。
医书积验 （张文英；清代）	据清道光七年(1827)《桐城续修县志》。 未见。清·张文英(依樯)撰。张文英，号依樯，桐城人。
医方辨案 （方峻；清代）	据清道光七年(1827)《桐城续修县志》。 未见。清·方峻(方子雅)撰。方峻，字子雅，号竹圃，桐城人。
伤寒问答 （程云鹏；清代）	据清道光八年(1828)《歙县志》。 未见。2卷。清·程云鹏(程华仲、凤雏、香梦书生)撰。程云鹏，字华仲，号凤雏、香梦书生，歙县人。
脉复 （程云鹏；清代）	据《慈幼筏·序》。 未见。清·程云鹏(程华仲、凤雏、香梦书生)撰。程云鹏，字华仲，号凤雏、香梦书生，歙县人。

灵素微言
（程云鹏；清代）

据《慈幼筏·序》。

未见。清·程云鹏（程华仲、凤雏、香梦书生）撰。程云鹏，字华仲，号凤雏、香梦书生，歙县人。

医贯别裁
（程云鹏；清代）

据《慈幼筏·序》。

未见。清·程云鹏（程华仲、凤雏、香梦书生）撰。程云鹏，字华仲，号凤雏、香梦书生，歙县人。

医人传
（程云鹏；清代）

据《慈幼筏·序》。

未见。清·程云鹏（程华仲、凤雏、香梦书生）撰。程云鹏，字华仲，号凤雏、香梦书生，歙县人。

种嗣玄机
（程云鹏；清代）

据《慈幼筏·序》。

未见。清·程云鹏（程华仲、凤雏、香梦书生）撰。程云鹏，字华仲，号凤雏、香梦书生，歙县人。

医方
（方承永；清代）

据清道光九年（1829）《寿州志》。

未见。清·方承永（方祚远）撰。方承永，字祚远，寿县人。

医学知源
（袁瑛；清代）

据清道光十年（1830）《安徽通志》。

未见。4卷。清·袁瑛撰。袁瑛，青阳人。

医学
（詹方桂；清代）

据清道光十年（1830）《安徽通志》。

未见。1卷。清·詹方桂（詹天木）撰。詹方桂，字天木，休宁人。

| 新方八阵注
（吴迁；清代） | 据清道光十年(1830)《安徽通志》。
未见。清·吴迁(吴松乔)撰。吴迁,字松乔,泾县人。 |

| 传忠录注
（吴迁；清代） | 据清道光十年(1830)《安徽通志》。
未见。清·吴迁(吴松乔)撰。吴迁,字松乔,泾县人。 |

| 保产机要
（李鸣；清代） | 据清道光十年(1830)《安徽通志》。
未见。清·李鸣撰。李鸣,当涂人。 |

| 灵素要略
（鲍漱芳；清代） | 据清道光十年(1830)《安徽通志》。
未见。清·鲍漱芳(鲍席芬)撰。鲍漱芳,字席芬,歙县人。 |

| 重刊素问灵枢
注证发微
（鲍漱芳；清代） | 据清道光十年(1830)《安徽通志》。
未见。9卷。明·马莳原撰,清·鲍漱芳(鲍席芬、鲍惜分)校刊。鲍漱芳,字席芬,歙县人。 |

| 医学折衷
（宋自应；清代） | 据清道光十年(1830)《太湖县志》。
未见。清·宋自应(宋德孚)撰。宋自应,字德孚,太湖人。 |

| 痘疹心法全书
（郝祚祯；清代） | 据清道光十年(1830)《来安县志》。
未见。12卷。清·郝祚祯撰。郝祚祯,来安人。 |

奇验录
（严景陵；清代）

据清道光十年（1830）《来安县志》。

未见。清·严景陵（严义孚）撰。严景陵，字义孚，来安人。

寿世汇编
（汪如龙；清代）

据清道光二十年（1840）《济南府志》。

未见。清·汪如龙（汪健川）撰。汪如龙，字健川，宣城人。

药性医方辨
（罗浩；清代）

据清道光二十五年（1845）《海州文献录》。

未见。3卷。清·罗浩（罗养斋）撰。罗浩，字养斋，歙县人。

医书总录
（罗浩；清代）

据清光绪九年（1883）《江都县续志》。

未见。清·罗浩（罗养斋）撰。罗浩，字养斋，歙县人。

罗浩医学诸书
（罗浩；清代）

据清光绪九年（1883）《江都县续志》。

未见。清·罗浩（罗养斋）撰。罗浩，字养斋，歙县人。

医书题解录
（罗浩；清代）

据《医经余论》。

未见。1卷。清·罗浩（罗养斋）撰。罗浩，字养斋，歙县人。

医方
（吴昱；清代）

据清同治八年（1869）《霍邱县志》。

未见。清·吴昱（吴嵩南）撰。吴昱，字嵩南，霍邱人。

历验方
（何元巩；清代）

据清同治九年(1870)《黟县三志》。

未见。1卷。清·何元巩(何殿超、文坚)撰。何元巩,字殿超,号文坚,黟县人。

医学类求
（程致煌；清代）

据清同治九年(1870)《黟县三志》。

未见。清·程致煌(程星堂)撰。程致煌,字星堂,黟县人。

痘书
（程建勋；清代）

据清同治九年(1870)《黟县三志》。

未见。清·程建勋(程君望)撰。程建勋,字君望,黟县人。

医书两种
（汪大镛；清代）

据清同治九年(1870)《黟县三志》。

未见。清·汪大镛(汪采宜)撰。汪大镛,字采宜,黟县人。

妇科专门
（宋自应；清代）

据清同治十一年(1872)《太湖县志》。

未见。清·宋自应(宋德孚)撰。宋自应,字德孚,太湖人。

伤寒论注
（葛廷玉；清代）

据清同治十一年(1872)稿本《涡阳县志》。

未见。清·葛廷玉(荫谷)撰。葛廷玉,号荫谷,涡阳人。

痘疹秘诀
（杨三捷；清代）

据清同治十一年(1872)《涡阳县志》。

未见。清·杨三捷(介夫)撰。杨三捷,号介夫,涡阳人。

应验良方
（杨三捷；清代）

据清同治十一年（1872）《涡阳县志》。

未见。清·杨三捷（介夫）撰。杨三捷，号介夫，涡阳人。

伤寒歌诀
（黄廷杰；清代）

据清同治十二年（1873）《祁门县志》。

未见。清·黄廷杰撰。黄廷杰，祁门人。

杂症诗括
（黄廷杰；清代）

据清同治十二年（1873）《祁门县志》。

未见。清·黄廷杰撰。黄廷杰，祁门人。

性理发微
（郑采廷；清代）

据清同治十二年（1873）《祁门县志》。

未见。清·郑采廷（郑藻臣、质堂）撰。郑采廷，字藻臣，号质堂，祁门人。

质堂医案
（郑采廷；清代）

据清同治十二年（1873）《祁门县志》。

未见。清·郑采廷（郑藻臣、质堂）撰。郑采廷，字藻臣，号质堂，祁门人。

奇验手录
（曹正朝；清代）

据清同治十二年（1873）《太湖县志》。

未见。清·曹正朝（曹国柱）撰。曹正朝，字国柱，太湖人。

梅谷丛谈
（程鼎调；清代）

据清同治十三年（1874）续纂《扬州府志》。

未见。10卷。清·程鼎调（程梅谷）撰。程鼎调，字梅谷，歙县人。

习医明镜 （程鼎调；清代）	据清同治十三年(1874)续纂《扬州府志》。 未见。6卷。清·程鼎调（程梅谷）撰。程鼎调,字梅谷,歙县人。
伤寒集成 （田廷玉；清代）	据清光绪七年(1881)《重修安徽通志》。 未见。清·田廷玉撰。田廷玉,阜阳人。
温疫集成 （田廷玉；清代）	据清光绪七年(1881)《重修安徽通志》。 未见。清·田廷玉撰。田廷玉,阜阳人。
痘证集成 （田廷玉；清代）	据清光绪七年(1881)《重修安徽通志》。 未见。又名《痘疹集成》。清·田廷玉撰。田廷玉,阜阳人。
暑温湿温疫疠 疟痢诸条辨 （方熔；清代）	据清光绪七年(1881)《重修安徽通志》。 未见。清·方熔撰。方熔,旌德人。
胜气篇 （方熔；清代）	据清光绪七年(1881)《重修安徽通志》。 未见。清·方熔撰。方熔,旌德人。
复气篇 （方熔；清代）	据清光绪七年(1881)《重修安徽通志》。 未见。清·方熔撰。方熔,旌德人。

温热条辨（方熔；清代）

据清光绪七年(1881)《重修安徽通志》。

未见。清·方熔撰。方熔,旌德人。

伤寒摘要（方熔；清代）

据清光绪七年(1881)《重修安徽通志》。

未见。清·方熔撰。方熔,旌德人。

集验方书（俞子才；清代）

据清光绪七年(1881)《重修安徽通志》。

未见。清·俞子才撰。俞子才,芜湖人。

伤寒辨微（胡润川；清代）

据清光绪七年(1881)《重修安徽通志》。

未见。清·胡润川撰。胡润川,绩溪人。

医学锦囊（胡润川；清代）

据清光绪七年(1881)《重修安徽通志》。

未见。清·胡润川撰。胡润川,绩溪人。

妇科临症指南（胡润川；清代）

据清光绪七年(1881)《重修安徽通志》。

未见。清·胡润川撰。胡润川,绩溪人。

医方新编（许丽京；清代）

据清光绪七年(1881)《重修安徽通志》。

未见。清·许丽京(许务滋)撰。许丽京,字务滋,枞阳人。

病思录
(吴日标；清代)

据清光绪九年(1883)《贵池县志》。

未见。清·吴日标(吴汝建)撰。吴日标,字汝建,贵池人。

济急医方
(曹允谦；清代)

据清光绪九年(1883)《贵池县志》。

未见。清·曹允谦撰。曹允谦,贵池人。

医学约编
(姚文涛；清代)

据清光绪九年(1883)《贵池县志》。

未见。清·姚文涛(姚学波)撰。姚文涛,字学波,贵池人。

伤寒注疏
(章元弼；清代)

据清光绪九年(1883)《贵池县志》。

未见。清·章元弼(章鼎臣)撰。章元弼,字鼎臣,贵池人。

医学渊源
(章元弼；清代)

据清光绪九年(1883)《贵池县志》。

未见。清·章元弼(章鼎臣)撰。章元弼,字鼎臣,贵池人。

医案编
(章元弼；清代)

据清光绪九年(1883)《贵池县志》。

未见。清·章元弼(章鼎臣)撰。章元弼,字鼎臣,贵池人。

医案
(高以庄；清代)

据清光绪九年(1883)《贵池县志》。

未见。清·高以庄(高临之、平泉)撰。高以庄,字临之,号平泉,贵池人。

医论 （程国俊；清代）	据清光绪十年(1884)续补乾隆二十一年(1756)《淳安县志》。 未见。清·程国俊(程廷吁)撰。程国俊，字廷吁，休宁人。
验方 （张家勋；清代）	据清光绪十一年(1885)《庐江县志》。 未见。清·张家勋(张介庵)撰。张家勋，号介庵，庐江人。
临症条辨 （张家勋；清代）	据清光绪十一年(1885)《庐江县志》。 未见。清·张家勋(张介庵)撰。张家勋，号介庵，庐江人。
经验方 （程大礼；清代）	据清光绪十一年(1885)《庐江县志》。 未见。清·程大礼(秩山)撰。程大礼，号秩山，庐江人。
医集 （程大礼；清代）	据清光绪十一年(1885)《庐江县志》。 未见。清·程大礼(秩山)撰。程大礼，号秩山，庐江人。
同寿堂药方 （沈家份；清代）	据清光绪十一年(1885)《庐州府志》。 未见。清·沈家份(沈曾武)撰。沈家份，字曾武，合肥人。
杂疫粹精 （沈理浩、沈理治；清代）	据清光绪十一年(1885)续修《庐州府志》。 未见。清·沈理浩(沈嗽石)、沈理治(沈子元、芝台)撰。沈理浩，字嗽石；沈理治，字子元，号芝台，均为合肥人。

| 方脉综
（倪璜；清代） | 据清光绪十一年(1885)续修《庐州府志》。
未见。6卷。清·倪璜(蔗轩)撰。倪璜,号蔗轩,无为人。 |

| 脉理大全
（刘辅清；清代） | 据清光绪十一年(1885)续修《庐州府志》。
未见。清·刘辅清撰。刘辅清,无为人。 |

| 医捷
（朱佩麟；清代） | 据清光绪十一年(1885)续修《庐州府志》。
未见。清·朱佩麟撰。朱佩麟,无为人。 |

| 伤寒百问
（金本田；清代） | 据清光绪十一年(1885)续修《庐州府志》。
未见。清·金本田撰。金本田,无为人。 |

| 伤寒百问增注
（金玉音；清代） | 据清光绪十一年(1885)续修《庐州府志》。
未见。清·金玉音撰。金玉音,无为人。 |

| 性理近取生气篇
（朱祝三；清代） | 据清光绪十一年(1885)《庐江县志》。
未见。清·朱祝三(朱尧民)撰。朱祝三,号尧民,庐江人。 |

| 张氏难经赏析性理篇
（朱祝三；清代） | 据清光绪十一年(1885)《庐江县志》。
未见。清·朱祝三(朱尧民)撰。朱祝三,号尧民,庐江人。 |

佚失文献

| 晚翠轩医话
（蒯延理；清代） | 据清光绪十一年(1885)续修《庐州府志》。
未见。清·蒯延理撰。蒯延理，合肥人。 |

| 素问义证
（蒯延理；清代） | 据清光绪十一年(1885)续修《庐州府志》。
未见。清·蒯延理撰。蒯延理，合肥人。 |

| 脉诀
（吴元松；清代） | 据清光绪十一年(1885)续修《庐州府志》。
未见。清·吴元松撰。吴元松，无为人。 |

| 伤寒知要
（翟万麒；清代） | 据清光绪十一年(1885)续修《庐州府志》。
未见。清·翟万麒撰。翟万麒，无为人。 |

| 伤寒录
（查宗枢；清代） | 据清光绪十一年(1885)续修《庐州府志》。
未见。清·查宗枢(禹峰)撰。查宗枢，号禹峰，巢县人。 |

| 医学正宗
（宋筠；清代） | 据清光绪十一年(1885)续修《庐州府志》。
未见。清·宋筠(宋秋荪)撰。宋筠，字秋荪，合肥人。 |

| 尚论篇伤寒论医案
（宋筠；清代） | 据清光绪十一年(1885)续修《庐州府志》。
未见。清·宋筠(宋秋荪)撰。宋筠，字秋荪，合肥人。 |

医方辑略
（陈立基；清代）

据清光绪十一年(1885)续修《庐州府志》。
未见。2卷。又名《医方集略》。清·陈立基（湖村）撰。陈立基，号湖村，无为人。

济阴通玄集
（洪烜；清代）

据清光绪十一年(1885)续修《庐州府志》。
未见。清·洪烜（载治）撰。洪烜，号载治，无为人。

眼科汇宗
（侯栐；清代）

据清光绪十一年(1885)续修《庐州府志》。
未见。清·侯栐（侯笏轩）著。侯栐，字笏轩，无为人。

集方便览
（金朝秀；清代）

据清光绪十四年(1888)《泗虹合志》。
未见。2卷。清·金朝秀撰。金朝秀，泗县人。

李氏新传
（李长福、李锦春；清代）

据清光绪十四年(1888)《泗虹合志》。
未见。8卷。清·李长福、李锦春撰。李长福、李锦春，均为泗县人。

伤寒辑要
（胡应亨；清代）

据清光绪十五年(1889)《宿州志》。
未见。清·胡应亨撰。胡应亨，徽州人。

杂证脉诀
（胡应亨；清代）

据清光绪十五年(1889)《宿州志》。
未见。清·胡应亨撰。胡应亨，徽州人。

正骨指南
（葛维麒；清代）

据清光绪十六年(1890)《寿州志》。

未见。2卷。清·葛维麒(葛圣祥)撰。葛维麒,字圣祥,寿县人。

本草补注
（郭钦；清代）

据清光绪二十年(1894)《亳州志》。

未见。10卷。清·郭钦(郭敬庵)撰。郭钦,字敬庵,亳州人。

经验方
（张允嘉；清代）

据清光绪二十年(1894)《亳州志》。

未见。清·张允嘉(张宪只)撰。张允嘉,字宪只,亳州人。

本草精金录
（王耀；清代）

据清光绪二十七年(1901)《直隶和州志》。

未见。清·王耀撰。王耀,和县人。

医家集要
（王耀；清代）

据清光绪二十七年(1901)《直隶和州志》。

未见。1卷。又名《医家辑要》。清·王耀撰。王耀,和县人。

南雅堂医方全集订
（沈道先；清代）

据清光绪三十一年(1905)《霍山县志》。

未见。清·沈道先(沈岸生)撰。沈道先,字岸生,霍山人。

福幼书
（王家猷；清代）

据清光绪三十三年(1907)《舒城县志》。

未见。清·王家猷撰。王家猷,舒城人。

种德新编
（朱荥；清代）

据清光绪三十三年(1907)《舒城县志》。

未见。清·朱荥(松坡)撰。朱荥,号松坡,舒城人。

痘症要
（朱荥；清代）

据民国十一年(1922)《太湖县志》。

未见。清·朱荥(松坡)著。朱荥,号松坡,舒城人。

金鉴集解
（张玺；清代）

据清光绪三十三年(1907)《续修舒城县志》。

未见。清·张玺(张仁朝)撰。张玺,字仁朝,舒城人。

普济良方
（胡万清；清代）

据清光绪三十四年(1908)《凤阳府志》。

未见。清·胡万清(胡选之)撰。胡万清,字选之,定远人。

医方要言
（孙家勤；清代）

据清光绪三十四年(1908)《凤阳府志》。

未见。清·孙家勤(孙予九)撰。孙家勤,字予九,寿县人。

传白牛图方书
（赵应元；清代）

据清光绪三十四年(1908)《凤阳县志》。

未见。1卷。清·赵应元撰。赵应元,寿州人。

医术全集
（江映川；清代）

据清光绪三十四年(1908)《凤阳府志》。

未见。20卷。清·江映川(江绍周)撰。江映川,字绍周,寿县人。

| 医方宝筏（程鹏飞；清代） | 据清光绪三十四年(1908)《凤阳府志》。
未见。24卷。清·程鹏飞（程海峤）撰。程鹏飞，字海峤，寿县人。 |

| 医书数种（刘希璧；清代） | 据清宣统二年(1910)《建德县志》。
未见。清·刘希璧（刘以赵）撰。刘希璧，字以赵，建德人。 |

| 痘疹心传草本（戴天锡；清代） | 据民国四年(1915)《重修蒙城县志》。
未见。清·戴天锡（戴方伯）著。戴天锡，字方伯，蒙城人。 |

| 济世宝囊（段克忠；清代） | 据民国四年(1915)《重修蒙城县志》。
未见。2卷。清·段克忠（段心传）撰。段克忠，字心传，蒙城人。 |

| 六十四门药性分类（戴华光；清代） | 据民国四年(1915)《重修蒙城县志》。
未见。不分卷。清·戴华光（戴丽亭）撰。戴华光，字丽亭，蒙城人。 |

| 十二经补泻温凉药（戴华光；清代） | 据民国四年(1915)《重修蒙城县志》。
未见。不分卷。清·戴华光（戴丽亭）撰。戴华光，字丽亭，蒙城人。 |

| 本草述要（戴华光；清代） | 据民国四年(1915)《重修蒙城县志》。
未见。4卷。清·戴华光（戴丽亭）撰。戴华光，字丽亭，蒙城人。 |

医学集证
（何星照；清代）

据民国四年(1915)《怀宁县志》。

未见。清·何星照（何斗南、慈明）撰。何星照,字斗南,号慈明,怀宁人。

药性正误
（程观澜；清代）

据民国四年(1915)《怀宁县志》。

未见。清·程观澜（泽轩）撰。程观澜,号泽轩,怀宁人。

脉理微言
（程观澜；清代）

据民国四年(1915)《怀宁县志》。

未见。清·程观澜（泽轩）撰。程观澜,号泽轩,怀宁人。

脉诀指掌
（章光裕；清代）

据民国四年(1915)《怀宁县志》。

未见。清·章光裕（章飞泉）撰。章光裕,字飞泉,怀宁人。

医学
（潘用清；清代）

据民国四年(1915)《怀宁县志》。

未见。10卷。清·潘用清（潘潜庵、荣阳笠叟）撰。潘用清,字潜庵,晚号荣阳笠叟,怀宁人。

景岳节抄
（李川衡；清代）

据民国四年(1915)《怀宁县志》。

未见。12卷。清·李川衡（李越岑）撰。李川衡,字越岑,怀宁人。

医理从源
（李心复；清代）

据民国四年(1915)《怀宁县志》。

未见。4卷。清·李心复（李象初、来庄）撰。李心复,字象初,号来庄,怀宁人。

妇科精诣良方（查晓园；清代）

据民国四年(1915)《怀宁县志》。

未见。清·查晓园(查东升)撰。查晓园,字东升,怀宁人。

内经说（朱开；清代）

据民国四年(1915)《怀宁县志》。

未见。1卷。清·朱开(问梅)撰。朱开,号问梅,怀宁人。

方书集成（郝同驭；清代）

据民国四年(1915)《怀宁县志》。

未见。1卷。清·郝同驭(郝砚溪、驾山)撰。郝同驭,字砚溪,号驾山,怀宁人。

药性赋（丁悦先；清代）

据民国四年(1915)《怀宁县志》。

未见。清·丁悦先撰。丁悦先,怀宁人。

医理精蕴（章光裕；清代）

据民国四年(1915)《怀宁县志》。

未见。清·章光裕(章飞泉)撰。章光裕,字飞泉,怀宁人。

医纂（葛启俊；清代）

据民国四年(1915)《怀宁县志》。

未见。清·葛启俊(葛中谷)撰。葛启俊,字中谷,怀宁人。

痘科要言（丁悦先；清代）

据民国四年(1915)《怀宁县志》。

未见。清·丁悦先撰。丁悦先,怀宁人。

灵素要略
（杨銮坡；清代）

据民国四年(1915)《怀宁县志》。

未见。2卷。又名《灵素志略》。清·杨銮坡(杨瑞甫)撰。杨銮坡，字瑞甫。怀宁人。

歆萃新集
（杨銮坡；清代）

据民国四年(1915)《怀宁县志》。

未见。清·杨銮坡(杨瑞甫)撰。杨銮坡，字瑞甫。怀宁人。

医余留考图
（杨銮坡；清代）

据民国四年(1915)《怀宁县志》。

未见。1卷。又名《医余留考》。清·杨銮坡(杨瑞甫)撰。杨銮坡，字瑞甫。怀宁人。

医学探源
（杨銮坡；清代）

据民国四年(1915)《怀宁县志》。

未见。2卷。清·杨銮坡(杨瑞甫)撰。杨銮坡，字瑞甫。怀宁人。

诚求详论
（潘道源；清代）

据民国七年(1918)《怀宁县志补》。

未见。清·潘道源(潘巨涛、奠川)著。潘道源，字巨涛，号奠川，怀宁人。

济世新编
（陈上印；清代）

据民国八年(1919)《芜湖县志》。

未见。清·陈上印(陈位方)撰。陈上印，字位方，芜湖人。

试验新方
（陈瑾瑜；清代）

据民国八年(1919)《芜湖县志》。

未见。清·陈瑾瑜撰。陈瑾瑜，芜湖人。

医生十劝
（陈瑾瑜；清代）

据民国八年（1919）《芜湖县志》。

未见。清·陈瑾瑜撰。陈瑾瑜，芜湖人。

金匮悬解补注
（吕朝瑞；清代）

据民国八年（1919）《芜湖县志》。

未见。清·吕朝瑞（吕九霞、辑侯）撰。吕朝瑞，字九霞，号辑侯，旌德人。

脉理便览
（江澍泉；清代）

据民国九年（1920）《全椒县志》。

未见。清·江澍泉（江汉槎）撰。江澍泉，字汉槎，全椒人。

李就熔手录方书
（李就熔；清代）

据民国十年（1921）《宿松县志》。

未见。清·李就熔撰。李就熔，宿松人。

李勉钊手录方书
（李勉钊；清代）

据民国十年（1921）《宿松县志》。

未见。清·李勉钊撰。李勉钊，宿松人。

本草集联
（刘秉钺；清代）

据民国十年（1921）《宿松县志》。

未见。2卷。清·刘秉钺（刘钧台、石樵）撰。刘秉钺，字钧台，号石樵，宿松人。

本草分经类编
（周毅区；清代）

据民国十年（1921）《宿松县志》。

未见。清·周毅区（周石谷）撰。周毅区，字石谷，宿松人。

医学精蕴 （吴贺恪；清代）	据民国十年（1921）《宿松县志》。 未见。清·吴贺恪（吴澹圃）撰。吴贺恪，字澹圃，宿松人。
医理阐微 （刘灿奎；清代）	据民国十年（1921）《宿松县志》。 未见。清·刘灿奎（刘炳台）撰。刘灿奎，字炳台，宿松人。
可人楼医诀 （贺锦芳；清代）	据民国十年（1921）《宿松县志》。 未见。清·贺锦芳（贺灿黄、知非）撰。贺锦芳，字灿黄，号知非，宿松人。
验方集要 （周达秀；清代）	据民国十年（1921）《宿松县志》。 未见。清·周达秀撰。周达秀，宿松人。
东山医案 （贺绫；清代）	据民国十年（1921）《宿松县志》。 未见。清·贺绫撰。贺绫，宿松人。
方士恩医书 （方士恩；清代）	据民国十一年（1922）《歙县四志》。 未见。清·方士恩（方锡三）撰。方士恩，字锡三，歙县人。
何嘉诜纂注医书 （何嘉诜；清代）	据民国十一年（1922）《黟县四志》。 未见。清·何嘉诜（何牧云）撰。何嘉诜，字牧云，黟县人。

外科方略
（姚慎德；清代）

据民国十一年(1922)《黟县四志》。

未见。清·姚慎德撰。姚慎德,黟县人。

医法汇要
（戴荣基；清代）

据民国十一年(1922)《黟县四志》。

未见。清·戴荣基(戴子初、梅泉)撰。戴荣基,字子初,号梅泉,黟县人。

中西医学新论
（胡存庆；清代）

据民国十一年(1922)《黟县四志》。

未见。2卷。清·胡存庆撰。胡存庆,黟县人。

医理防微论
（黄存厚；清代）

据民国十一年(1922)《黟县四志》。

未见。清·黄存厚(黄信孚)撰。黄存厚,字信孚,黟县人。

药性补明
（朱荧；清代）

据民国十一年(1922)《太湖县志》。

未见。2卷。清·朱荧(朱乘黄)撰。朱荧,字乘黄,太湖人。

四诊发微
（程东贤；清代）

据民国十三年(1924)《南陵县志》。

未见。清·程东贤(程昌基)撰。程东贤,字昌基,南陵人。

寿世金针
（程东贤；清代）

据民国十三年(1924)《南陵县志》。

未见。清·程东贤(程昌基)撰。程东贤,字昌基,南陵人。

卫生集（何鸿器；清代）	据民国十三年(1924)《南陵县志》。 未见。清·何鸿器(克庵)撰。何鸿器，号克庵，南陵人。
疗疟痢方（李凤周；清代）	据民国十三年(1924)《涡阳风土记》。 未见。清·李凤周撰。李凤周，涡阳人。
医学论（郑廷玺；清代）	据民国十三年(1924)《涡阳风土记》。 未见。清·郑廷玺(郑瑞璞)撰。郑廷玺，字瑞璞，涡阳人。
要症真传（郑廷玺；清代）	据民国十三年(1924)《涡阳风土记》。 未见。清·郑廷玺(郑瑞璞)撰。郑廷玺，字瑞璞，涡阳人。
瘟症论（徐国义；清代）	据民国十四年(1925)《太和县志》。 未见。清·徐国义(徐治平)撰。徐国义，字治平，太和人。
经验方（范松；清代）	据民国十四年(1925)《太和县志》。 未见。清·范松(范青峰)撰。范松，字青峰，太和人。
经验方（阎超群；清代）	据民国十四年(1925)《太和县志》。 未见。清·阎超群撰。阎超群，太和人。

医案 （孙景会；清代）	据民国十四年(1925)《太和县志》。 未见。清·孙景会(孙际昌)撰。孙景会，字际昌，太和人。
产后指南 （于云同；清代）	据民国十四年(1925)《太和县志》。 未见。1卷。清·于云同撰。于云同，太和人。
包氏医述 （包诚；清代）	据民国二十三年(1934)《安徽通志稿》。 未见。4卷。清·包诚撰。包诚，字兴言，泾县人。 子目：《广生编》1卷；《十剂解》1卷；《十剂表》2卷。
寿世编 （朱朴园；清代）	据民国二十三年(1934)《安徽通志稿》。 未见。1卷。清·朱朴园撰。朱朴园，泾县人。
青囊精选 （王之冕；清代）	据民国二十三年(1934)《安徽通志稿》。 未见。2卷。清·王之冕(王宪如)撰。王之冕，字宪如，宣城人。
五运六气 （孙蒙；清代）	据民国二十五年(1936)《皖志列传稿》。 未见。清·孙蒙(孙养正)撰。孙蒙，字养正，黟县人。
脉法 （孙蒙；清代）	据民国二十五年(1936)《皖志列传稿》。 未见。清·孙蒙(孙养正)撰。孙蒙，字养正，黟县人。

太素脉 （孙蒙；清代）	据民国二十五年(1936)《皖志列传稿》。 未见。清·孙蒙(孙养正)撰。孙蒙,字养正,黟县人。
医学指南 （严谨；清代）	据民国二十五年(1936)《皖志列传稿》。 未见。清·严谨(严春来)撰。严谨,字春来,桐城人。
医方辟谬 （严谨；清代）	据民国二十五年(1936)《皖志列传稿》。 未见。清·严谨(严春来)撰。严谨,字春来,桐城人。
医方捷诀 （严以括；清代）	据民国二十五年(1936)《皖志列传稿》。 未见。清·严以括撰。严以括,桐城人。
人镜 （吴学泰；清代）	据民国二十六年(1937)《歙县志》。 未见。清·吴学泰撰。吴学泰,歙县人。
医学刍言 （吴学泰；清代）	据民国二十六年(1937)《歙县志》。 未见。清·吴学泰撰。吴学泰,歙县人。
疡科外治验方 （程道周；清代）	据民国二十六年(1937)《歙县志》。 未见。清·程道周(程颂南、程仁寿)撰。程道周,字颂南,又名仁寿,歙县人。

锦囊医话（程道周；清代）

据民国二十六年(1937)《歙县志》。

未见。清·程道周（程颂南、程仁寿）撰。程道周，字颂南，又名仁寿，歙县人。

蕴斋医案（王籍登；清代）

据民国二十六年(1937)《歙县志》。

未见。清·王籍登（王蕴斋）撰。王籍登，字蕴斋。歙县人。

喉科杂症（郑承海；清代）

据民国二十六年(1937)《歙县志》。

未见。清·郑承海（郑青岩）撰。郑承海，字青岩，歙县人。

星轺避暑录（许思文；清代）

据民国二十六年(1937)《歙县志》。

未见。清·许思文（许隽臣）撰。许思文，字隽臣，歙县人。

墨罗痧问答（许思文；清代）

据民国二十六年(1937)《歙县志》。

未见。又名《墨罗痧论》。清·许思文（许隽臣）撰。许思文，字隽臣，歙县人。

妇科阐微（许思文；清代）

据民国二十六年(1937)《歙县志》。

未见。清·许思文（许隽臣）撰。许思文，字隽臣，歙县人。

幼科简便良方（许思文；清代）

据民国二十六年(1937)《歙县志》。

未见。清·许思文（许隽臣）撰。许思文，字隽臣，歙县人。

喉科详略 （许思文；清代）	据民国二十六年（1937）《歙县志》。 未见。清·许思文（许隽臣）撰。许思文，字隽臣，歙县人。
祝三医案 （郑钟寿；清代）	据民国二十六年（1937）《歙县志》。 未见。又名《郑氏医案》。清·郑钟寿（郑祝三）撰。郑钟寿，字祝三，歙县人。
药性会参 （汪烈；清代）	据民国二十六年（1937）《歙县志》。 未见。2卷。清·汪烈撰。汪烈，歙县人。
熟地黄论 （郑承洛；清代）	据民国二十六年（1937）《歙县志》。 未见。清·郑承洛（郑既均、杏庵）撰。郑承洛，字既均，号杏庵，歙县人。
燕窝考 （郑承洛；清代）	据民国二十六年（1937）《歙县志》。 未见。清·郑承洛（郑既均、杏庵）撰。郑承洛，字既均，号杏庵，歙县人。
医叹 （郑承洛）	据民国二十六年（1937）《歙县志》。 未见。清·郑承洛（郑既均、杏庵）撰。郑承洛，字既均，号杏庵，歙县人。
胎产方论 （郑承洛；清代）	据民国二十六年（1937）《歙县志》。 未见。清·郑承洛（郑既均、杏庵）撰。郑承洛，字既均，号杏庵，歙县人。

杏庵医案（郑承洛；清代）

据民国二十六年(1937)《歙县志》。

未见。清·郑承洛（郑既均、杏庵）撰。郑承洛,字既均,号杏庵,歙县人。

痘科秘奥（郑承瀚、郑承洛合撰；清代）

据民国二十六年(1937)《歙县志》。

未见。清·郑承瀚（郑若溪、枢扶）、郑承洛（郑既均、杏庵）合撰。郑承瀚,字若溪,号枢扶;郑承洛,字既均,号杏庵,均为歙县人。

胎产秘书（江允昡；清代）

据民国二十六年(1937)《歙县志》。

未见。清·江允昡（江东扶）撰。江允昡,字东扶,歙县人。

痘疹集验（江允昡；清代）

据民国二十六年(1937)《歙县志》。

未见。清·江允昡（江东扶）撰。江允昡,字东扶,歙县人。

本草便读（殷世春；清代）

据民国二十六年(1937)《歙县志》。

未见。清·殷世春撰。殷世春,歙县人。

医方便读（殷世春；清代）

据民国二十六年(1937)《歙县志》。

未见。清·殷世春撰。殷世春,歙县人。

幼科金镜（殷世春；清代）

据民国二十六年(1937)《歙县志》。

未见。清·殷世春撰。殷世春,歙县人。

痘科重光 （殷世春；清代）	据民国二十六年(1937)《歙县志》。 未见。清·殷世春撰。殷世春,歙县人。
抑隅堂医案 （洪桂；清代）	据民国二十六年(1937)《歙县志》。 未见。1卷。清·洪桂(洪月芬)撰。洪桂,字月芬,歙县人。
医方秘旨 （郑时庄；清代）	据民国二十六年(1937)《歙县志》。 未见。明·郑时庄撰。郑时庄,歙县人。
药性集韵 （巴堂试；清代）	据民国二十六年(1937)《歙县志》。 未见。清·巴堂试(巴以功)撰。巴堂试,字以功,歙县人。
病理药性 （巴堂试；清代）	据民国二十六年(1937)《歙县志》。 未见。清·巴堂试(巴以功)撰。巴堂试,字以功,歙县人。
病理集韵 （巴堂试；清代）	据民国二十六年(1937)《歙县志》。 未见。清·巴堂试(巴以功)撰。巴堂试,字以功,歙县人。
叶调详释 （巴堂试；清代）	据民国二十六年(1937)《歙县志》。 未见。清·巴堂试(巴以功)撰。巴堂试,字以功,歙县人。

本草便读
（巴堂试；清代）

据民国二十六年(1937)《歙县志》。

未见。清·巴堂试(巴以功)原撰,巴苏仙抄录。巴堂试,字以功,歙县人。

本草便读补遗
（殷长裕；清代）

据民国二十六年(1937)《歙县志》。

未见。清·殷长裕撰。殷长裕,歙县人。据记载,本书系对巴堂试原撰、巴苏仙抄录之《本草便读》的补遗完善之作。

酒谱
（许绍曾；清代）

据民国二十六年(1937)《歙县志》。

未见。清·许绍曾(许探梅)撰。许绍曾,字探梅,歙县人。

保赤全书
（许绍曾；清代）

据民国二十六年(1937)《歙县志》。

未见。1卷。清·许绍曾(许探梅)撰。许绍曾,字探梅,歙县人。

考订刊刻圣济总录
（黄履暹；清代）

据民国二十六年(1937)《歙县志》。

未见。清·黄履暹(黄仲升、星宇)撰。黄履暹,字仲升,号星宇,歙县人。

考订刊刻叶氏指南
（黄履暹；清代）

据民国二十六年(1937)《歙县志》。

未见。清·黄履暹(黄仲升、星宇)撰。黄履暹,字仲升,号星宇,歙县人。

运气图解
（郑沛；清代）

据民国二十六年(1937)《歙县志》。

未见。又名《运气略解》。清·郑沛(郑雨仁、问山)撰。郑沛,字雨仁,号问山,歙县人。

问山医案
(郑沛;清代)

据民国二十六年(1937)《歙县志》。

未见。清·郑沛(郑雨仁、问山)撰。郑沛,字雨仁,号问山,歙县人。

灵素汤液溯源
(郑麟;清代)

据民国二十六年(1937)《歙县志》。

未见。清·郑麟(郑应文)撰。郑麟,字应文,歙县人。

昙华书屋遗稿
(鲍增祚;清代)

据民国二十六年(1937)《歙县志》。

未见。清·鲍增祚(鲍茀庭、小兰)撰。鲍增祚,字茀庭,号小兰,歙县人。

医学撮要
(汪鸿镕;清代)

据民国二十六年(1937)《歙县志》。

未见。2卷。清·汪鸿镕撰。汪鸿镕,歙县人。

医学心得
(毕体仁;清代)

据民国二十六年(1937)《歙县志》。

未见。5卷。清·毕体仁(毕静三)撰。毕体仁,字静三,歙县人。

临症主治大法
(毕体仁;清代)

据民国二十六年(1937)《歙县志》。

未见。2卷。清·毕体仁(毕静三)撰。毕体仁,字静三,歙县人。

家居医录
(曹开第;清代)

据民国二十六年(1937)《歙县志》。

未见。10卷。清·曹开第撰。曹开第,歙县人。

伤寒变论（饶堭；清代）

据民国二十六年(1937)《歙县志》。

未见。清·饶堭（饶福堂）撰。饶堭，字福堂，歙县人。

伤寒诀（饶堭；清代）

据民国二十六年(1937)《歙县志》。

未见。清·饶堭（饶福堂）撰。饶堭，字福堂，歙县人。

伤寒论集解（汪宏；清代）

据民国二十六年(1937)《歙县志》。

未见。清·汪宏（汪广庵）撰。汪宏，字广庵，歙县人。

金匮要略集解（汪宏；清代）

据民国二十六年(1937)《歙县志》。

未见。清·汪宏（汪广庵）撰。汪宏，字广庵，歙县人。

伤寒金匮经方简易歌括（郑承湘；清代）

据民国二十六年(1937)《歙县志》。

未见。清·郑承湘（郑雪渔）撰。郑承湘，字雪渔，歙县人。

易医格物篇（胡大溟；清代）

据民国二十六年(1937)《歙县志》。

未见。4卷。清·胡大溟（胡鹤田）撰。胡大溟，字鹤田，歙县人。

医汇简切（郑承湘；清代）

据民国二十六年(1937)《歙县志》。

未见。清·郑承湘（郑雪渔）撰。郑承湘，字雪渔，歙县人。

痘治正名类参 （郑承湘；清代）	据民国二十六年(1937)《歙县志》。 未见。清·郑承湘(郑雪渔)撰。郑承湘,字雪渔,歙县人。
喉菌发明 （郑承湘；清代）	据民国二十六年(1937)《歙县志》。 未见。清·郑承湘(郑雪渔)撰。郑承湘,字雪渔,歙县人。
集验简便诸方 （郑重光；清代）	据民国二十六年(1937)《歙县志》。 未见。清·郑重光(郑在章、郑在辛、素圃老人)撰。郑重光,字在章、在辛,号素圃老人,歙县人。
伤寒论翼 （郑重光；清代）	据《新安医学史略》。 未见。2卷。清·郑重光(郑在章、郑在辛、素圃老人)撰。郑重光,字在章、在辛,号素圃老人,歙县人。
本草证误 （诸翱；清代）	据民国三十一年(1942)《南陵县志》。 未见。清·诸翱(诸元宰)撰。诸翱,字元宰,南陵人。
医家必阅 （叶起风；清代）	据民国三十三年(1944)《祁门县志》。 未见。2卷。又名《医家必读》。清·叶起风(叶仰之、养晦斋主人)撰。叶起风,字仰之,号养晦斋主人,祁门人。
集验新方 （方城；清代）	据1964年抄清同治年间《桐城县志》。 未见。清·方城(方彦超)撰。方城,字彦超,桐城人。

难经注（戴震；清代）	据《扬州画舫录》。 未见。清·戴震（戴慎修、戴东原）撰。戴震，字慎修、东原，休宁人。
伤寒论考注（戴震；清代）	据《扬州画舫录》。 未见。清·戴震（戴慎修、戴东原）撰。戴震，字慎修、东原，休宁人。
金匮要略注（戴震；清代）	据《扬州画舫录》。 未见。清·戴震（戴慎修、戴东原）撰。戴震，字慎修、东原，休宁人。
医学指南（戴震；清代）	据《扬州画舫录》。 未见。清·戴震（戴慎修、戴东原）撰。戴震，字慎修、东原，休宁人。
彭城医案（刘作铭；清代）	据《医案新编》。 未见。清·刘作铭（刘鼎扬、意亭）撰。刘作铭，字鼎扬，号意亭，休宁人。
伤寒证治明条（吴澄；清代）	据《不居集·吴师朗传》。 未见。6卷。清·吴澄（吴鉴泉、师朗）撰。吴澄，字鉴泉，号师朗，歙县人。
推拿神书（吴澄；清代）	据《不居集·吴师朗传》。 未见。清·吴澄（吴鉴泉、师朗）撰。吴澄，字鉴泉，号师朗，歙县人。

| 师朗医案
（吴澄；清代） | 据《不居集·吴师朗传》。
未见。清·吴澄（吴鉴泉、师朗）撰。吴澄，字鉴泉，号师朗，歙县人。 |

| 易医会参
（吴澄；清代） | 据《新安医学史略》。
未见。清·吴澄（吴鉴泉、师朗）撰。吴澄，字鉴泉，号师朗，歙县人。 |

| 伤寒妇科
（汪必昌；清代） | 据《聊复集·凡例》。
未见。5卷。清·汪必昌（汪燕亭、聊复）撰。汪必昌，字燕亭，号聊复，歙县人。 |

| 理脉
（胡其重；清代） | 据《简便验方·凡例》。
未见。清·胡其重（胡易庵）撰。胡其重，字易庵，徽州人。 |

| 古方韵括
（胡其重；清代） | 据《简便验方·凡例》。
未见。清·胡其重（胡易庵）撰。胡其重，字易庵，徽州人。 |

| 医书博要
（胡其重；清代） | 据《急救危证简便验方续集·序》。
未见。清·胡其重（胡易庵）撰。胡其重，字易庵，徽州人。 |

| 医博
（程芝田；清代） | 据《医法心传·刘国光序》。
未见。40卷。清·程芝田（程瘦樵、程鉴）撰。程芝田，字瘦樵，号鉴，歙县人。 |

佚失文献

名医汇纂（汪时泰；清代）

据《伤寒经晰疑正误·高文学序》。

未见。清·汪时泰（汪春溥）撰。汪时泰,字春溥,休宁人。

伤寒集注（程林；清代）

据《金匮要略直解·凡例》。

未见。又名《伤寒论集》。清·程林（程云来、静观居士）撰。程林,字云来,号静观居士,歙县人。

一屋微言（程林；清代）

据《金匮要略直解·序》。

未见。清·程林（程云来、静观居士）撰。程林,字云来,号静观居士,歙县人。

本草笺要（程林；清代）

据《金匮要略直解·序》。

未见。清·程林（程云来、静观居士）撰。程林,字云来,号静观居士,歙县人。

医学分法类编（程林；清代）

据《医述·耿鉴庭跋》。

未见。清·程林（程云来、静观居士）撰。程林,字云来,号静观居士,歙县人。

难经注疏（程林；清代）

据《新安医学史略》。

未见。清·程林（程云来、静观居士）撰。程林,字云来,号静观居士,歙县人。

伤寒抉疑（程林；清代）

据《新安医学史略》。

未见。1卷。清·程林（程云来、静观居士）撰。程林,字云来,号静观居士,歙县人。

医学杂撰
（程林；清代）

据《新安医学史略》。

未见。清·程林（程云来、静观居士）撰。程林，字云来，号静观居士，歙县人。

校订玉函经
（程林；清代）

据《新安名医考》。

未见。3卷。清·程林（程云来、静观居士）撰。程林，字云来，号静观居士，歙县人。

伤寒眉诠
（张方泌；清代）

据《皖人书录》。

未见。2卷。清·张方泌撰。张方泌，休宁人。

新方论注
（吴宏定；清代）

据《景岳新方八阵汤头歌括·序》。

未见。4卷。清·吴宏定（吴静庵）撰。吴宏定，字静庵，歙县人。

攒花知不足方
（吴章侯；清代）

据《攒花易简方》。

未见。清·吴章侯（吴畹清）撰辑。吴章侯，字畹清，歙县人。

医要
（汪缵功；清代）

据《吴医汇讲》。

未见。清·汪缵功（汪光爵、汪绩功、学舟）撰。汪缵功，名光爵，字绩功，号学舟，歙县人。

玉堂花馆医案
（程星楼；清代）

据《舟山医案·吴守远后记》。

未见。又名《程星楼医案》。清·程星楼撰。程星楼，休宁人。

杂病辑逸（汪仲伊；清代）

据《连自华医书十五种》。

未见。清·汪仲伊（汪韬庐）撰。汪仲伊，字韬庐，黟县人。

耕牛战马内外科方（卢林；清代）

据《屯溪古籍书目》。

未见。清·卢林辑。卢林，休宁人。

洞天奥旨（汪远公；清代）

据《屯溪古籍书目》。

未见。16卷。清·汪远公辑。汪远公，休宁人。

跌打损伤药方（卜青云；清代）

据《屯溪古籍书目》。

未见。1卷。清·卜青云辑。卜青云，休宁人。

种子秘诀（李滋生；清代）

据《屯溪古籍书目》。

未见。1卷。清·李滋生撰。李滋生，徽州人。

白喉忌表扶微摘要（耐修老人；清代）

据《屯溪古籍书目》。

未见。1卷。清·耐修老人撰。耐修老人，休宁人。

妇科秘要（黄予石；清代）

据《新安医学史略》。

未见。1卷。清·黄予石撰。黄予石，歙县人。

临床验案 （黄予石；清代）	据《新安医学史略》。 未见。3卷。清·黄予石撰。黄予石，歙县人。
痘疹正传 （郑宏纲、郑承瀚、 郑承洛撰；清代）	据《新安医学史略》。 未见。清·郑宏纲（郑纪原、梅涧、雪萼山人）、郑承瀚（郑若溪、枢扶）、郑承洛（郑既均、杏庵）撰。郑宏纲，字纪原，号梅涧、雪萼山人；郑承瀚，字若溪，号枢扶；郑承洛，字既均，号杏庵，均为歙县人。
妙莲花室新编 二十八方 （江少薇；清代）	据《新安医学史略》。 未见。清·江少薇撰。江少薇，歙县人。
临证秘诀 （杨松亭；清代）	据《新安医学史略》。 未见。清·杨松亭撰。杨松亭，休宁人。
医验录 （杨松亭；清代）	据《新安医学史略》。 未见。清·杨松亭撰。杨松亭，休宁人。
松亭医案 （杨松亭；清代）	据《新安医学史略》。 未见。清·杨松亭撰。杨松亭，休宁人。
医学引略 （陈鸿猷；清代）	据《新安医学史略》。 未见。1卷。清·陈鸿猷（陈长谷）撰。陈鸿猷，字长谷，祁门人。

神医秘诀遵经奥旨针灸大成（吴德熙；清代）	据《新安医学史略》。 未见。不分卷。清·吴德熙(吴群洪)撰。吴德熙,字群洪,号文炳,休宁人。
食物本草（吴德熙；清代）	据《新安名医考》。 未见。清·吴德熙(吴群洪)撰。吴德熙,字群洪,休宁人。
续增日用药物（汪昂；清代）	据《新安名医考》。 未见。清·汪昂(汪恒、汪讱庵、浒湾老人)撰。汪昂,字讱庵,初名恒,号浒湾老人,休宁人。
写思素问（陶成章；清代）	据《新安名医考》。 未见。清·陶成章(陶绍云)撰。陶成章,字绍云,休宁人。
药房杂志（江昱；清代）	据《新安名医考》。 未见。清·江昱撰。江昱,歙县人。
应和医案（郑大樽；清代）	据《新安名医考》。 未见。清·郑大樽(郑樾恩、应和)撰。郑大樽,字樾恩,号应和,歙县人。
疗疮诸方（吴伟度；清代）	据《中华古文献大辞典·医药卷》。 未见。1卷。清·吴伟度撰。吴伟度,休宁人。

喉科诸方 （汪日镛；清代）	据《中华古文献大辞典·医药卷》。 未见。不分卷。清·汪日镛（汪松严）撰。汪日镛，字松严，休宁人。
遗下典型 （汪艺香；清代）	据《中医人物词典》。 未见。清·汪艺香撰。汪艺香，歙县人。
新编本草捷要歌 （汪润身；现代）	据《新安医学史略》。 未见。汪润身撰。汪润身（1889－1972），歙县人。
汪润身临床经验录 （汪润身；现代）	据《新安医学史略》。 未见。汪润身撰。汪润身（1889－1972），歙县人。
药物小说 （胡天宗；现代）	据《珍稀中医稿钞本丛刊·新安卷》。 未见。1卷。胡天宗（胡则学、德馨、瘦鹤）撰。胡天宗（1873－1953），字则学，号德馨，别号瘦鹤，歙县人。
药性要略 （胡天宗；现代）	据《珍稀中医稿钞本丛刊·新安卷》。 未见。1卷。胡天宗（胡则学、德馨、瘦鹤）撰。胡天宗（1873－1953），字则学，号德馨，别号瘦鹤，歙县人。
医案汇存 （胡天宗；现代）	据《珍稀中医稿钞本丛刊·新安卷》。 未见。1卷。胡天宗（胡则学、德馨、瘦鹤）撰。胡天宗（1873－1953），字则学，号德馨，别号瘦鹤，歙县人。

书名索引

一画

一本医贯　118
一屋微言　296

二画

十二经补泻温凉药　277
十三种证治　231
十三科　261
十竹斋刊袖珍本医书　211
十剂表　55
八十一难音义　227
八法针　244
人身谱　12
人镜　285
入门要诀　113
儿女至宝　137
儿科方药　157
儿科方要　237
儿科秘方　249
了吾医录　239

三画

三元参赞延寿书　170
三吴治验　177
三衢治验录　191
大生全书　137
大定数　236
万方类编　72
万应奇效秘方　76
万选良方　82
万锦集　260
山居本草　53
千金圣惠方　233
广生编　136
广注素灵类纂约注　12
广陵医案摘录　188
广嗣编　133
广嗣篇　248
卫生宝集　136
卫生集　283
女科心会　261
女科汇编　139
女科成书　138
女科则要　249
女科指南　252
女科得解　254
女科集要　139
女科锦囊　137
飞布保脉集　259

小儿方药　157

小儿急慢惊风专治　158

小儿病源方论　140

小儿烧针法　94

小儿诸热辨　182

小儿痘疹方论　140

习医明镜　267

四画

丰文涛医案　191

王仲奇医案　202

王哲禁方　232

天中瘦鹤研精集　203

天都医案　257

元气论　250

五方宜范　39

五运六气　284

不二华佗秘书　125

不居集　108

太素脉　285

人素脉诀　229

太素脉经诗诀　227

太素脉要　38

太素造化脉论　227

历验方　265

中西医学新论　282

中医系统学　191

中国医药问题　190

中藏经　2

内事　224

内经评文　11

内经评文·灵枢　12

内经评文·素问　11

内经选读　15

内经说　278

内经挈领增删集注　8

内经读本　13

内经博议　7

内照法　34

见证辨疑　236

手抄秘方　89

仁庵医学丛书　222

分类方剂　85

分类饮片新参　57

月芬夫子医案　201

勿药元诠　171

风疾必读　234

丹台玉案　103

丹痧咽喉经验秘传　164

丹溪心法附余　97，207

六十四门药性分类　277

六气标本论　229

方士恩医书　281

方氏脉症正宗　109

方书集成　278

方星岩见闻录　183

方脉综　271

方症会要　110

方症联珠　71

方咏涛医案　204

方解别录　83
订正伤寒论注　24
订补简易备验方　63
心法歌诀　64
引经证医　186

五画

玉泉镜　124
玉堂花馆医案　297
未刻本叶氏医案　193
正骨心法要旨　122
正骨指南　274
去病简要　228
世医吴洋吴桥传　206
古今名医方论　67
古今名医汇粹　179
古今名医汇粹古今名医方论合刊　212
古今医统大全　208
古今医统正脉全书　210
古方书　228
古方选注　89
古方解　244
古方韵括　295
古庵药鉴　49
古愚山房方书三种　217
古愚老人消夏录　217
古歙槐塘程松崖眼科　159
本事方释义　74
本草分经类编　280
本草会编　230

本草医方合编　213
本草抄　51
本草证误　293
本草补注　274
本草述要　277
本草择要纲目　52
本草易读　53
本草备要　52
本草注音　227
本草诗笺　254
本草详要　251
本草经解要　54
本草便　51
本草便读　55,288,290
本草便读补遗　290
本草衍句　56
本草类方　235
本草类集良方　253
本草略　258
本草笺要　296
本草集要　238
本草集联　280
本草蒙筌　50
本草精金录　274
本草澄源　247
可人楼医诀　281
可行集　258
石山医案　173
石山居士传　205
东山医案　281

书名	页码	书名	页码
东山别墅医案	190	生育指南	129
叶天士女科医案	137	仙传外科集验方	125
叶天士内科医案	195	白岳庵杂缀医书	220
叶天士幼科医案	195	白岳庵经验良方	81
叶天士先生方案	196	白喉方书	168
叶天士先生辨舌广验	42	白喉忌表扶微摘要	298
叶天士杂症口诀	118	白喉辨证	165
叶天士经验方	76	外科	127
叶天士秘方	84	外科十法	121
叶天士秘方大全	75	外科方略	282
叶天士家传秘诀	195	外科心法要诀	122
叶天士温热论	27	外科灰余集	122
叶氏女科证治	138	外科汤头歌诀	88
叶氏伤寒家秘全书	31	外科医方	127
叶氏医案	197	外科应验良方	121
叶氏医案存真	185	外科秘传	124
叶氏医案抄	196	外科秘要	236
叶氏痘疹锦囊	157	外科秘授著要	121
叶选医衡	198	外科症治神方	127
叶香岩先生医案	198	外科理例	120
叶案括要	196	包氏医述	284
叶案指南	197	玄门脉诀内照图	34
叶案疏证	197	玄白子西原正派脉诀	35
叶调详释	289	玄宗旨	172
史传拾遗	231	汇补敲爻歌	260
四大病	117	汇治眼目痛药性及治诸病之方	159
四时调理方书	242	汇选方外奇方	172
四诊发微	282	汇选增补应验良方	72
生生录	132	汇集经验方	78
生育宝鉴	129	冯塘医案	200

写思素问　300
训科指迷　257
永类钤方　59
加减汤头歌括　245
发挥十二经动脉图解　245
发秘资生　87
圣济总录纂要　68
幼幼心法　249
幼幼辑要　253
幼科仁寿录　155
幼科杂病心法要诀　150
幼科金针　251
幼科金鉴　149
幼科金镜　288
幼科要略　156
幼科指南　251
幼科铁镜　148
幼科铁镜集证　148
幼科秘诀　156
幼科推拿秘书　147
幼科简便良方　286

六画

动功按摩秘诀　92
考订刊刻叶氏指南　290
考订刊刻圣济总录　290
老子五禽六气诀　225
存省斋温热论注　32
存济录　253
存真图　3

达生保婴编　131
达生编　130
列代名医要旨记录　259
迈种苍生司命　106
扫雪庐医案　198
师古斋汇聚简便单方　63
师朗医案　295
同寿录　75
同寿堂药方　270
则庵医案　248
先天脉镜　38
传白牛图方书　275
传忠录注　263
休宁佚名氏医案　203
仲景伤寒论注解　27
伤科　127
伤科方书　124
伤科秘方　127
伤暑全书　102
伤寒一科　238
伤寒三种　212
伤寒三说辨　26
伤寒大白　33
伤寒寸金　251
伤寒切要　228
伤寒从新　30
伤寒心法要诀　25
伤寒心悟　23
伤寒考证　240
伤寒地理　237

伤寒权 239	伤寒审症表 28
伤寒百问 271	伤寒录 272
伤寒百问增注 271	伤寒经注 19
伤寒伤暑辨 244	伤寒经晰疑正误 27
伤寒杂证 240	伤寒指南 255
伤寒杂病论合编 28	伤寒选录 16
伤寒问答 261	伤寒类证便览 16
伤寒论考注 294	伤寒眉诠 297
伤寒论后条辨 19	伤寒秘要 18
伤寒论条辨 17	伤寒秘解 21
伤寒论条辨续注 22	伤寒读本 30
伤寒论证辨 23	伤寒捷诀 32
伤寒论注 255,265	伤寒捷径书 238
伤寒论集解 292	伤寒集成 267
伤寒论编 255	伤寒集注 296
伤寒论新注 29	伤寒辑要 273
伤寒论翼 293	伤寒锦囊 29
伤寒诀 292	伤寒歌诀 266
伤寒妇科 295	伤寒摘要 268
伤寒医验 24	伤寒蕴要方脉药性汇全 21
伤寒抉疑 296	伤寒辨论 252
伤寒证治明条 294	伤寒辨微 268
伤寒补例 29	伤寒翼 234
伤寒析疑 27	伤寒癖误真经 24
伤寒明理补论 31	华氏外科方 224
伤寒知要 272	华佗尤候 224
伤寒金匮经方简易歌括 292	华佗方 224
伤寒变论 292	华佗师喉科灰余集 163
伤寒注释 32	华佗良方 83
伤寒注疏 269	华佗神医秘方 85

书名索引

307

华佗神医秘方大全 117	羊中散方 226
华佗神医秘方真传 85	汤头医方药性合编 71
华佗神医秘传 116	汤头歌诀 70
华佗秘传验方 167	汤头歌诀正续集 84
血症良方 107	汤头歌诀新编 89
行仁辑要 246	汤剂指南 243
行素斋秘要 256	许氏幼科七种 216
舟山医案 192	论医汇粹 174
杂汤丸散酒方 226	论医药 200
杂证脉诀 273	农经酌雅 52
杂证类抄 116	妇幼五种 220
杂证精义 117	妇科专门 265
杂疫粹精 270	妇科心法要诀 132
杂症一贯 260	妇科衣钵 138
杂症会心录 110	妇科金针 138
杂症诗括 266	妇科临症指南 268
杂症纂要 105	妇科胎产三十二问答 130
杂病心法要诀 109	妇科秘方 134
杂病辑逸 298	妇科秘要 298
各证经验秘方 89	妇科阐微 286
各证集说诸方备用并五脏六腑各论 118	妇科精诣良方 278
名医汇编 179	妇婴至宝续编 131
名医汇纂 296	观形察色并三部脉经 224
名医类案 174	观物篇医说 9
名医类编 104	观颐居医案辑录 202
名医秘旨 239	红树山庄医案 186
产后指南 284	孙一奎临诊录存医案 177
产科心法 133	孙文垣医案 176
问山医案 291	
问答医案 242	

七画

寿世汇编　264

寿世金针　282

寿世编　284

寿婴秘书　250

形色外诊简摩　44

运气易览　3

运气图解　290

运气图解提要　14

赤水玄珠　100

赤水玄珠全集　209

赤崖医案　182

孝慈备览伤寒编　23

苇杭集　104

杏庄集　240

杏轩医案　184

杏庵医案　288

杏墩日抄　254

李氏新传　273

李勉钊手录方书　280

李能谦医案　190

李就熔手录方书　280

两梅庵医案　202

医人传　262

医门奇验　189

医方　230,262,264

医方考　61

医方考绳愆　62

医方宝筏　276

医方要言　275

医方便读　288

医方类编　254

医方秘旨　289

医方捷诀　285

医方集录　88

医方集解　69

医方集解本草备要汤头歌诀合编　214

医方辑要　243

医方辑略　273

医方新编　268

医方辟谬　285

医方辨案　261

医书　241,250

医书两种　265

医书总录　264

医书积验　261

医书博要　295

医书数种　276

医书题解录　264

医术全集　275

医叹　287

医生十劝　280

医汇　237

医汇简切　292

医会纪要　115

医旨绪余　5

医灯续焰　39

医论　200,270

医论三十篇　183

医论集粹 236	医学权衡 231
医阶 119	医学先难 14
医阶辨证 185	医学会通 178
医约先规 119	医学杂撰 297
医约补略 113	医学论 283
医纪 233	医学论理 233
医余留考图 279	医学寻宗 261
医言 251	医学寻源 119
医补 247	医学约编 269
医林史传 230	医学折衷 263
医林外传 231	医学体用 181
医林统要通玄方论 101	医学择要 260
医林摘粹 243	医学知源 262
医述 219	医学质疑 175
医易 242,243	医学指南 236,249,285,294
医径句测 40	医学指南捷径六书 210
医学 262,277	医学类求 265
医学入门万病衡要 104	医学探源 279
医学大原 235	医学渊源 269
医学分法类编 296	医学提纲 47
医学心悟 108	医学集证 277
医学心得 291	医学碎金 181,231
医学引略 299	医学锦囊 268
医学未然金鉴 86	医学管见 252
医学正义 14	医学精华 115
医学正宗 240,272	医学精蕴 281
医学刍言 285	医学撮要 291
医学汇纂 233	医学纂要 260
医学汇纂指南 118	医法心传 187,192
医学发明 247	医法汇要 282

医宗金鉴　215
医宗承启　21
医宗指要　106
医宗思知录　241
医宗脉要　244
医宗领要　9
医宗粹言　102
医录圭旨　239
医经余论　185
医经原始　247
医经理解　7
医经提纲　9
医贯别裁　262
医贯奇方　65
医荟　236
医药汤头歌诀　86
医要　297
医砭　252
医指天机　238
医选　257
医津一筏　7
医说　205
医统　245
医效秘传　31
医准　235
医流论　228
医家正统　246
医家四要　114
医家必阅　293
医家图说　233

医家指南　250
医家集要　274
医案　251,269,284
医案二种　178
医案汇存　301
医案草述　256
医案编　269
医案辑录　202
医案新编　201
医读　105
医验录　180,198,299
医理从源　277
医理防微论　282
医理抉微　259
医理阐微　281
医理精蕴　278
医捷　271
医博　295
医集　270
医集大成　246
医道用中一集　252
医鉴　240
医暇卮言　180
医醇賸义歌诀　115
医篡　278
扶婴录　258
批注陶氏杀车三十七槌法　33
抑隅堂医案　289
吴氏医案　235
吴氏家传痰火七十二方　88

吴氏摘要本草	56	汪润身临床经验录	301
吴郑合编二种	218	沈氏麻科	155
时疫类方	258	沈望桥先生幼科心法	158
困学随笔	189	宋元检验三录	218
针方六集	91	良方眼科合编	169
针灸仅存录	245	证因方论集要	112
针灸问对	90	证治要略	229
针灸论	95	证治括言	255
针经音	227	证治阐微	258
何嘉诜纂注医书	281	评点叶案存真类编	193
余午亭医案	247	评秘三十六方	86
余氏总集	115	补正医学传心	111
谷荪医话	201	诊脉早晏法	230
删补名医方论	73	诊脉初知	41
饮食须知	171	诊家直诀	45
疗疮诸方	300	诊家统指	48
应和医案	300	诊家索隐	42
应验良方	266	灵药秘方	73
应验简便良方	78	灵素汤液溯源	291
疗下汤丸散方	226	灵素要略	263,279
疗马集	101	灵素微言	262
疗疟痫方	283	张氏医话	201
汪广期先生胎产方	132	张氏医参	217
汪广期医方	80	张氏医案	259
汪氏汤头歌诀新注	84	张氏难经赏析性理篇	271
汪氏医学六种	220	张柏医案	232
汪氏拟方	88	张卿子伤寒论	18
汪氏家传接骨全书	128	张卿子经验方	66
汪氏痘书	143	陈氏痘科青囊明辨	156
汪石山医书八种	207	陈希夷房术玄机中萃纂要	171

| 陈蔡二先生合并痘疹方 | 141 |
| 妙莲花室新编二十八方 | 299 |

八画

青囊真秘	83
青囊秘录	13
青囊秘选	257
青囊精选	284
松亭医案	299
松崖医径	97
枕中灸刺经	224
刺灸心法要诀	92
刺种牛痘要法	155
奇方集验	241
奇验手录	266
奇验方书	250
奇验录	264
拔萃良方	81
拣便良方	89
非风条辨	260
尚论篇伤寒论医案	272
昙华书屋遗稿	291
明光奥旨	256
明医摘粹	240
明堂图	94
明堂音义	227
易医会参	295
易医合参	252
易医格物篇	292
易经会纂	257

易简方论	70
罗浩医学诸书	264
图方	238
物理小识	6
质堂医案	266
金针秘传	93
金匮要略直解	20
金匮要略注	294
金匮要略集解	292
金匮悬解补注	280
金鉴集解	275
采搜奇方余氏家藏	87
周氏医学丛书	220
周氏脉学四种	221
周慎斋医书	99
周慎斋医案	176
疡医大全	123
疡科心传	127
疡科外治验方	285
性学弥纶图	239
性理发微	266
性理近取生气篇	277
性理绪余	187
怪证方法	200
怪证汇纂	200
怪症表里因	239
怪症奇方	62
怪疾奇方	77
怡堂散记	183
怡堂散记散记续编合刻	216

郑素圃先生医案集	200	胡庆余堂丸散膏丹全集	81
郑素圃医书五种	214	胡学训医案	201
郑渭占医案	204	南阳医案	197
注礼堂医学举要	114	南雅堂医方全集订	274
注解神农本草经	55	药方	225
治疗全书	149	药物小说	301
治病针法	90	药性正误	277
治蛊奇书	245	药性会参	287
治麻方论	229	药性论	57
治痘方书	231	药性医方辨	264
宝命真诠	106	药性补明	282
审证传方	79	药性述要	54
试效集成	235	药性要略	301
试验新方	279	药性要略大全	49
诚求详论	279	药性类编	58
参黄论	232	药性赋	278
经络	94	药性集韵	289
经络穴道歌	91	药性歌诀	57
经络歌诀	91	药性撮要歌	56
经验方	229,249,270,274,283	药性纂要	254
经验针法	228	药房杂志	300
经验良方	73,249	药品征要	234
经验奇方	88	药纂	232
经验选秘	81	查了吾先生正阳篇选录	107
经验眼科秘书	159	相类脉诀	35
经验喉科	164	柚粮医案	256

九画

草木备要	215	要症真传	283
胡天宗评佚名氏医论	203	砭焫考	232
		持素篇	10
		拯生诸方	230

临床验案　299	保生篇　131
临证指南医案　182	保产万金经　139
临证指南医案续集　194	保产机要　263
临证秘诀　299	保产痘症合编　211
临症一得　119	保赤方略　246
临症主治大法　291	保赤正脉　248
临症条辨　270	保赤全书　143,290
是亦良方　83	保婴全书　234
星轺避暑录　286	保婴要言　136
贵池刘氏信天堂汇刻医书三种　221	保婴痘疹书　232
品草轩指掌录　87	俞穴　251
咽喉伤燥论　169	食物本草　300
咽喉秘要全书　169	胚幼切要　139
贻善堂四种须知　213	胜气篇　267
香岩医案　197	胞与堂丸散谱　64
香岩诊案　197	脉义简摩　44
种子秘诀　298	脉考　38
种痘心法要旨　150	脉诀　225,272
种嗣玄机　262	脉诀刊误　36
种福堂公选良方　74	脉诀约言　238
种蕉山房医案　202	脉诀条辨　47
种德新编　275	脉诀指掌　277
重刊素问灵枢注证发微　263	脉诀捷径　48
重证本草单方　63	脉诀辑要　254
重刻东园痘证全书　242	脉证方治存式　109
重选药性类要　238	脉诊八段锦　35
重集读素问抄　4	脉学注释汇参证治　41
重楼玉钥　160	脉学经旨　46
重楼玉钥续篇　162	脉学撮要　47
复气篇　267	脉法　284

脉法正宗 233	疮疡经验 123
脉法指要 236	疫疹一得 111
脉法解 232	养生秘要活人心诀 171
脉宗管见 256	养生类要 170
脉经 225	养生秘诀 233
脉荟 36	养恬录 244
脉药证治 237	类方秘录 250
脉复 261	类证陈氏小儿痘疹方论 141
脉便 37	洪竹潭先生医案 203
脉语 37	洪桂医案 199
脉症正宗 42	洞天奥旨 298
脉症应绳录 250	泂溪秘方 82
脉症治方 98	活人心鉴 235
脉症指微 254	活人书 243
脉理大全 271	活幼心法 253
脉理会参 40	活幼便览 141
脉理便览 280	活幼珠玑 154
脉理集要 37	活幼纂集 157
脉理微言 277	活法启微 150
脉简补义 45	济世全书 214
脉镜须知 43	济世良方 79
胎产方论 287	济世宝囊 276
胎产合璧 135	济世新编 279
胎产护生篇 134	济阴通玄集 273
胎产良方 131	济急仙方 225
胎产秘书 288	济急医方 269
胎产辑萃 132	神农本草经新注 57
急应奇方 72	神医秘诀遵经奥旨针灸大成 300
急救危症简便验方 67	神灸经纶 93
急救须知 68	神效方 249

祝三医案　287
费批医学心悟　113
眉寿堂方案选存　195
险症医案　253
统属诊法　229

十画

耕牛战马内外科方　298
素问义证　272
素问发明　245
素问补注　230
素问灵枢类纂约注　8
素问灵枢韵读　10
素问释音　226
素圃医案　181
校订玉函经　297
校刊大观本草　51
校刊外台秘要　65
校补药性　56
夏侯氏药方　226
原医图赞　231
秘方集验　66
秘传女科方论　138
秘传小儿杂症捷法　153
秘传育婴杂症论治　157
秘授太乙神针　92
借红亭本草　244
徐氏二十四剂方经络歌诀　61
徐氏方书　228
徐批叶桂晚年方案真本　194

殷云舫医案　201
病思录　269
病理药性　289
病理集韵　289
病源赋　237
酒谱　290
家传秘方　88
家居医录　291
宾阳医案　257
诸证析疑　103
诸证采微　258
诸家医书　229
诸家医论　247
读伤寒论赘余　20
读医随笔　189
读素问灵枢志　242
袖珍方　59
调元要录　239
陶氏伤寒节抄　237
通玄指要赋注　228
难经考误　234
难经注　294
难经注疏　296
难经读本　13
难经释义　255
验方　270
验方汇集　82
验方秘录　89
验方集要　281

书名索引

317

十一画

理脉　295
聊复集　218
黄士迪医案　256
黄氏医案　234
黄宗三医书　243
黄帝八十一难经注　227
黄帝内经素问节文注释　5
黄帝内经素问吴注　6
黄帝内经素问校义　10
黄帝素问抄　4
梅谷丛谈　266
梅柳秘传　126
曹氏灸方　225
曹氏黄帝十二经明堂偃侧人图　225
推求师意　174
推拿述略　93
推拿神书　294
虚车录　234
虚损元机　260
眼科心法要诀　159
眼科汇宗　273
眼科合纂　168
眼科应验良方　161
眼科良方　168
眼科易知录　161
眼科秘本　169
晚翠轩医话　272
唊芋斋杂录　126

逸医编　244
逸园方书　248
麻证秘诀　158
麻科简要　253
麻症全编　259
麻疹备要方论　154
麻痘明镜　253
麻痘科秘要　158
麻痘秘法　235
商便奇方　62
望诊遵经　43
惜孩微言　256
阐明伤寒论　241
添油接命金丹大道　172
淮南王食经并目　224
涵春堂医案　230
续增日用药物　300

十二画

博集烯痘方论　142
彭城医案　294
散记续编　183
歈萃新集　279
暑温湿温疫疠症痢诸条辨　267
景岳节抄　277
景岳全书发挥　14
景岳新方八阵汤头歌括　75
跌打回生集　126
跌打损伤药方　298
跌打秘方　126

遗下典型	301
喉风论	163
喉白阐微	162
喉齿科玉钥全函	163
喉科白腐要旨	164
喉科合璧	219
喉科杂症	286
喉科详略	287
喉科秘钥	164
喉科秘笈	169
喉科诸方	301
喉症单方	166
喉菌发明	293
程氏即得方	66
程氏家传经验痧麻痘疹秘要妙集	145
程氏验方	240
程氏续即得方	67
程茂先医案	178
程松崖眼科咽喉秘集	167
程原仲医案	178
程敬通医案	188
稀痘方	242
集方便览	273
集古良方	77
集验方	87
集验方书	268
集验简便诸方	293
集验新方	72, 293
遁气符	258
释方	60

释药	49
痘书	265
痘诀余义	153
痘证指要	257
痘证集成	267
痘治正名类参	293
痘治附方	142
痘治理辨	142
痘科大成集	246
痘科切要	145
痘科约言	150, 247
痘科宝镜全书	147
痘科要言	278
痘科要录	259
痘科指要	246
痘科重光	289
痘科类编	259
痘科秘奥	288
痘科雪扫录	151
痘科键	146
痘科键删正补注	154
痘症本义	153
痘症要	275
痘症要诀	144
痘症撮要	241
痘疹二证全书	241
痘疹大全	211
痘疹元珠	146
痘疹专门秘授	151
痘疹方	237

痘疹心印 143	温热条辨 268
痘疹心传草本 276	温热症医案 192
痘疹心法 248	滑伯仁先生脉诀 47
痘疹心法全书 263	游秦医案 255
痘疹心法秘本 147	编辑四诊心法要诀 41
痘疹正传 299	摄生种子秘方 129
痘疹四合全书 213	摄生总要 212
痘疹四种 211	愚虑医草 113
痘疹玄言 145	锦囊医话 287
痘疹百问秘本 146	简明眼科学 166
痘疹奇衡 145	简便验方 73
痘疹览 242	简验良方集要 65
痘疹秘诀 265	鲍氏汇校医书四种 219
痘疹集成 158	
痘疹集验 288	十三画
痘疹精华 154	锦囊医话 286
痘家心印 144	解毒编 78
痧喉阐义 166	新方八阵注 263
普明子寒热虚实表里阴阳辨 40	新方论注 297
普济良方 275	新刊仁斋直指医书四种 208
尊生内编 248	新刊丹溪心法 96
尊生外编 248	新安四家医案 199
温疫论补注 22	新安佚名氏医案 186
温疫论详辨 33	新安佚名氏验方集 87
温疫明辨 25	新安绩邑张鸣鹗秘授跌打抓拿法 125
温疫集成 267	新安程星海医案 192
温疫辨论 252	新安痘疹医案 193
温疫论二注 255	新安鲍震宇先生秘传眼科 167
温热论 25	新刻华佗内照图 35
温热论笺正 32	新刻删补产宝全书 130

新刻汪先生家藏医学原理　100
新都治验　177
新编本草捷要歌　301
新编汤头歌诀正续编　85
新编医方汤头歌诀　71，84
意庵医案　191
慎斋三书　209
慎斋遗书　99
慈幼筏　149
慈幼集　243
慈航集　112
滇南本草图说　246
福幼书　274

十四画

摘星楼治痘全书　144
摘选外科杂症　127
箑余医语　199
管见医案　187
瘟症论　283
精选喉科秘要良方　169

十五画

增订伤暑全书　115
增订治疗汇要　119
增订验方新编　80
增订温疫论补注　33
增注达生编　135
增辑难经本义　11

增辑验方新编　80
蕴斋医案　286
橡村治验　152
橡村治验小儿诸热辨合刻　222
橡村痘诀　152
撰注黄帝明堂经　226
墨西医案　204
墨罗痧问答　286
墨宝斋集验方　63
德章祖传外科秘书　124
熟地黄论　287

十六画

摩腹运气图考　172
燕窝考　287
歙西槐塘松崖程正通先生眼科家传秘本　162
歙县佚名氏医案　204
辨脉平脉章句　46
窿少集　151
避水集验要方　245

十九画

攒花易简方　76
攒花知不足方　297
韵澜先生医案　203

二十一画

蠢子录　241

著者索引

二画

丁永祚　66
丁悦先　278
卜青云　298

三画

三农老人　137
于云同　284
门人　197
马暹　88

四画

丰文涛　191
王一仁　13,30,57,85,190,191,222
王卜远　259
王大成　51
王大斌　9
王大献　51
王之冕　284
王世溎　151,251
王有礼　248
王有性　87
王廷相　255
王仲坚　19
王仲奇　202
王君萃　94
王肯堂　210
王国瑞　218
王秉伦　257
王绍隆　39
王甚美　241
王勋　112
王秋　51
王桂林　166
王哲　232
王润基　12,15,30,46,47,116,117,139
王家猷　274
王焘　65
王梦兰　66
王寅　260
王琠　62,191,231
王谟　259
王震芝　161
王德森　136
王耀　274
王籍登　286
天台老人　83
韦协梦　183
毛祥麟　135

著者索引

方士恩	281	北园主人	27
方广	49,97,237,238	卢云乘	24,181
方开	172	卢林	298
方中履	200	卢晋	244
方仁渊	84	旦谷氏	127
方以智	6,38,178,244	叶万青	185,193
方允淳	133	叶天彝	241
方玉简	254	叶仲贤	119
方有执	17,22,27,51	叶孟辊	202
方成垣	89,183	叶昶	186
方成培	14,92,162	叶起风	293
方如川	63	叶桂	14,25,27,31,32,42,54,74-76,84,
方承永	262		118,137,138,157,164,168,169,182,185,193
方城	293		-198,200
方省庵	153,163	叶熙钧	190
方峻	261	叶熙铎	202
方家万	124	叶霖增	115
方詠涛	204	田廷玉	267
方锦文	57	白启阳	252
方慎庵	93	包诚	28,55,136,284
方熔	267,268	立秀常	143
方肇权	54,109	宁本瑜	119
方震孺	245	永和恒记主人	192
巴应奎	30,241		
巴堂试	289,290	六画	

五画

左忠	237	毕成一	117
石得春	153	毕体仁	291
北山友松绳愆	62	毕泽丰	166
		毕懋康	237
		毕懋襄	236

323

吕发礼	257	刘作铭	201,294
吕朝瑞	280	刘希璧	276
朱一麟	144,246	刘含芳	221
朱开	278	刘灿奎	281
朱天璧	235	刘秉钺	280
朱元孟	257	刘泽芳	104
朱升	229	刘泽清	29,137,252
朱升节	36	刘彦词	186
朱正杰	254	刘继芳	239,245
朱本中	68,171,213	刘辅清	271
朱朴园	284	刘锡	141
朱齐龙	247	齐氏	227
朱英	118	羊欣	226
朱佩麟	271	江之兰	7
朱荧	282	江少薇	299
朱荣	275	江允晫	288
朱勋	233	江本良	259
朱祝三	187,271	江兰	77
朱恩	189	江考卿	124
朱崇正	208	江芝田	88
朱巽	144,146,154	江有浩	10
朱震亨	96	江进	77
竹林人	217	江希舜	146
竹林寺僧	134	江应全	243
任埙	248	江应宿	174
华佗	2,13,34,83,85,116,117,125,167,224,225	江忍庵	12
		江城	114
华岫云	74,182,200	江映川	275
刘风翥	43	江昱	126,300
刘安	224	江敏书	55

江澍泉	280	孙家勤	275
江瓘	174	孙景会	284
池田独美	154	孙蒙	284,285
池田晋	154		
汤诚礼	14		

七画

安文	127	芮养仁	39,247
许长春	243	芮养谦	247
许宁	233	苟镒	241
许兆奎	115	严大鹏	261
许丽京	268	严云增	84
许佐廷	154,164,219	严以括	285
许叔微	74	严宫方	32,248
许国光	133	严景陵	264
许学文	247,248	严谨	285
许承尧	88,119,139	严颢	260,261
许绍曾	290	杜五七	253
许思文	286,287	杨三捷	265,266
许豫和	152,153,182,183,216,222	杨士瀛	208
许凝	258	杨介	3
阴有澜	65,242	杨玄操	226,227
孙一奎	5,100,143,176,177,192,209	杨启甲	33
孙文胤	38,103,238	杨松亭	299
孙光业	155	杨典	172
孙兆本	252	杨调元	58,137
孙克任	78	杨清叟	125
孙佑	111	杨銮坡	279
孙沐贤	169	李川衡	277
孙朋来	5,176	李之材	9
孙思邈	13,116	李小有	134
孙泰来	5,176	李长福	273

李氏	90		吴中珩	207
李凤周	283		吴氏	127
李心复	277		吴文冕	249
李古直	84		吴以凝	228
李仲南	59		吴正伦	98,170,234,235
李汛	205		吴世芳	215
李时中	143		吴邦宁	248
李启贤	197		吴有性	22,218
李昌期	240		吴迈	110
李鸣	263		吴迁	263
李勉钊	280		吴伟度	300
李恒	59		吴华卿	89
李益春	84		吴亦鼎	93,154
李能谦	190		吴昂	264
李就熔	280		吴宏定	75,297
李滋生	298		吴启泰	242
李蓁	238		吴瓯玉	261
李楼	62		吴尚相	257
李愚	42,76		吴学泰	285
李锦春	273		吴学损	146,147,213
李鹏飞	170		吴承荣	56
李蕃	251		吴显忠	231
医俗子	83		吴勉学	63,100,210,211
连斗山	260		吴贺恪	281
吴人驹	21		吴敖	170
吴子扬	144,211,241		吴起甫	88
吴天植	250		吴桐斋	168
吴元松	272		吴爱铭	89
吴元溟	145,237		吴家震	21
吴日标	269		吴崐	6,37,61,62,91,94,231,232

吴章侯	76,297	汪大年	72,92,172,181,214
吴维周	88	汪大镛	265
吴谦	24,25,41,53,73,92,109,122,132,150,159,215	汪云粹	169
		汪艺香	301
吴楚	106,180	汪日镛	301
吴萧	218	汪氏	128
吴璋	230	汪文绮	41,110,255
吴德熙	300	汪文誉	24,79,132
吴澄	108,294,295	汪方元	56
吴麟书	47	汪世渡	258
何元巩	265	汪必昌	26,33,95,163,185,200,218,295
何介	243	汪机	3,4,16,36,90,100,105,120,142,173,174,207,230
何其沧	251		
何星照	277	汪有信	130
何鸿器	283	汪廷元	182,188,257
何鼎亨	150	汪延造	233
何嘉诜	281	汪仲伊	298
余士冕	103	汪汲	77,78,217
余之儁	40	汪汝麟	112
余氏	87	汪守安	157
余昭令	103	汪如龙	264
余淙	103,244,247	汪远公	298
余傅山	174	汪时鹍	245
余煌	176	汪时泰	27,296
余鹤	252	汪宏	43,55,113,220,292
余霖	111	汪启圣	72,92,172,181,214
余懋	81-83,93,115,155,220	汪启贤	72,92,121,130,172,181,214
言立诚	169	汪纯粹	23,255
闵守泉	233	汪若源	143
汪二可	87	汪奇	229

汪昂	8,12,52,53,69-71,84-86,89,91,106,147,171,213-215,300	张友樵	31
		张文英	261
汪宗沂	28,157	张方泌	297
汪宧	37,175,229	张允嘉	274
汪桓	213	张节	201,217,259
汪烈	287	张扩	228
汪钰	255	张志熙	88
汪卿云	41	张克肇	260
汪润身	301	张昊	205
汪家谟	132	张鸣鹗	125
汪副护	235	张绍棠	80
汪鸿镕	291	张政鸿	16
汪喆	133	张柏	232
汪道昆	206	张振家	194
汪腾蛟	210	张玺	275
汪源	234	张家勋	270
汪镇国	256	张碻	9
汪黝	145	张道中	35
汪缵功	297	张遂辰	18,65,66,105,252
沐英	246	张鹤腾	102,115,244
沈省	87	张懋辰	37,51
沈家份	270		
沈理治	270	八画	
沈理浩	270		
沈望桥	155,158	陆士谔	84,137,195
沈道先	274	陆石仙	158
宋自应	263,265	陆仲明	233
宋孟元	246	陆彦功	16
宋筠	272	陈万镒	124
张天泽	256	陈上印	279
		陈丰	104

陈长卿	18	金朝秀	273
陈文中	140,141	周士先	240
陈允昺	254	周士暹	251
陈双溪	156	周广运	243
陈立基	273	周之干	99,176,209,232
陈光淞	32	周之苢	104
陈杰	76	周之明	242
陈治道	211	周达秀	281
陈桷	173	周仲升	193
陈鸿猷	187,299	周学海	11,12,29,44-46,115,156,189,
陈嘉谟	50,236		193,220,221
陈嘉璲	107,232	周调鼎	259
陈瑾瑜	279,280	周瑶	255
陈懋宽	33	周毅区	280
邵悦	228		
邵愚斋	139	**九画**	
范风源	86		
范松	283	郑大樽	300
罗世震	259	郑日新	105
罗周彦	57,102	郑宁	49
罗美	7,8,67,72,179,212	郑尘	164
罗浩	42,185,264	郑廷玺	283
季蕙壤	172	郑传	253
定文	127	郑时庄	56,289
金山农	124	郑沛	290,291
金玉音	271	郑宏纲	73,160,169,199,299
金本田	271	郑采廷	266
金凯	158	郑泽	63
金铎	126	郑承洛	169,287,288,299
金硕祢	109,256	郑承海	286
		郑承湘	14,113,292,293

著者索引

329

郑承瀚	162,288,299	胡其重	67,73,89,119,295
郑钟寿	287	胡金相	115,189
郑重光	22,23,181,200,214,293	胡学训	115,201
郑晟	132	胡剑华	29
郑康宸	25,218	胡润川	268
郑维林	204	胡蛰英	239
郑渭占	204	胡增彬	81
郑瑚	258	胡澍	10
郑麟	291	胡履吉	252
官源氏	127	查万合	176
亟斋居士	72,130,131,135-137,220	查万合	107,209,239
项天瑞	75	查国第	239
赵开泰	158	查宗枢	272
赵应元	275	查晓园	138,278
赵思诚	32	耐修老人	298
赵崇济	250	段克忠	276
郝同驭	278	侯栐	273
郝柞祯	263	俞子才	268
胡大溟	292	俞正燮	10,94
胡万清	275	俞桥	235
胡天宗	203,301	饶埕	292
胡允遐	157	施文举	143
胡正心	18,63,211,212	养正山房主人	126
胡正言	63,250	洪正立	104
胡永康	158	洪守美	239
胡邦旦	250	洪玥	236
胡存庆	282	洪桂	199,201,289
胡光墉	81	洪烜	273
胡杏墩	254	洪基	64,129,171,212
胡应亨	273	洪祺	203

洪溶	203
费伯雄	113
姚文涛	269
姚若琴	117
姚浚	233,234
姚球	54
姚康	244
姚慎德	282
贺绫	281
贺锦芳	281
骆如龙	147

十画

耕心山房主人	138
袁瑛	262
莹君溥	33
夏政	47
夏侯氏	226
夏鼎	93,136,148,149
顾世澄	123
顾景文	25
钱荣国	71
倪元颐	253
倪涵初	79
倪殿标	257
倪榜	202
倪璜	271
徐大椿	82,194
徐少庵	126
徐文弼	76

徐远达	249
徐杜真	228
徐国义	283
徐国显	248
徐春甫	61,86,208,210
徐雪香	31
殷长裕	290
殷世春	288,289
殷安涛	201
高以庄	269
高思潜	29
郭奎	142
郭钦	274
郭维浚	195
唐玄真	145
唐茂修	88,192
唐翼真	249
洪炬	273
诸翱	293

十一画

陶成章	300
黄士迪	256
黄山采药翁	52
黄予石	138,298,299
黄存厚	282
黄光霁	56
黄廷杰	266
黄寿南	198
黄良佑	235

黄宗三	243		
黄俅	5,234		**十二画**
黄宰	245	彭真人	172
黄惟亮	101	葛廷玉	265
黄维翰	165	葛启俊	278
黄鉴	243	葛维麒	274
黄履暹	290	董上贡	151
萧瓒绪	71	董玹	18
梅江村	43	董炳	245
梅鄂	242	董维岳	151
曹开第	291	蒋居祉	52
曹氏	75,225	韩贻丰	92
曹允谦	269	喻仁	101
曹正朝	266	喻杰	101
曹光绍	250	程三才	258
曹若楫	251	程大中	38
曹国柱	73	程大礼	270
曹恒占	247	程门雪	193
曹洛禋	252	程云鹏	149,261,262
曹履	81	程从周	178
龚廷贤	104	程公礼	246
龚时瑞	113	程文囿	27,139,154,184,219
常瑾芬	114	程正通	161
崔涵	253	程本遐	254
章元粥	269,270	程东贤	282
章光裕	277,278	程让先	121
章楠	27	程邦贤	246
阎超群	283	程式仪	258
		程芝田	113,187,295
		程有功	200

程廷彝	173	程道周	285,286
程伊	36,49,60,230,231	程照	106
程充	96	程微灏	256
程汝惠	240	程鹏飞	276
程守信	62	程嘉祥	145
程观澜	277	程履新	53,70
程应旄	19-21,40,104,105	程镜宇	166
程宏宾	234	程耀明	47,127
程玠	97,159,161,166,167,236	程曦	114,188
程坤锡	158	童氏	119
程林	20,66,68,180,296,297	滑寿	4,11,94
程国汉	259	谢承文	247
程国俊	270	谢奕卿	89
程国彭	40,108,113,121		
程知	7,19	**十三画**	
程秉烈	32,48	蒯延理	272
程建勋	265	雷大复	114
程南	250	雷丰	187
程星楼	297	詹方桂	262
程衍道	64,106,188,192	詹谆	79
程致煌	265	鲍同仁	228
程珽	229	鲍泰圻	219
程培	127	鲍席芬	123
程畬	178,192,240	鲍集成	123
程梁	186	鲍潄芳	263
程琦	256	鲍增祚	291
程鼎调	266,267	鲍震宇	167
程景耀	124	新安永思堂主人	135
程锐	231		
程剩生	245		

十四画

蔡维藩　141

蔡溥　245

管橻　143

端木缙　118

熊均类　141

翟万麒　272

翟时泰　242

缪希雍　111

十五画

醉亭　83

潘元森　258

潘化成　167

潘为缙　107

潘用清　277

潘仲斗　240

潘伦　150,151

潘名熊　196

潘杏初　85

潘道源　279

潘楫　39

十六画

薛己　140

十七画

戴天章　25

戴天锡　276

戴文炳　238

戴华光　277

戴谷苏　201

戴松谷　89

戴荣基　282

戴思恭　174

戴起宗　36

戴绪安　56,114

戴续安　82

戴端蒙　232

戴震　294

濮镛　240

参 考 文 献

[1] 谢观.中国医学大辞典[M].上海:商务印书馆,1921.

[2] 阮元.四库未收书目提要[M].上海:商务印书馆,1935.

[3] 曹炳章.中国医学大成总目提要[M].上海:大东书局,1936.

[4] 丁福保,周云青.四部总录医药编[M].上海:商务印书馆,1955.

[5] 丹波元胤.中国医籍考[M].北京:人民卫生出版社,1956.

[6] 龙伯坚.现存本草书录[M].北京:人民卫生出版社,1957.

[7] 上海图书馆.中国丛书综录[M].北京:中华书局,1959.

[8] 中医研究院,北京图书馆.中医图书联合目录[M].北京:北京图书馆,1961.

[9] 陈邦贤,严菱舟.中国医学人名志[M].北京:人民卫生出版社,1955.

[10] 陈梦雷.古今图书集成医部全录[M].北京:人民卫生出版社,1962.

[11] 永瑢,纪昀.四库全书总目[M].北京:中华书局,1965.

[12] 张延玉.明史:艺文志[M].北京:中华书局,1985.

[13] 章钰.清史稿艺文志及补编[M].北京:中华书局,1982.

[14] 钱大昕.补元史艺文志[M].北京:中华书局,1976.

[15] 赵尔巽.清史稿[M].北京:中华书局,1976.

[16] 曹禾.医学读书志[M].北京:中医古籍出版社,1981.

[17] 《中医大辞典》编辑委员会.中医大辞典·医史文献分册(试用本)[M].北京:人民卫生出版社,1981.

[18] 贾维诚.三百种医籍录[M].哈尔滨:黑龙江科学技术出版社,1982.

[19] 王重民.中国善本书提要[M].上海:上海古籍出版社,1983.

[20] 尤怡.医学读书记[M].王新华,点注.南京:江苏科学技术出版社,1983.

[21] 裘沛然.中医历代各家学说[M].上海:上海科学技术出版社,1984.

[22] 倪灿.宋史艺文志补[M].北京:中华书局,1985.

[23] 李士禾,郁琳,张文达,等.历代名医传略[M].哈尔滨:黑龙江科学技术出版社,1985.

[24] 何绍基.安徽通志[M].扬州:江苏广陵古籍刻印社,1986.

[25] 张赞臣.中医外科医籍存佚考[M].余瀛鳌,增订.北京:人民卫生出版社,1987.

[26] 郭霭春.中国分省医籍考[M].天津:天津科学技术出版社,1987.

[27] 李经纬.中医人物辞典[M].上海:上海辞书出版社,1988.

[28] 陶御风,朱邦贤,洪丕谟.历代笔记医事别录[M].天津:天津科学技术出版社,1988.

[29] 尚志钧,林乾良,郑金生.历代中药文献精华[M].北京:科学技术文献出版社,1989.

[30] 黟县地方志编纂委员会.黟县志[M].北京:光明日报出版社,1989.

[31] 上海中医学院中医文献研究所.历代中医珍本集成[M].上海:三联书店,1990.

[32] 休宁县地方志编纂委员会.休宁县志[M].合肥:安徽教育出版社,1990.

[33] 洪芳度.新安医学史略[Z].歙县:歙县卫生局,歙县中医院,1990.

[34] 新安医籍丛刊编委会.新安医籍丛刊[M].合肥:安徽科学技术出版社,1990—1995.

[35] 马继兴.中医文献学[M].上海:上海科学技术出版社,1990.

[36] 李济仁.新安名医考[M].合肥:安徽科学技术出版社,1990.

[37] 薛清录.中国中医古籍总目[M].上海:上海辞书出版社,2007.

[38] 严世芸.中国医籍通考[M].上海:上海中医学院出版社,1991.

[39] 国务院古籍整理出版规划小组办公室.古籍图书整理目录:1949—1991[M].北京:中华书局,1992.

[40] 歙县地方志编纂委员会.歙县志[M].北京:中华书局,1995.

[41] 祁门县地方志编纂委员会.祁门县志[M].合肥:安徽人民出版社,1990.

[42] 周凤梧.中国医学源流概要[M].太原:山西科学技术出版社,1995.

[43] 中国科学院图书馆.续修四库全书总目提要[M].济南:齐鲁书社,1996.

[44] 严桂夫.徽州历史档案总目提要[M].合肥:黄山书社,1996.

[45] 黄龙祥.针灸名著集成[M].北京:华夏出版社,1996.

[46] 洪芳度.新安历代医家名录[Z].歙县:歙县科学技术委员会,1997.

[47] 绩溪县地方志编纂委员会.绩溪县志[M].合肥:黄山书社,1998.

[48] 张灿玾.中医古籍文献学[M].北京:人民卫生出版社,1998.

[49] 王乐匋.新安医籍考[M].合肥:安徽科学技术出版社,1999.

[50] 中国文化研究会.中国本草全书[M].北京:华夏出版社,1999.

[51] 殷仲春.医藏书目[M].北京:中华书局,2000.

[52] 许承尧.歙事闲谭[M].李明回,彭超,张爱琴,校点.合肥:黄山书社,2001.

[53] 余瀛鳌,李经纬.中医文献辞典[M].北京:北京科学技术出版社,2000.

[54] 陈智超.明代徽州方氏亲友手札七百通考释[M].合肥:安徽大学出版社,2001.

[55] 中国医籍大辞典编纂委员会.中国医籍大辞典[M].上海:上海科学技术出版社,2002.

[56] 胡玉缙.续四库提要三种[M].吴格,整理.上海:上海书店出版社,2002.

[57] 王振忠.徽州社会文化史探微:新发现的16—20世纪民间档案文书研究[M].上海:上海社会科学出版社,2002.

[58] 谢观.中国医学源流论[M].余永燕,点校.福州:福建科学技术出版社,2003.

[59] 郑金生.海外回归中医善本古籍丛书[M].北京:人民卫生出版社,2003.

[60] 刘尚恒.徽州刻书与藏书[M].扬州:广陵书社,2003.

[61] 戴廷明,程尚宽.新安名族志[M].朱万曙,王平,何庆善,等,点校.合肥:黄山书社,2004.

[62] 赵华富.徽州宗族研究[M].合肥:安徽大学出版社,2004.

[63] 翁连溪.中国古籍善本总目[M].北京:线装书局,2005.

[64] 张玉才.徽州文化丛书:新安医学[M].合肥:安徽人民出版社,2005.

[65] 徐学林.徽州文化丛书:徽州刻书[M].合肥:安徽人民出版社,2005.

[66] 黄孝周,黄熙.杏林第一枝:新安医学绽奇葩[M].合肥:黄山书社,2000.

[67] 周晓光.徽州传统学术文化地理研究[M].合肥:安徽人民出版社,2006.

[68] 张贵才.历代新安名医精选[M].北京:中国文史出版社,2007.

[69] 吴鸿洲.中医方药学史[M].上海:上海中医药大学出版社,2007.

[70] 汪沪双.新安医籍文献学研究[M].合肥:安徽科学技术出版社,2007.

[71] 丁立中.八千卷楼书目[M].北京:国家图书馆出版社,2009.

[72] 王键,陈雪功.新安医学精华丛书[M].北京:中国中医药出版社,2009.

[73] 安徽省历史学会.名医辈出 百家争鸣——新安医学[M].合肥:合肥工业大学出版社,2009.

[74] 王键.新安医学名著丛书[M].北京:中国中医药出版社,2009.

[75] 王瑞祥.中国古医籍书目提要[M].北京:中医古籍出版社,2009.

[76] 赵吉士.徽州府志[M].合肥:黄山书社,2010.

[77] 裘诗庭.珍本医书提要[M].北京:中医古籍出版社,2010.

[78] 刘时觉.中国医籍续考[M].北京:人民卫生出版社,2011.

[79] 王振忠.明清以来徽州村落社会史研究[M].上海人民出版社,2011.

[80] 裘庆元.珍本医书集成[M].北京:中国中医药出版社,2012.

[81] 裘庆元.三三医书[M].北京:中国中医药出版社,2012.

[82] 李成文,李建生,司富春.现代版中医古籍目录:1949—2012[M].北京:中国中医药出版社,2014.

[83] 李济仁.新安名医及学术源流考[M].北京:中国医药科技出版社,2014.

[84] 张贵才.新安医学文化博览[M].北京:中国文史出版社,2014.

[85] 张志远.中医源流与著名人物考[M].北京:中国医药科技出版社,2015.

[86] 王键.新安医学流派研究[M].北京:人民卫生出版社,2016.

[87] 王键.新安医学研究集成[M].合肥:安徽科学技术出版社,2018.

[88] 王剑辉.珍稀中医稿钞本丛刊:新安卷[M].上海:上海大学出版社,2018.

[89] 王鹏.新安孤本医籍丛刊:第一辑[M].北京:北京科学技术出版社,2020.

[90] 童光东.明清时期徽版医籍刻印及其影响[J].中国医药学报,1990,5(4):60-62.

[91] 杨晓艳.从《安徽文献书目》看皖人著述[J].淮北煤炭师范学院学报(哲学社会科学版),2002,23(2):140

[92] 来雅庭.新安医家史料遗误指归[J].中医文献杂志,2007,25(1):18-20.

[93] 汪沪双.论新安医籍刻本特色[J].中医文献杂志,2008,26(6):9-12.

[94] 朱慧君.徽商与新安医籍的印刻[J].唐山师范学院学报,2011,33(3):72-74.

[95] 王键,黄辉,蒋宏杰.十大新安医著[J].中华中医药杂志,2013,28(4):1008-1015.

[96] 徐春娟,邹立君,陈荣.婺源医家医籍考释[J].中医文献杂志,2014,32(5):36-39.